中职学校信息化发展的策略研究

唐启焕 覃志奎 编著

北京理工大学出版社
BEIJING INSTITUTE OF TECHNOLOGY PRESS

版权专有　侵权必究

图书在版编目（CIP）数据

中职学校信息化发展的策略研究/唐启焕，覃志奎编著. —北京：北京理工大学出版社，2019.8

ISBN 978-7-5682-7080-9

Ⅰ.①中…　Ⅱ.①唐…②覃…　Ⅲ.①中等专业学校－信息化建设－研究－中国　Ⅳ.①G718.3

中国版本图书馆 CIP 数据核字（2019）第 100121 号

出版发行 / 北京理工大学出版社有限责任公司
社　　址 / 北京市海淀区中关村南大街 5 号
邮　　编 / 100081
电　　话 / (010) 68914775（总编室）
　　　　　 (010) 82562903（教材售后服务热线）
　　　　　 (010) 68948351（其他图书服务热线）
网　　址 / http://www.bitpress.com.cn
经　　销 / 全国各地新华书店
印　　刷 / 北京虎彩文化传播有限公司
开　　本 / 787 毫米×1092 毫米　1/16
印　　张 / 20.25　　　　　　　　　　　　　　责任编辑 / 王俊洁
字　　数 / 475 千字　　　　　　　　　　　　　文案编辑 / 王俊洁
版　　次 / 2019 年 8 月第 1 版　2019 年 8 月第 1 次印刷　　责任校对 / 周瑞红
定　　价 / 90.00 元　　　　　　　　　　　　　责任印制 / 施胜娟

图书出现印装质量问题，请拨打售后服务热线，本社负责调换

序

  河池市职业教育中心学校（以下简称学校）于2008年9月整合4所发展十分艰难、面临困境的中职学校组建成立，在上级党委政府的大力支持下，全校教职工凝心聚力、克难攻坚，发扬"团结包容、敬业奉献、改革创新、勇争一流"的学校精神，经过十年艰苦努力，学校面貌焕然一新，由一所十分薄弱、看不到前途和希望的学校，凤凰涅槃，化蛹为蝶，实现跨越式发展，一跃成为广西壮族自治区重点、广西壮族自治区示范、国家级重点、国家改革发展示范学校！2018年被认定为自治区"五星级"中职学校。学校办学特色鲜明，办学成果享誉区内外，成为全国民族地区职业院校发展的典范！

  十年来，学校大力推进信息化建设，特别是作为经济欠发达的民族地区中职学校，在信息化建设经费不足、教师信息化水平不高的情况下，学校顶住巨大压力，克服重重困难，做好顶层规划设计，先后投入2 000多万元，完成了7大硬件系统及配套的软件系统建设，建成了一个高速、稳定的数字化校园网络，信息化教学设施已经覆盖了所有的教室和实训室，目前学校已全面实现信息化管理，信息化教学在校内已经得到了广泛应用，7 000多师生受益，2013年学校被教育部确认为全国首批信息化试点单位！学校走出了一条民族地区职业学校信息化建设的特色发展之路。

  几年来，学校在信息化基础设施建设、应用管理系统建设、信息化队伍建设、信息化教学等方面取得了丰硕成果。特别是教师的信息化教学水平得到迅速提升，教师参加信息化教学大赛共获得全国一等奖3项、二等奖32项、三等奖22项，全区一等奖56项、二等奖77项、三等奖111项，学校信息化教学水平进入全区中职学校前列！在信息化教学的带动下，全校教师快速成长，从薄弱的团队，成长为全自治区一流的教师团队，学校也成为广西信息化发展最快的中职学校！

  雄关漫道真如铁，而今迈步从头越。成绩和荣耀已经成为过去，全校师生正站在新的起点上，正以昂扬的斗志、饱满的激情迎接新的考验、新的挑战和新的机遇，坚定不移地走信息化强校和特色办学发展之路，为实现职业教育现代化继续努力前行。

王屹教授

目　录

绪论 ·· 001

1　中职学校信息化发展的现状调查 ·· 002

1.1　调研背景 ·· 002
1.2　调研目标 ·· 003
1.2.1　了解当前的信息化状况 ·· 003
1.2.2　分析挖掘评估数据 ·· 003
1.2.3　诊断发展问题 ·· 003
1.2.4　提出对策建议 ·· 003
1.3　评估实施 ·· 003
1.3.1　调研对象 ··· 003
1.3.2　调研时间 ··· 003
1.3.3　调研方式 ··· 003
1.3.4　实施安排 ··· 004
1.4　调研情况 ·· 004
1.4.1　信息化基础设施现状 ·· 004
1.4.2　数字化资源与应用现状 ·· 036
1.4.3　信息化应用服务现状 ·· 061
1.4.4　师生的信息技术应用能力现状 ·· 072
1.4.5　信息化保障机制现状 ·· 088

2　中职学校信息化校园建设的现状分析 ·· 112

2.1　信息化基础设施分析 ·· 112
2.1.1　引言 ·· 112
2.1.2　校园网络情况 ·· 112
2.1.3　数据中心机房情况 ··· 112
2.1.4　信息化终端设备情况 ·· 112
2.1.5　多媒体教室和计算机教室情况 ·· 113
2.1.6　校园广播情况 ·· 113
2.1.7　虚拟仿真实训系统情况 ·· 113
2.1.8　信息化设备维护情况 ·· 113
2.1.9　小结 ·· 113

2.2 数字化资源与应用分析 ... 114
2.2.1 引言 ... 114
2.2.2 校本数字资源库情况 ... 114
2.2.3 信息化教学系统情况 ... 114
2.2.4 网络空间情况 ... 114
2.2.5 小结 ... 114

2.3 应用服务分析 ... 115
2.3.1 引言 ... 115
2.3.2 一卡通建设情况 ... 115
2.3.3 统一管理平台建设情况 ... 115
2.3.4 校园管理系统建设情况 ... 115
2.3.5 学校安全监控建设情况 ... 115
2.3.6 学校网络安全建设情况 ... 116
2.3.7 小结 ... 116

2.4 师生发展分析 ... 116
2.4.1 引言 ... 116
2.4.2 教师的信息技术应用能力情况 ... 116
2.4.3 学生的信息技术应用能力情况 ... 117
2.4.4 小结 ... 117

2.5 保障机制分析 ... 117
2.5.1 引言 ... 117
2.5.2 信息化建设人员支持情况 ... 117
2.5.3 信息化经费和资金情况 ... 117
2.5.4 小结 ... 118

3 中职学校数字化校园的关键问题 ... 119

3.1 政府的杠杆作用有待加强 ... 119
3.1.1 进一步调整职业教育的规模和结构 ... 119
3.1.2 进一步加大政府财政资金投入 ... 119
3.1.3 深化对职业教育的认识 ... 119
3.1.4 完善中职学校教育信息化建设机制与规范 ... 120

3.2 中职学校信息化发展不均衡 ... 120
3.2.1 基础设施不均衡 ... 120
3.2.2 教育资源不均衡 ... 120
3.2.3 师资队伍不均衡 ... 120

3.3 中职学校信息化建设需多方面加强 ... 120
3.3.1 信息化建设仍需要加强规划 ... 120
3.3.2 信息化基础设施不足制约智慧化校园的实现 ... 121
3.3.3 数字化校园应用服务有待提升 ... 121

- 3.3.4 教学资源面临开发和应用的双重难题 122
- 3.3.5 师生的信息化技术应用能力有待加强 123
- 3.3.6 信息化建设和激励机制需规范完善 124
- 3.3.7 信息化建设经费支出有待加强 125

4 中职学校信息化发展的对策与建议 126

4.1 加强中等职业学校信息化建设顶层规划 126
- 4.1.1 教育信息化专项经费统筹规划 126
- 4.1.2 教育信息化规划的主体 126
- 4.1.3 教育信息化规划的可操作性 127
- 4.1.4 教育信息化规划的执行力 127
- 4.1.5 将信息安全保障纳入规划重点内容 127

4.2 完善中等职业学校信息化基础设施建设 127
- 4.2.1 制定完善的信息化财政资金政策，保证学校建设资金的投入 127
- 4.2.2 升级中职学校信息化基础设施 127
- 4.2.3 加大信息化实训仿真教学环境建设 128

4.3 加快广西中等职业教育公共管理平台建设 128
- 4.3.1 加快开发广西中等职业学校管理系统 128
- 4.3.2 尽快开发广西中等职业教育公共管理平台 128

4.4 加快广西中等职业教育教学资源平台建设 129
- 4.4.1 制定广西中等职业教育公共教学资源建设规划 129
- 4.4.2 加快中等职业教育公共教学资源平台建设 129
- 4.4.3 重点建设中等职业教育专业课数字化教学资源库 129
- 4.4.4 加强中等职业教育教学资源在教学中的应用与推广 130

4.5 提升广西中等职业教育管理者与师生的信息化能力 130
- 4.5.1 开展教育行政部门人员的培训 130
- 4.5.2 开展学校管理者的培训，提升教育信息化领导力 130
- 4.5.3 开展中等职业学校教师的培训，提高教师应用信息技术的水平 130
- 4.5.4 开展中等职业学校学生的信息化学习能力培养 131

4.6 加快广西中等职业教育大数据的开发与应用 131
- 4.6.1 加快中等职业教育大数据基础设施建设 131
- 4.6.2 建设大数据统计分析中心 131
- 4.6.3 加强中等职业教育大数据的应用开发 131
- 4.6.4 组建中等职业教育大数据科技人才梯队 131

4.7 完善广西中等职业学校信息化建设保障机制 132
- 4.7.1 加强组织领导 132
- 4.7.2 完善制度规范 132
- 4.7.3 做好技术服务 133
- 4.7.4 加强信息化运维体系，提高信息化运营水平 133

4.8 落实广西中等职业教育信息化经费投入 ······ 133
4.8.1 完善信息化财政资金投入政策 ······ 133
4.8.2 建立经费投入保障机制 ······ 134
4.8.3 加强项目与资金管理 ······ 134
4.9 加快广西中等职业教育信息化建设进程 ······ 134
4.9.1 提高中等职业教育的管理效率和决策水平 ······ 134
4.9.2 推动广西中等职业教育教学模式的变革 ······ 135
4.9.3 提升中等职业学校校园公共服务和文化生活品质 ······ 135
4.9.4 提升中等职业学校教师教科研能力 ······ 135
4.9.5 推动中等职业学校的教学服务对社会开放 ······ 135

5 中职学校信息化建设的实施 ······ 137
5.1 整体规划 ······ 137
5.1.1 建设原则 ······ 137
5.1.2 建设目标 ······ 138
5.1.3 整体设计 ······ 139
5.2 建设内容 ······ 140
5.2.1 智慧环境 ······ 140
5.2.2 智慧管理 ······ 194
5.2.3 智慧教学 ······ 208
5.2.4 智慧资源 ······ 216

6 中职学校信息化教学改革与研究 ······ 232
6.1 信息化教学设计 ······ 232
6.1.1 信息化教学设计的基本框架 ······ 232
6.1.2 信息化教学设计的典型案例 ······ 233
6.1.3 信息化教学设计的常见问题与解决方法 ······ 242
6.2 信息化教学资源开发 ······ 249
6.2.1 微课设计与制作 ······ 249
6.2.2 整门课程的信息化教学资源开发 ······ 250
6.2.3 专业教学资源库开发 ······ 250
6.3 信息化教学实施 ······ 251
6.3.1 制定学校《信息化教学改革实施方案》 ······ 251
6.3.2 制定学校《信息化教学资源建设的管理条例》 ······ 254
6.3.3 制定学校《信息化应用奖罚制度》 ······ 257
6.3.4 信息化教学实施的方法和经验 ······ 259
6.4 信息化教学评价 ······ 266
6.4.1 信息化教学评价概述 ······ 266
6.4.2 信息化教学评价的方法 ······ 266

6.4.3　信息化教学评价的工具 ………………………………………… 267

7　中职学校信息化建设成功案例（以河池市职业教育中心学校信息化建设为例）……… 268
7.1　整体概述 ……………………………………………………………… 268
7.2　建设内容 ……………………………………………………………… 268
7.3　建设成果 ……………………………………………………………… 269
　　7.3.1　基础运行平台 ……………………………………………………… 269
　　7.3.2　校园管理应用体系 ………………………………………………… 269
　　7.3.3　移动学生综合服务平台 …………………………………………… 269
　　7.3.4　数据中心升级改造 ………………………………………………… 270
7.4　案例成果 ……………………………………………………………… 270
　　7.4.1　案例1：中职学校数字化校园综合应用平台建设研究与实践 ……… 270
　　7.4.2　案例2：提升教师信息化应用能力的途径与成效 …………………… 275
　　7.4.3　案例3：信息化在中职学校德育工作中的应用研究与实践 ………… 282
　　7.4.4　案例4：信息化教学资源库建设及成效 …………………………… 287
　　7.4.5　案例5：学校后勤管理服务信息化建设及成效 …………………… 299

附录　实地调研报告数据量化分析统计表 ………………………………… 304
0.1　信息化基础设施分析 ………………………………………………… 304
0.2　数字化教学资源建设与应用情况 ……………………………………… 306
0.3　应用服务分析 ………………………………………………………… 307
0.4　师生的信息技术应用能力情况 ………………………………………… 310
0.5　信息化建设机制情况 ………………………………………………… 310

后记 …………………………………………………………………………… 312

绪　　论

随着现代信息技术的发展，整体社会的信息化步伐不断加快，信息技术对教育改革发展的支撑引领作用也日益凸显。自党的十八大以来，国务院、教育部对教育信息化的工作越来越重视，尤其是与职业教育信息化相关的方针政策陆续出台，信息化已经升级为国家战略。职业教育作为教育体系的重要组成部分，与经济社会的发展紧密联系在一起，与企业竞争力形成最为直接的联系，对促进人才创新、教育改革、发展创新发挥着重要作用。

广西壮族自治区（以下简称广西或自治区）作为国家重点扶持的区域，积极响应国家号召，大力开展教育信息化建设。经过多年的努力与多方面的建设，教育信息化取得了很好的成就并快速发展，具体体现在信息化工作机制逐步完善、信息化基础设施基本健全、教师信息化水平逐渐提高、信息化培训力度逐渐加强等多个方面。但在漫长的信息化建设过程中，仍然有些问题需要加强。如信息化理念定位不当、数字化资源建设严重匮乏、基础设施建设不完善、网络安全保护意识不强、信息化校园支撑平台与综合服务有待进一步提升、人才队伍建设有待加强等。为了切实加强广西中等职业教育信息化建设、巩固完善原有的基础，并使广西职业教育信息化水平更上一层楼，在自治区教改中心的指导下，我们开展了针对广西中等职业学校（以下简称中职学校）的信息化调研活动，在此基础上最终形成《中职学校信息化发展的策略研究》一书（以下简称"专著"），指导开展各中职学校的"十三五"信息化建设工作。

本次调研与形成专著依据如下资料进行：

《国家中长期教育改革和发展规划纲要（2010—2020年）》；

《教育信息化十年发展规划（2011—2020年）》；

《教育部关于印发〈职业院校管理水平提升行动计划（2015—2018年）〉的通知》；

《关于开展教育信息化试点工作的通知》（桂教科研〔2014〕17号）；

《关于公布自治区级教育信息化试点单位名单的通知》（桂教科研〔2015〕11号）；

《关于印发〈广西教育信息化发展规划（2017—2020年）〉的通知》（桂教规范〔2017〕14号）。

1 中职学校信息化发展的现状调查

1.1 调研背景

作为职业教育信息化的重要阵地和载体，职业学校的信息化建设和发展，成为职业教育信息化发展的基点和重点。就学校信息化的内涵来看，具体包括信息化基础设施、数字化资源与应用、应用服务、师生发展、保障机制。

教育部印发的《教育信息化十年发展规划（2011—2020年）》（以下简称《规划》）提出："以教育信息化带动教育现代化，是我国教育事业发展的战略选择。"要求"各级教育行政部门和各级各类学校要高度重视，把教育信息化摆在支撑引领教育现代化的战略地位。"《规划》就"推动信息技术与教育深度融合，创新人才培养模式"对中等职业学校的信息化建设提出了更为具体的目标和要求。

《教育信息化"十三五"规划》提出："到2020年，基本建成'人人皆学、处处能学、时时可学'，与国家教育现代化发展目标相适应的教育信息化体系；基本实现教育信息化对学生全面发展的促进作用，对深化教育领域综合改革的支撑作用和对教育创新发展、均衡发展、优质发展的提升作用；基本形成具有国际先进水平、信息技术与教育融合创新发展的中国特色教育信息化发展路子。"

《广西教育信息化建设三年行动计划》（2017—2020年）提出了"到2020年，初步建成与我区教育改革发展相适应的教育信息化体系。信息化基础环境基本满足教育教学与管理需要，信息技术支撑的教育资源供给和教育精准管理取得新突破，对教育现代化的支撑与引领作用充分显现，教育改革发展活力显著增强"的总体目标。

2014年，广西与教育部续签"国家民族地区职业教育综合改革实验区"，将民族地区的职业教育发展提升为国家战略，加大广西职业教育的改革力度，促使职业教育在经济建设与社会发展中发挥积极作用。2016年是《教育信息化"十二五"规划》规定的截止年份，全国范围内的教育信息化各项工作取得了突破性进展，同时也面临着很多的困难和问题。只有摸清广西中职学校信息化发展的现状，结合自身的发展水平，依据国家所提出的相关政策的指导精神，充分发挥信息技术对教育的革命性影响，形成与教育现代化发展目标相适应的教育信息化体系。从2008年启动"职教攻坚"工程到2017年职业学校的信息化建设和应用发展取得了重大进步，这为我们全面了解广西中等职业学校信息化建设的现状提供了良好的数据与素材，也为中等职业学校信息化的未来规划提供了可借鉴参考的信息，结合广西重大招标课题——中职学校信息化建设研究的开展，我们对全自治区（自治区以下简称为区）中等职业学校信息化现状进行了全面评估。

1.2 调研目标

1.2.1 了解当前的信息化状况

在本次对中等职业学校信息化现状进行全面评估之后,我们了解了全区中等职业学校目前在基础设施、应用服务建设与应用、数字化资源建设与应用、师生队伍发展情况和保障机制五个方面的情况。

1.2.2 分析挖掘评估数据

深度解读广西中等职业学校信息化建设方面的优缺点,为政府决策规划提供依据。

1.2.3 诊断发展问题

收集各个不同规模学校的主要问题,并深度分析不同规模学校的差异,剖析现状背后的机制体制原因。

1.2.4 提出对策建议

为广西中等职业教育信息化建设建言献策,实现信息技术与教育的深度融合,推进教学模式的改革,提高教学质量,提升广西职业教育的社会服务能力。

1.3 评估实施

1.3.1 调研对象

调研对象为区直属中等职业学校、市级中等职业学校和县级职业学校。

1.3.2 调研时间

调研时间:2017年6—12月。

1.3.3 调研方式

1.3.3.1 访谈法

采用多种形式,对调研对象进行访谈,访谈内容涉及数字化校园的设计、实施、使用、售后、信息人力资源建设及信息化教学应用等相关内容。

1.3.3.2 问卷法

针对数字化校园的各个方面,设计问卷进行调查。

1.3.4 实施安排

本次评估活动由河池市职业教育中心学校信息化课题组成员负责，主要分为以下几个阶段完成：

1.3.4.1 前期准备

由河池市职业教育中心学校根据教育部以及广西关于教育信息化、职业教育信息化建设方面的要求，结合区内外开展职业教育信息化建设方面的经验，制定广西中等职业学校信息化建设现状调查问卷及评估工作方案。

1.3.4.2 第一阶段：问卷调查阶段（2017年6月15日—8月1日）

2017年6月15日，启动问卷调研。

2017年6月16日—7月22日，实施问卷调研。在本阶段，进行调研问卷的发放、收集和汇总工作。

2017年7月23日—8月1日，审核问卷质量。

1.3.4.3 第二阶段：实地评估阶段（2017年8月2日—10月15日）

组织信息化课题组成员对调研的学校进行实地调研。

本次调研评估包含信息化建设的五个方面，即信息化基础设施情况、数字化教学资源建设与应用情况、数字化校园建设与应用情况、教师信息化技术应用能力情况、信息化建设机制情况和信息化建设支出情况。

1.3.4.4 第三阶段：评估总结阶段（2017年10月16日—12月30日）

信息化课题组成员在实地调研后汇总调查问卷、实地评估资料并撰写调研报告，分析相关材料，根据广西中等职业教育信息化发展现状提出下一步工作的意见和建议，最后形成整体评估报告，即《中职学校信息化发展的策略研究》。

1.4 调研情况

1.4.1 信息化基础设施现状

1.4.1.1 引言

为完善广西中等职业学校的网络基础设施，不断提升信息化技术和服务水平，建立信息化基础设施可持续发展机制，我们从校园网络情况、数据中心机房情况、信息化终端设备情况、多媒体教室和计算机教室情况、校园广播情况、虚拟仿真实训系统情况以及信息化设备维护工作情况共七个维度开展调研、评估，以便能全面了解广西中等职业学校的信息化基础设施建设现状。

1.4.1.2 校园网络情况

1. 校园网络建设状况

1) 互联网接入方式

从地区分布维度来看，各地区接入联通网的学校比例较高，其中桂北地区的最高，达58%。接入移动网和电信网的学校比例次之。相对而言，各地区接入区域教育城域网、中国教育和科研计算机网（CERNET）的学校都比较少。并且，桂东、桂西、桂北还没有学校接入中国教育和科研计算机网，如图1-4-1所示。

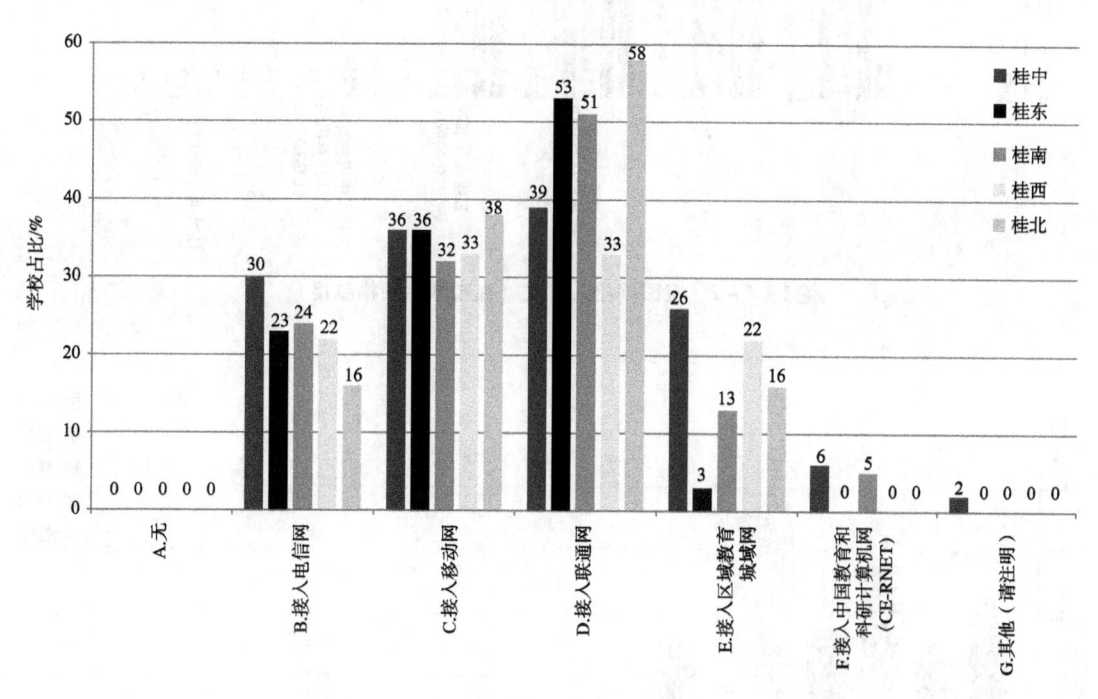

图1-4-1 互联网接入方式（地区分布维度）

从在校学生规模维度来看，不同规模的学校接入联通网的比例较高，其中在校学生人数为4 001~6 000人的学校比例最高，达到72%。接入移动网、电信网的各区间段学校比例次之。相对而言，接入区域教育城域网、中国教育和科研计算机网的学校比例较低。其中，在校生人数为2 001~4 000人的学校均没有接入中国教育和科研计算机网，如图1-4-2所示。

2) 无线网络建设方式

从地区分布维度来看，在无线网络建设方式中，各地区学校自主建设的比例最多，其中桂北地区自主建设无线网络的学校比例最高，达到63%。运营商建设的比例次之，联合建设的学校占比最少，其中桂北学校占比仅为11%，如图1-4-3所示。

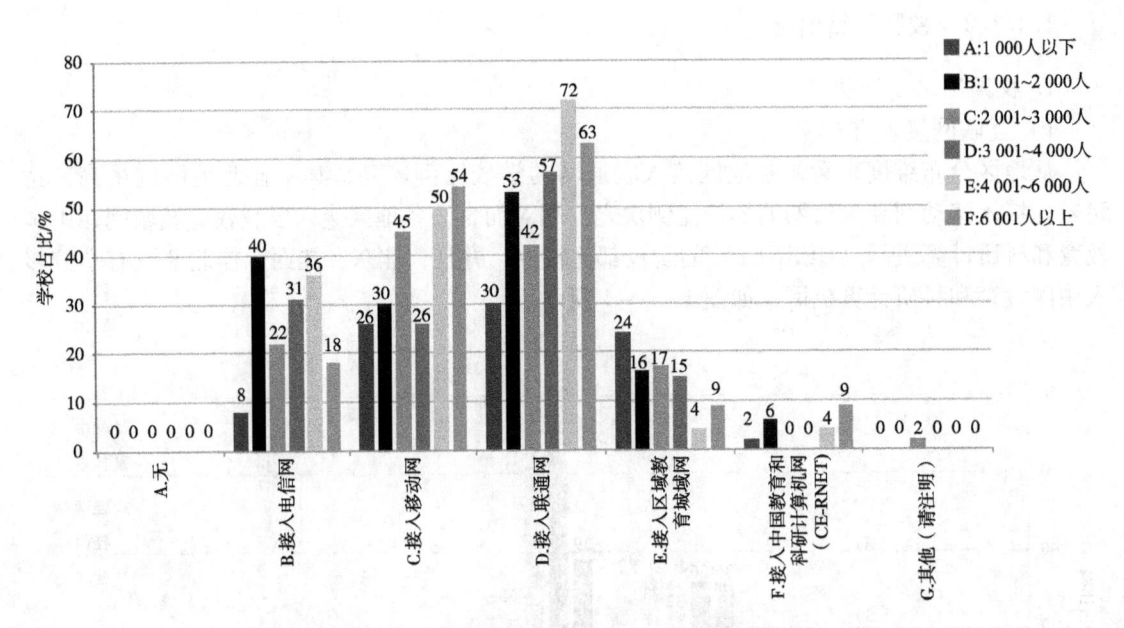

图1-4-2 互联网接入方式(在校学生规模维度)

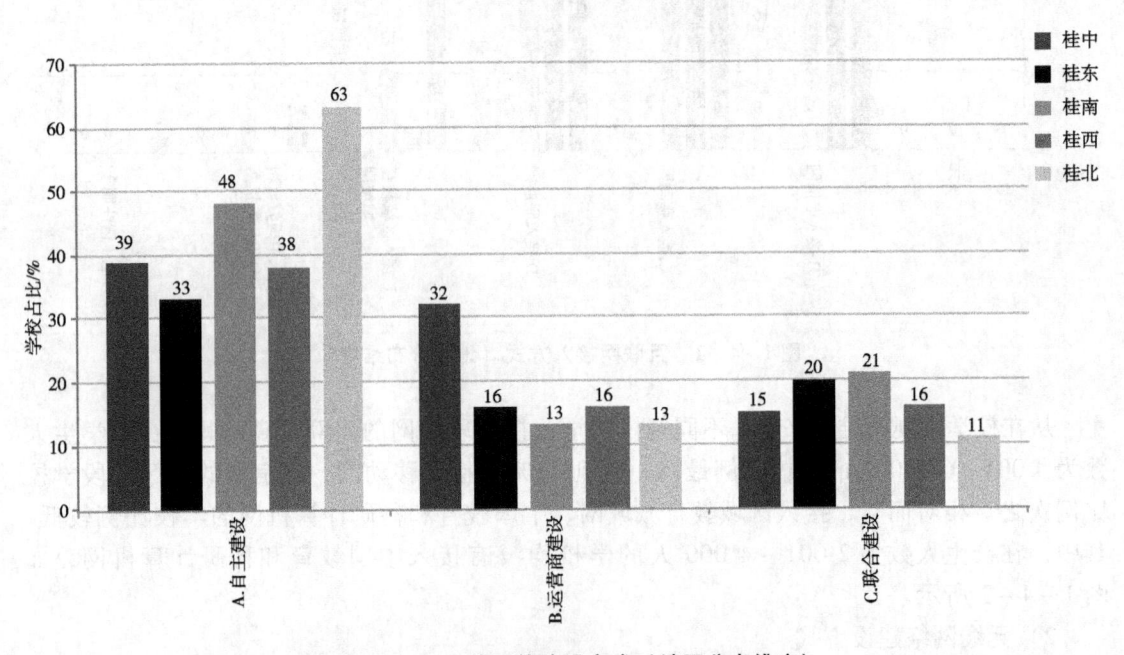

图1-4-3 无线网络建设方式(地区分布维度)

从在校学生规模维度来看,不同规模的学校自主建设无线网络的比例最高,其中4 001~6 000人的学校的比例最高,达到68%。运营商建设的占比次之,联合建设的学校占比最少,如图1-4-4所示。

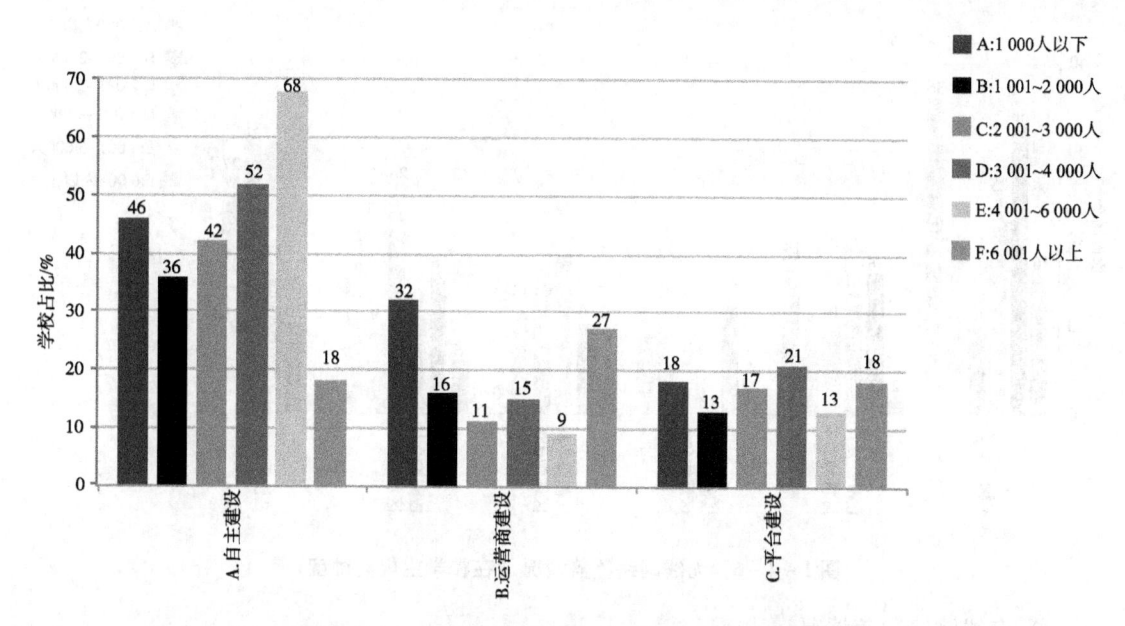

图1-4-4 无线网络建设方式（在校学生规模维度）

2. 校园网络覆盖状况

1）无线网络覆盖情况

从地区分布维度来看，全区各地区未统一部署无线网络的学校，其中除桂中地区以外的学校都达到20%～30%。无线网络覆盖公共区域整体情况都不够好，如图1-4-5所示。

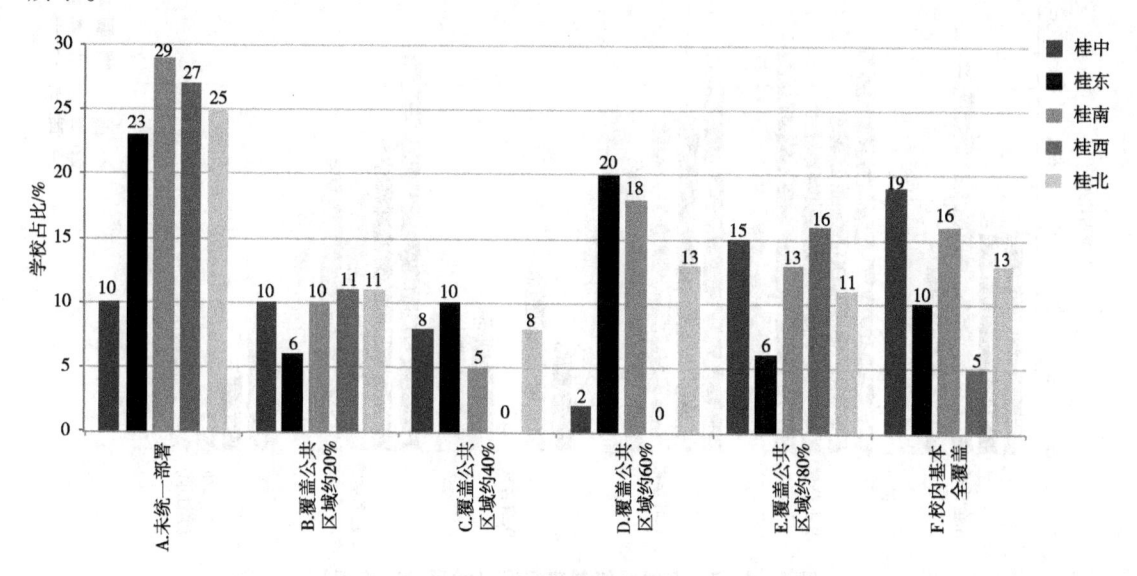

图1-4-5 无线网络覆盖情况（地区分布维度）

从在校学生规模维度分析，各中职学校未统一部署无线网络的比例偏高，规模在6 001人以上的学校中，36%的学校未统一部署无线网络。相对而言，覆盖公共区域约80%和校内基本全覆盖的学校占比相对多一些，如图1-4-6所示。

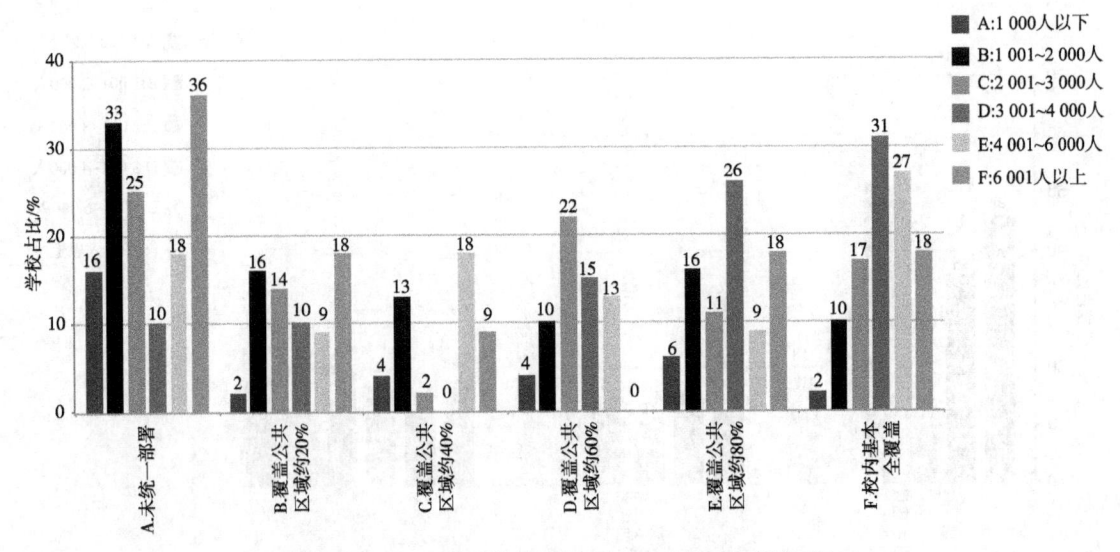

图 1-4-6 无线网络覆盖情况（在校学生规模维度）

2）有线网络覆盖情况

就有线网络覆盖情况而言，从地区分布维度来看，全区实现有线网络全覆盖的学校比例均较低，仅桂南地区有超过半数的学校实现有线网络全覆盖。实现有线网络覆盖办公楼的学校比例均较高，其中桂西地区的学校比例最高，达到55%；有线网络覆盖教学楼的学校比例次之。各地区实现有线网络覆盖宿舍楼的学校比例均较低，其中桂南地区没有学校在宿舍楼部署有线网络，如图1-4-7所示。

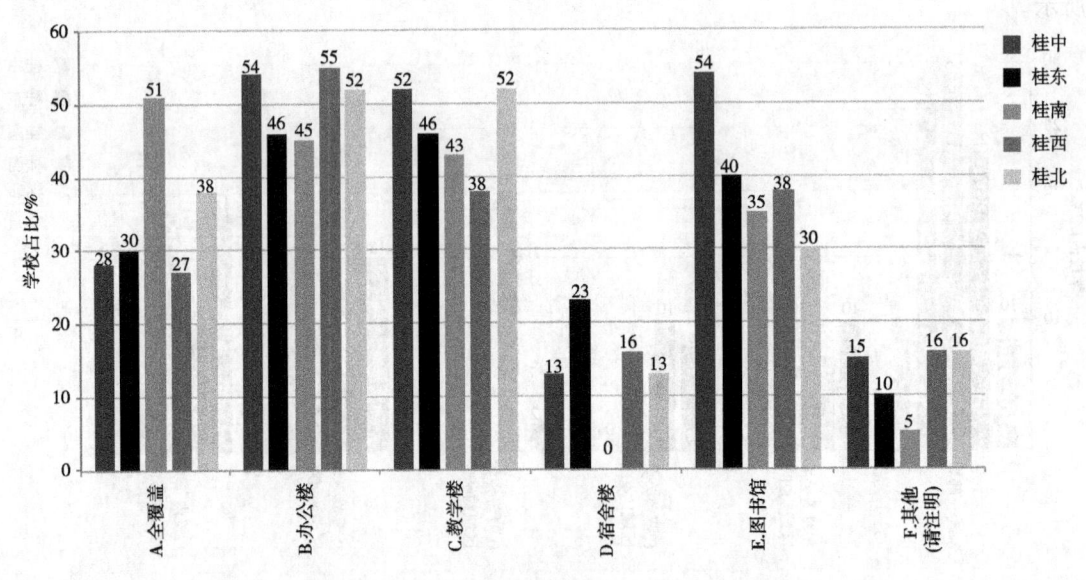

图 1-4-7 有线网络覆盖情况（地区分布维度）

从在校学生规模维度来看，3 001~4 000人的学校实现全覆盖的比例最高，达到78%。在各区间段的学校中，有线网络覆盖办公楼、教学楼的比例较为均衡。有线网络覆盖宿舍楼的学校比例最低，其中在校学生规模在3 001~4 000人的学校比例为5%，如图1-4-8所示。

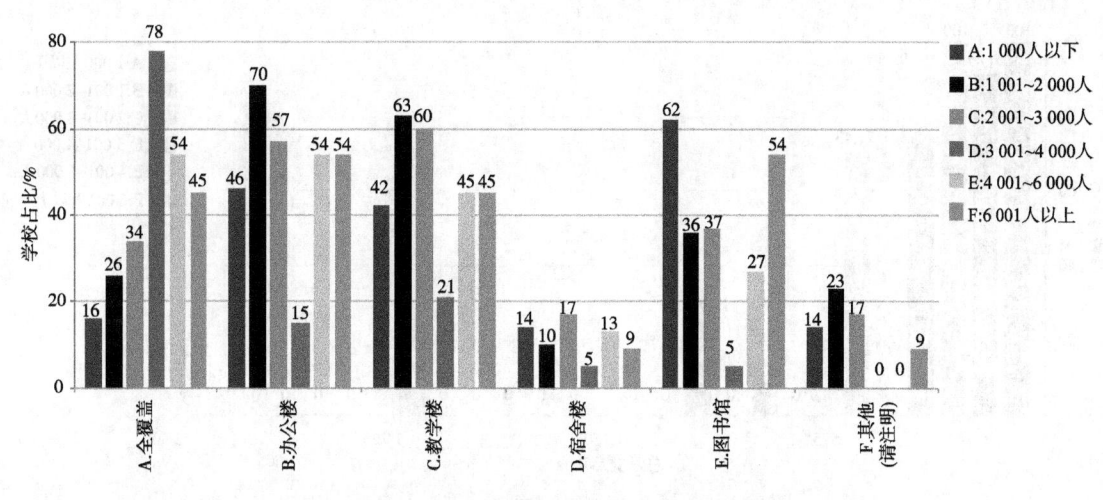

图 1-4-8 有线网络覆盖情况（在校学生规模维度）

3. 校园网络带宽

1）网络接入总带宽

从地区分布维度来看，全区中等职业学校网络接入总带宽普遍在 575Mbps 以内，其中桂南和桂北地区的学校网络接入总带宽均在 575Mbps 以下。网络接入总带宽在 575Mbps 以上的学校比例明显很低，如图 1-4-9 所示，这说明广西中等职业学校的网络接入总带宽亟须提高。

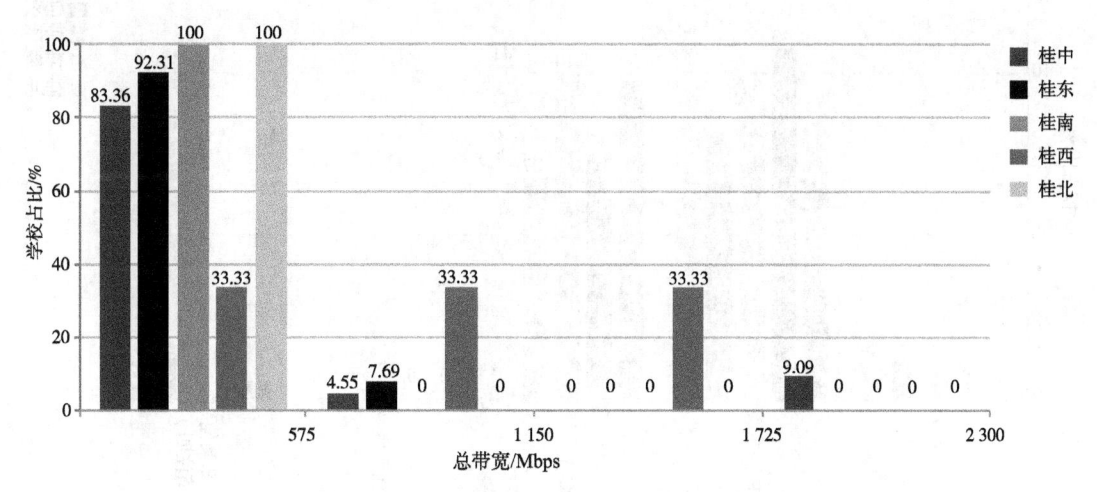

图 1-4-9 网络接入总带宽（地区分布维度）

从在校学生规模维度来看，各区间段学校的网络接入总带宽普遍在 575Mbps 以内，其中规模在 1 000 人以下和 2 001~3 000 人的学校的网络接入总带宽均在 575Mbps 以内，网络接入总带宽在 575Mbps 以上的学校比例明显偏低，如图 1-4-10 所示。

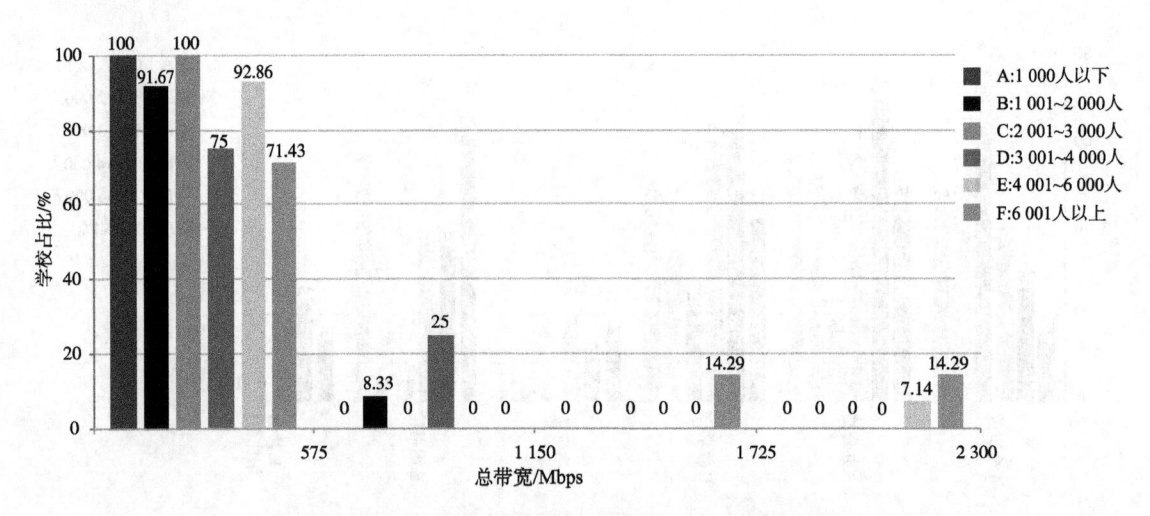

图1-4-10 网络接入总带宽（在校学生规模维度）

2）校园网主干带宽

从地区分布维度来看，全区中等职业学校校园网主干带宽为百兆级的学校比例较高，其中桂东、桂北地区的比例最高，达到40%以上。校园网主干带宽为千兆级的学校占比次之。相对而言，所有地区校园网主干带宽为万兆级的学校比例偏低，其中桂北没有学校建有万兆级的校园网主干带宽，如图1-4-11所示。

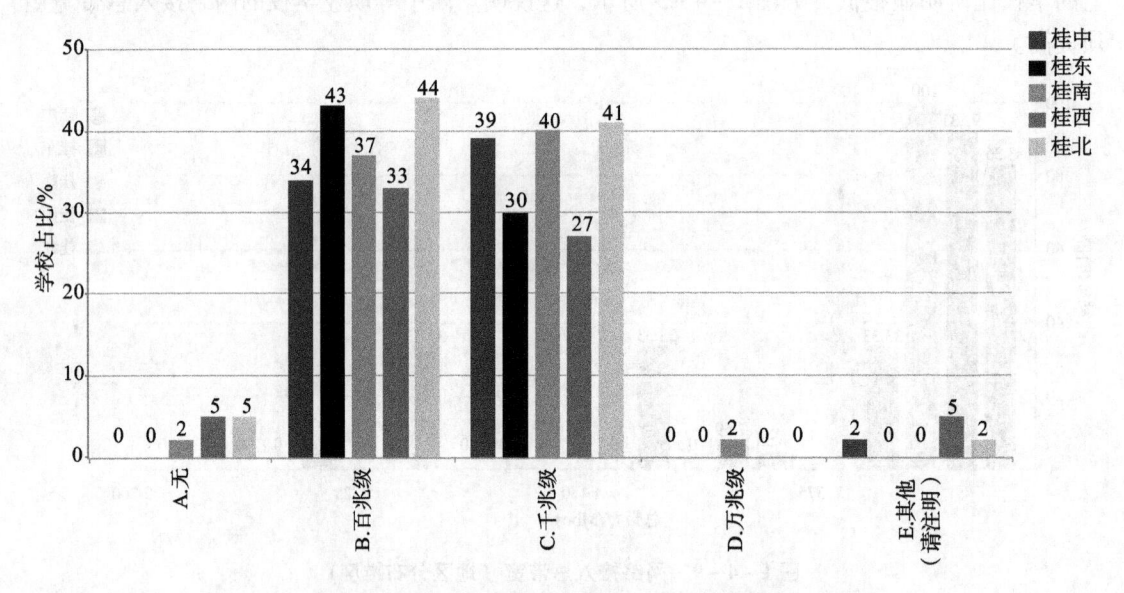

图1-4-11 校园网主干带宽（地区分布维度）

从在校学生规模维度来看，各区间段校园网主干带宽为千兆级的学校比例最高，其中规模在4 001~6 000人的学校比例最高，达到72%。校园网主干带宽为百兆级的学校比例次之。相对而言，各区间段校园网主干带宽为万兆级的学校比例偏低，其中规模在1 001~2 000人、2 001~3 000人、3 001~4 000人、4 001~6 000人的学校均没有万兆级的校园网主干带宽，如图1-4-12所示。

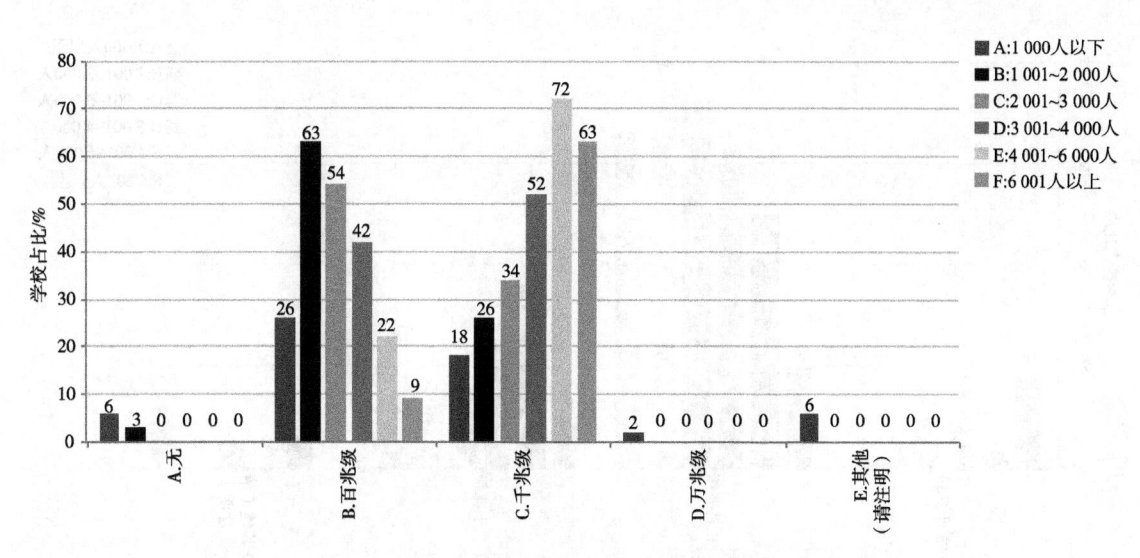

图 1-4-12　校园网主干带宽（在校学生规模维度）

3）校园网桌面带宽

从地区分布维度来看，各地中等职业学校的校园网桌面带宽普遍为百兆级，其中桂东、桂西和桂北地区的学校比例最高且相同，均超过50%。校园网桌面带宽为千兆级和十兆级的学校比例较低，如图1-4-13所示。

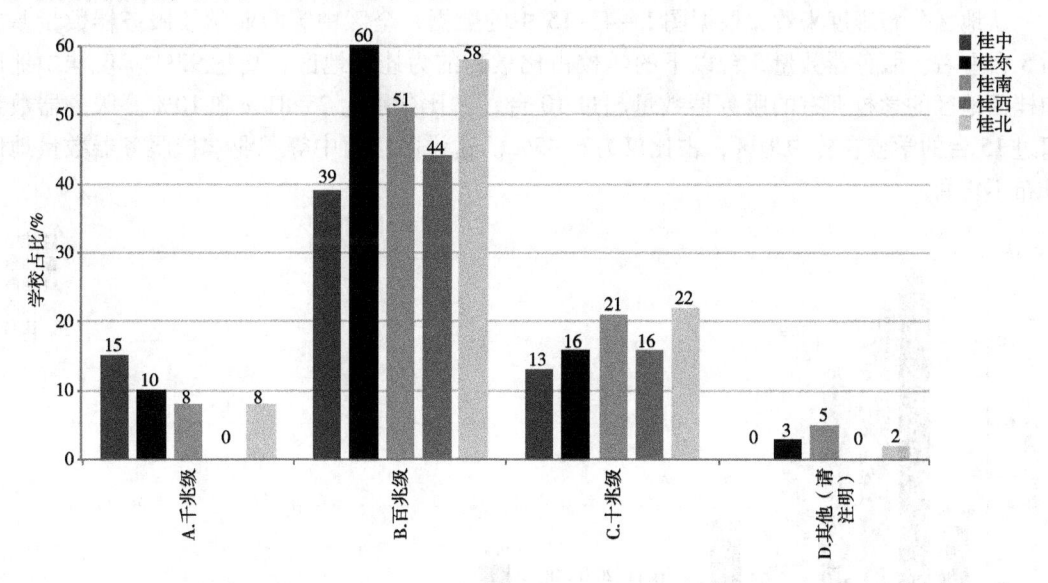

图 1-4-13　校园网桌面带宽（地区分布维度）

从在校学生规模维度来看，各区间段学校的校园网桌面带宽普遍为百兆级，其中规模在4 001~6 000人的学校比例最高，为77%。校园网桌面带宽在千兆级和十兆级的学校比例较低，如图1-4-14所示。

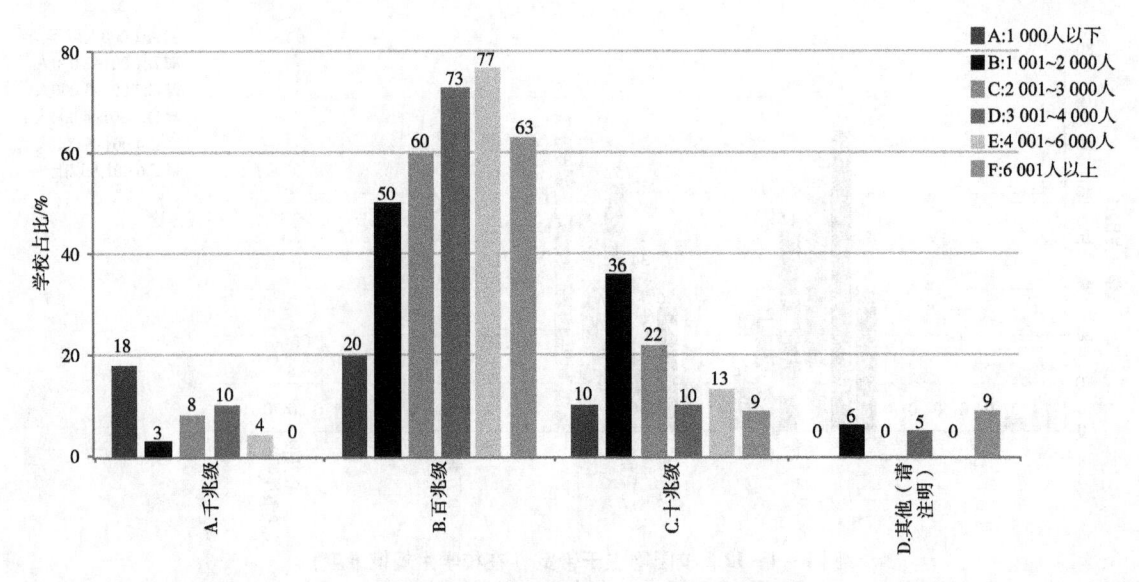

图 1-4-14 校园网桌面带宽（在校学生规模维度）

1.4.1.3 数据中心机房情况

1. 服务器数量

从地区分布维度来看，根据图 1-4-15 中的数据，全区中等职业学校服务器数量基本为 5 台左右。服务器数量 5 台以下的学校占比最高的为桂东地区，高达 92%。仅桂中地区和桂西地区的学校拥有的服务器数量超过 10 台，占比分别为 25.81% 和 10%。服务器数量超过 15 台的学校在桂中地区，占比仅为 6.45%。这说明广西中等职业学校服务器数量地区分布不均衡。

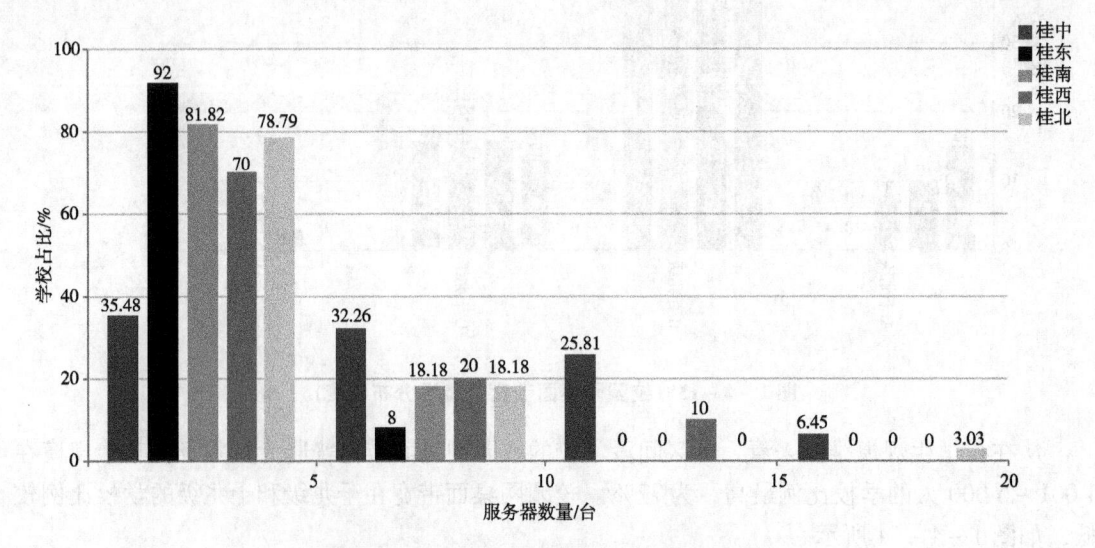

图 1-4-15 服务器数量（地区分布维度）

从在校学生规模维度来看，不论学校规模大小，服务器数量普遍在 5 台以内，其中规模在 1 001~2 000 人的学校中服务器数量在 0~5 台的学校占比最高，为 86.67%。服务器数量在 15~20 台的学校很少，仅规模在 6 001 人以上和 4 001~6 000 人的学校有 15 台以上的服务器，如图 1-4-16 所示。这在某种程度上也说明，规模越大的学校，拥有的服务器数量越多，规模较小的学校，服务器建设较弱。

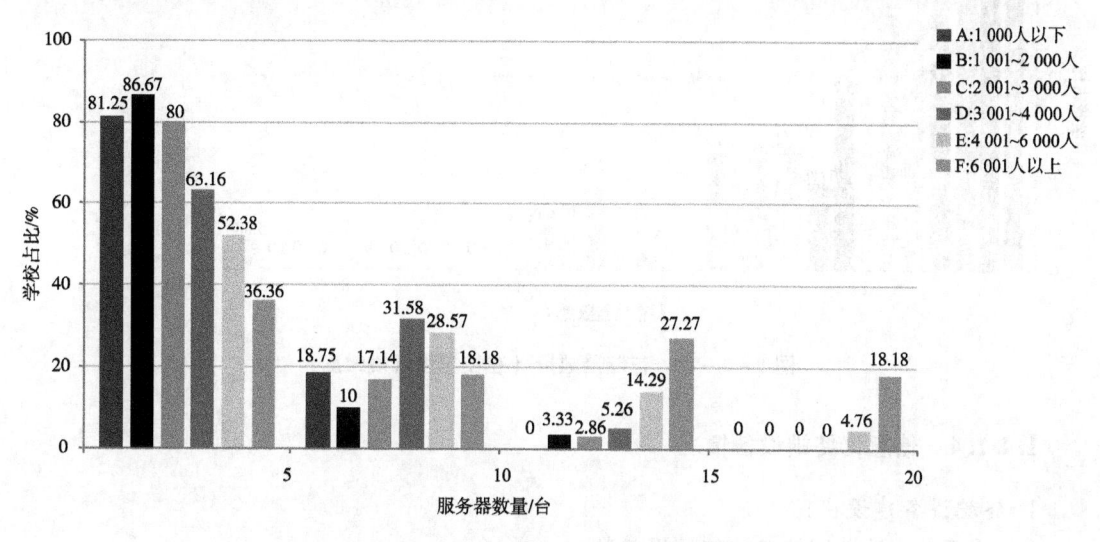

图 1-4-16 服务器数量（在校学生规模维度）

2. 存储器数量

从地区分布维度来看，各地区中等职业学校的存储器数量基本在 2 台以内，仅桂中、桂东地区有少量学校拥有 8 台以上存储器，如图 1-4-17 所示。

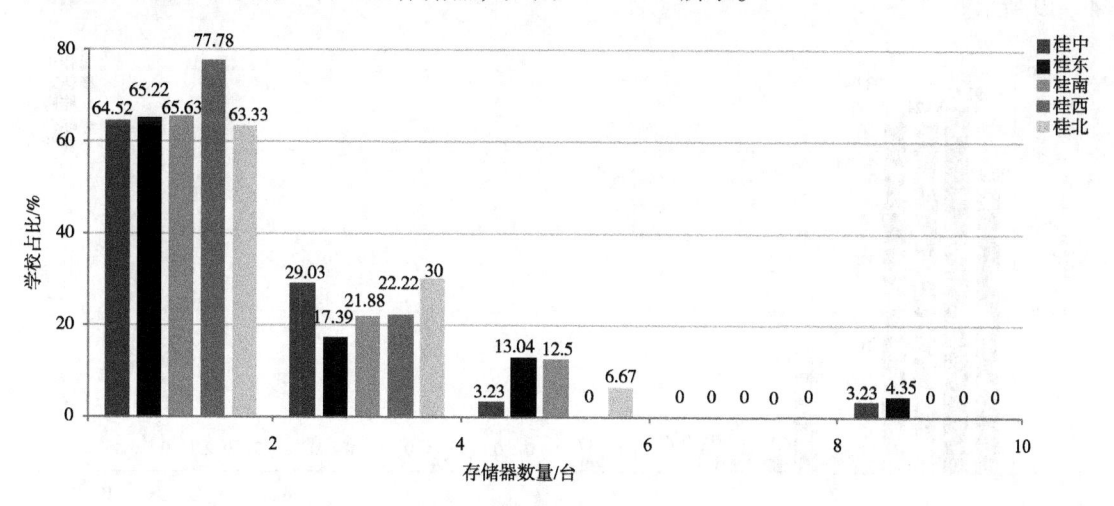

图 1-4-17 存储器数量（地区分布维度）

从在校学生规模维度来看，各区间段学校的存储器数量基本在 2 台以内。规模在 3 000 人以下和 6 001 人以上的学校的存储器数量全部在 4 台以内。仅有少量规模在 3 001~6 000 人的学校拥有 8 台以上存储器，如图 1-4-18 所示。

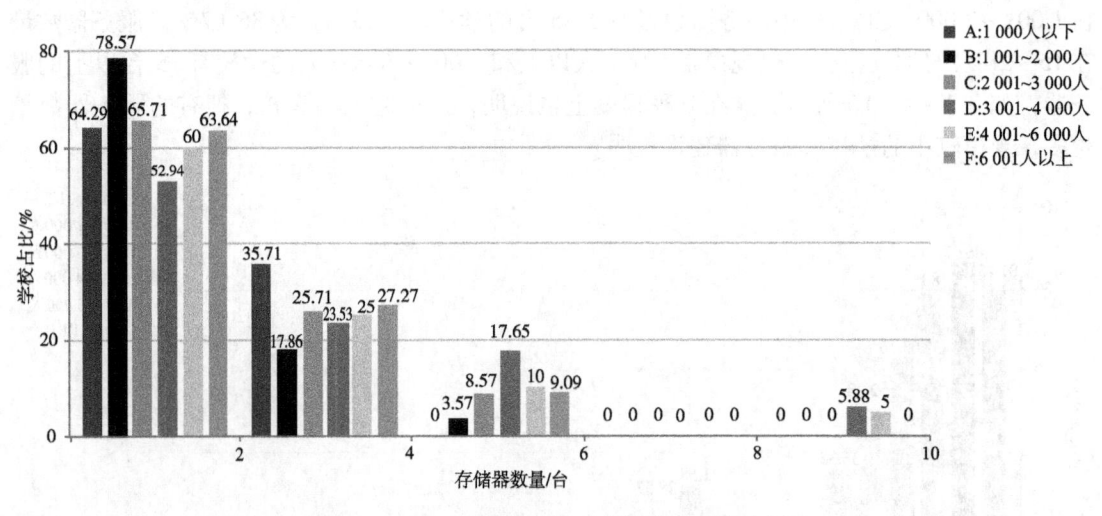

图 1-4-18　存储器数量（在校学生规模维度）

1.4.1.4　信息化终端设备情况

1. 终端设备建设状况

1）教师人均教学用信息化终端设备数

从地区分布维度来看，各地区中等职业学校教师人均教学用信息化终端设备数基本在 2 台左右，占比几乎都超过 80%，仅桂中地区学校占比为 70.97%。桂中地区和桂南地区少量学校教师人均教学用信息化终端设备数超过 6 台，占比分别为 3.23% 和 2.94%，如图 1-4-19 所示。

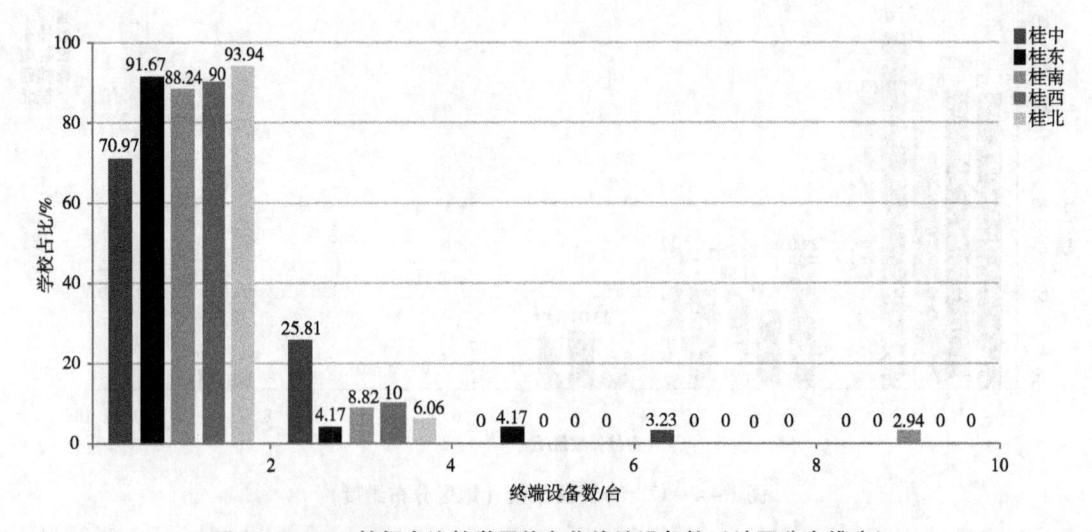

图 1-4-19　教师人均教学用信息化终端设备数（地区分布维度）

从在校学生规模来看，无论规模大小，所有学校的教师人均教学用信息化终端设备数普遍在 0~2 台。仅有少量规模在 2 001~3 000 人和 6 001 人以上的学校的教师人均教学用信息化终端设备数在 6 台及以上，如图 1-4-20 所示。

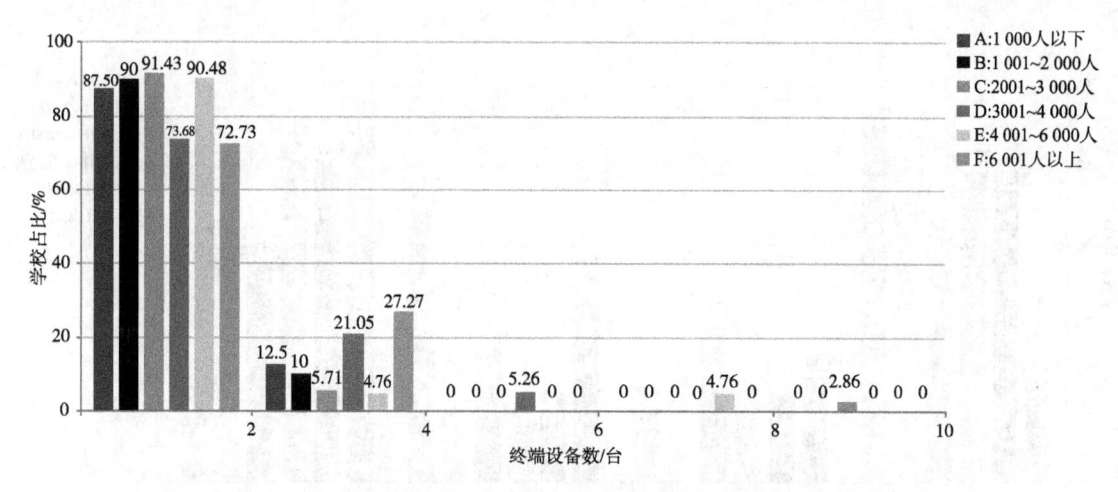

图 1-4-20　教师人均教学用信息化终端设备数（在校学生规模维度）

2）教师教学用信息化终端设备占比（台式机、笔记本、平板电脑、其他终端）

（1）台式机。

从地区分布维度来看，桂中、桂南、桂北三个地区的台式机所占信息化终端比例基本集中在 0~25% 和 75%~100%。桂西地区台式机的占比在 25%~75% 的比例比较高；桂东地区各个区间段占比较为均衡，如图 1-4-21 所示。

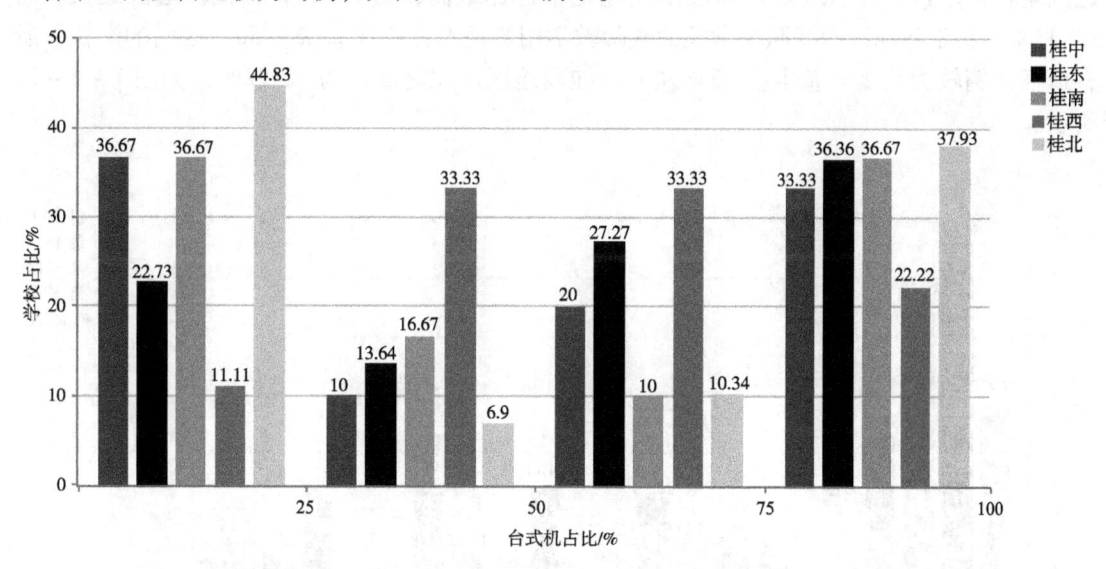

图 1-4-21　教师教学用信息化终端设备台式机占比（地区分布维度）

从在校学生规模维度来看，规模在 1 001~2 000 人、2 001~3 000 人、4 001~6 000 人的学校，使用台式机的比例分布在 0~25% 和 75%~100% 的学校比例较高，占比在 25%~75% 的学校比例较低。规模在 1 000 人以下的学校，使用台式机的比例呈现上升趋势。规模在 6 001 人以上的学校，占比在 0~25%、50%~75% 的比例较高，如图 1-4-22 所示。

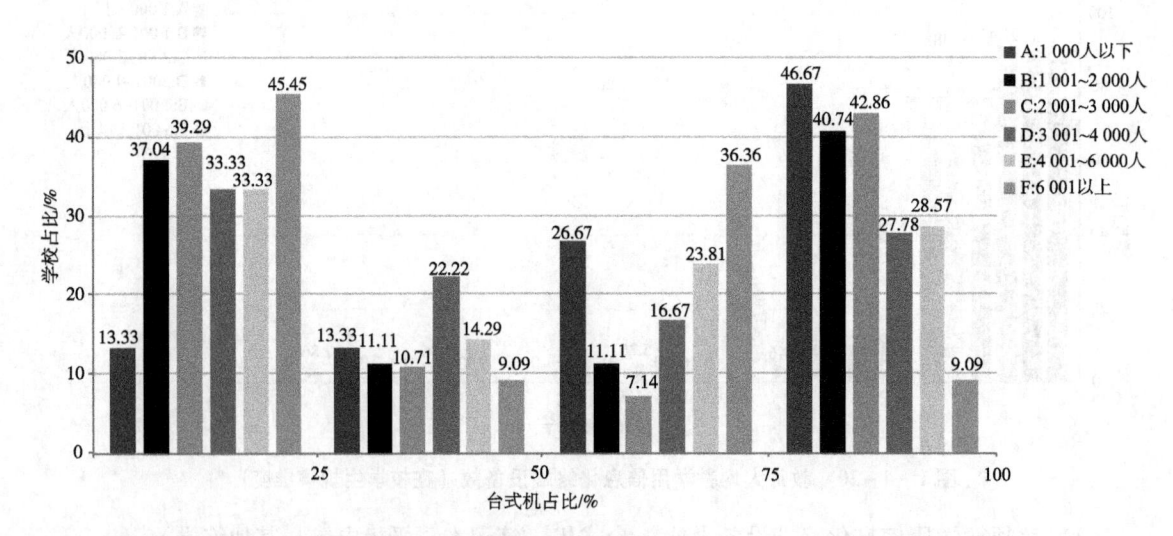

图 1-4-22　教师教学用信息化终端设备台式机占比（在校学生规模维度）

（2）笔记本。

从地区分布维度来看，各地区中等职业学校的教师教学用笔记本占比在 0~25% 的学校比例均较高，其中桂东地区教师教学用笔记本占比最高，为 66.67%，桂西地区最低，为 33.33%。对于各地区中等职业学校的教师教学用笔记本占比在 25%~50% 区间的学校，所有地区比例较为均衡，基本在 13% 左右，桂西地区占比略高，为 22.22%，如图 1-4-23 所示。

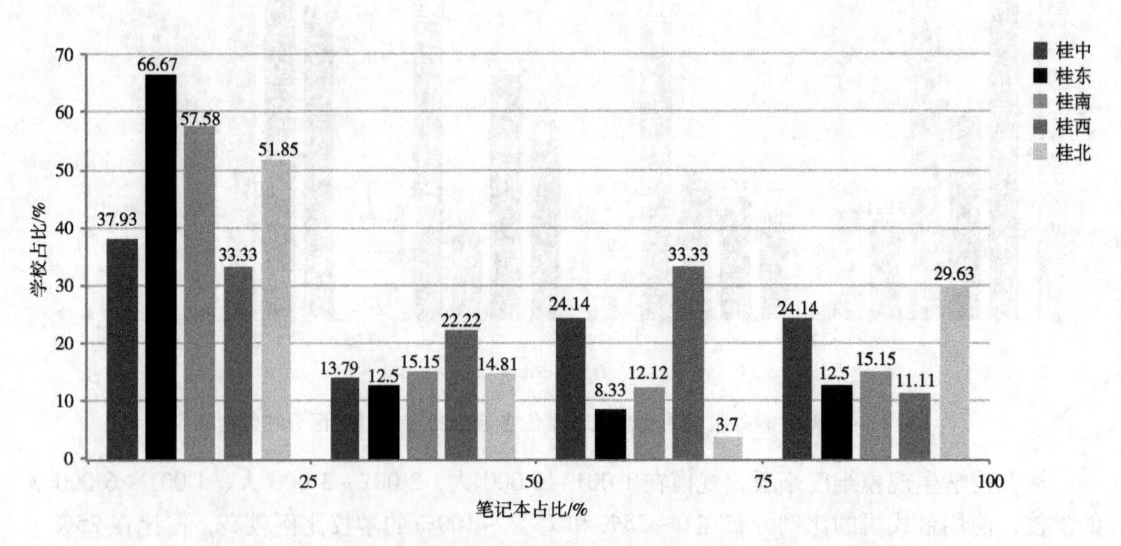

图 1-4-23　教师教学用信息化终端设备笔记本占比（地区分布维度）

从在校学生规模维度来看,各种规模学校的教师教学用笔记本占比在 0~25% 的比例较高,占比在 75% 以上的学校比例偏低,如图 1-4-24 所示。

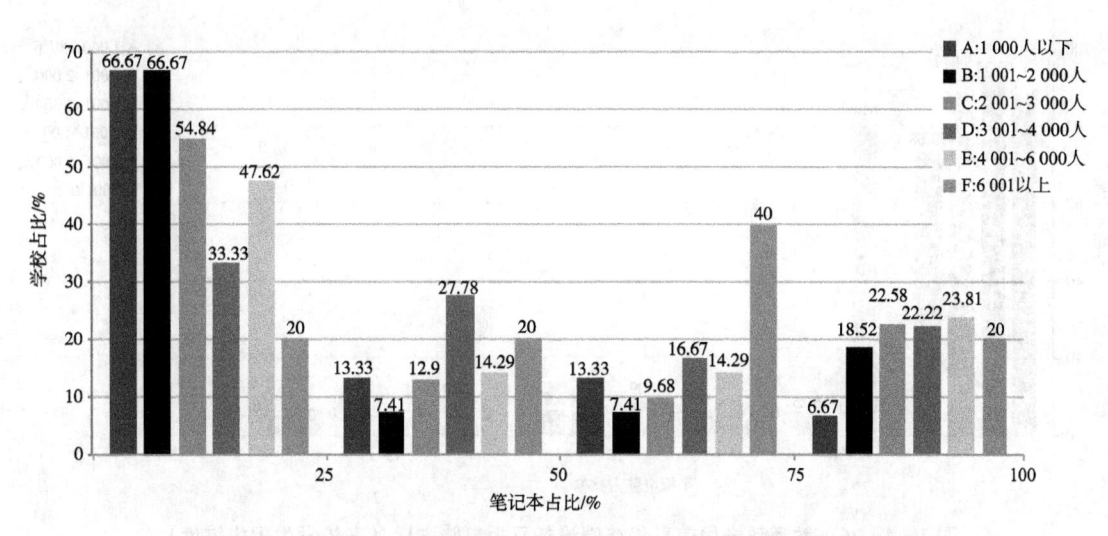

图 1-4-24　教师教学用信息化终端设备笔记本占比(在校学生规模维度)

(3) 平板电脑。

从地区分布维度来看,各地区中等职业学校的教师教学用平板电脑占比均不超过 20%。其中占比在 0~5% 区间段的学校分布最多,所有地区中等职业学校的教师教学用平板电脑占比都大于或等于 80%。学校教师教学用平板电脑占比在 15%~20% 区间的地区只有桂东和桂南地区,如图 1-4-25 所示。这说明平板电脑在全区中等职业学校教学中使用并未普及。

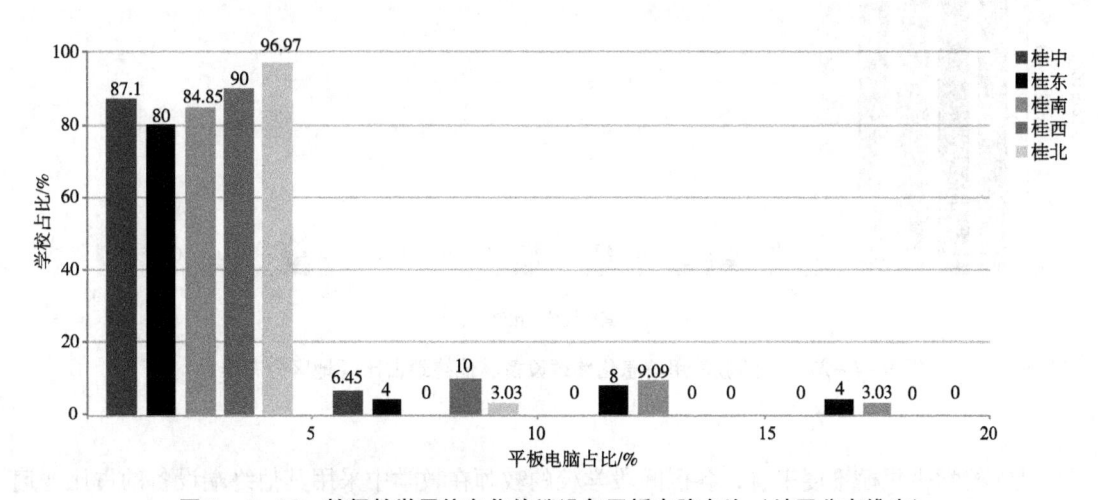

图 1-4-25　教师教学用信息化终端设备平板电脑占比(地区分布维度)

从在校学生规模维度来看，各种规模学校的教师教学用平板电脑占比在 0~5% 的比例较高，占比在 15% 以上的学校比例偏低，如图 1-4-26 所示。

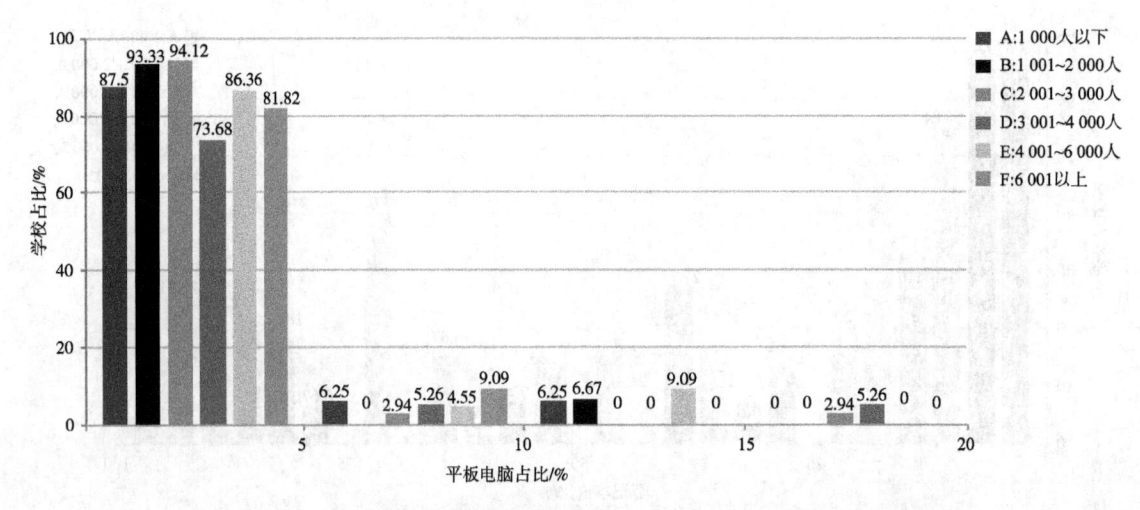

图 1-4-26　教师教学用信息化终端设备平板电脑占比（在校学生规模维度）

（4）其他终端。

各地区教师在教学中采用其他终端设备的占比普遍较低，如图 1-4-27 所示。

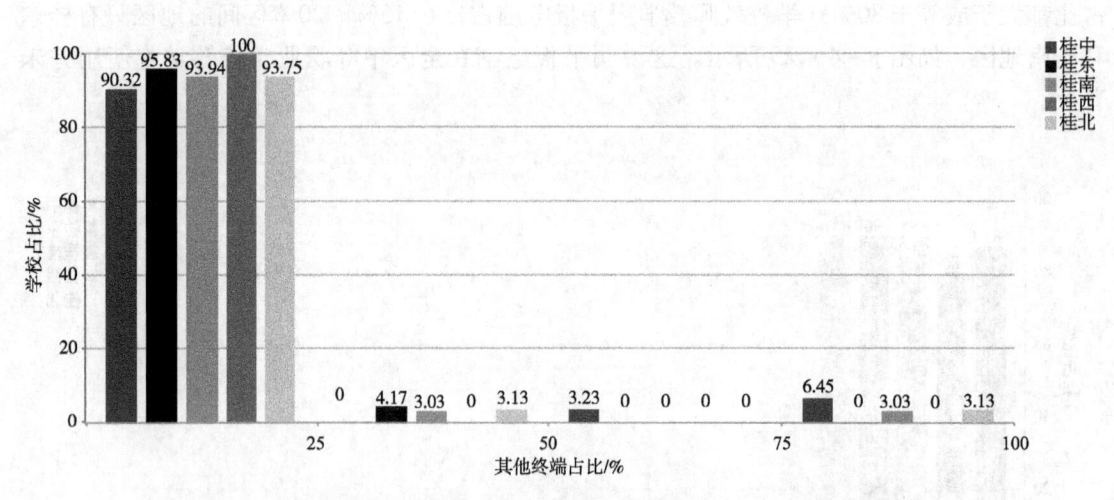

图 1-4-27　教师教学用信息化终端设备其他终端占比（地区分布维度）

从在校学生规模维度来看，各区间段学校的教师在教学中采用其他终端设备的占比普遍较低，如图 1-4-28 所示。

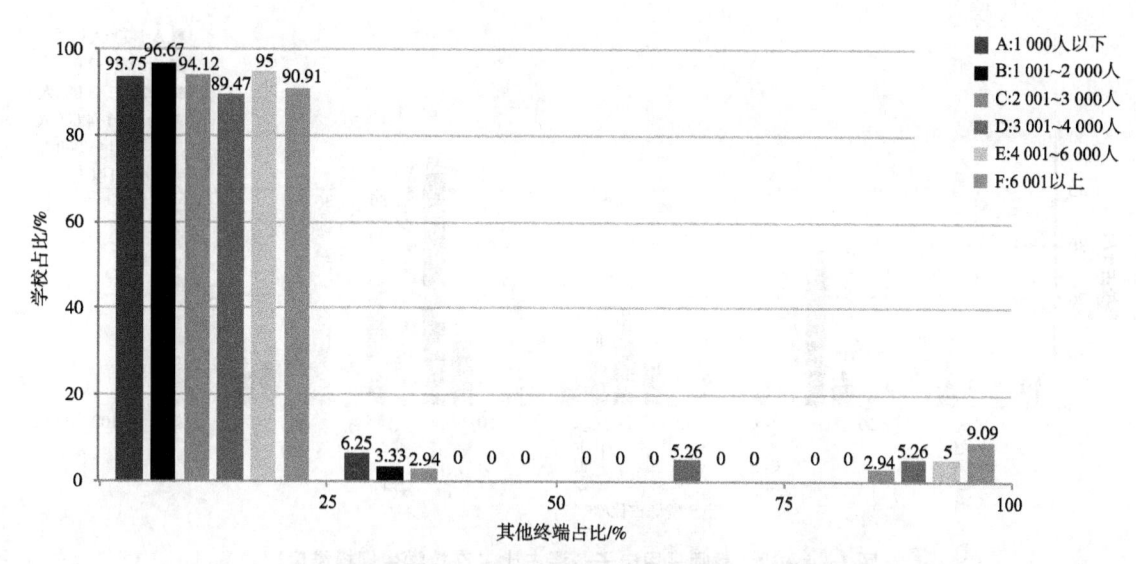

图 1-4-28　教师教学用信息化终端设备其他终端占比（在校学生规模维度）

2. 终端设备应用状况

1）教师采用电子备课占比

从地区分布维度看，各个地区大部分教师采用电子备课的学校占比最多。其中，桂北地区实现教师100%电子备课的学校比例最高，占25%；桂南地区大部分教师采用电子备课的学校比例最高，占43%。如图1-4-29所示。

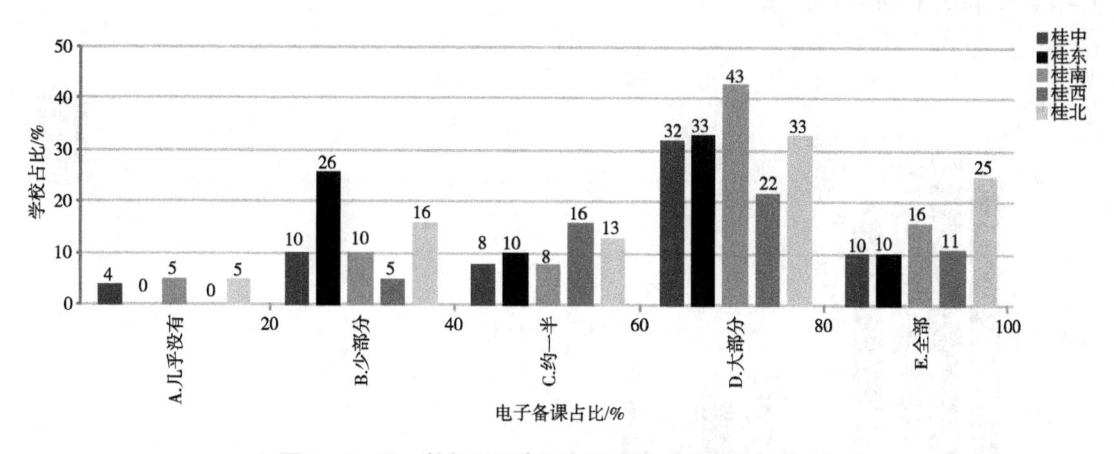

图 1-4-29　教师采用电子备课占比（地区分布维度）

从在校学生规模维度看，3 001～4 000人规模的学校实现教师100%电子备课的比例最高，占36%；4 001～6 000人规模的学校大部分教师采用电子备课的比例最高，占50%；4 001～6 000人规模的学校几乎没有教师采用电子备课的比例最高，占9%，如图1-4-30所示。

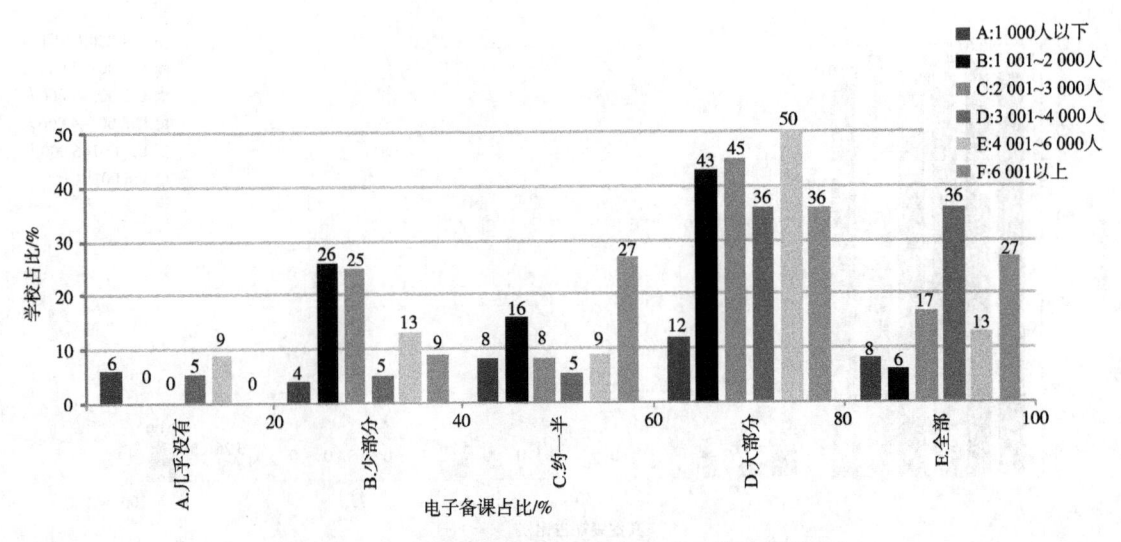

图1-4-30 教师采用电子备课占比（在校学生规模维度）

1.4.1.5 多媒体教室和计算机教室情况

1. 多媒体教室建设状况

1）教室总数

总体来说，在广西中等职业学校中，平均约70%的学校教室总数集中在0~100间，约20%的学校为100~200间，仅桂南地区超过300间教室的学校占比约为6.25%，如图1-4-31和图1-4-32所示。

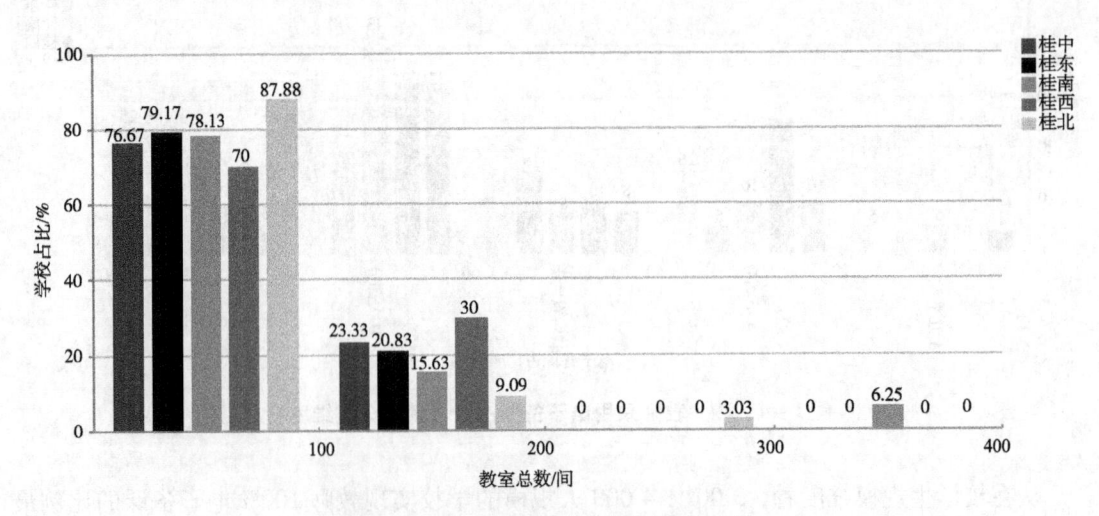

图1-4-31 教室总数（地区分布维度）

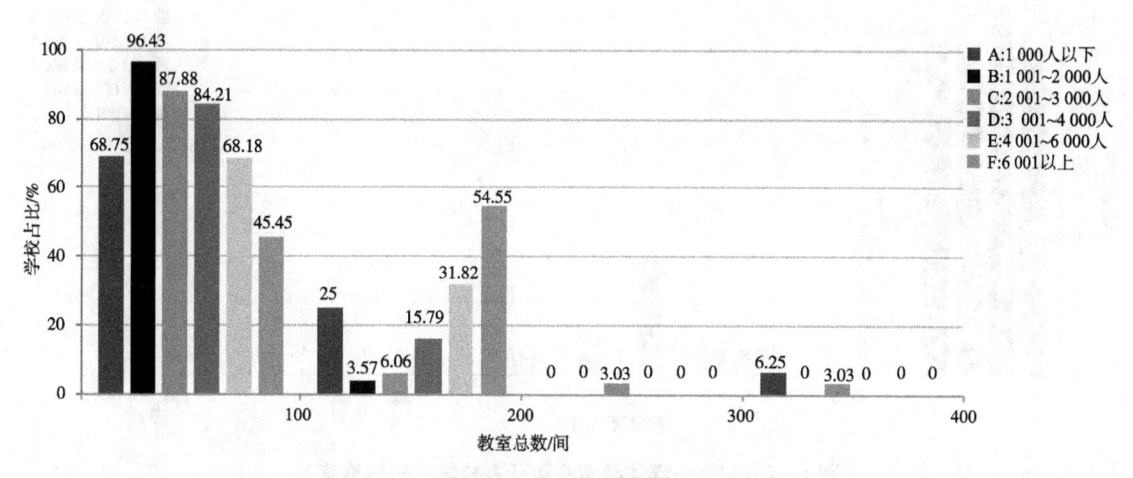

图 1-4-32 教室总数（在校学生规模维度）

2）多媒体教室间数

无论是从地区分布维度还是从在校学生规模维度来看，总体上广西中等职业学校多媒体教室间数大都集中在 0~100 间，其次是 100~200 间。从地区分布维度来看，多媒体教室集中在 100 间以内最多的是桂中地区，占比高达 100%。从在校学生规模维度来看，100% 的 1 001~2 000 人的学校拥有多媒体教室在 100 间以内，如图 1-4-33 和图 1-4-34 所示。

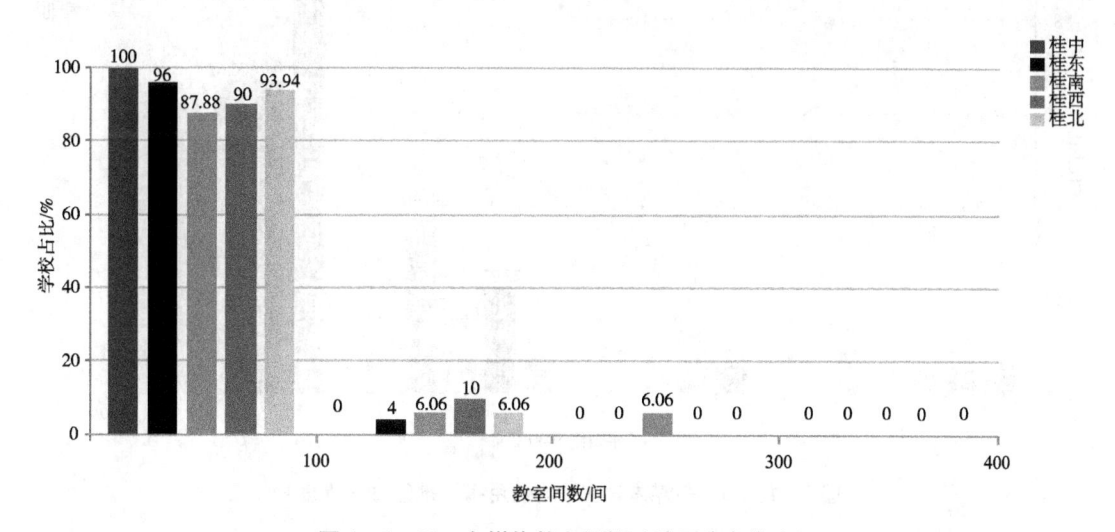

图 1-4-33 多媒体教室间数（地区分布维度）

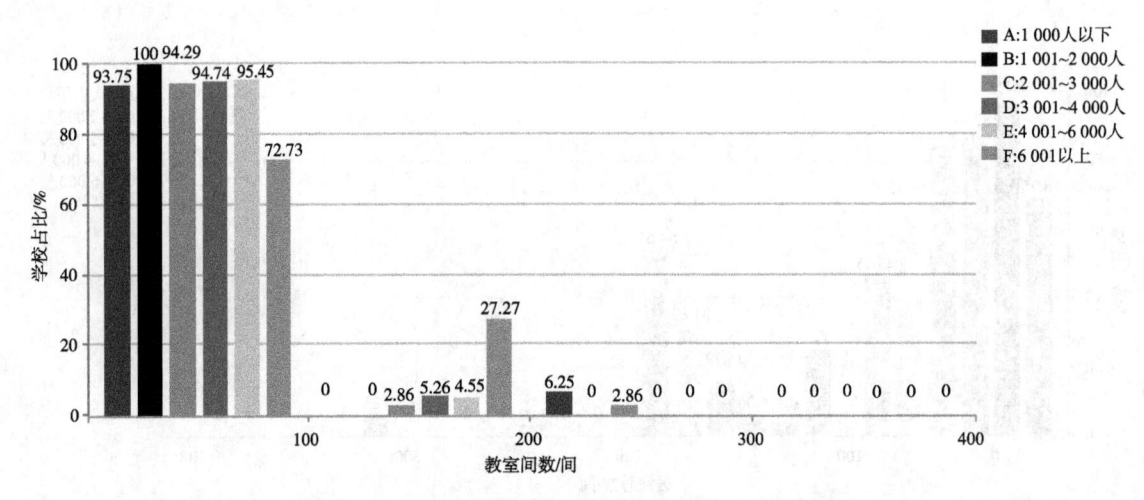

图 1-4-34　多媒体教室间数（在校学生规模维度）

3）多媒体教室平均使用率

无论是从地区分布维度还是从在校学生规模维度来看，总体来说，广西中等职业学校对多媒体教室平均使用率普遍比较高，大都在55%以上。从地区分布维度来看，桂中地区的学校对多媒体教室平均使用率最高；从在校学生规模来看，6 001人以上的学校对多媒体教室平均使用率最高，如图1-4-35和图1-4-36所示。

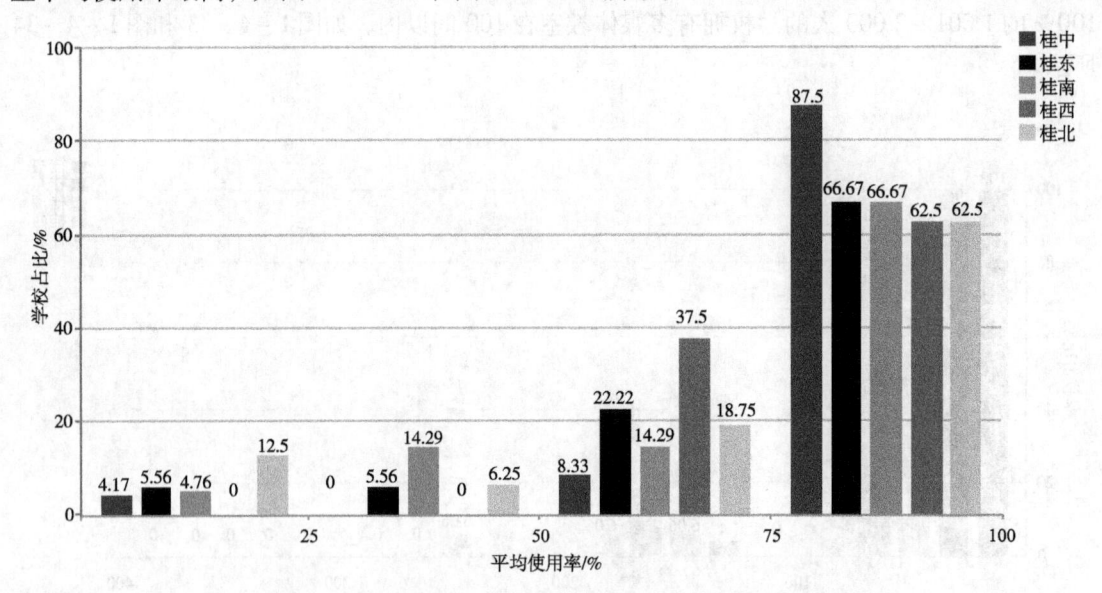

图 1-4-35　多媒体教室平均使用率（地区分布维度）

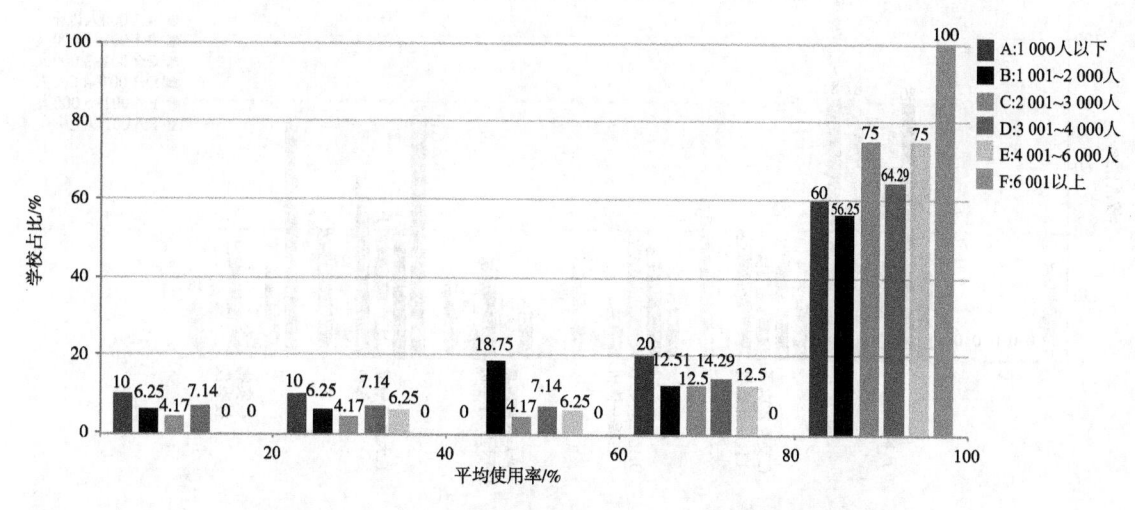

图 1-4-36 多媒体教室平均使用率（在校学生规模维度）

4）多媒体教室形态

图 1-4-37 和图 1-4-38 的数据显示，幕布+计算机+投影是主要的多媒体教室形态，桂南地区的学校和在校学生规模在 4 001 人以上的学校多使用该形态的多媒体教室，分别占 64% 和 81%；其次是大屏幕液晶一体机；交互式电子白板作为较为先进的多媒体设备，有约 24% 的学校开始使用；相对而言，没有使用多媒体教室的学校占比较少，其中桂中和桂东地区的学校占比最多，但也仅为 13%。总体来说，广西中等职业学校多媒体教室形态多样，但是仍需加大以电子白板为代表的先进多媒体技术的普及力度。

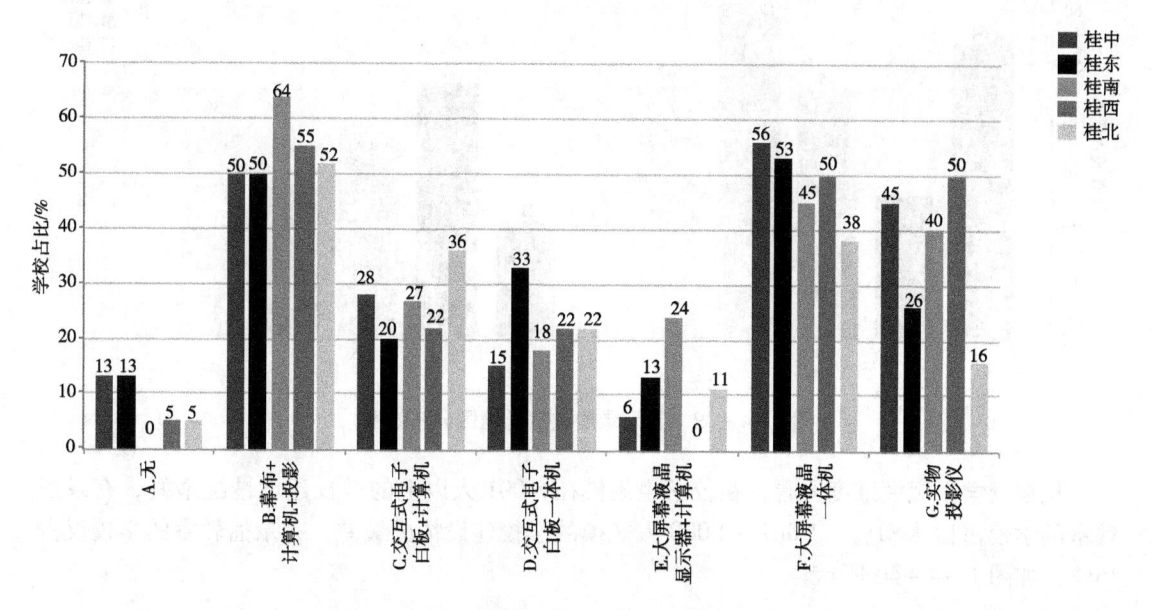

图 1-4-37 多媒体教室形态（地区分布维度）

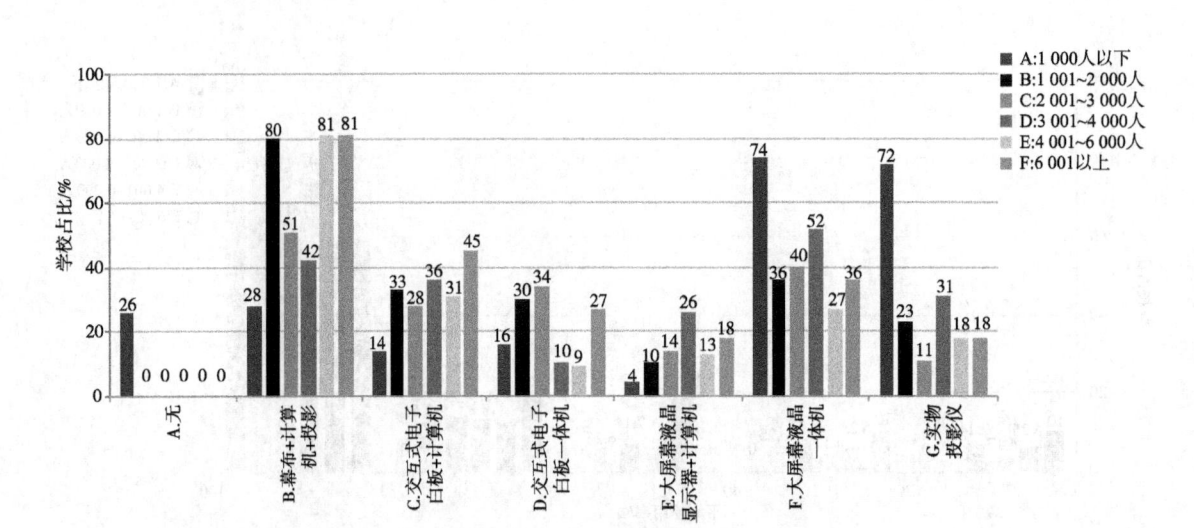

图 1-4-38　多媒体教室形态（在校学生规模维度）

2. 录播教室建设情况
1）有无录播教室

从地区分布维度来看，在录播教室建设情况方面，桂西地区的建设情况最好，有录播教室的学校占比达 61%；桂东地区的建设情况最差，有录播教室的学校仅占 26%，如图 1-4-39 所示。

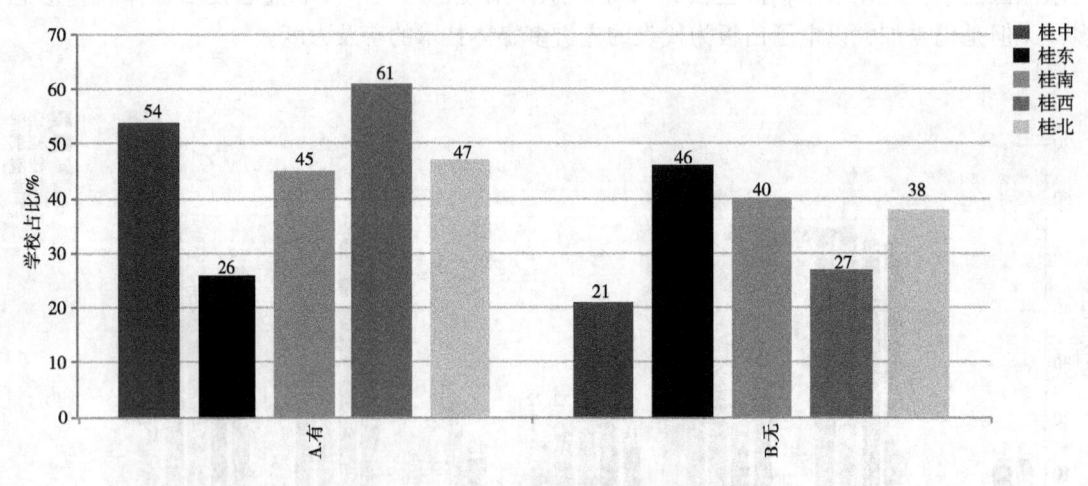

图 1-4-39　有无录播教室（地区分布维度）

从在校学生规模维度上看，在校学生规模在 6 001 人以上的学校建设情况最好，有录播教室的学校占比达 81%；1 001～2 000 人规模的学校建设情况最差，有录播教室的学校仅占 36%，如图 1-4-40 所示。

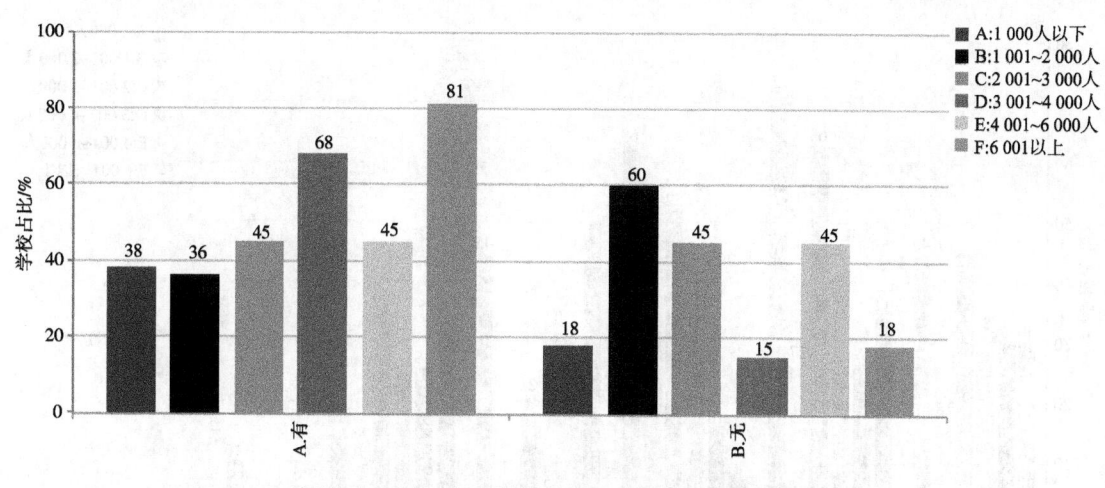

图 1-4-40　有无录播教室（在校学生规模维度）

2）录播使用功能

从地区分布维度来看，在录播教室使用功能方面，桂北、桂中地区的学校使用最多的是优质资源储备功能，分别占比达 50%、45%；桂西地区的学校使用最多的是优质课展示功能，占比达 50%；桂东地区的学校在录播教室使用功能方面的占比则最少，如图 1-4-41 所示。

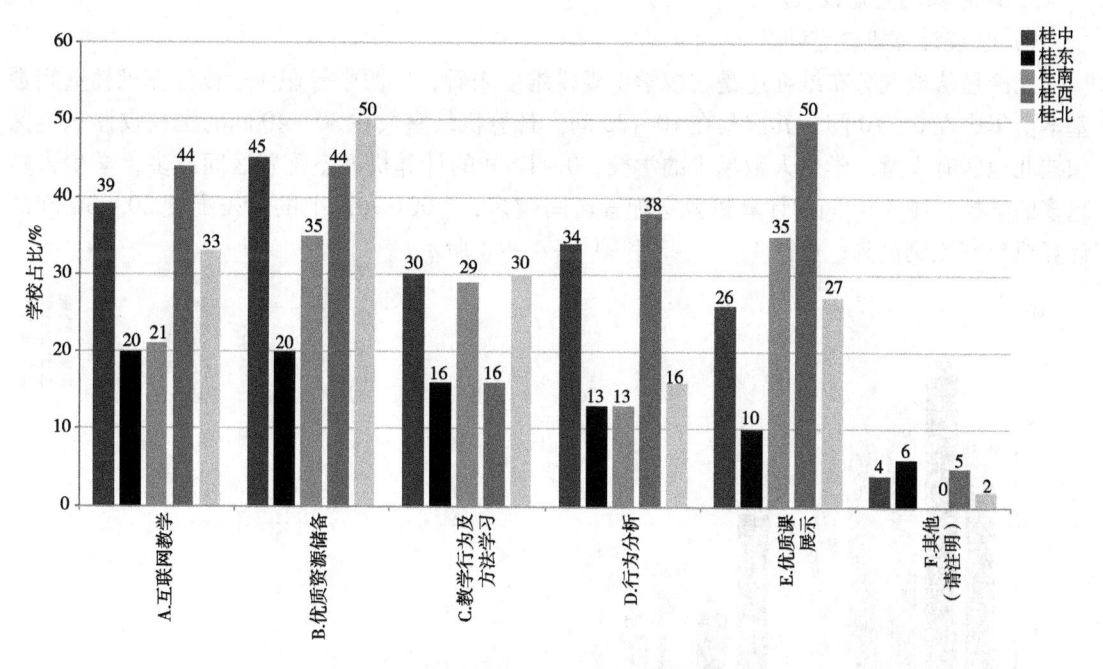

图 1-4-41　录播使用功能（地区分布维度）

从在校学生规模维度来看，在录播教室使用功能方面，6 001 人以上规模的学校使用最多的是优质资源储备功能，占比达 72%；规模在 3 001-4 000 人的学校有 52% 的使用教学行为及方法分析功能；规模在 1 000 人以下的学校使用教学行为及方法分析功能最少，如图 1-4-42 所示。

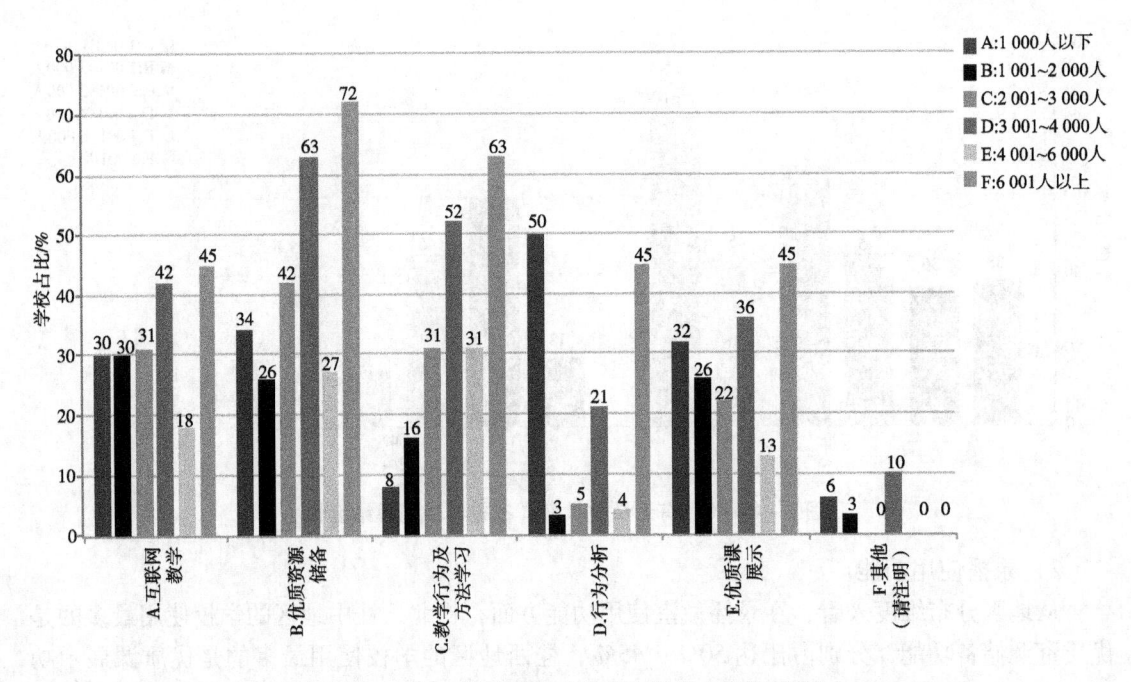

图 1-4-42 录播使用功能（在校学生规模维度）

3. 计算机教室建设状况

1) 学校计算机教室间数

无论是从地区分布维度还是在校学生规模维度来看，广西中等职业学校计算机教室间数基本上集中在 0~10 间，其次是在 10~30 间。计算机教室数在 30~40 间的学校仅桂东地区和桂北地区有少量。学生人数越少的学校，0~10 间的计算机教室配置区间越多，学生人数越多的学校，10~30 间的计算机教室配置区间越多，6 001 人以上的学校配置 20~30 间的计算机教室比例最高，如图 1-4-43 和图 1-4-44 所示。

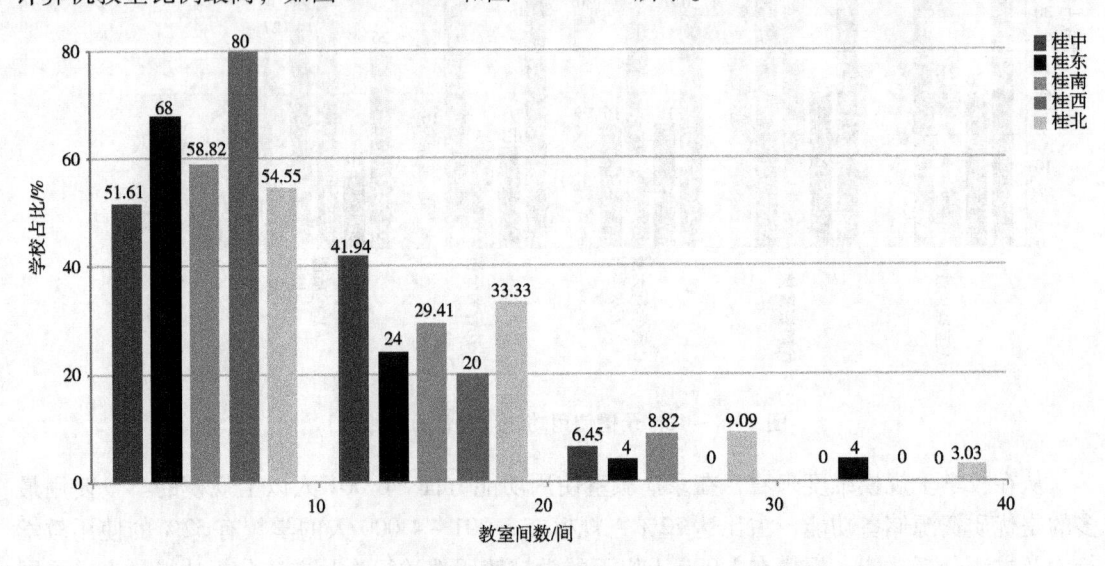

图 1-4-43 学校计算机教室间数（地区分布维度）

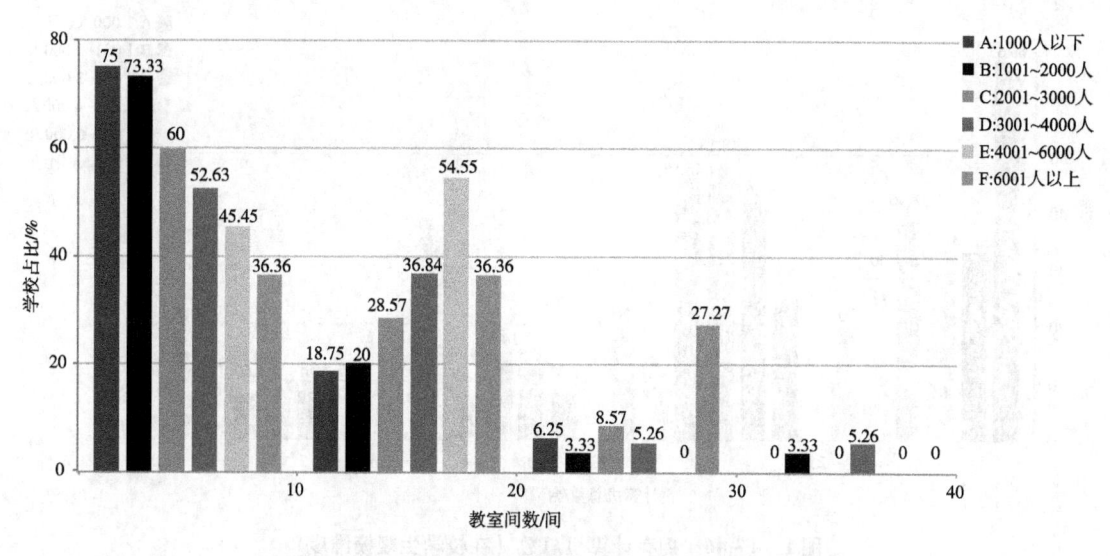

图 1-4-44　学校计算机教室间数（在校学生规模维度）

2）拥有计算机总数

从地区分布与在校学生规模两个维度来看，拥有计算机总数基本集中在 250 台以内，其次是 250~500 台。从地区分布维度来看，拥有 250 台以内计算机的学校占比最大为桂东地区，占 57.89%；拥有 250~500 台计算机的学校占比最大的是桂西地区，占比 50%。从在校学生规模维度来看，1 000 人以下的学校拥有 250 台以内计算机的占比 66.67%，2 001~3 000 人的学校中拥有 250~500 台计算机的占比 48.15%，如图 1-4-45 和图 1-4-46 所示。

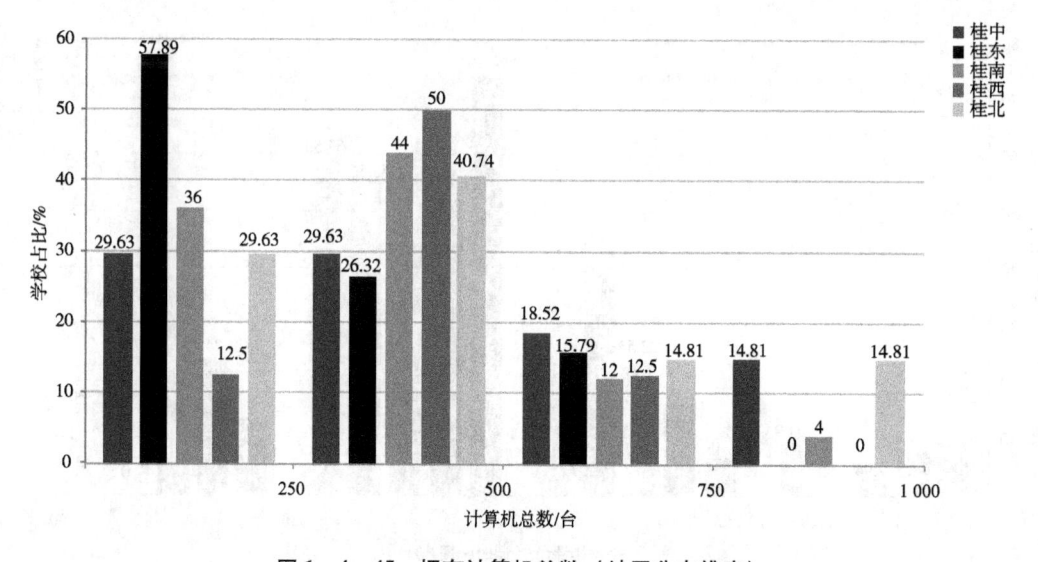

图 1-4-45　拥有计算机总数（地区分布维度）

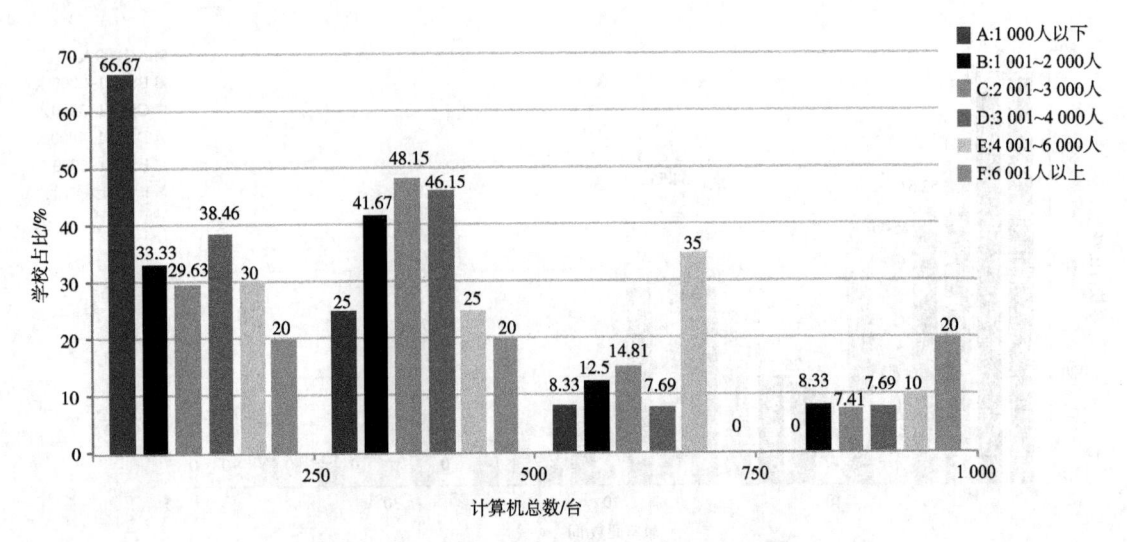

图 1-4-46 拥有计算机总数（在校学生规模维度）

3）每间计算机教室的平均排课量

从地区分布与在校学生规模两个维度来看，每间计算机教室的平均排课量大多集中在 40 课时/周以内。从地区分布维度来看，桂中地区学校每间计算机教室的平均排课量集中在 20~30 课时/周的占比最大，达到 74.19%，桂南地区学校每间计算机教室平均排课量在 30~40 课时/周的占比最大，达到 32.25%。从在校学生规模维度来看，6 001 人以上的学校每间计算机教室平均排课量在 20~30 课时/周的占比最大，达到 81.82%；1 000 人以下的学校每间计算机教室平均排课量在 10~20 课时/周的占比最大，达到 25%，如图 1-4-47 和图 1-4-48 所示。

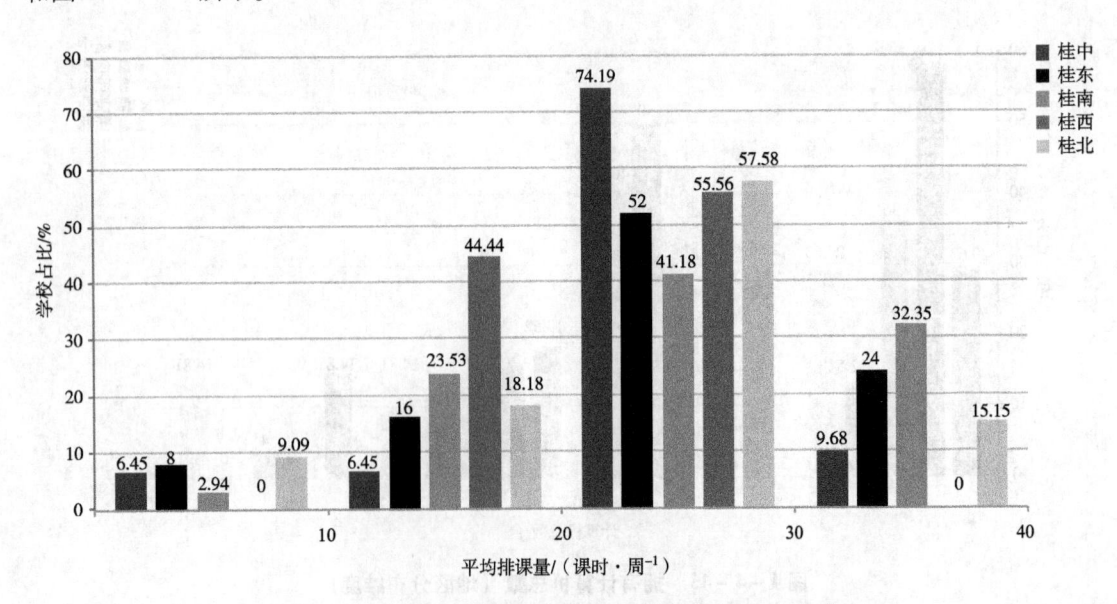

图 1-4-47 每间计算机教室的平均排课量（地区分布维度）

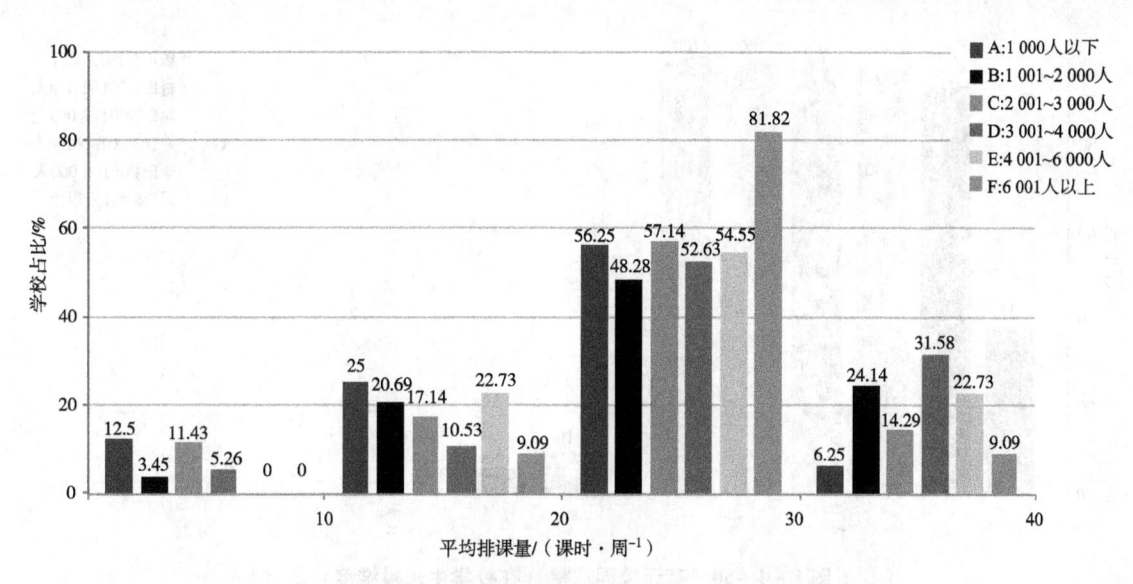

图 1-4-48 每间计算机教室的平均排课量（在校学生规模维度）

1.4.1.6 校园广播情况

1. 有无校园广播

从地区分布维度来看，全区大部分中等职业学校都开通了校园广播，桂北地区有校园广播的学校比例最高，达到91%，其次是桂南和桂东地区。桂西地区比例最低，为55%，如图 1-4-49 所示。

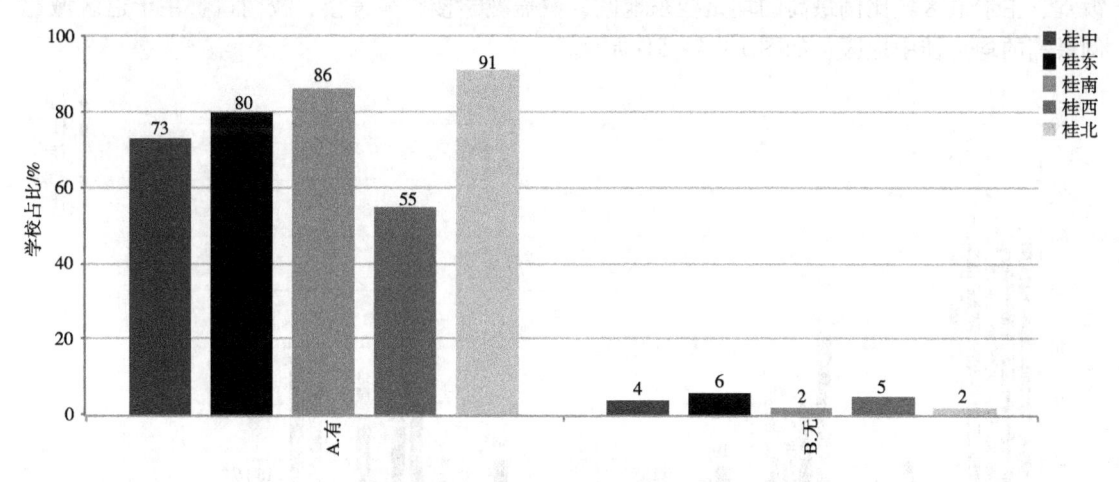

图 1-4-49 有无校园广播（地区分布维度）

从在校学生规模维度来看，在校生规模为3 001人以上的学校基本都开通了校园广播站。其次是在校生规模为2 001~3 000人的学校，比例为97%。在校生规模在1 000以下的学校开通校园广播站的比例最低，为38%，如图1-4-50 所示。

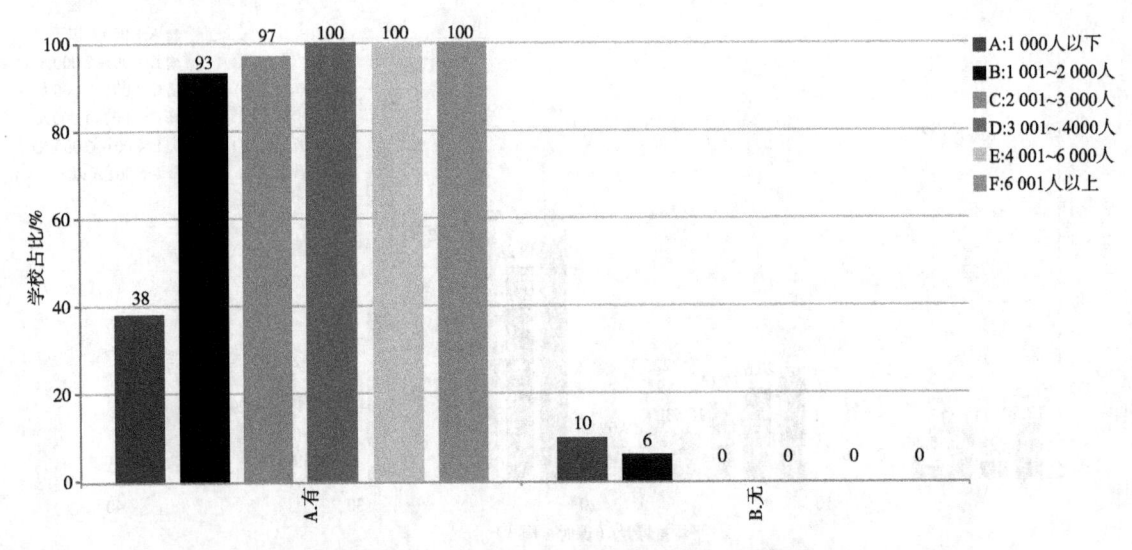

图 1-4-50 有无校园广播（在校学生规模维度）

2. 广播覆盖情况

全区中等职业学校校园广播全覆盖比例达到66%左右。从校园广播覆盖区域来看，校园广播覆盖教学楼、校门口、主干道的比例要高于校园广播覆盖办公楼、宿舍楼、图书馆、学校饭堂的比例。

从地区分布维度来看，桂南、桂西、桂北三个地区的学校校园广播全覆盖比例较高，均达到72%；桂东地区学校全覆盖比例最低，为56%。校园广播覆盖办公楼、图书馆、学校饭堂、主干道区域比例最高的均是桂东地区，覆盖教学楼、宿舍楼、校门口、主干道区域比例最高的均是桂中地区，如图1-4-51所示。

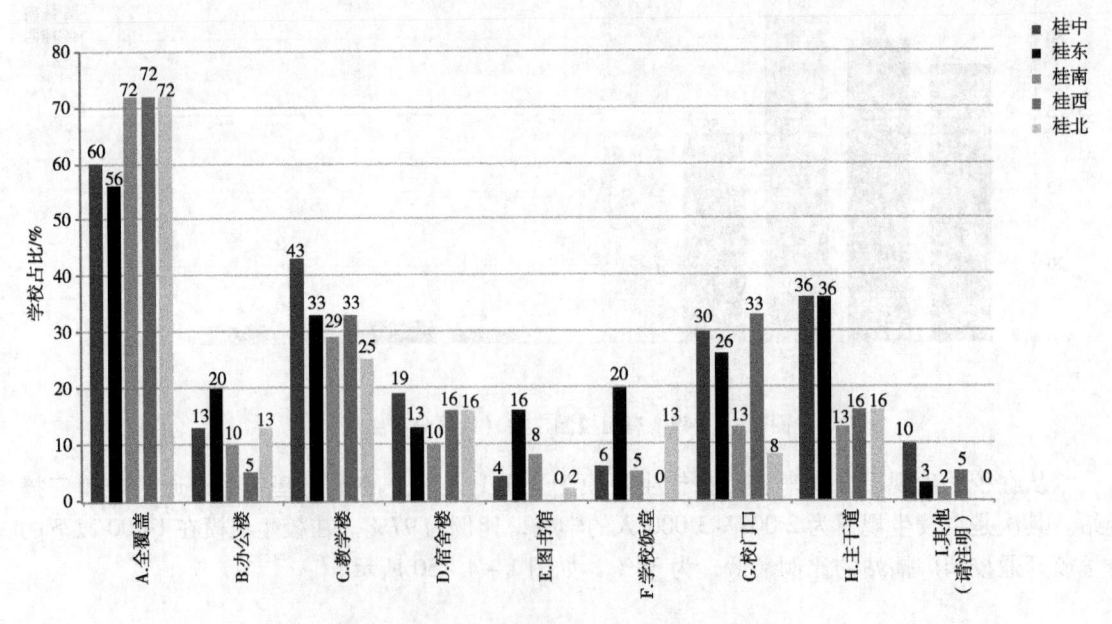

图 1-4-51 广播覆盖情况（地区分布维度）

从在校学生规模维度来看，在校生规模在 3 001～4 000 人的中职学校的校园广播全覆盖比例最高，达到 94%；在校生规模在 2 001～3 000 人的中职学校的校园广播全覆盖比例最低，为 51%。在校生规模在 1 000 人以下的中职学校的校园广播主要覆盖教学楼、校门口、主干道等区域；在校生规模在 4 000 人以上的学校的校园广播主要覆盖教学楼、主干道区域，如图 1-4-52 所示。

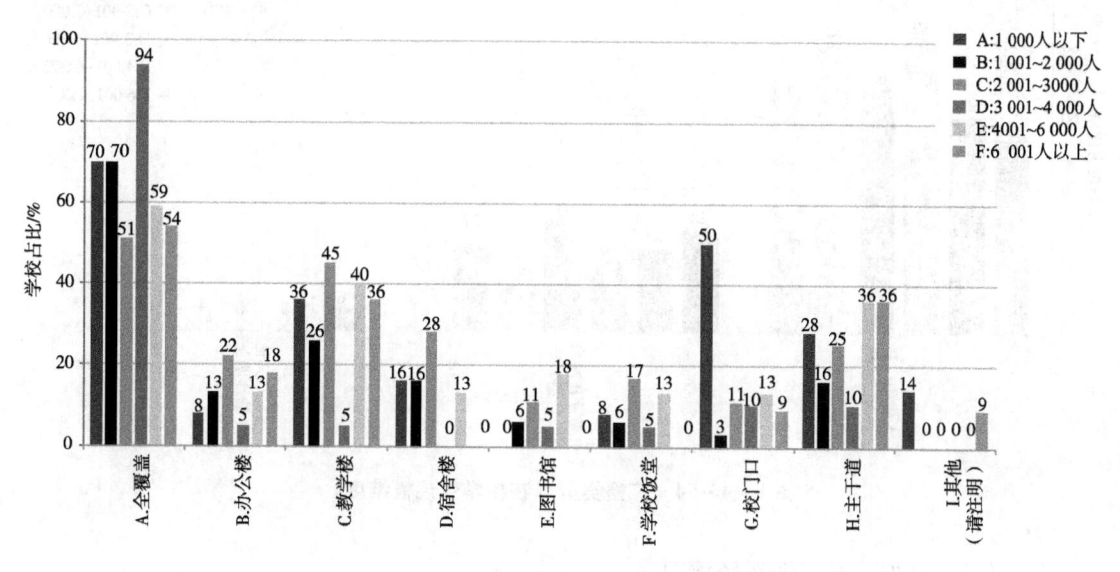

图 1-4-52　广播覆盖情况（在校学生规模维度）

3. 广播类型

在对学校广播类型的调查中，全区中职学校使用的广播类型主要有模拟广播系统和数字 IP 网络广播系统两种。其中，使用模拟广播系统的学校较多，比例达到 60% 以上。

从地区分布维度来看，使用模拟广播系统比例最高的是桂北地区学校，达到 75%；使用数字 IP 网络广播系统的比例最高的是桂西地区学校，达 38%，如图 1-4-53 所示。

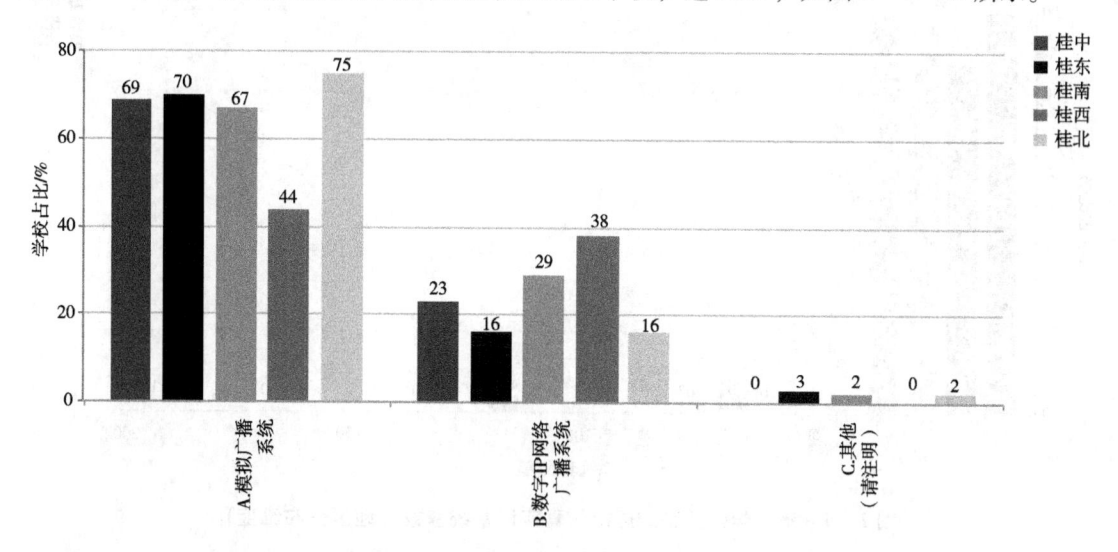

图 1-4-53　广播类型（地区分布维度）

中职学校信息化发展的策略研究

从在校学生规模维度来看,使用模拟校园广播系统的比例最高的是在校学生规模在2 001~3 000人的学校,比例达到82%;使用数字IP网络广播系统比例最高的是在校学生规模在3 001~4 000人的学校,比例达到31%,如图1-4-54所示。

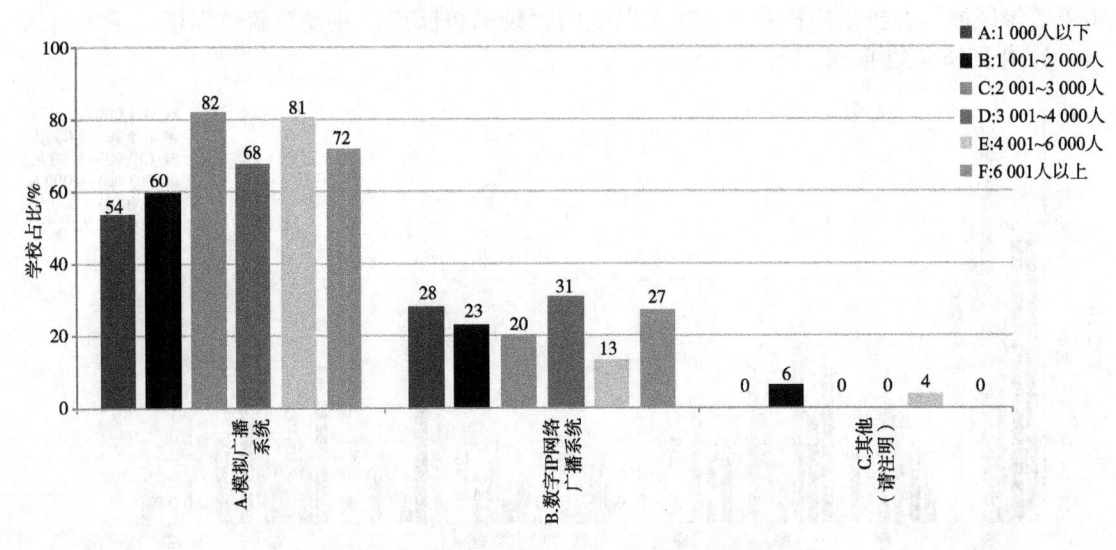

图1-4-54 广播类型(在校学生规模维度)

1.4.1.7 虚拟仿真实训系统情况

1. 学校部署的虚拟仿真实训系统套数

从地区分布维度来看,全区中职学校部署的虚拟仿真实训系统多在50套以内。桂中、桂南、桂北地区有少数学校部署的虚拟仿真实训系统在100套以上,如图1-4-55所示。

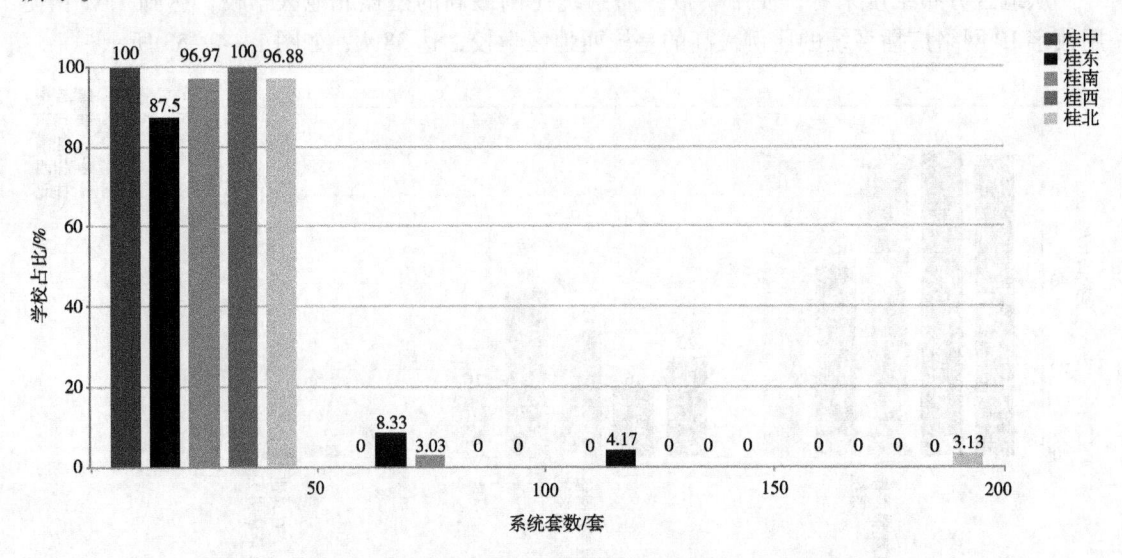

图1-4-55 学校部署的虚拟仿真实训系统套数(地区分布维度)

从在校学生规模维度来看,各区间学校部署的虚拟仿真实训系统多在50套以内。仅有少量在校学生规模在 3 001~6 000 人的学校部署的虚拟仿真实训系统在 100 套以上，如图 1-4-56 所示。

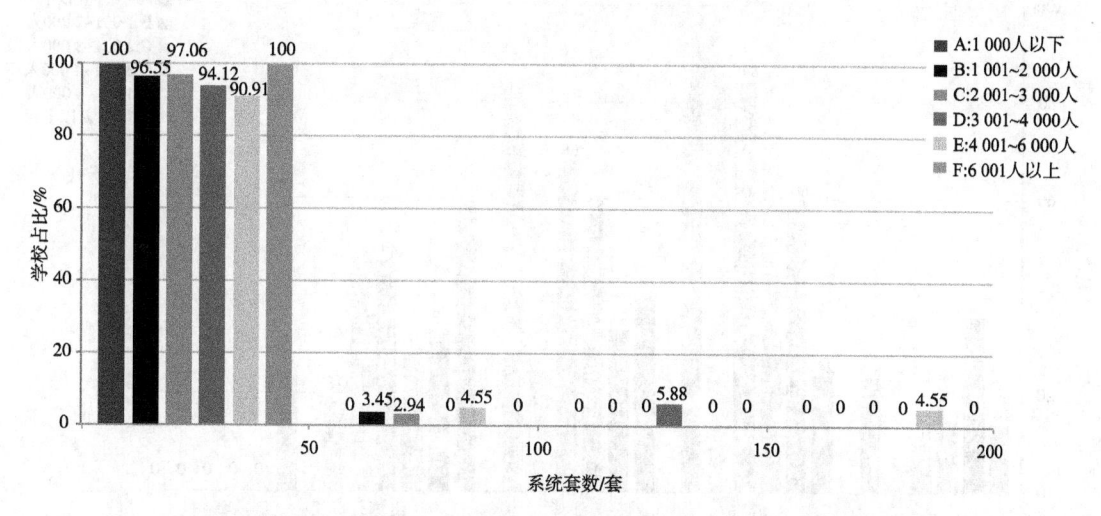

图 1-4-56　学校部署的虚拟仿真实训系统套数（在校学生规模维度）

2. 学校虚拟仿真技术的主要应用范畴

从地区分布维度来看，在学校现有虚拟仿真技术的应用范畴方面，更多的学校应用于教师教学演示，其次是学生自学自练，其中桂北地区 75% 的学校都应用于教师教学演示，为各地区之最。各地区均有少量学校没有应用虚拟仿真技术，其中桂东学校占比 23%，为数最多，如图 1-4-57 所示。

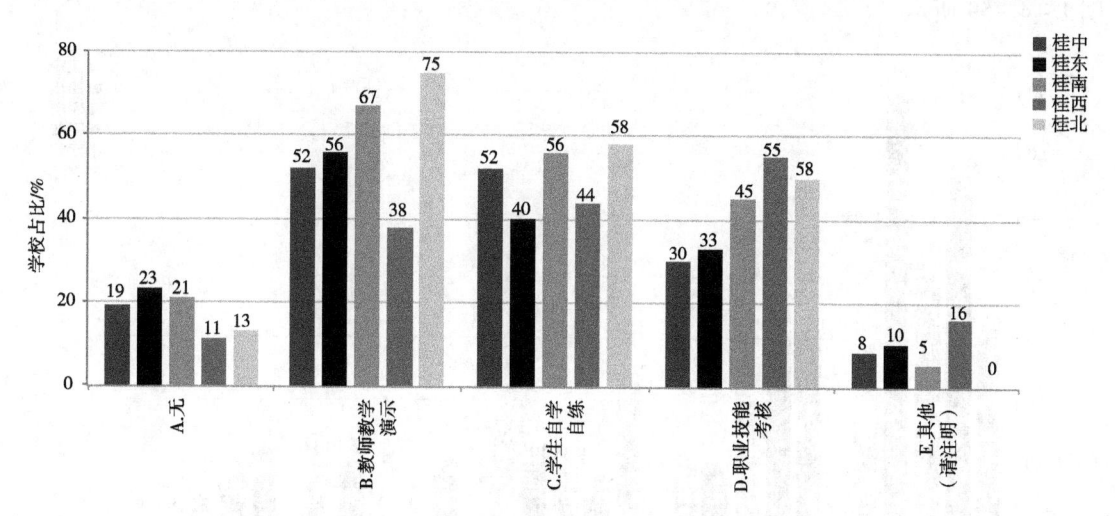

图 1-4-57　学校虚拟仿真技术的主要应用范畴（地区分布维度）

从在校学生规模维度来看，规模在 3 001~6 000 人的学校将虚拟仿真技术应用于教师教学演示，比例达 80% 以上；规模在 1 001~2 000 人之内的学校有 36% 的学校没有应用虚拟技术教学；规模在 1 000 人以下、3 001~6 000 人的学校将虚拟仿真技术应用于职业技能考核，比例接近 56%。规模在 1 000 人以下的学校将虚拟仿真技术应用于其他教学领域，如图

1-4-58 所示。

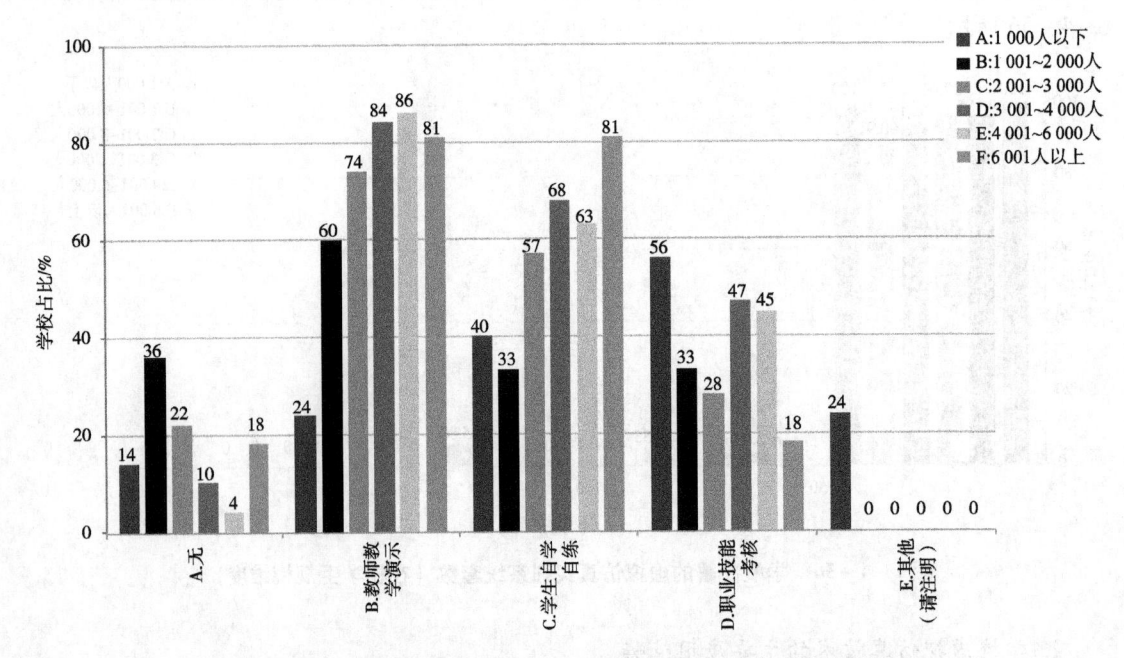

图 1-4-58　学校虚拟仿真技术的主要应用范畴（在校学生规模维度）

3. 应用虚拟仿真实训系统的专业占全部专业的比例

从地区分布维度来看，全区中职学校应用虚拟仿真实训系统的专业占全部专业的比例多在 40% 以下。在高于 40% 的学校中，桂中的学校比例最高，桂东地区的学校比例最低，如图 1-4-59 所示。

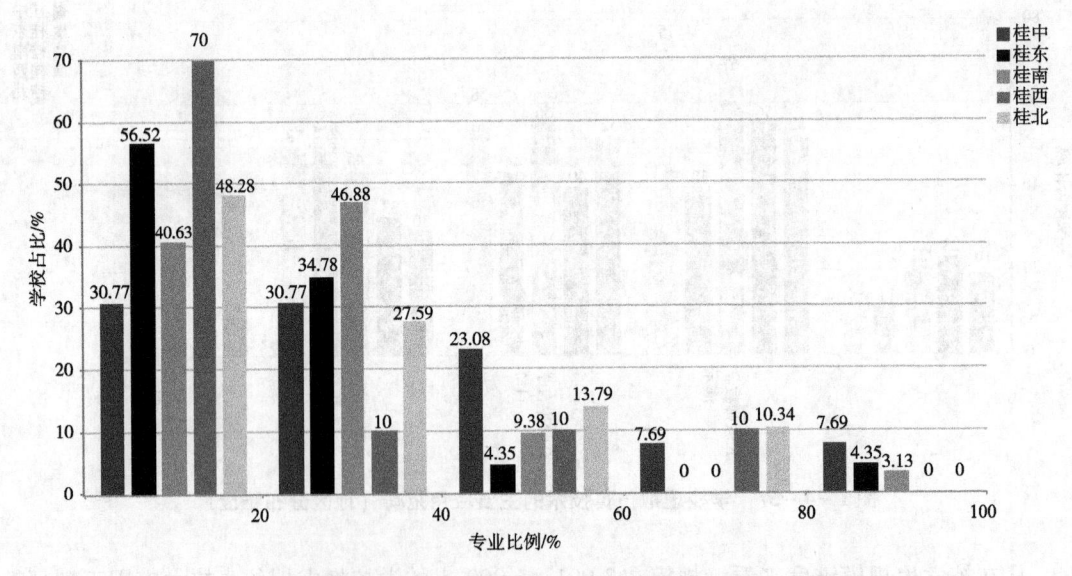

图 1-4-59　应用虚拟仿真实训系统的专业占全部专业的比例（地区分布维度）

从在校学生规模维度来看，各区间的学校应用虚拟仿真实训系统的专业占全部专业的比例多在 40% 以下。在高于 40% 的学校中，规模为 4 001~6 000 人的学校比例最高，规模为

1 001~2 000 人的学校比例最低，如图 1-4-60 所示。

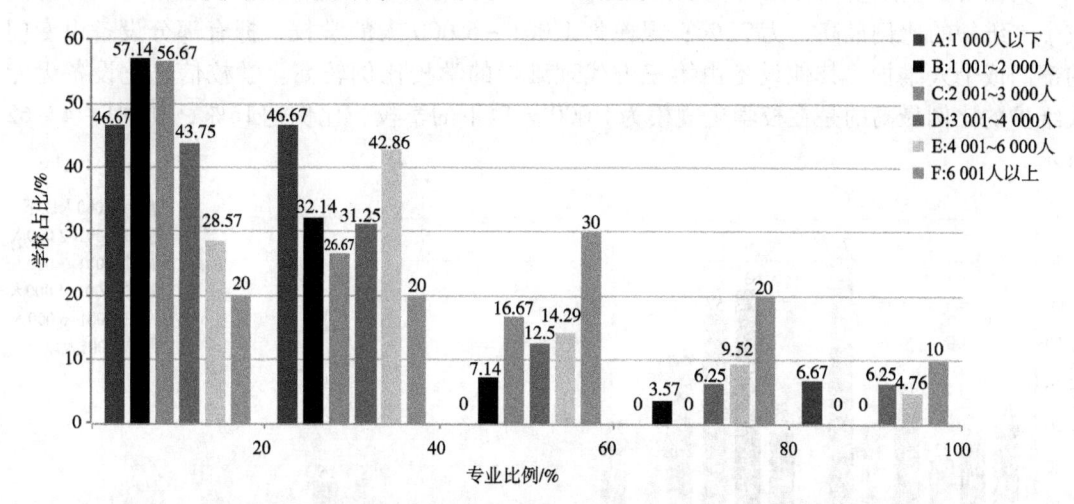

图 1-4-60　应用虚拟仿真实训系统的专业占全部专业的比例（在校学生规模维度）

1.4.1.8　信息化设备维护情况

全区 90% 以上的中职学校均对信息化设备进行维护。学校信息化设备维护工作主要采用部分设备由专门的部门或个人维护、其他设备由第三方代理维护的方式。学校一般很少采用全部设备均由第三方代理维护的方式。

从地区分布维度来看，在桂中、桂西地区的学校中，拥有全部设备由专门的部门或个人维护的学校比例较高，分别达 45%、44%；桂南地区拥有部分设备由专门的部门或个人维护，其他设备由第三方代理维护的学校比例较高，为 64%。学校信息化设备无专人维护的比例最高的地区是桂北地区，比例达 11%，如图 1-4-61 所示。

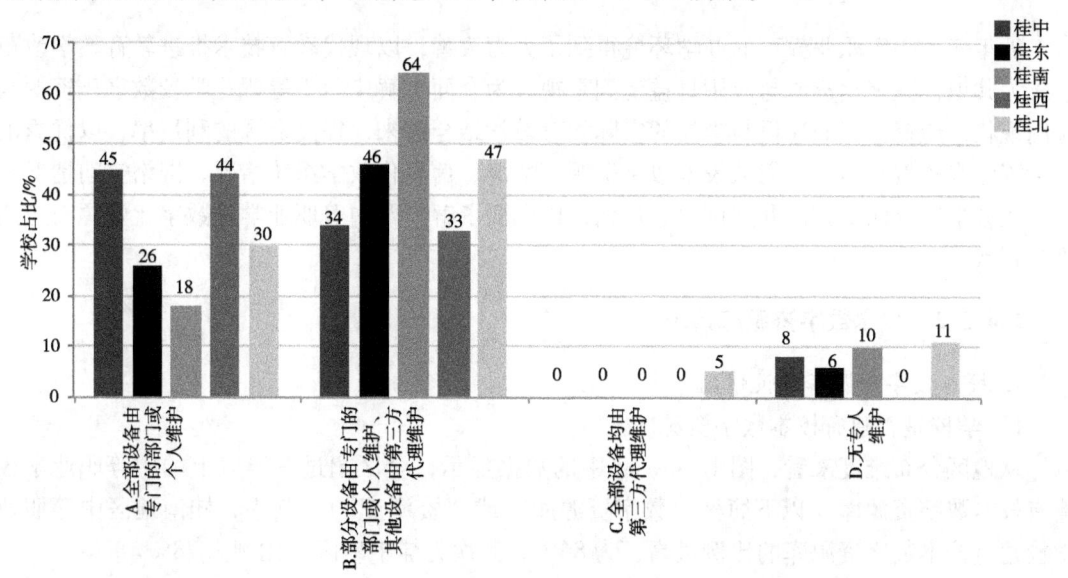

图 1-4-61　信息化设备维护工作情况（地区分布维度）

从在校学生规模维度来看,规模在 6 001 人以上的学校,拥有全部设备由专门的部门或个人维护的比例最高,为 72%;规模为 1 001~6 000 人的学校,拥有部分设备由专门的部门或个人维护、其他设备由第三方代理维护的学校比例较高。学校信息化设备无专人维护的比例最高的是在校学生规模为 1 000 人以下的学校,比例达 16%,如图 1-4-62 所示。

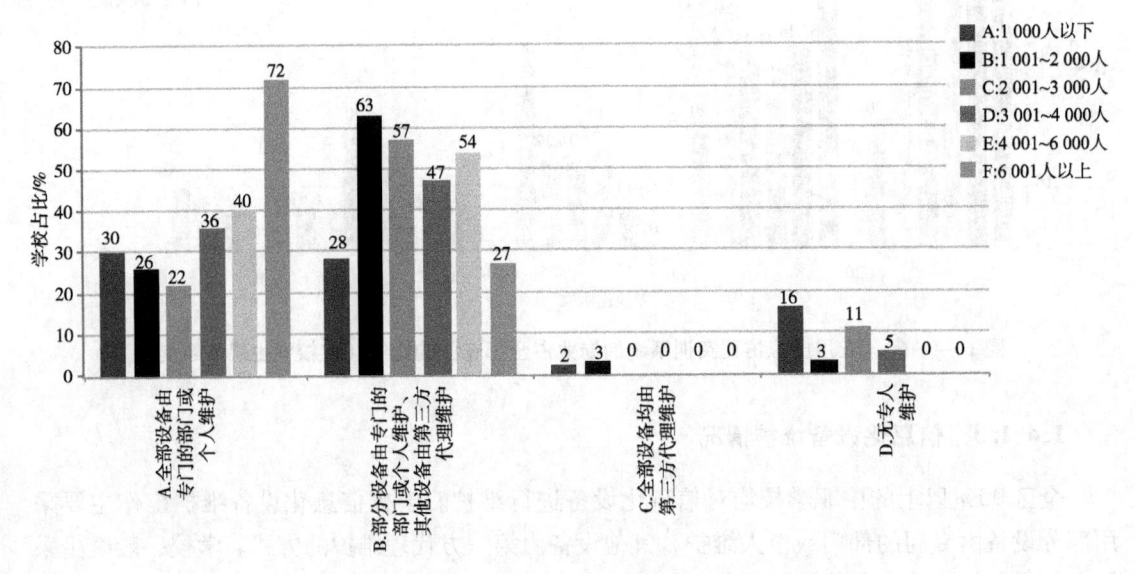

图 1-4-62 信息化设备维护工作情况(在校学生规模维度)

1.4.2 数字化资源与应用现状

1.4.2.1 引言

近年来,中等职业教育的办学环境得到了大力改善,以现代教育技术推进教育教学改革已成为共识,数字化资源与应用日益受到重视。为全面了解广西中等职业学校数字化资源与应用现状,让资源库的建设与学校的实际教育教学结合起来,提高资源的利用率,以优秀的教学资源服务教和学,我们从校本数字资源库情况、信息化教学系统情况、网络空间情况和信息化教学情况四个方面开展调研、评估,以全面了解广西中等职业学校数字化资源与应用服务现状。

1.4.2.2 校本数字资源库情况

1. 校本数字资源库建设情况
1)学校是否建有校本数字资源库

从地区分布维度来看,图 1-4-63 中的数据显示,全区超过一半以上的中等职业学校建有校本数字资源库(以下简称"数字资源库"或"资源库"),其中,桂南地区中等职业学校建有校本数字资源库的比例最高,为 86%,其次为桂中地区,比例为 78%。

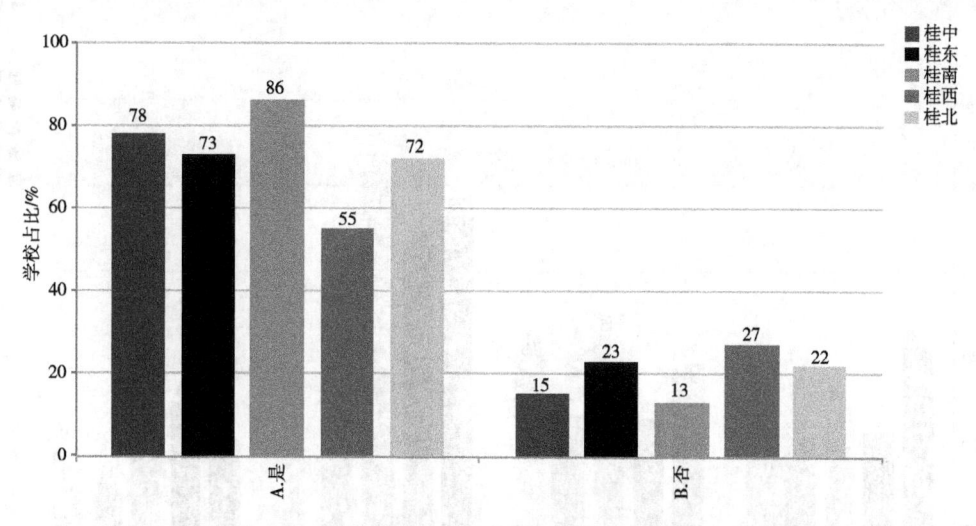

图 1-4-63 学校是否建有校本数字资源库（地区分布维度）

从在校学生规模维度来看，分析结果与地区分布结果一致，全区有 50% 以上的不同规模的中职学校建有校本数字资源库，其中 6 001 人以上在校生规模的中职学校全部建有校本数字资源库，占比最高，为 100%，1 000 人以下规模的中职学校建有校本数字资源库的占比最低，为 52%，如图 1-4-64 所示。

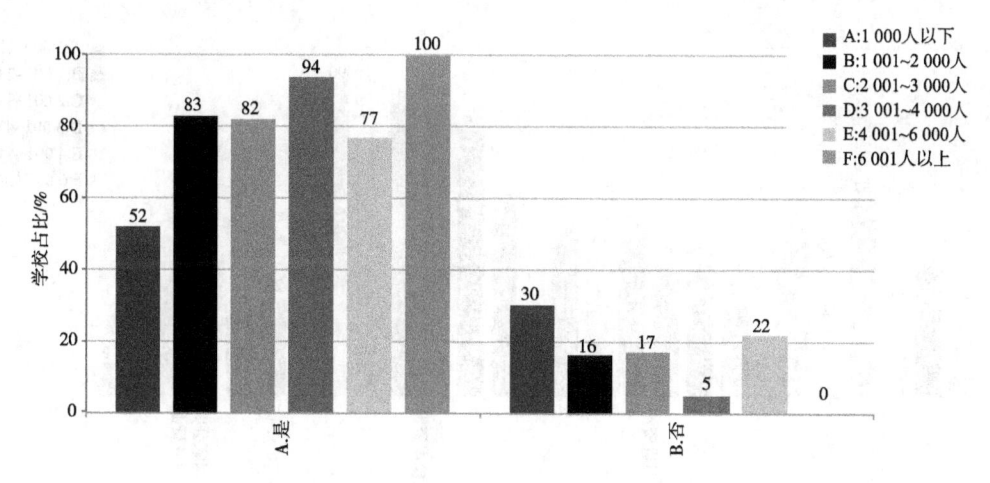

图 1-4-64 学校是否建有校本数字资源库（在校学生规模维度）

2）数字资源来源

调查显示，建有校本数字资源库的中等职业学校中，不论从地区分布维度还是在校学生规模维度来看，50% 以上的学校数字资源来源为校本资源，占比最多，国家公共教育资源最少；按地域划分，在数字资源来源最多的校本资源中，选择校本资源的学校桂南地区占比最高，桂西地区最低，分别为 83%、55%。从在校学生规模维度看，6 001 人以上的中职学校中有 90% 的学校选择校本资源，占比最高，9% 的学校选择国家公共教育资源，占比最低，如图 1-4-65 和图 1-4-66 所示。

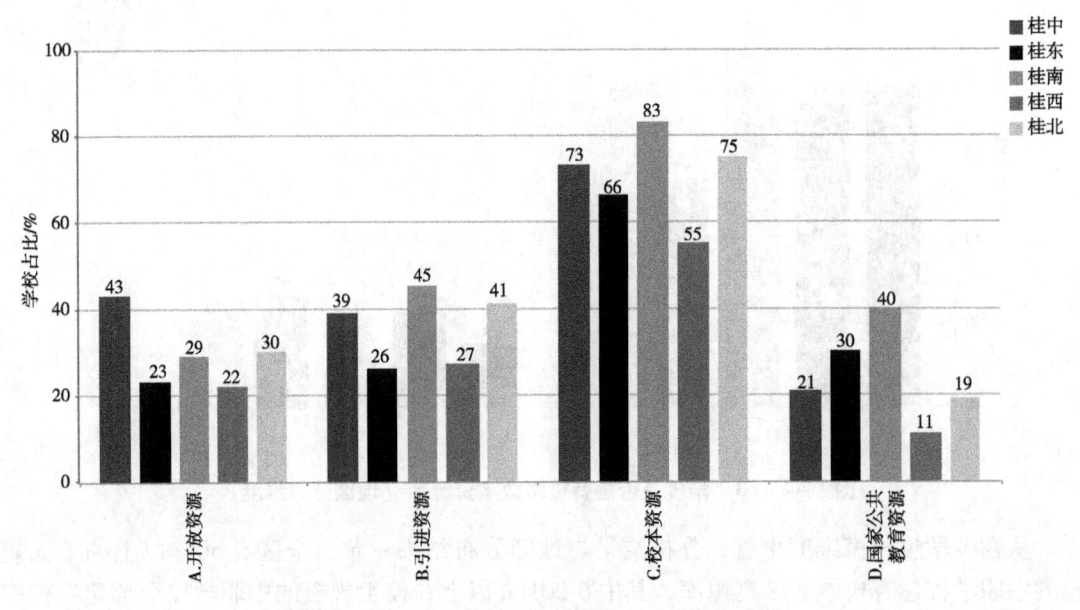

图 1-4-65　数字资源来源情况（地区分布维度）

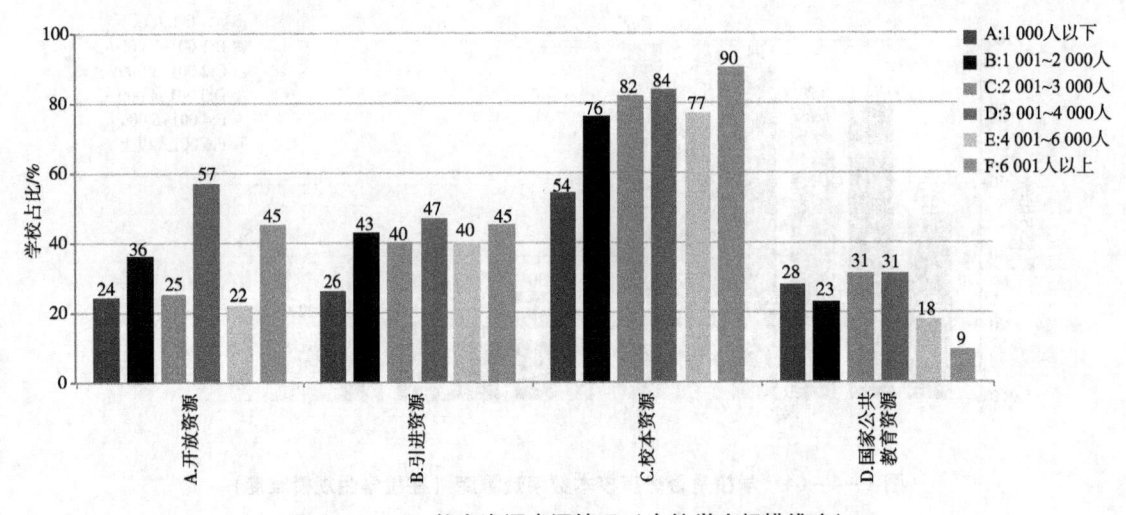

图 1-4-66　数字资源来源情况（在校学生规模维度）

3）数字资源建设模式

从地区分布维度来看，桂中、桂东、桂南、桂北地区选择独立建设模式的中职学校比例相当，均为 55% 左右，桂西地区占比最少，为 22%，如图 1-4-67 所示。

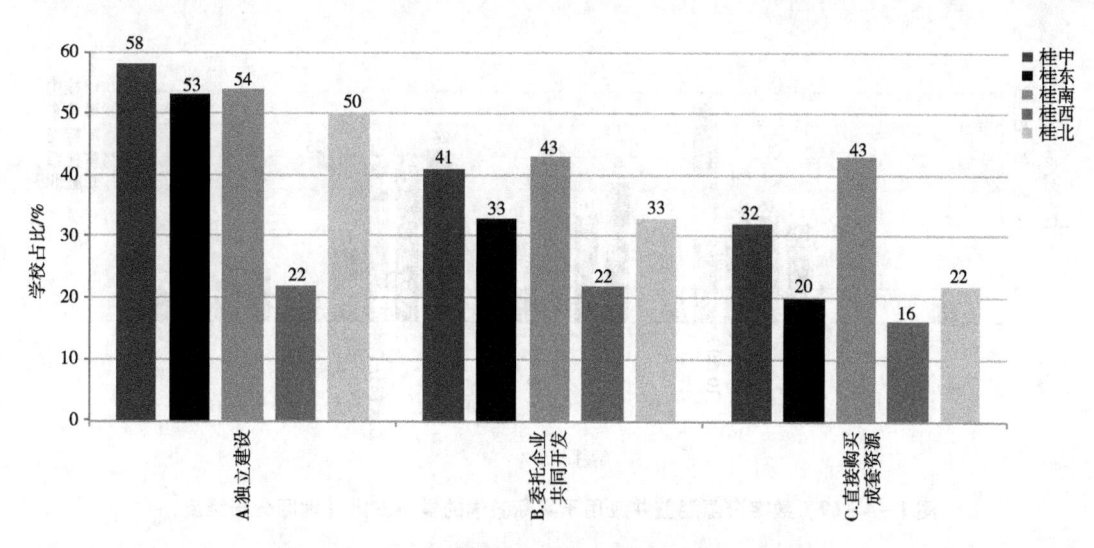

图 1-4-67 数字资源建设模式情况（地区分布维度）

从在校学生规模维度分析，数字资源建设模式以 6 001 人以上的中职学校为例，独立建设、委托企业共同开发、直接购买成套资源三种模式占比分别为 90%、36%、36%，从这些数据可以看出，中职学校的数字资源建设模式主要为独立建设模式，如图 1-4-68 所示。

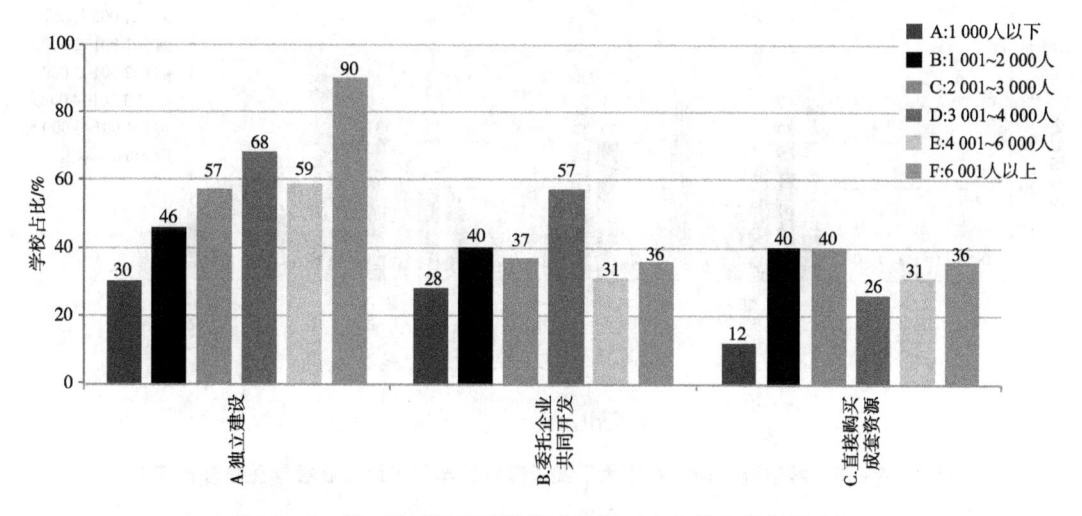

图 1-4-68 数字资源建设模式情况（在校学生规模维度）

2. 数字资源库应用情况

1）数字资源涵盖并应用于实际教学的学科占比

从地区分布维度可以看出，数字资源涵盖并应用于实际教学的学科占比较为分散，11% 的桂北地区中职学校选择全部学科，桂中地区 26% 的中职学校选择大部分学科，占比最高，桂东地区 3% 的中职学校选择几乎没有，如图 1-4-69 所示。

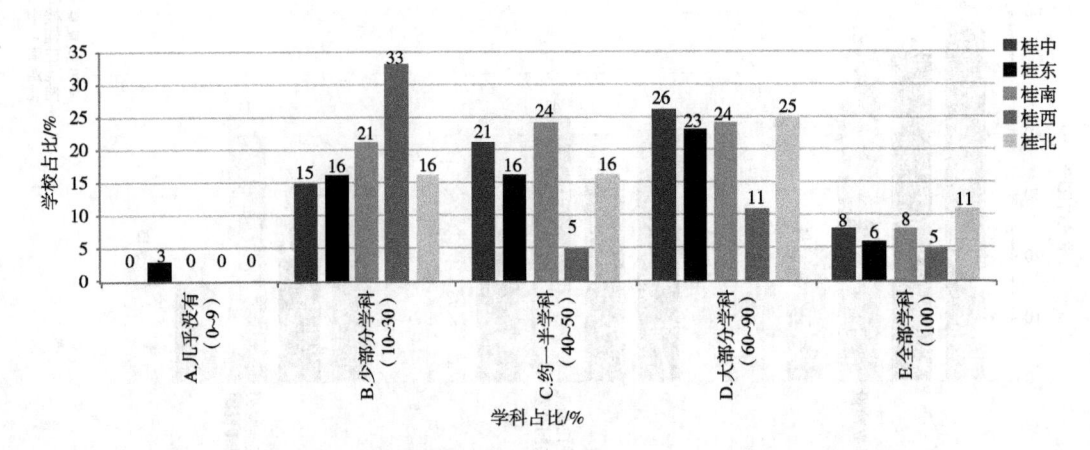

图 1-4-69 数字资源涵盖并应用于实际教学的学科占比（地区分布维度）

从在校学生规模维度来看，对于数字资源涵盖并应用于实际教学的学科数量，不同在校生规模的中职学校选择大部分学科的比例最大，如在 6 001 人以上规模的中职学校中，数字资源涵盖并应用于实际教学的学科数量在 60%～90% 区间的比例为 45%，如图 1-4-70 所示。

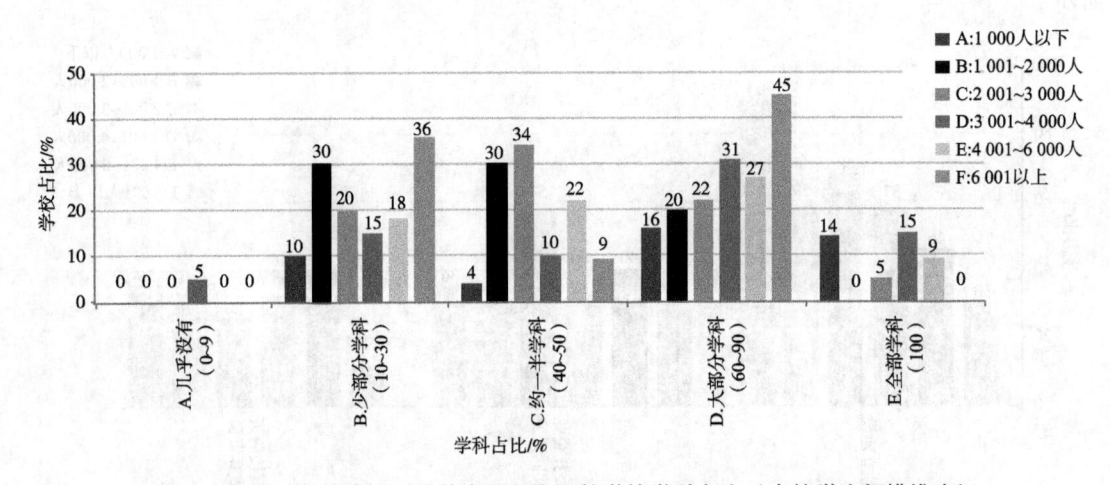

图 1-4-70 数字资源涵盖并应用于实际教学的学科占比（在校学生规模维度）

2）学校自主版权、可共享资源占比

从地区分布维度来看，全区中职学校自主版权、可共享资源占比 60% 以上的地区中，桂西地区学校比例最高，为 55%；有 11% 的桂西中职学校选择几乎没有，如图 1-4-71 所示。

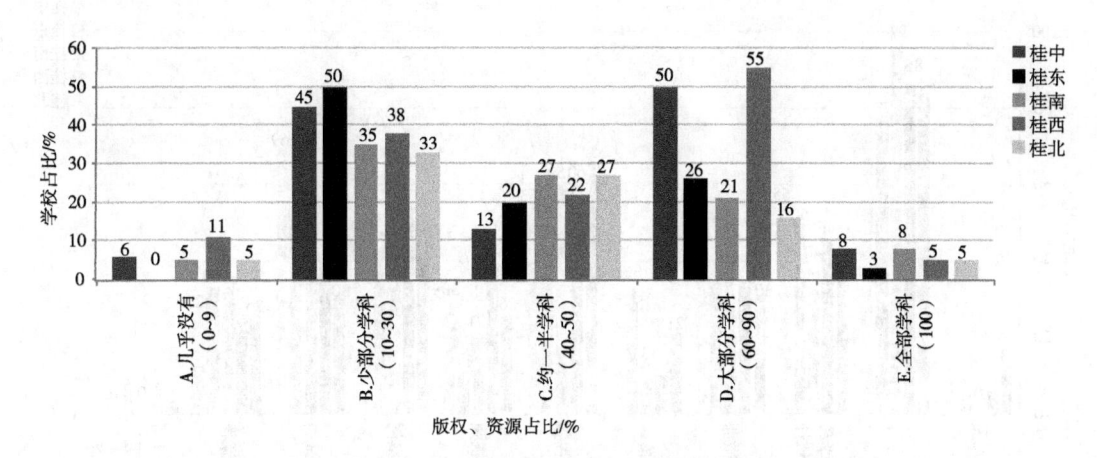

图1-4-71 学校自主版权、可共享资源占比（地区分布维度）

从在校学生规模维度来看，不同规模中职学校的选择略有差异。例如，1 000人以下规模的中职学校选择大部分为学校自主版权、可共享资源的占比最高，为68%；2 001~3 000人规模的中职学校选择约一半为学校自主版权、可以共享资源的占比最高，为31%，如图1-4-72所示。

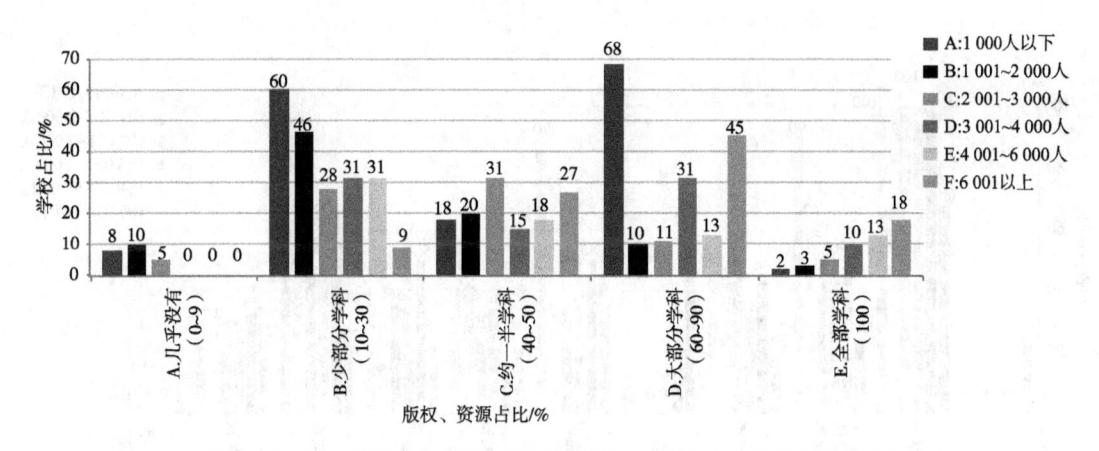

图1-4-72 学校自主版权、可共享资源占比（在校学生规模维度）

3）教师最常使用的数字教学资源

从地区分布维度来看，广西教师最常用的数字教学资源是PPT课件，全区有超过77%的中等职业学校选择PPT课件，选择授课视频的次之，选择慕课的最低，如图1-4-73所示。

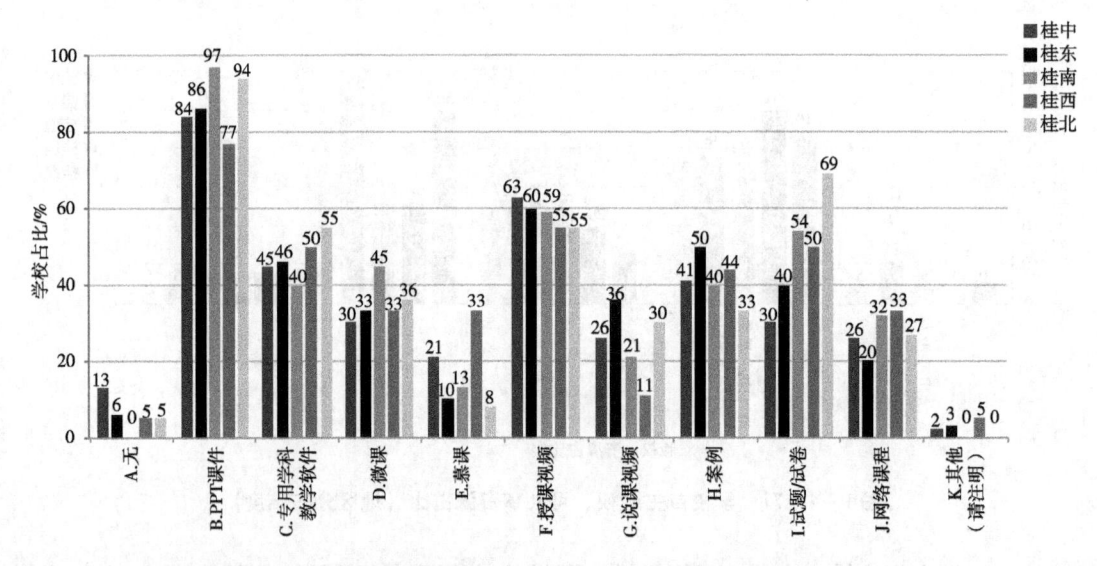

图 1-4-73 教师最常使用的数字教学资源情况（地区分布维度）

从在校学生规模维度来看，分析结果与地区分布维度的结果基本一致，学校教师最常使用的数字教学资源中 PPT 课件的占比最高，其次为专用学科教学软件和授课视频，使用慕课作为数字教学资源的占比最低，如图 1-4-74 所示。

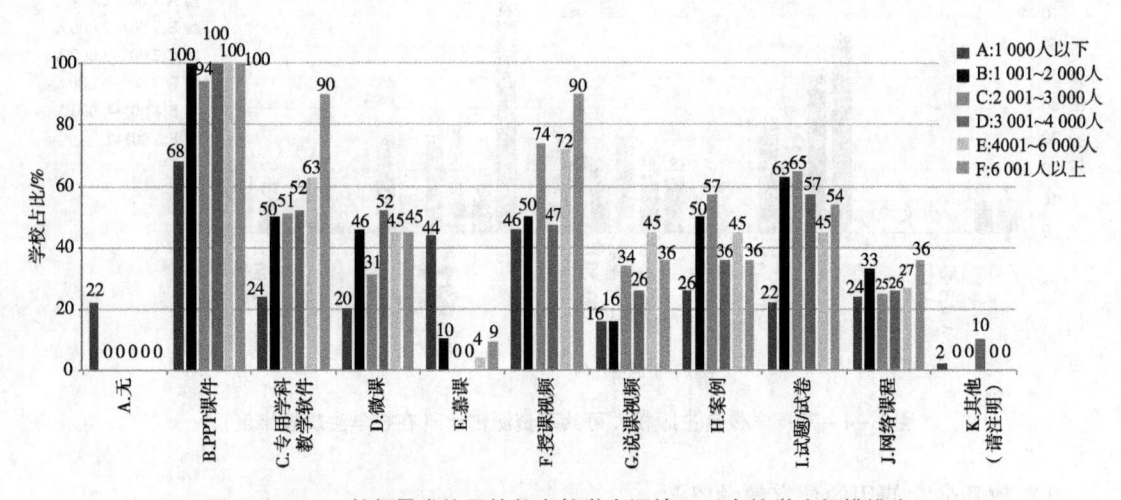

图 1-4-74 教师最常使用的数字教学资源情况（在校学生规模维度）

4）教师使用数字教学资源的频率

从地区分布维度来看，在教师最常使用的数字教学资源中，使用频率为一周 4~10 次的概率最高，超过 10 次以上的概率最低。桂东地区 50% 的中职学校教师使用数字教学资源的频率为一周 4~10 次，所占比例最高；桂西地区的中职学校教师使用数字教学资源的频率没有一周 10 次以上的，学校占比最低，如图 1-4-75 所示。

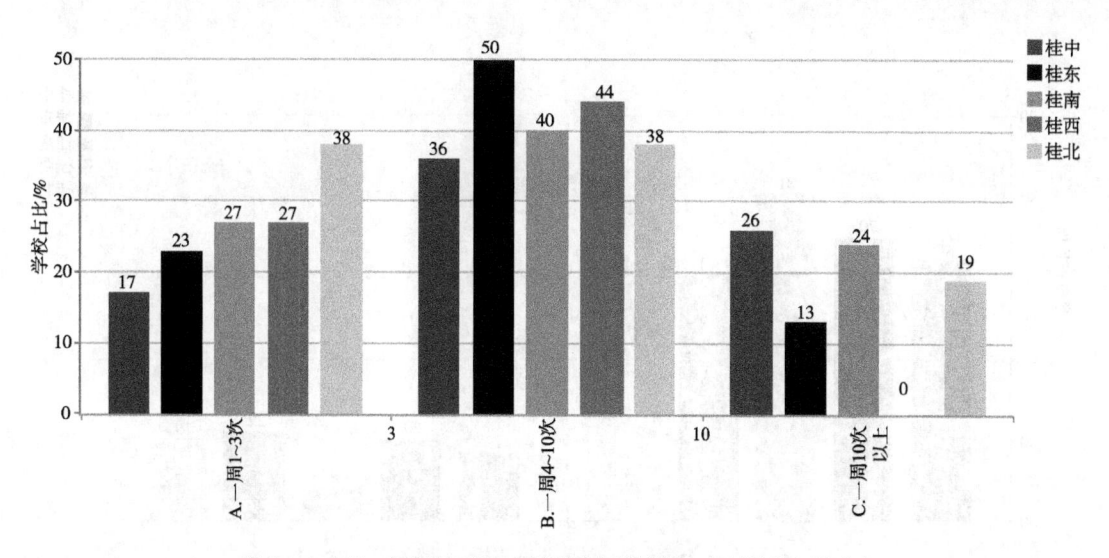

图 1-4-75　教师使用数字教学资源的频率（地区分布维度）

从在校学生规模来看，57%的 3 001~4 000 人规模的中职学校选择一周 4~10 次，占比最高，1 000 人以下规模的中职学校中有 4%的学校选择一周 10 次以上，占比最低，如图 1-4-76 所示。

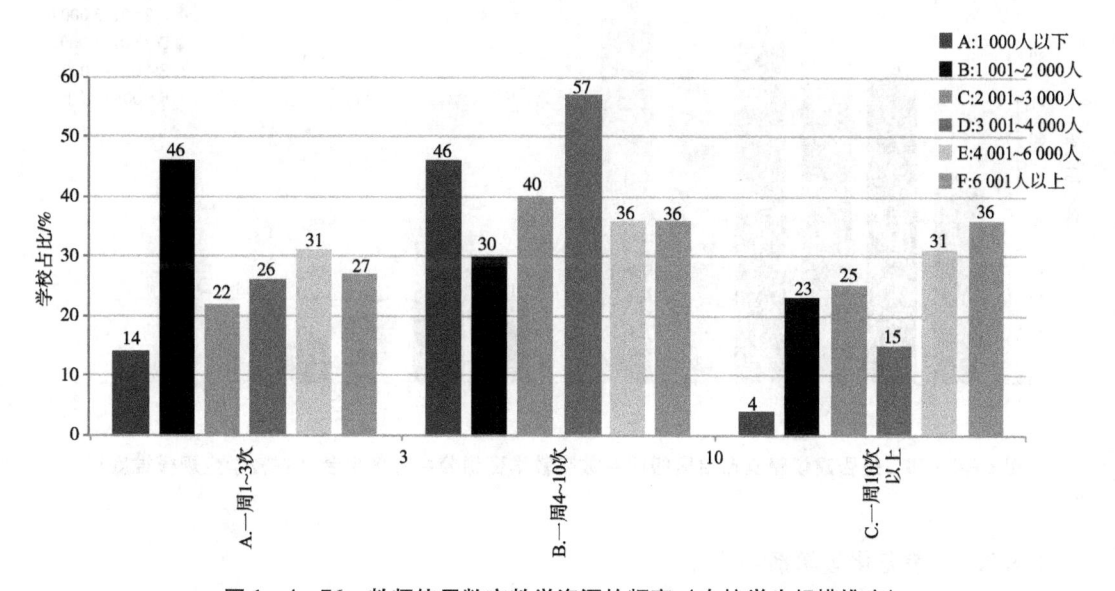

图 1-4-76　教师使用数字教学资源的频率（在校学生规模维度）

5）是否建议建立省级职业数字教学资源公共服务平台

图 1-4-77 和图 1-4-78 的数据显示，广西不同地区超过 61%的中职学校、超过 48%的不同在校生规模的中职学校，选择建议建立自治区级职业教育数字教学资源公共服务平台作为各级学校资源共建共享的载体。在选择"是"的选项中，6 001 人以上规模的中职学校占比最高，为 90%，1 000 人以下规模的中职学校占比最低，为 48%。

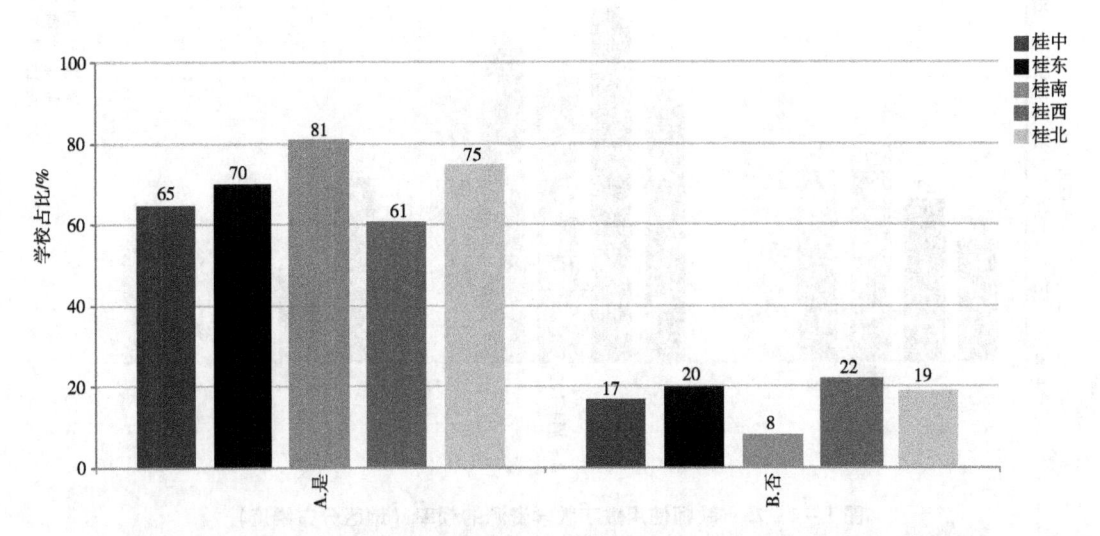

图 1-4-77 是否建议建立自治区级职业数字教学资源公共服务平台（地区分布维度）

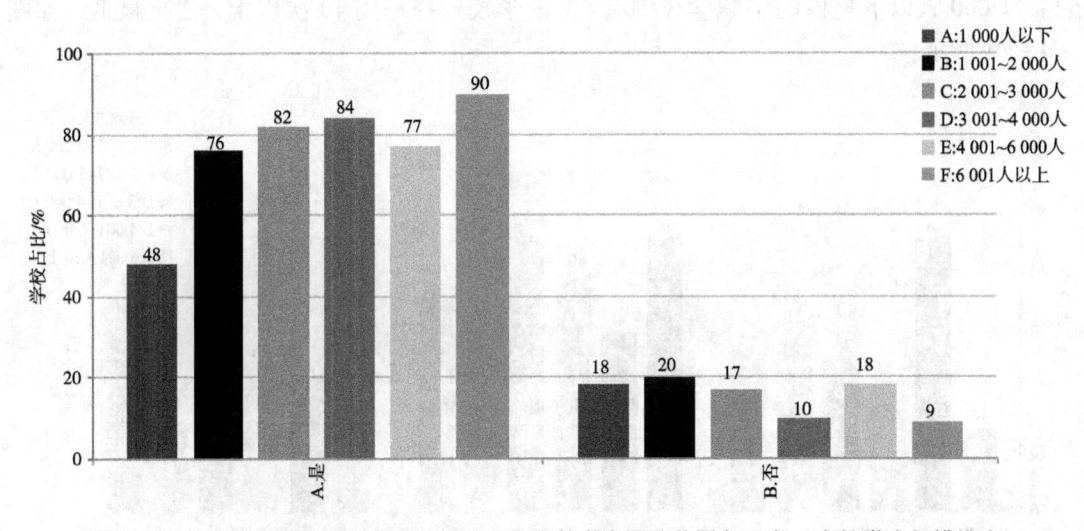

图 1-4-78 是否建议建立自治区级职业数字教学资源公共服务平台（在校学生规模维度）

1.4.2.3 信息化教学系统情况

1. 学校最常使用的信息化教学系统

从地区分布维度来看，桂中和桂西地区实现了信息化教学系统的全覆盖，全区各中职学校教学资源管理系统的使用占比较高，其中桂南地区占比最高，达到70%，桂西地区占比最低，为44%；此外，网络教学系统、虚拟仿真实训系统、教学资源制作系统和网络考试系统的使用占比依次降低，如图1-4-79所示。

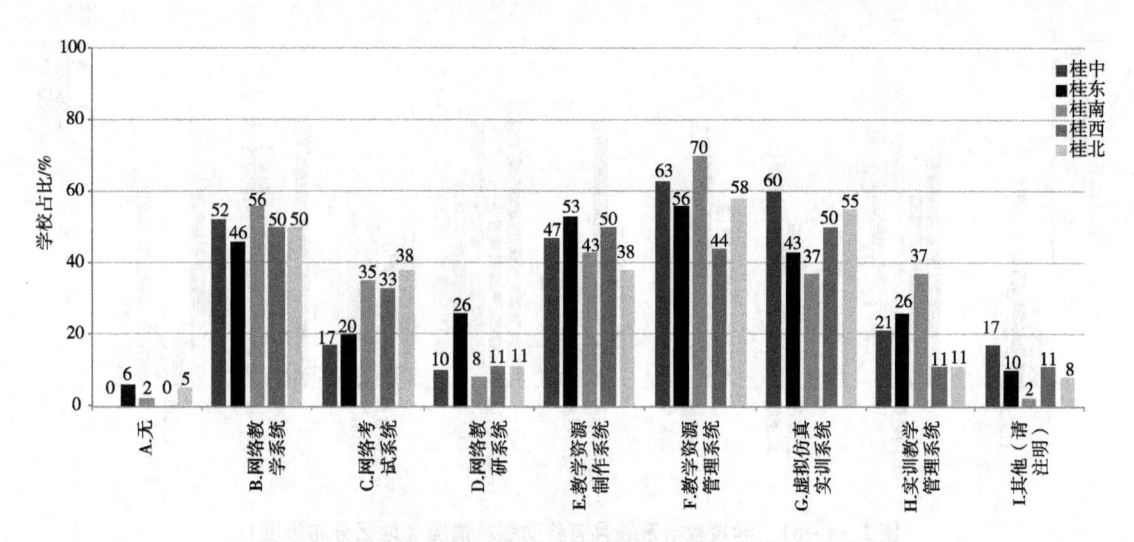

图 1-4-79 学校最常使用的信息化教学系统（地区分布维度）

从在校学生规模维度来看，各种规模的学校教学资源管理平台占比依然较高，6 000 人以上的学校全部使用该平台；网络教研系统占比较少，6 001 人以上的学校仅占 18%，而 3 001~4 000 人学校更低至 5%，如图 1-4-80 所示。

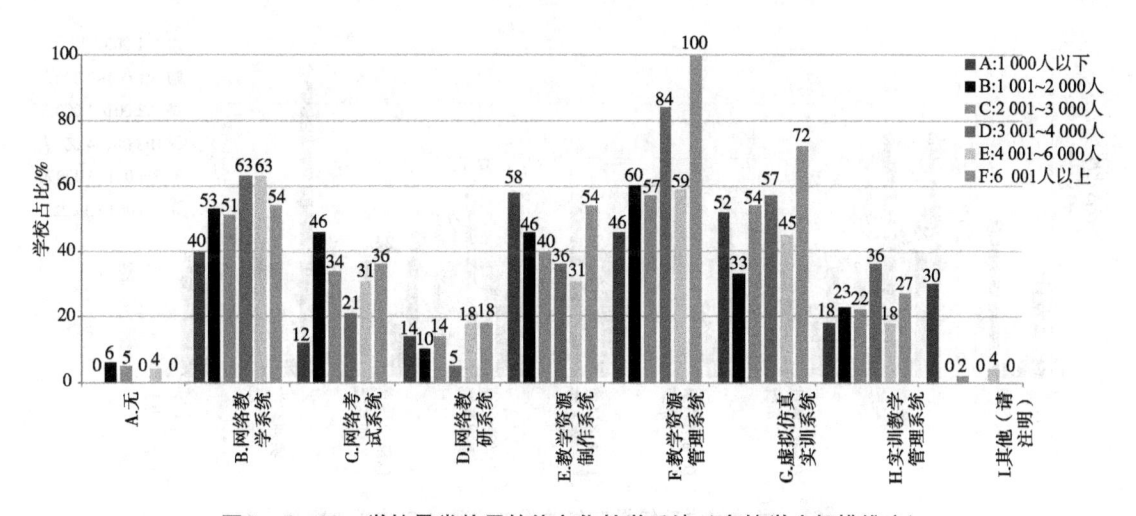

图 1-4-80 学校最常使用的信息化教学系统（在校学生规模维度）

2. 学校哪些教学系统具有移动版本

从地区分布维度来看，全区各学校网络教学系统移动版本的普及率较低，其中桂西地区最高，占 38%，桂南、桂北次之；教学资源管理系统、虚拟仿真实训系统、实训教学管理系统移动版本的普及率较为平均，但网络教研系统移动版本的普及率悬殊，桂南地区该系统尚无移动版本，如图 1-4-81 所示。

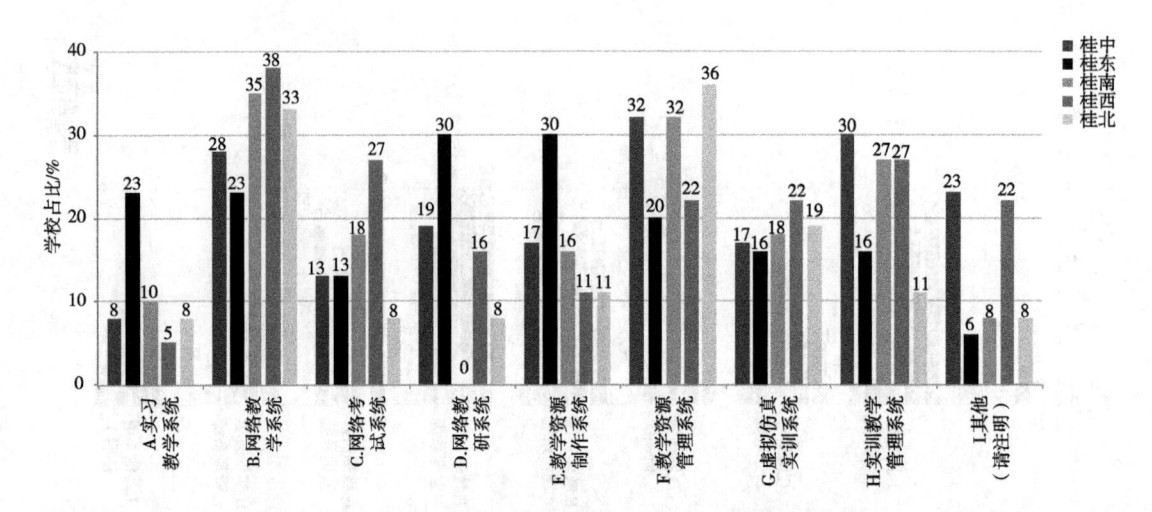

图1-4-81 学校教学系统具有移动版本情况（地区分布维度）

从在校学生规模来看，各种规模的学校网络教学系统和教学资源管理系统移动版本较为普及，实训教学管理系统移动版本的普及率则相差很大，1 000人以下的学校占54%，而1 001~2 000人和4 001~6 000人的学校仅占3%和4%；另外，6 001人以上的学校没有实习教学系统和网络教研系统，后者在3 001~4 000人的学校也未建设，如图1-4-82所示。

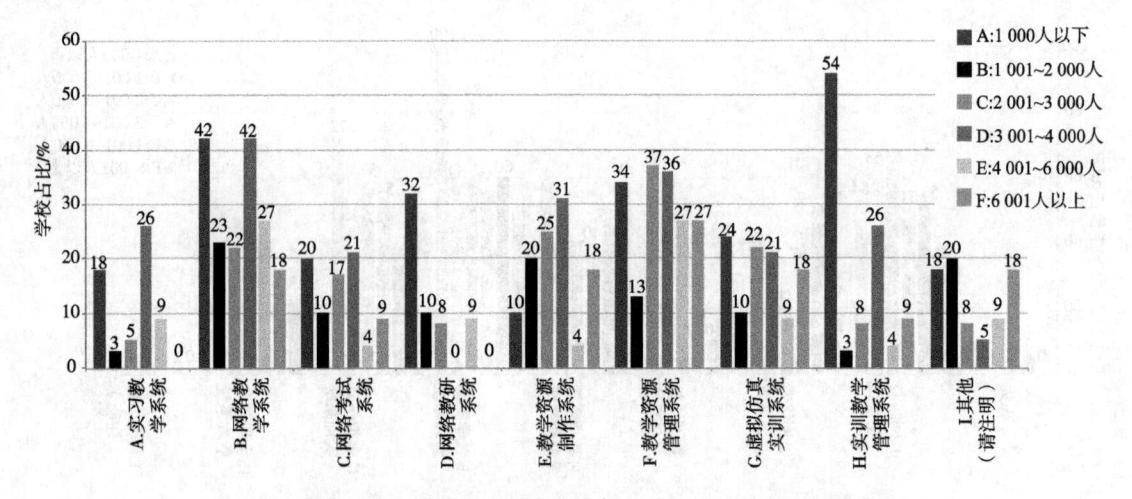

图1-4-82 学校教学系统具有移动版本情况（在校学生规模维度）

1.4.2.4 网络空间情况

1. 学校网络空间建设情况

1）是否开通了学校网络空间

图1-4-83的数据显示，全区有超过一半以上的地区开通了学校网络空间，桂东、桂南地区占比最高，均为56%，桂西地区占比较低，为38%。

从在校学生规模维度来看，3 001~4 000人的中等职业学校开通了学校网络空间的占比最高，为84%，1 000人以下的中等职业学校占比最少，为28%，如图1-4-84所示。

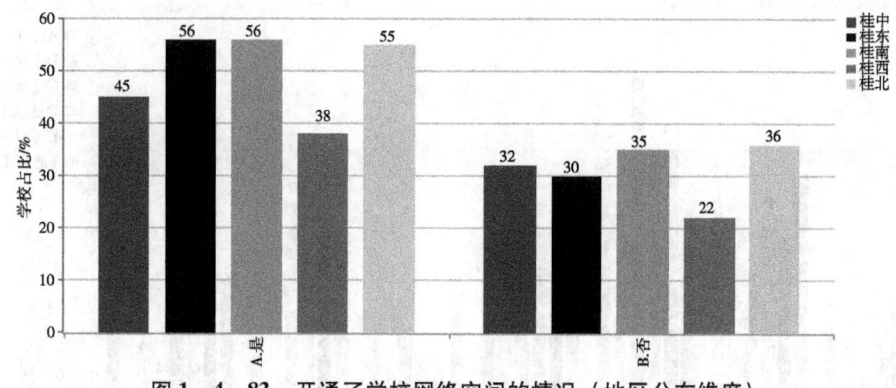

图1-4-83 开通了学校网络空间的情况（地区分布维度）

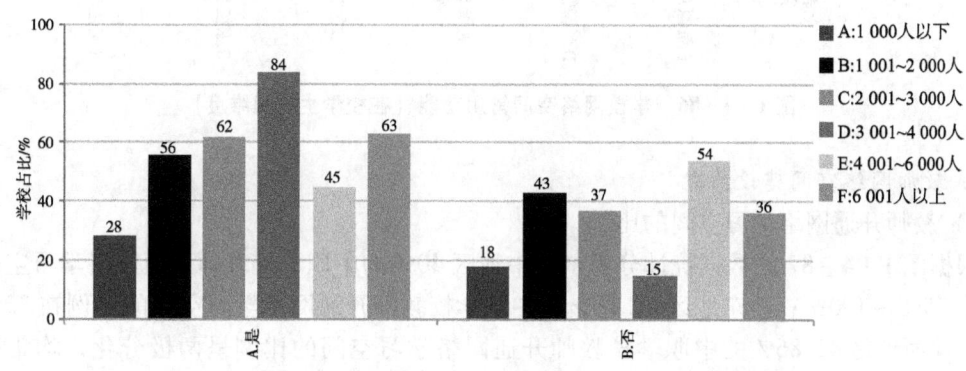

图1-4-84 开通了学校网络空间的情况（在校学生规模维度）

2）学校网络空间常用功能

根据图1-4-85的数据统计分析，开通了学校网络空间的中等职业学校，在学校网络空间常用功能中，选择教务管理、资源共享、学籍管理、教师管理的中职学校占比较高，其中选择资源共享的学校占比最高，选择学习生涯记常用功能的学校占比最低。在占比最高的资源共享功能中，按照地区分布维度分析，桂南地区中职学校的占比最高，桂西地区的学校占比最低。从在校学生规模维度可以看出，3 001~4 000人和4 001~6 000人的中等职业学校占比分别为最高和最低，分别为78%、40%，如图1-4-86所示。

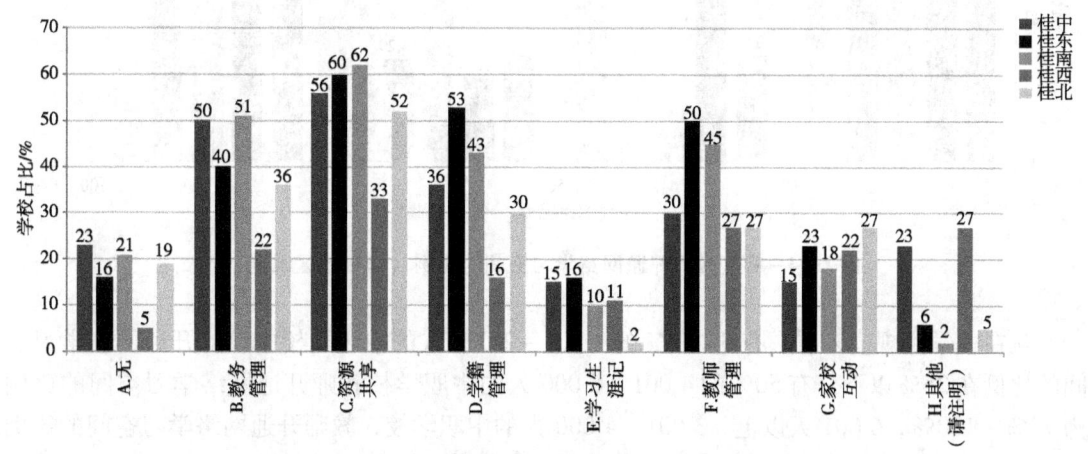

图1-4-85 学校网络空间常用功能（地区分布维度）

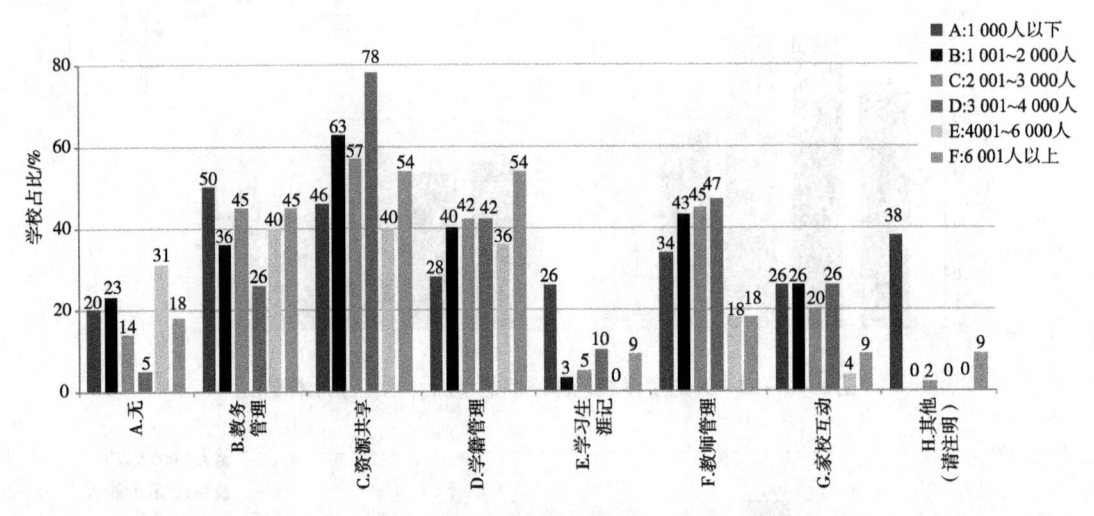

图 1-4-86 学校网络空间常用功能（在校学生规模维度）

2. 教师网络空间建设情况

1）教师开通网络学习空间的比例

根据图 1-4-87 的数据统计分析，桂中地区 40% 的中职学校教师开通网络学习空间的比例在 75%~100%；桂东地区 41.18% 的中职学校教师开通网络学习空间的比例在 25%~50%；桂西地区 42.86% 的中职学校教师开通网络学习空间的比例呈两极分化，均集中在 25% 以下与 75% 以上。总体来看，桂西地区中职学校教师开通网络学习空间的比例较高，桂东和桂北地区的比例较低。

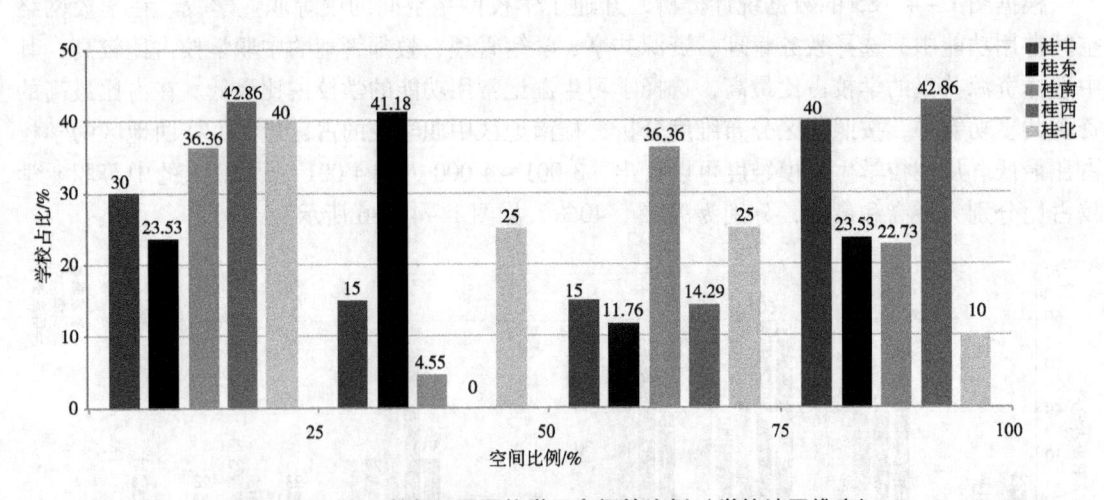

图 1-4-87 教师开通网络学习空间的比例（学校地区维度）

从在校学生规模来看，有 55.56% 的 1 001~2 000 人的中职学校中教师开通网络学习空间的比例在 25% 以下，有 50% 的 4 001~6 000 人的中职学校教师开通网络学习空间的比例为 75%~100%，6 001 人以上、3 001~4 000 人的中职学校，教师开通网络学习空间的比例在 50%~75%、25%~50% 区间范围分别为 44.44% 和 40%，如图 1-4-88 所示。

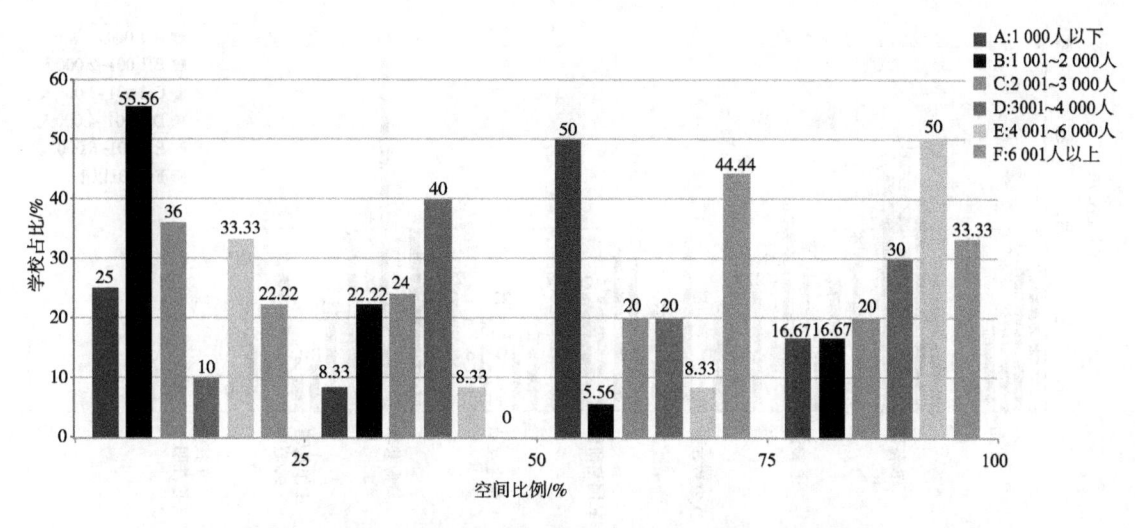

图 1-4-88 教师开通网络学习空间的比例（在校学生规模维度）

2）教师网络空间常用功能

如图 1-4-89 的数据显示，在全区中职学校的教师网络空间常用功能中备课和资源共享功能占比较高，其中备课占比最高，师生互动、作业/考试/测验功能占比较低。

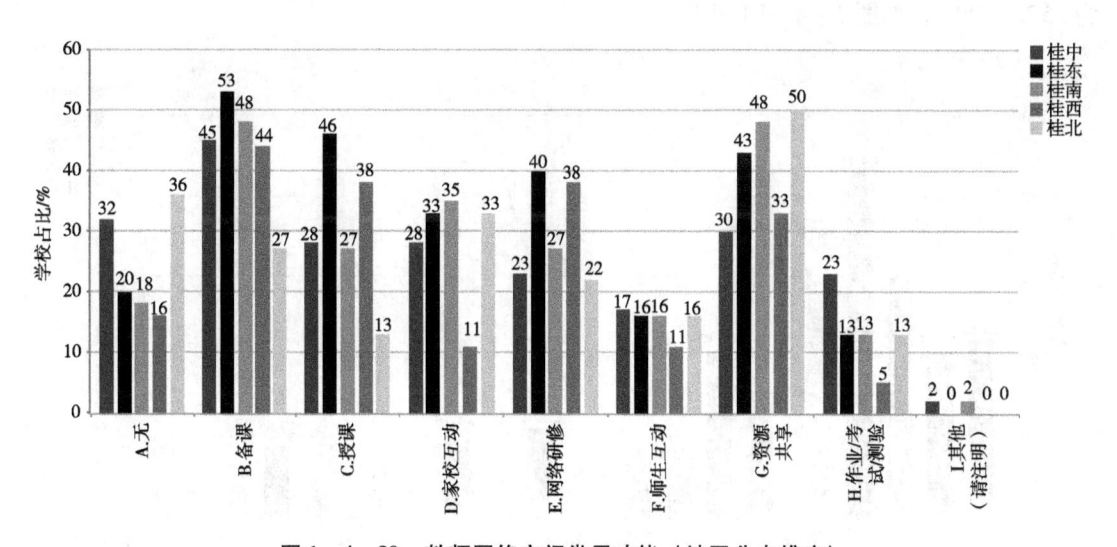

图 1-4-89 教师网络空间常用功能（地区分布维度）

从在校学生规模维度来看，备课、资源共享功能占比较高，其中 3 001～4 000 人的中职学校中有 78% 的学校选择常用功能资源共享，选择师生互动、作业/考试/测验功能的占比较少，如图 1-4-90 所示。

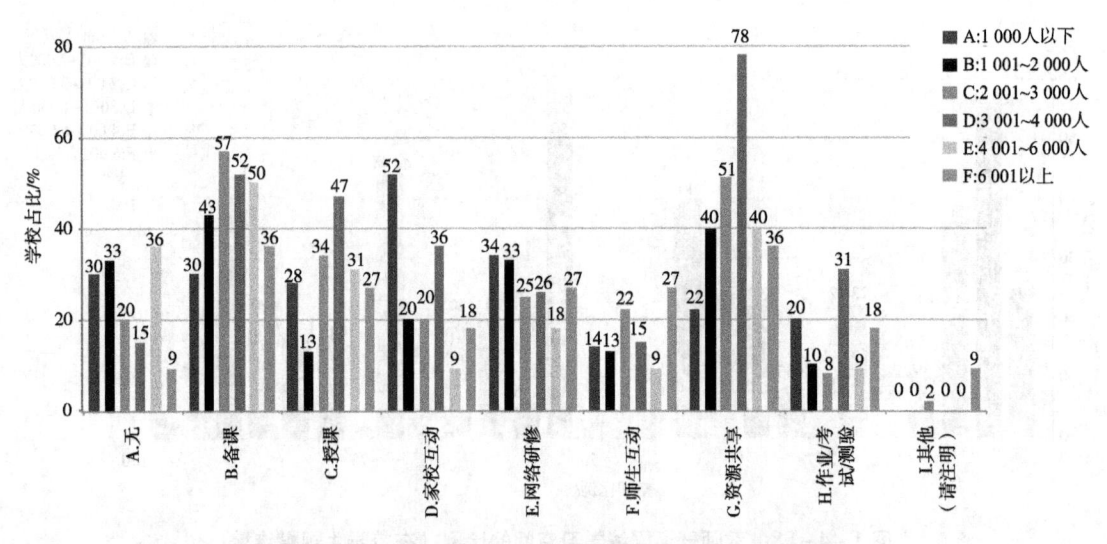

图1-4-90 教师网络空间常用功能（在校学生规模维度）

3. 学生网络空间建设情况

1）学生开通网络学习空间比例

从地区分布维度来看，全区中职学校学生开通网络学习空间比例集中在0~25%，其次为25%~75%，如图1-4-91所示。

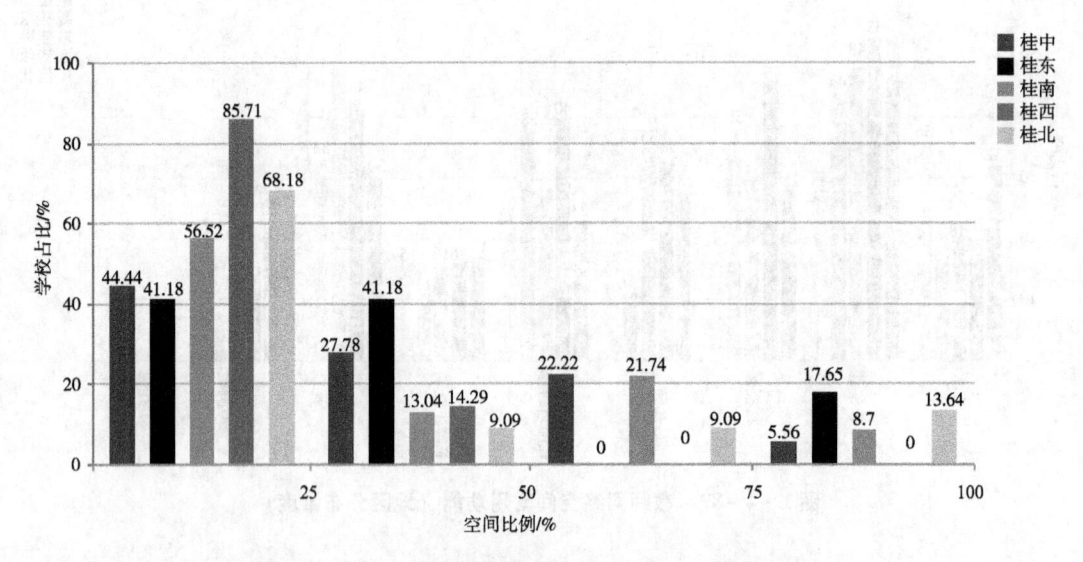

图1-4-91 学生开通网络学习空间比例（地区分布维度）

从在校学生规模维度来看，整体数据分析结果与地区分布数据分析结果基本一致，反映出全区不同规模的中职学校学生开通网络学习空间比例主要集中在0~25%区间及25%~50%区间，其中以1 001~2 000人的中职学校最为突出，学校占比达73.68%。3 001~4 000人的中职学校学生开通网络学习空间比例主要集中在25%~50%区间，学校占比为

33.33%；比例区间集中在 50%~75% 的 3 001~4 000 人的中职学校占比最高，达 25%，如图 1-4-92 所示。

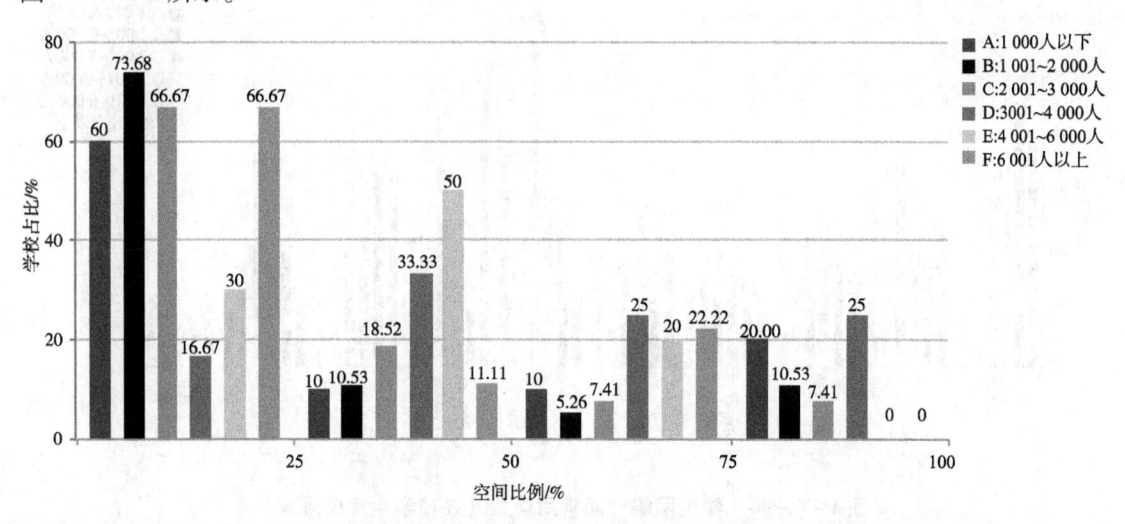

图 1-4-92　学生开通网络学习空间的比例（在校学生规模维度）

2）学生网络空间常用功能

图 1-4-93 的数据显示，在全区中职学校的学生网络空间常用功能中，拓展阅读功能占比最高，其次为作业/考试/测验功能，课后复习功能占比最低。从地区分布维度来看，桂东地区中职学校的学生网络空间常用功能包括的内容较多，范围较广，学校占比与其他地区相比总体偏高。

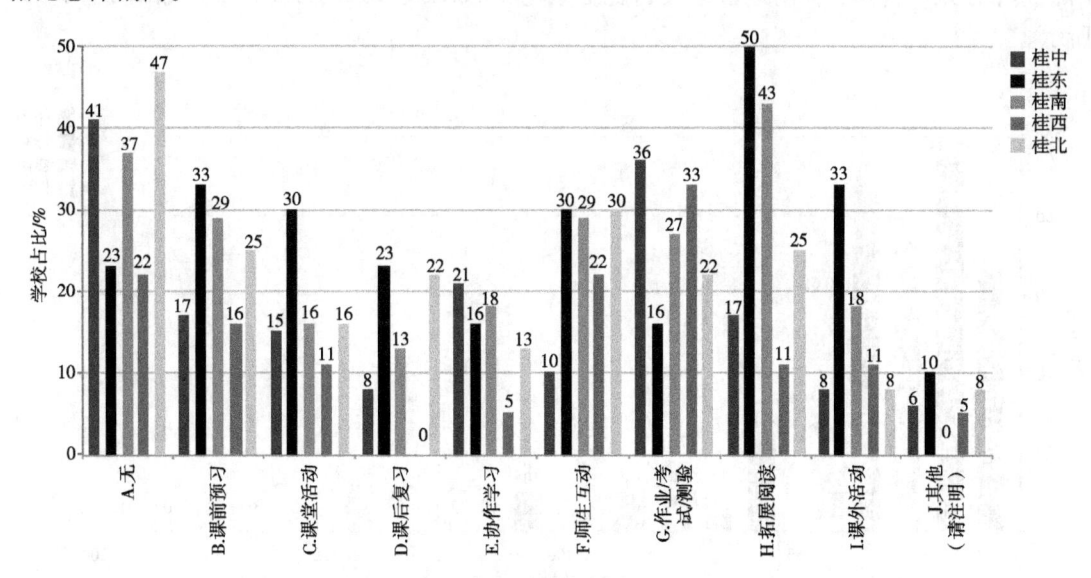

图 1-4-93　学生网络空间常用功能（地区分布维度）

从在校学生规模维度来看，在全区中职学校的学生网络空间常用功能中，选择师生互动、课前预习、拓展阅读、作业/考试/测验功能的中职学校占比较高。其中，3 001~4 000 人的中职学校中有 57% 的学校选择师生互动功能，占比最高。4 001~6 000 人的中职学校，选择协作学习功能的学校占比最低，为4%，如图1-4-94所示。

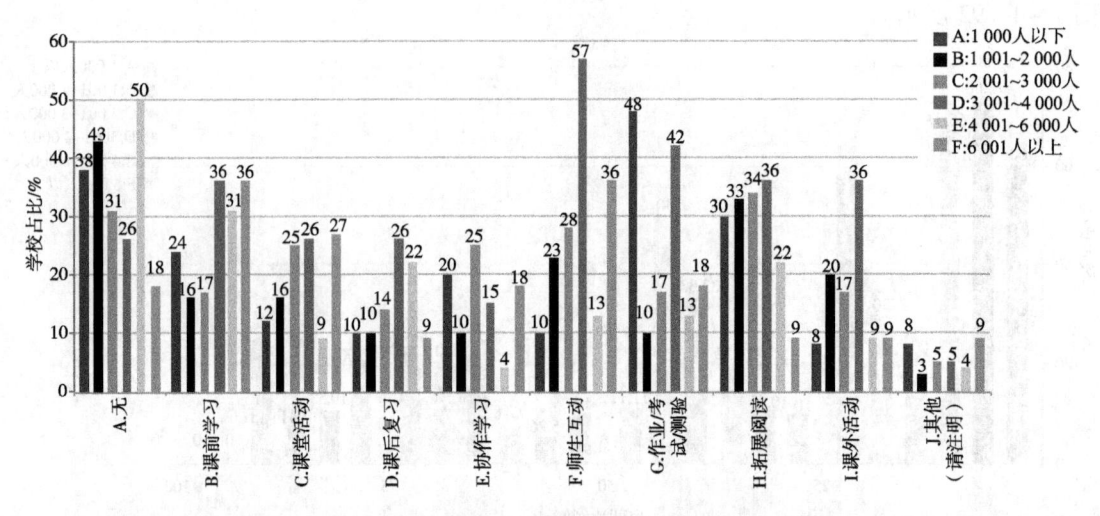

图1-4-94 学生网络空间常用功能（在校学生规模维度）

1.4.2.5 信息化教学情况

1. 实验教学信息化情况

1）近一年开展实验实训课程数

从地区分布维度来看，绝大多数中等职业学校近一年开展实验实训课程数区间为0~50门，其中桂东、桂西、桂南地区学校占比分别为95.83%、90%、76.47%，如图1-4-95所示。

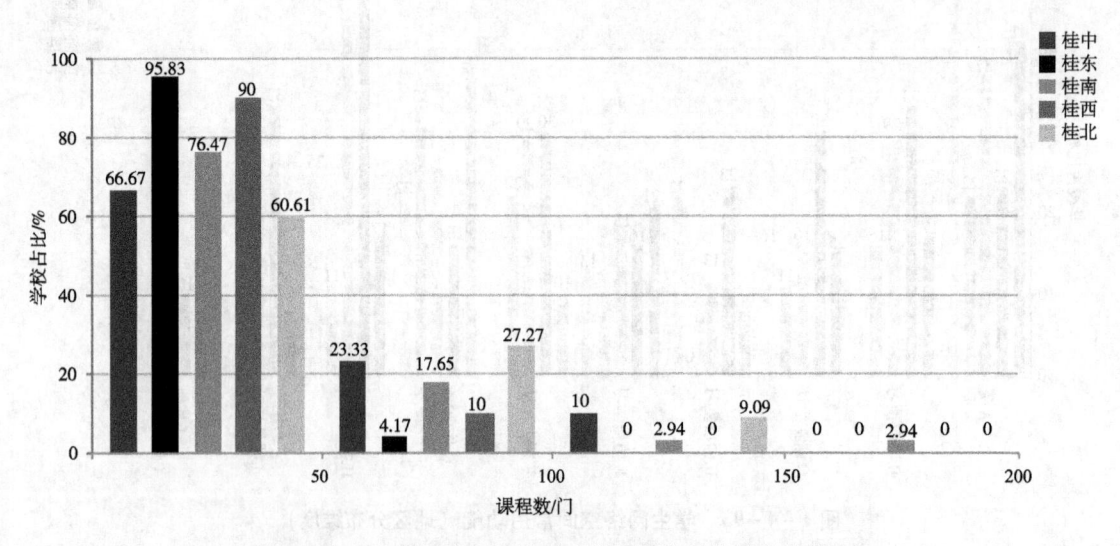

图1-4-95 近一年开展实验实训课程数（地区分布维度）

从在校学生规模维度来看，全区绝大多数中等职业学校近一年开展实验实训课程数区间为0~50门，这与地区分布维度的结论一致，其中1 001~2 000人、1 000人以下、3 001~

4 000 人的学校占比分别为 90%、87.5%、77.78%，如图 1-4-96 所示。

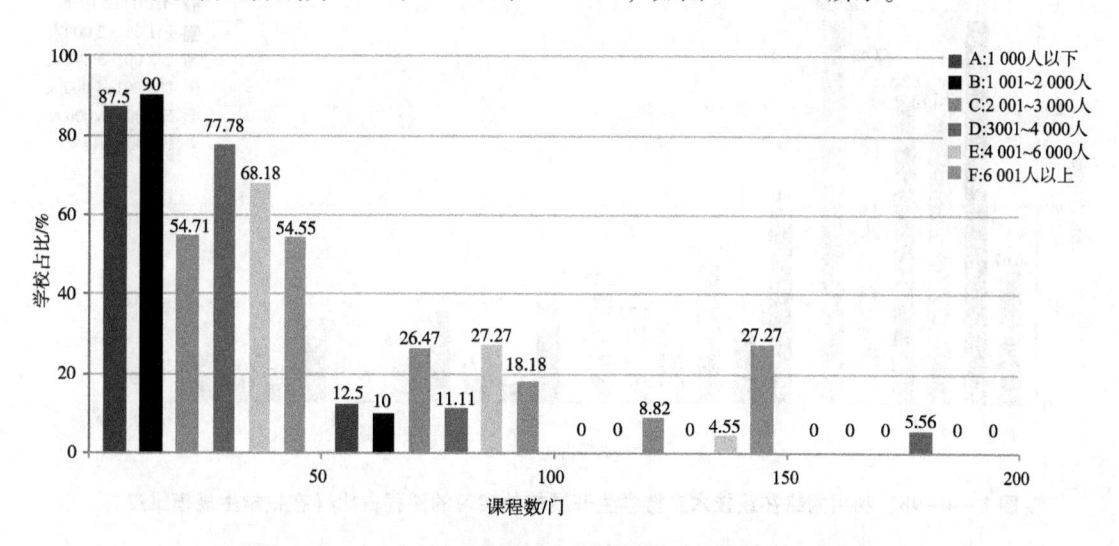

图 1-4-96　近一年开展实验实训课程数（在校学生规模维度）

2）利用网络在线技术支持学生开展校外实习的课程占比

从地区分布维度来看，桂中中等职业学校利用网络在线技术支持学生开展校外实习的课程占比大部分在 0~20% 区间内，高达 80%。在选择区间为 20%~40% 课程占比的中职学校中，桂西地区的学校占比最高，为 40%，如图 1-4-97 所示。

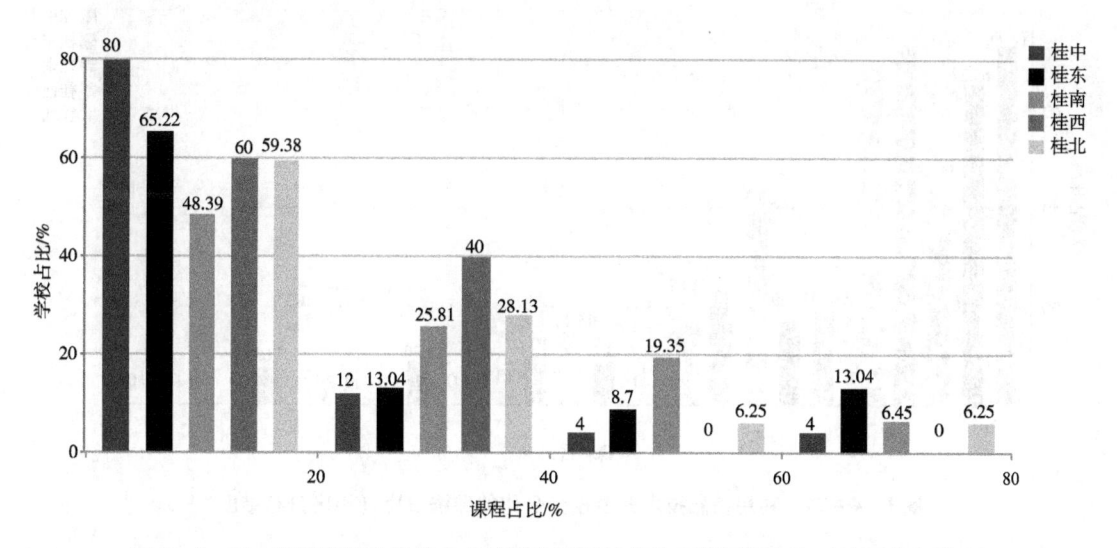

图 1-4-97　利用网络在线技术支持学生开展校外实习的课程占比（地区分布维度）

从在校学生规模维度来看，77.78% 的 1 001~2 000 人及 6 001 人以上的中职学校选择区间为 0~20%，占比最高，1 001 人以上的学校总体上超过半数集中区间为 0~20%，如图 1-4-98 所示。

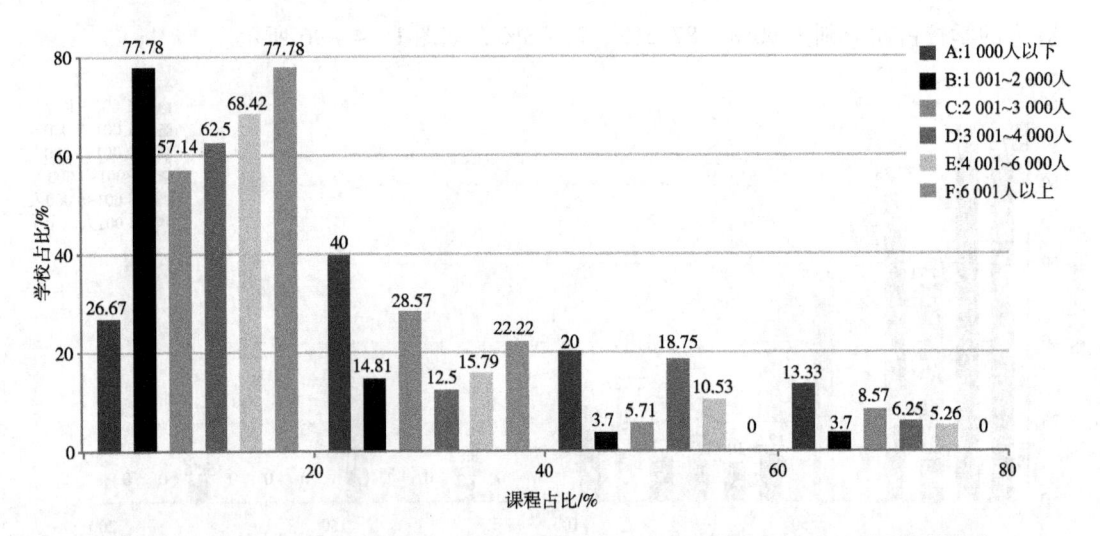

图 1-4-98 利用网络在线技术支持学生开展校外实习的课程占比（在校学生规模维度）

3）利用信息技术开展校企合作的课程占比

图 1-4-99 的数据显示，全区中等职业学校利用信息技术开展校企合作的课程占比较少，主要集中区间为 0～20%，除了桂南地区，其他地区超过 65% 的中职学校选择 0～20% 区间。其次为选择 20%～40% 区间的学校，其中桂南地区比例为 39.39%，在该区间中占比最大。

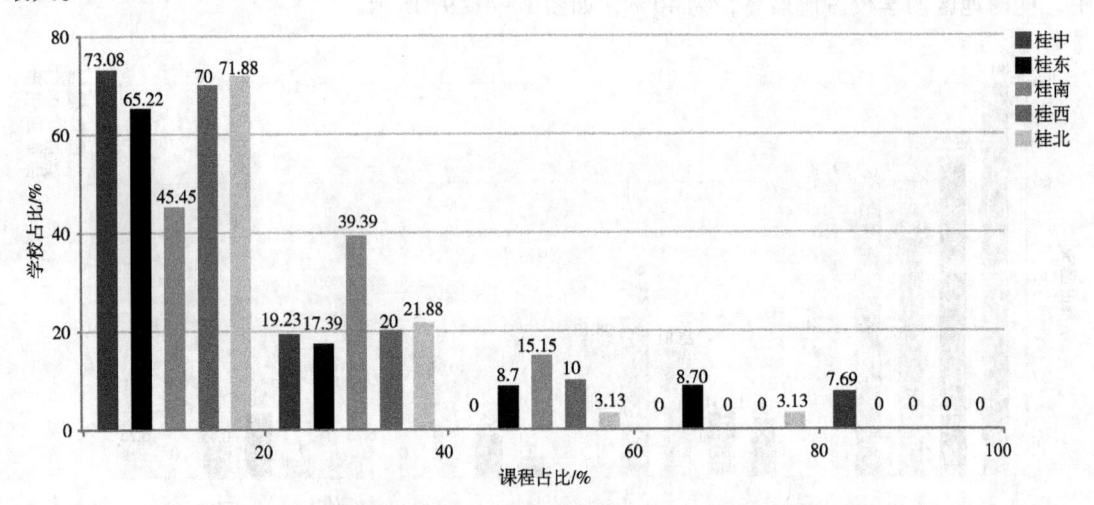

图 1-4-99 利用信息技术开展校企合作的课程占比（地区分布维度）

从在校学生规模维度来看，选择区间最多的为 0～20%，其中 6 001 人以上的中职学校占比最高，为 80%，1 000 人以下的中职学校占比最低，为 40%。值得注意的是，仅在有 6 001 人以上的中职学校中，有学校利用信息技术开展校企合作的课程占比为 80%，数量占 20%，如图 1-4-100 所示。

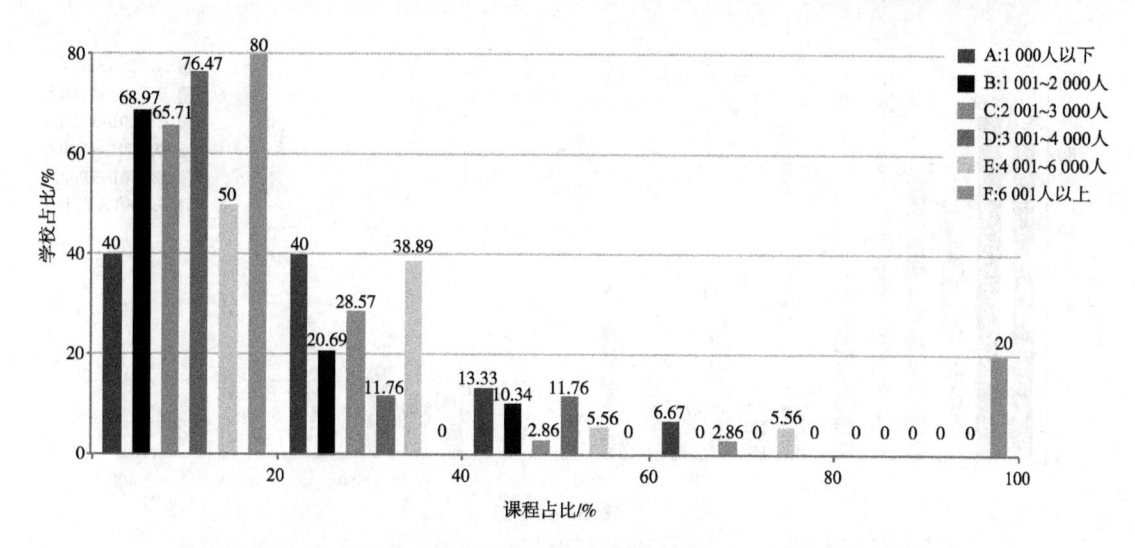

图 1-4-100 利用信息技术开展校企合作的课程占比（在校学生规模维度）

2．课堂教学信息化情况
1）学校最近一年开设课程总数

从地区分布维度来看，全区各学校最近一年开设课程总数大部分不超过 100 门，桂东地区 91.67% 学校均在此区间，桂南、桂西、桂北三个地区均在 67.74% 以上，桂中 48.28%。除桂西地区之外，其他四个地区有少量学校最近一年开设课程 100～200 门。另外，桂中地区还有 3.45% 的学校每年开设的课程达到 300～400 门，如图 1-4-101 所示。

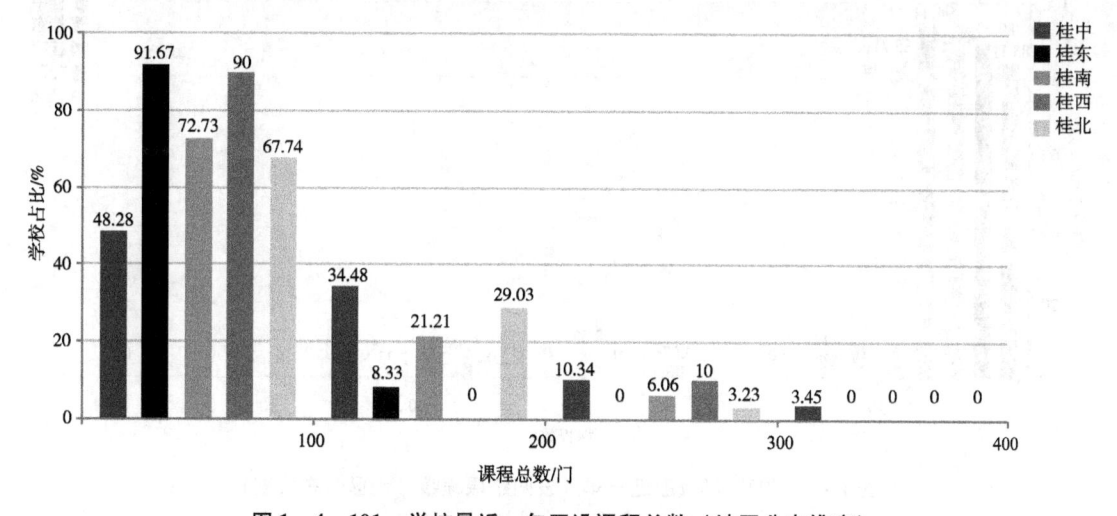

图 1-4-101 学校最近一年开设课程总数（地区分布维度）

从在校学生规模来看，全区各规模的学校最近一年开设课程总数主要集中于 100 门以下，其中 1 001～2 000 人的学校达到 89.66%，1 000 人以下的学校达到 85.71%，3 001～4 000 人的学校达到 73.68%；6 001 人以上的学校中有 25% 最近一年开设课程总数 200～300 门。4 001～6 000 人的学校中有 4.55% 最近一年开设课程总数达到 300～400 门，如图 1-4-102 所示。

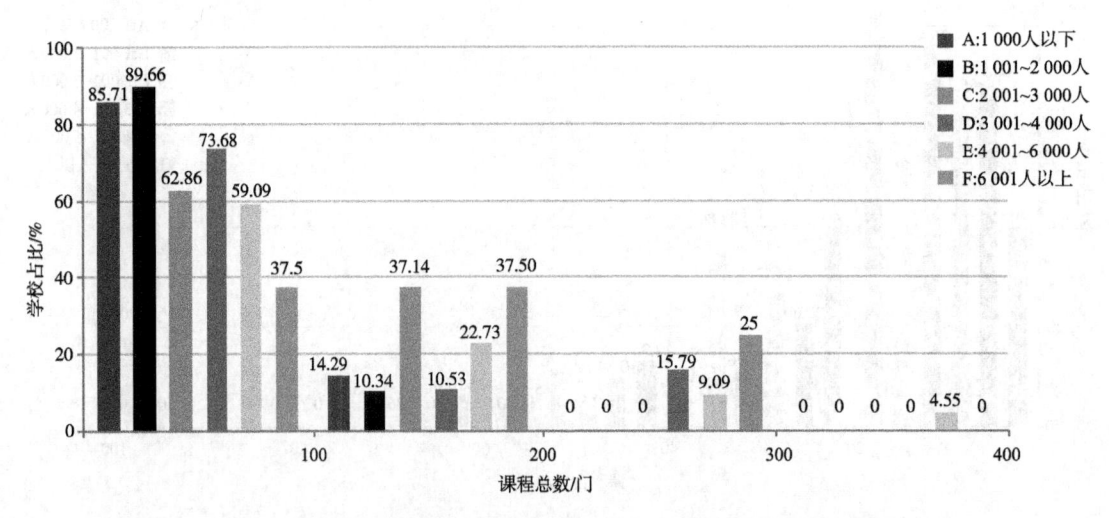

图 1-4-102　学校最近一年开设课程总数（在校学生规模维度）

2）学校最近一年开设网络课程数

从地区分布维度来看，全区中职学校最近一年开设网络课程数基本不超过 20 门，在此区间内，桂西地区所占比例最高，达到 94.44%，其他地区也均在 83% 以上。少量学校最近一年开设网络课程 20~80 门，除了桂西地区以外，像桂中地区和桂南地区，也均没有学校开设网络课程在 80~120 门，如图 1-4-103 所示。

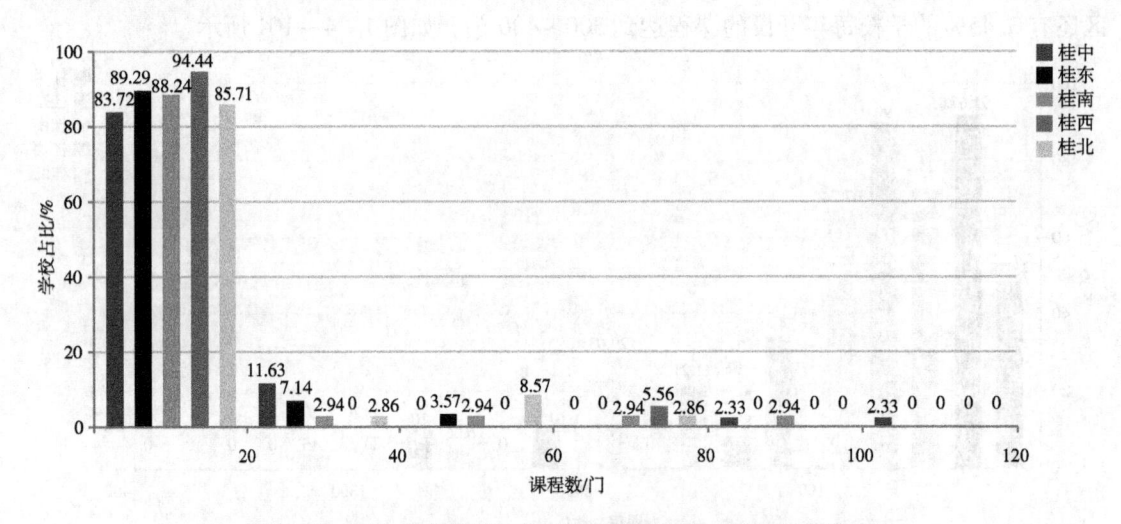

图 1-4-103　学校最近一年开设网络课程数（地区分布维度）

从在校学生规模维度来看，全区中职学校最近一年开设网络课程总数主要集中于 20 门以下，其中 2 000 人以下的学校几乎全在此区间，1 000 人以下的学校达到 97.96%，1 001~2 000 人规模的学校达到 96.3%。在这个区间占比最少的是 3 001~4 000 人的学校，也达到了 70.59%。有少量学校在最近一年开设了 20~80 门网络课程，其中较多的学校在 20~40 门课程，而只有 2 001~3 000 人、3 001~4 000 人和 6 001 人以上的学校有在最近一年开设了 80~120 门课程的，如图 1-4-104 所示。

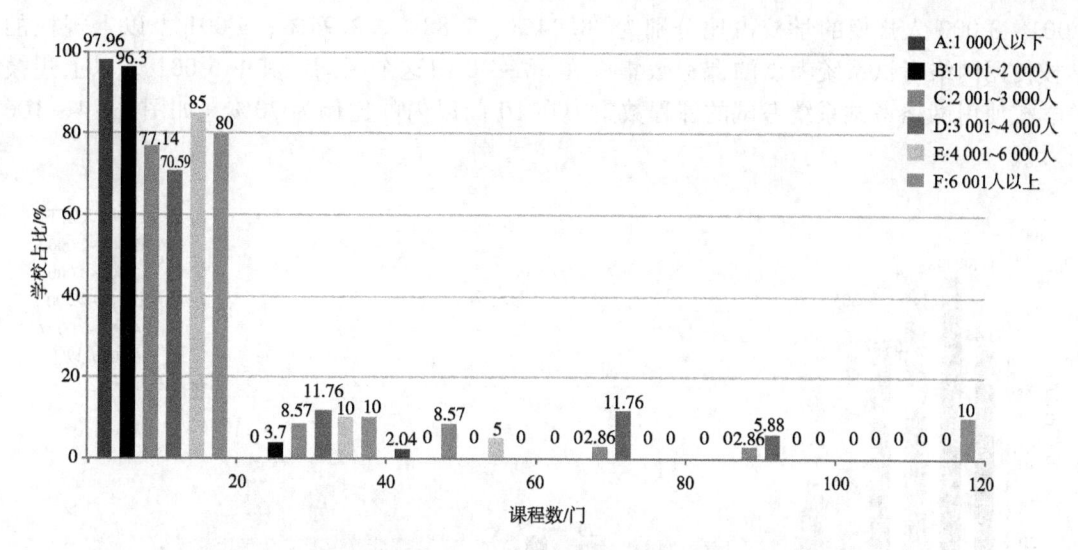

图 1-4-104　学校最近一年开设网络课程数（在校学生规模维度）

3）使用网络考试系统考试的课程数

在对全区中职学校最近一年使用网络考试系统考试的课程数的调查中，从地区分布维度来看，各个地区使用网络考试系统考试的课程数在 0~10 门的学校占比最多。其中，桂东地区使用网络考试系统考试的课程数在 0~10 门的学校比例为 90.91%，桂北地区在此区间的占比达 84.38%，桂中占比达 77.78%；近一年使用网络考试系统考试的课程数在 30~40 门的占比最小，具体情况如图 1-4-105 所示。

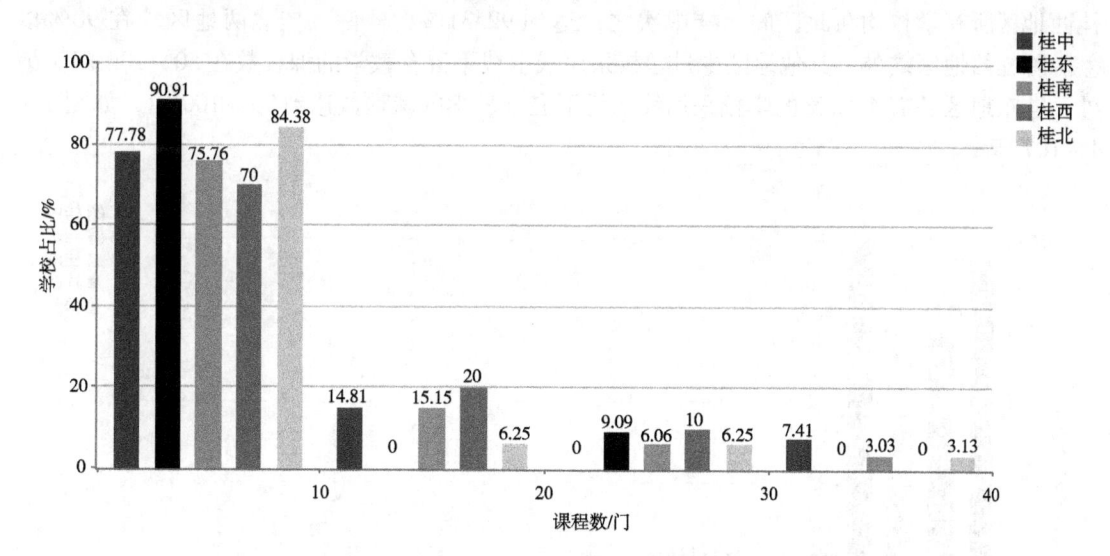

图 1-4-105　使用网络考试系统考试的课程数（地区分布维度）

从在校学生规模维度来看，1 001~2 000 人规模的学校使用网络考试系统考试的课程数集中在 0~10 门、10~20 门两个区间，比例分别为 88.89%、11.11%；1 000 人以下与 2 001~3 000 人规模的学校使用网络考试系统考试的课程数集中在 0~10 门、10~20 门、20~30 门三个区间，其中 1 000 人以下规模的学校比例分别为 71.43%、7.14%、21.43%，

2 001~3 000 人规模的学校占比分别为 88.24%、5.88%、2.94%；3 001 人以上规模的学校使用网络考试系统考试的课程数集中在 30~40 门这个区间，其中 6 001 人以上规模的学校使用网络考试系统考试的课程数集中在 10 门以内的比例为 70%，如图 1-4-106 所示。

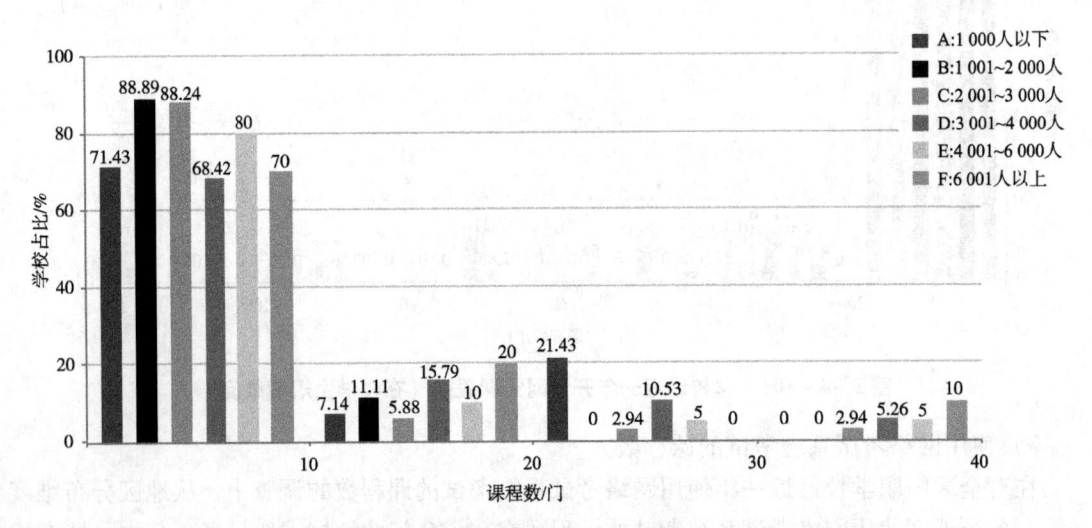

图 1-4-106　使用网络考试系统考试的课程数（在校学生规模维度）

4）采用线上线下混合教学的课程数

从地区分布维度来看，全区中职学校采用线上线下混合教学的课程数基本不超过 50 门，桂西地区所有学校均在此区间，桂中次之，达到 92.31%，桂南、桂北两地区均在 90% 以上。除桂西地区之外，其他地区少量学校采用线上线下混合教学的课程数在 50~100 门。另外，桂东地区还有 4.55% 的学校采用线上线下混合教学的课程数达到 75~100 门，如图 1-4-107 所示。

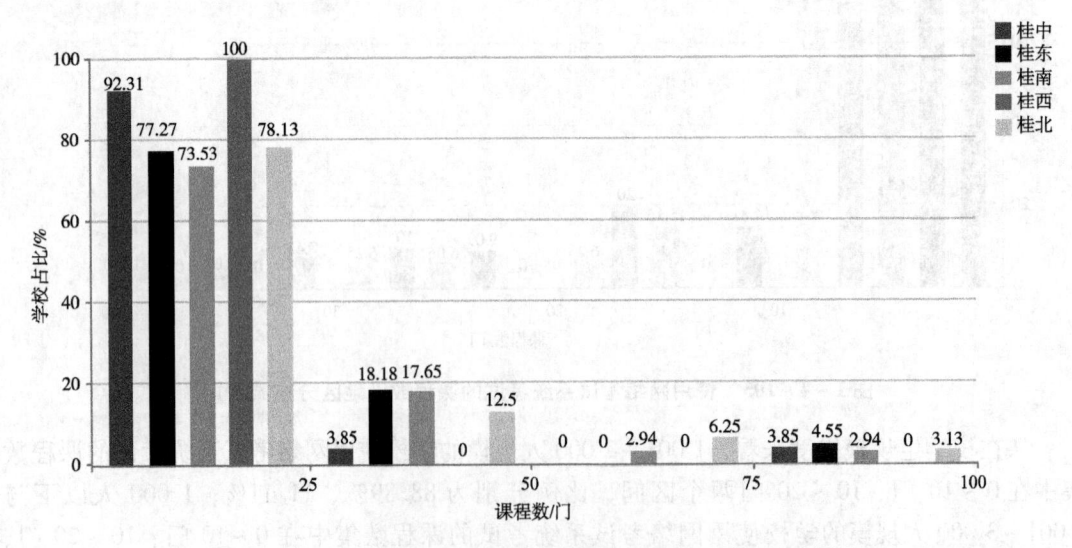

图 1-4-107　采用线上线下混合教学的课程数（地区分布维度）

从在校学生规模维度来看，全区中职学校采用线上线下混合教学的课程数主要集中于 25 门以下，其中 4 001~6 000 人的学校占比最高，达到 100%，3 001~4 000 人的学校占比最少，但也在 61.54%。另外，3 001~4 000 人的学校还有 10.53% 的比例采用线上线下混合教学的课程数达到 75~100 门，如图 1-4-108 所示。

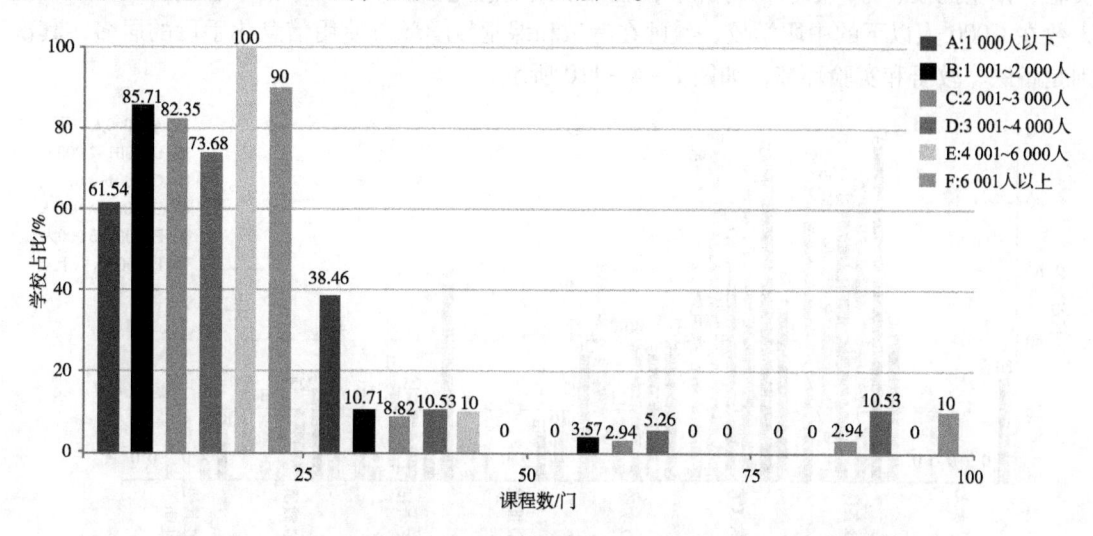

图 1-4-108 采用线上线下混合教学的课程数情况（在校学生规模维度）

3. 教学信息化整体情况

1）教师使用信息化手段辅助教学的环节

从地区分布维度来看，每一个地区都有教师不使用信息化手段辅助教学，其中桂西地区的比例最高，达到 22%，其次是桂中，占 15%，桂南地区最低。各个地区，教师使用信息化手段辅助教学多集中在备课和课堂教学两个环节，其次是教研、实验和考试环节，作业批改环节最少。总体而言，桂南地区的教师使用信息化手段辅助教学的情况较好，如图 1-4-109 所示。

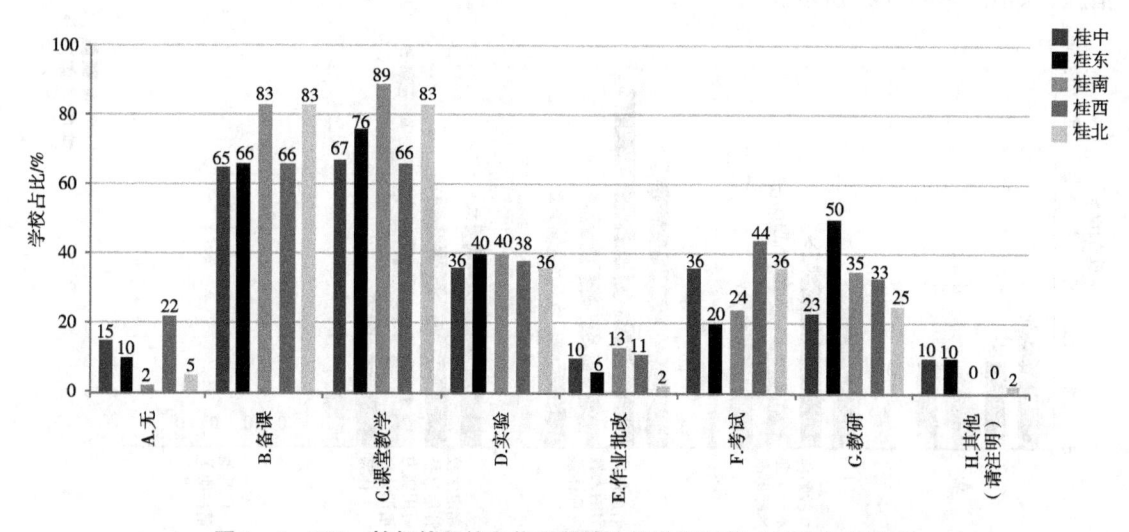

图 1-4-109 教师使用信息化手段辅助教学的环节（地区分布维度）

从在校学生规模维度来看，在校学生人数在 1 000 人以下及 2 001～3 000 人的中职学校，分别有 30%、5% 的教师还没有使用信息化手段辅助教学。在校学生人数在 1 001 人以上各区间的中职学校，教师使用信息化手段辅助教学多集中在备课和课堂教学两个环节，在实验、作业批改、考试、教研等环节，教师使用信息化手段辅助教学的学校偏少。在校学生人数在 1 000 人以下的中职学校，教师在考试和课堂教学环节使用信息化手段的居多，其次则是备课、教研和实验环节，如图 1-4-110 所示。

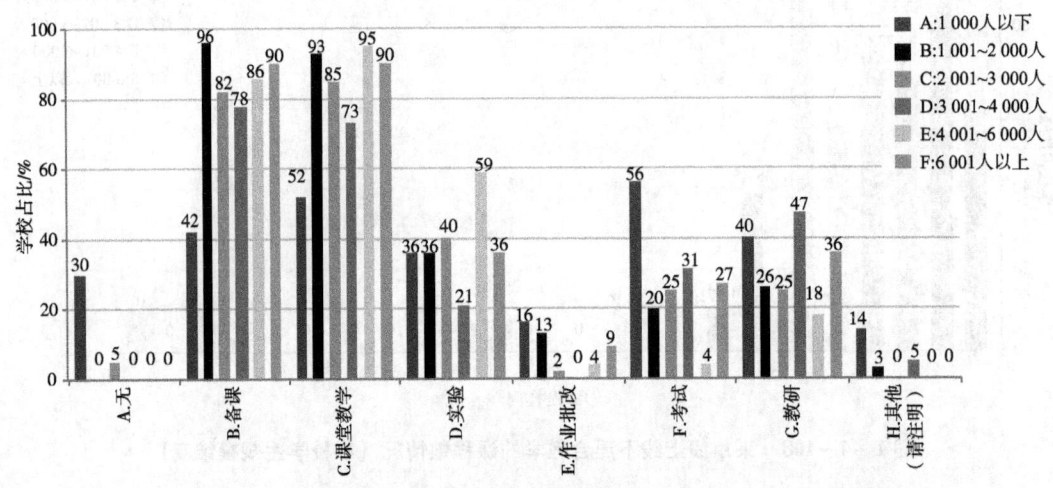

图 1-4-110 教师使用信息化手段辅助教学的环节（在校学生规模维度）

2）促进信息技术在教育教学中常态应用的举措

就促进信息技术在教育教学中常态应用的举措而言，从地区分布维度来看，每个地区都有学校没有采取相应的措施，其中，桂中的比例最高，达到 23%；桂南地区的比例最低，为 8%。桂中、桂东、桂南地区采取将信息化教学能力纳入教师考评体系这一措施的学校比例最高；桂南、桂北地区的学校多是采取制定学校教师信息技术应用能力培训计划体系这一措施，如图 1-4-111 所示。

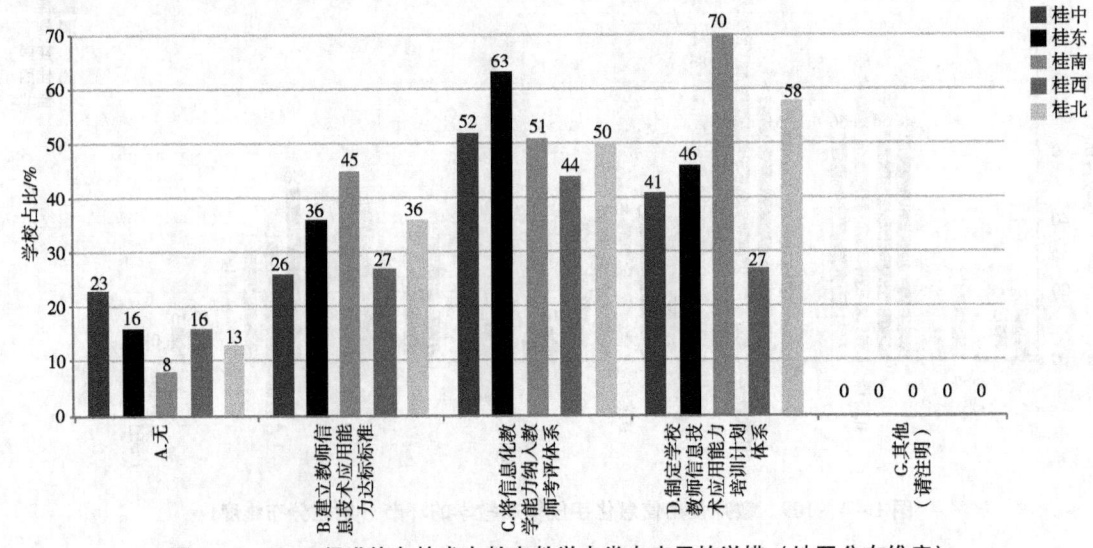

图 1-4-111 促进信息技术在教育教学中常态应用的举措（地区分布维度）

从在校学生规模维度来看,规模在 3 001~4 000 人的中职学校,均采取相应措施促进信息技术在教育教学中的常态应用。在校生规模在其他区间的,均存在没有采取相应措施的学校,其中,1 000 人以下的学校比例最高,达到 34%。在校学生人数在 2 001 人以上各区间的学校,采取制定学校教师信息技术应用能力培训计划体系这一措施的居多。在校学生人数在 2 000 人以下各区间的学校,采取将信息化教学能力纳入教师考评体系这一措施的学校居多,如图 1-4-112 所示。

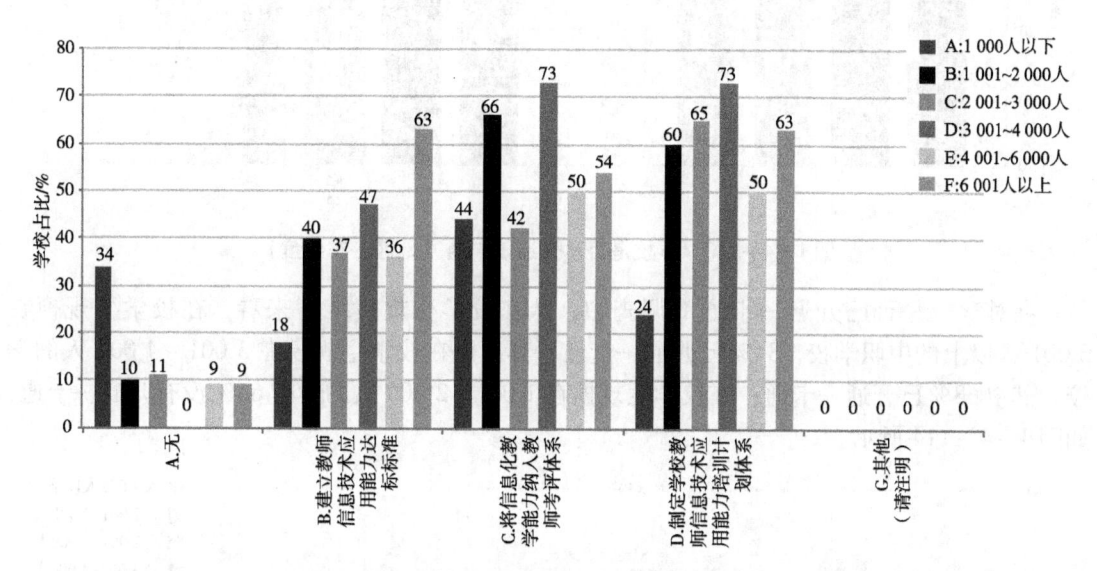

图 1-4-112 促进信息技术在教育教学中常态应用的举措情况(在校学生规模维度)

1.4.3 信息化应用服务现状

1.4.3.1 引言

为全面了解广西中等职业教育信息化建设的走向,突破学校信息化应用瓶颈,加强信息化应用服务,我们从学校一卡通建设情况、统一管理平台建设情况、校园管理系统建设情况、学校安全监控建设情况、学校网络安全建设情况五个方面开展调研、评估,以期能全面了解广西中职学校的信息化应用服务现状。

1.4.3.2 一卡通建设情况

1. 学校是否已开通一卡通

从地区分布维度来看,桂东、桂西、桂中各地区学校在对是否已开通一卡通的选择上没有显著差异,基本维持在 50% 左右;桂南、桂北分别有 45% 和 36% 的学校开通了一卡通,如图 1-4-113 所示。

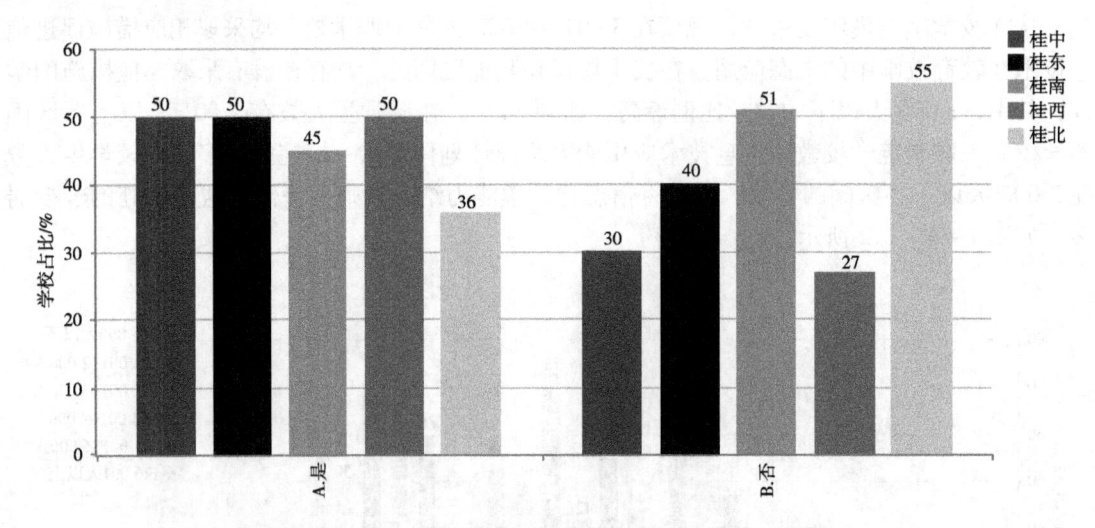

图 1-4-113　学校是否已开通一卡通（地区分布维度）

在对学校是否已开通一卡通的调查中，从在校学生规模维度来看，在校学生规模在 6 001 人以上的中职学校，81% 已开通一卡通；其次是在校学生规模在 3 001~4 000 人的学校，其中 63% 已开通一卡通；在校学生规模在 1 001~2 000 人的学校 66% 没有开通一卡通，如图 1-4-114 所示。

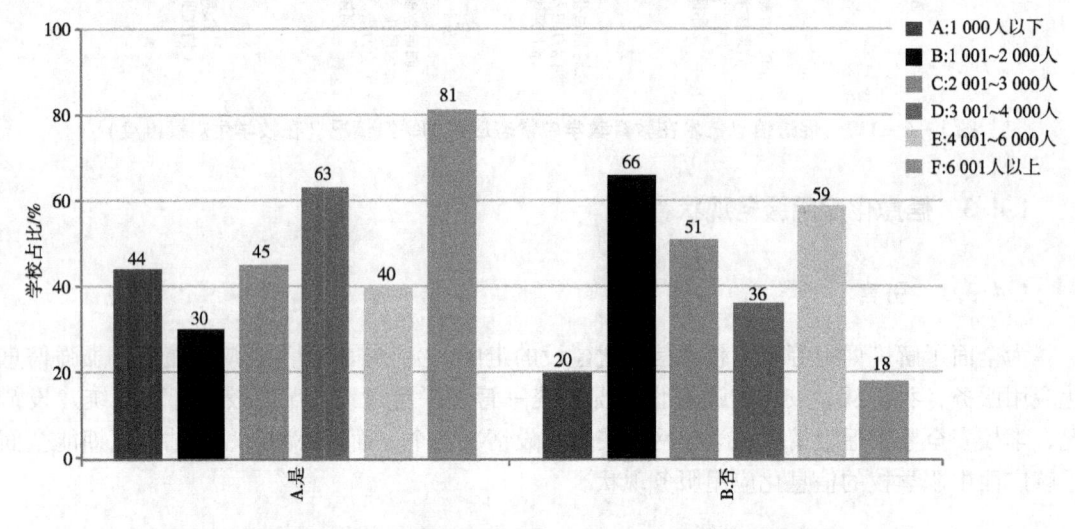

图 1-4-114　学校是否已开通一卡通（在校学生规模维度）

2. 一卡通已经实现的功能

从地区分布维度来看，对于一卡通已实现的功能，各地区间有所差异，桂中有一半左右的学校一卡通已实现学生证（52%）、图书证（50%）、教职工证（47%）、餐卡（45%）、门禁卡（45%）功能；桂西地区的学校已实现教职工证、医疗卡、上机卡功能的皆达到 50%；而桂北地区的中职学校则相对偏弱，一卡通实现医疗卡、考勤卡、上机卡等功能的仅占 8%、11%、11%，如图 1-4-115 所示。

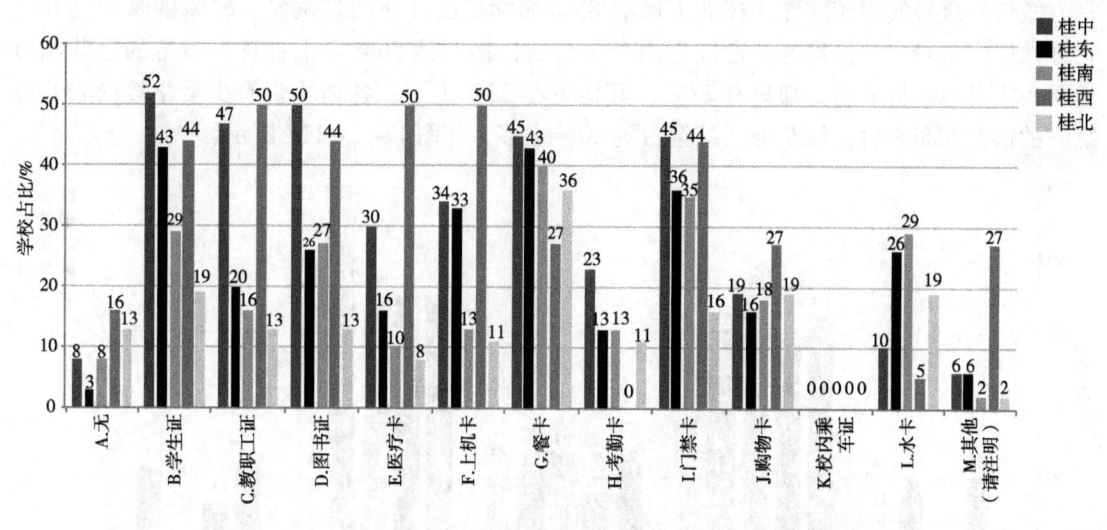

图 1-4-115　一卡通已经实现的功能情况（地区分布维度）

全区中职学校一卡通已经实现包括餐卡、学生证、教职工证、图书证、上机卡、门禁卡、购物卡等功能，还没有学校能够实现对一卡通的校内乘车证功能。

从在校学生规模维度来看，在学生证、教职工证和医疗卡的选择上，学校规模不同，差异较大，其中，1 000 人以下的学校一卡通实现学生证、教职工证与图书证的功能占比达 74%、72% 和 68%，1 001~2 000 人的学校实现这三种功能的仅占 10%、3%、6%，如图 1-4-116 所示。

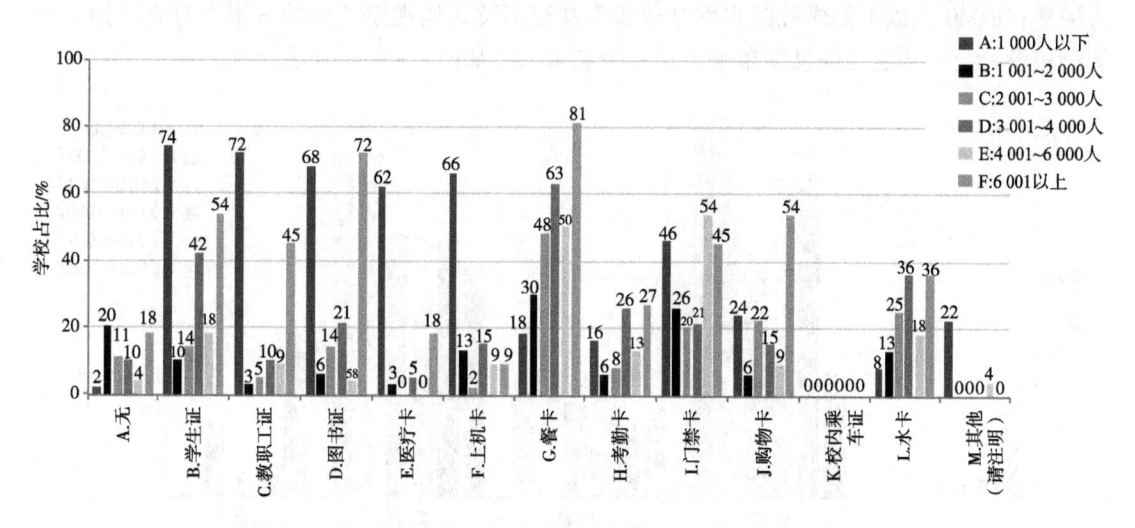

图 1-4-116　一卡通已经实现的功能情况（在校学生规模维度）

1.4.3.3　统一管理平台建设情况

1. 学校统一开通的信息发布平台

从地区分布维度来看，在学校统一开通的信息发布平台中，全区中职学校对门户网站和官方微信公众号使用较成熟，桂北地区有 83% 的学校已开通门户网站，63% 的学校已开通官方微信公众号，其他地区开通以上两个平台的比例均达 56% 以上；官方微博的运营相对偏弱，桂南地区虽最高，却只有 27%，其他皆在 25% 上下；各地均仍有少量学校尚未开通统一的信息发布平台，桂东地区甚至占到 20% 之多，如图 1-4-117 所示。

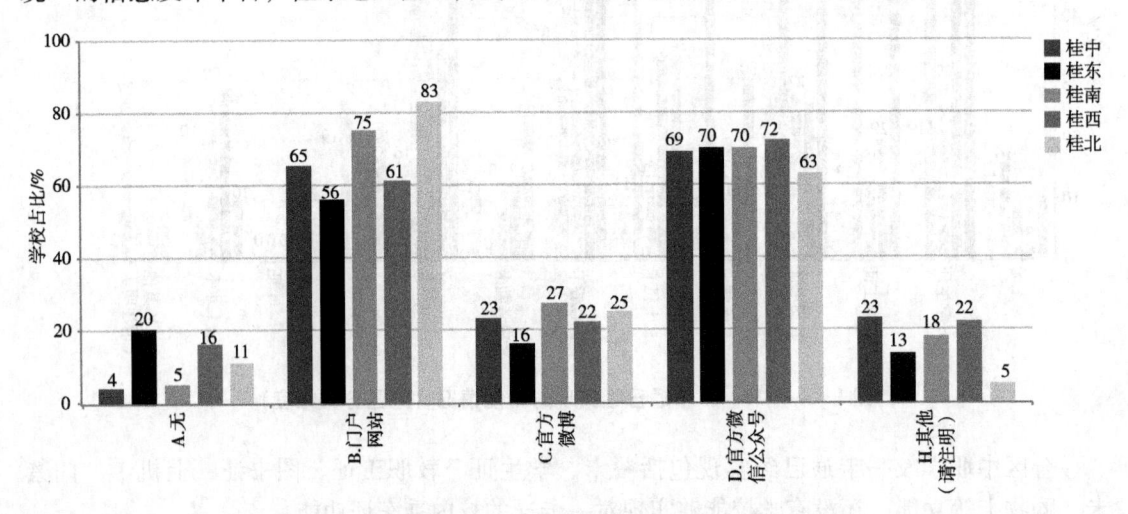

图 1-4-117　学校统一开通的信息发布平台（地区分布维度）

从在校学生规模维度来看，4 001 人以上的学校其信息发布平台实力优势明显，在门户网站和微信公众号方面几乎实现全覆盖，官方微博的覆盖率在全区也数一数二；1 001～2 000 人的学校门户网站和微信公众号的覆盖率皆位列第三，而官方微博却是全区最低，有待提高；1 000 人以下的学校门户网站覆盖率甚至不及其他规模学校的一半，且有高达 26% 的学校没有统一开通的信息发布平台，差距非常大，如图 1-4-118 所示。

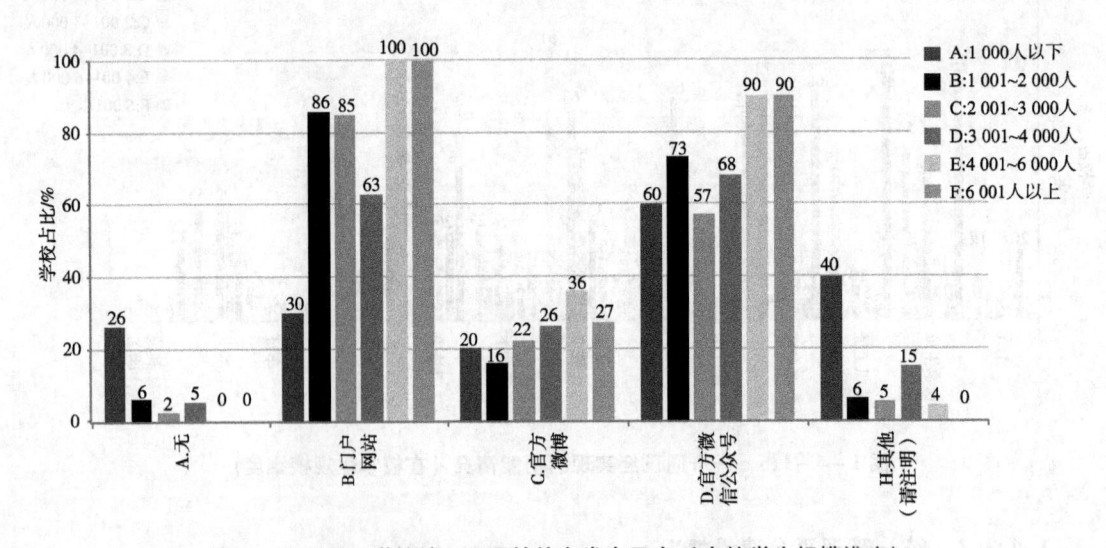

图 1-4-118　学校统一开通的信息发布平台（在校学生规模维度）

2. 学校统一开通的信息发布平台更新频率

从调查结果来看，在各信息发布平台中，使用频率为每周一次的概率最高，每年一次的概率最低。桂北地区 63% 的中职学校教师使用各平台发布信息的频率为每周一次，占比最高；桂中和桂东地区有少量中职学校使用各平台发布信息的频率为每年一次，占比最低，如图 1-4-119 所示。

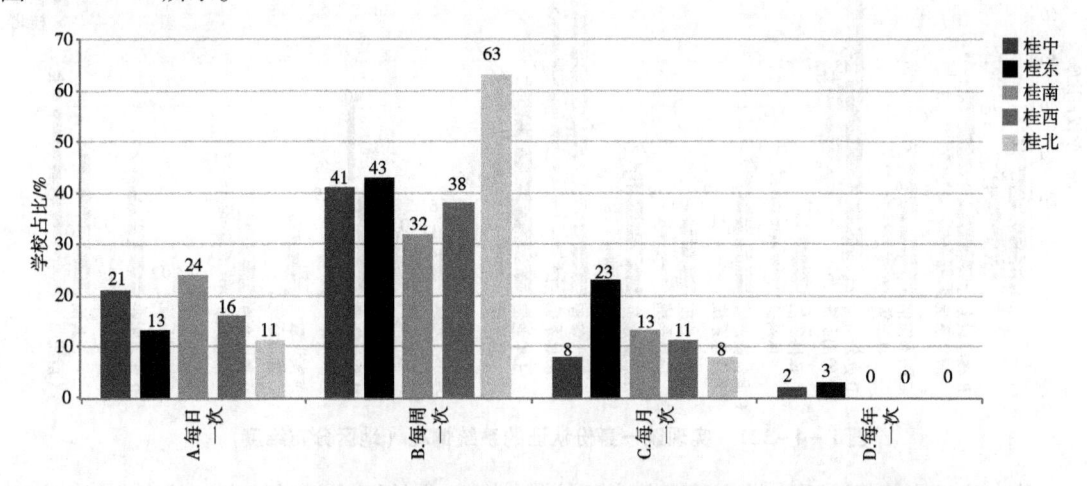

图 1-4-119　学校统一开通的信息发布平台更新频率情况（地区分布维度）

从在校学生规模维度来看，在各信息发布平台中，72% 的 4 001~6 000 人的中职学校选择每周一次，占比最高；1 000 人以下的中职学校有 4% 的选择每年一次，占比最低，如图 1-4-120 所示。

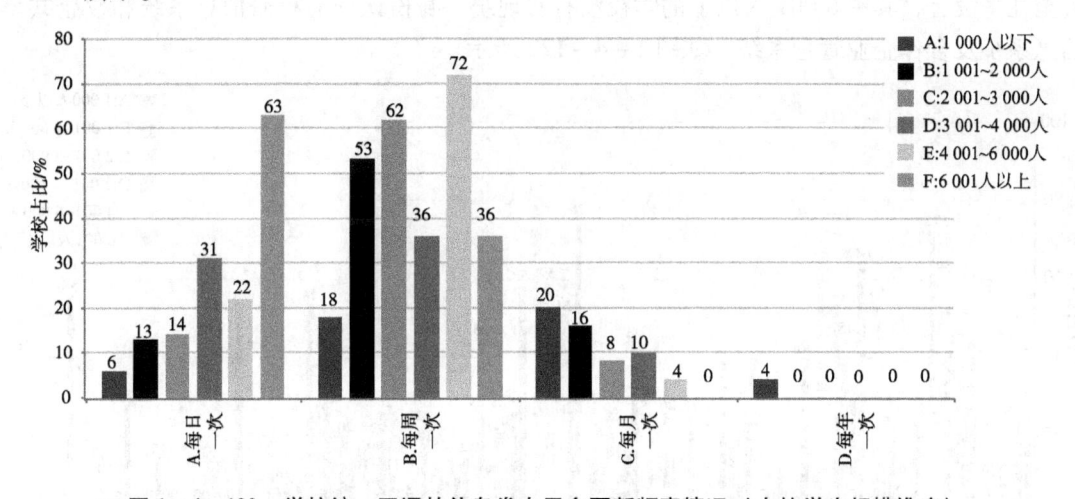

图 1-4-120　学校统一开通的信息发布平台更新频率情况（在校学生规模维度）

3. 实现统一身份认证的系统

从地区分布维度来看，在学校常用管理信息系统中，学生管理信息系统的统一身份认证率最高，其中桂东和桂西地区并列 66%，其他地区均在 50% 上下，教学教务信息系统和办公自动化（OA）系统紧随其后；反观各地区的财务信息系统、实训教学管理系统及合作企业管理系统的统一身份认证率则明显偏低，尤其是桂西地区，均没有实现统一身份认证；各地区办公自动化（OA）系统、教学资源管理系统的统一身份认证率较为平均，如图 1-4-121 所示。

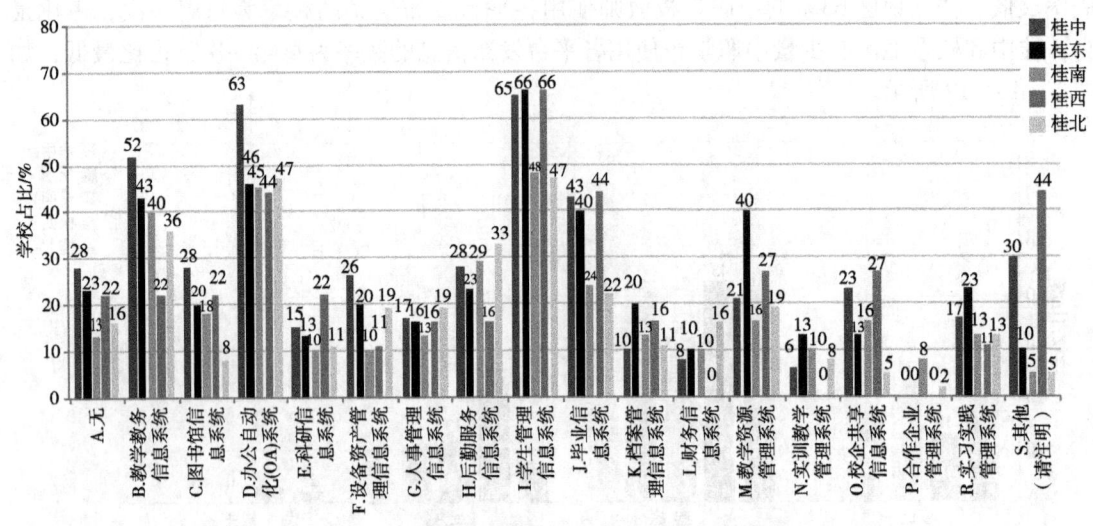

图 1-4-121　实现统一身份认证的系统情况（地区分布维度）

从在校学生规模来看，学生管理信息系统的统一身份认证率相对较高，其中 6 001 人以上的学校达到 81%，该规模的学校在教学教务信息系统、办公自动化（OA）系统、档案管理信息系统、教学资源管理系统、实习实践管理系统上的统一身份认证率均列首位；所有学校在科研信息系统、校企共享信息系统和合作企业管理系统上的统一身份认证率相对较低，甚至几乎没有，其中 6 001 人以上的学校没有实现统一身份认证的科研信息系统和校企共享信息系统及合作企业管理系统，如图 1-4-122 所示。

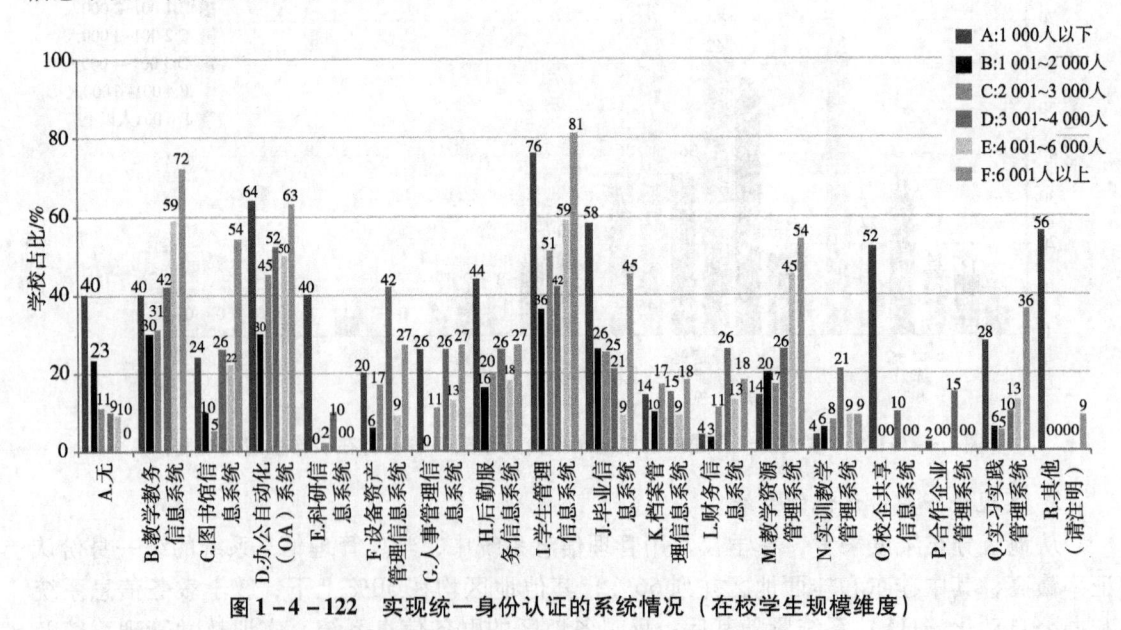

图 1-4-122　实现统一身份认证的系统情况（在校学生规模维度）

4. 实现数据共享的系统

从地区分布维度来看，实现数据共享的系统是学生管理信息系统，占比最大，其次是教学资源管理系统，另外，全区大多数中职学校在合作企业管理系统和实习实践管理系统上则几乎没有实现数据共享，如图 1-4-123 所示。结合前面的分析，这也和广西中职学校校企合作管理系统建设比较薄弱一致。

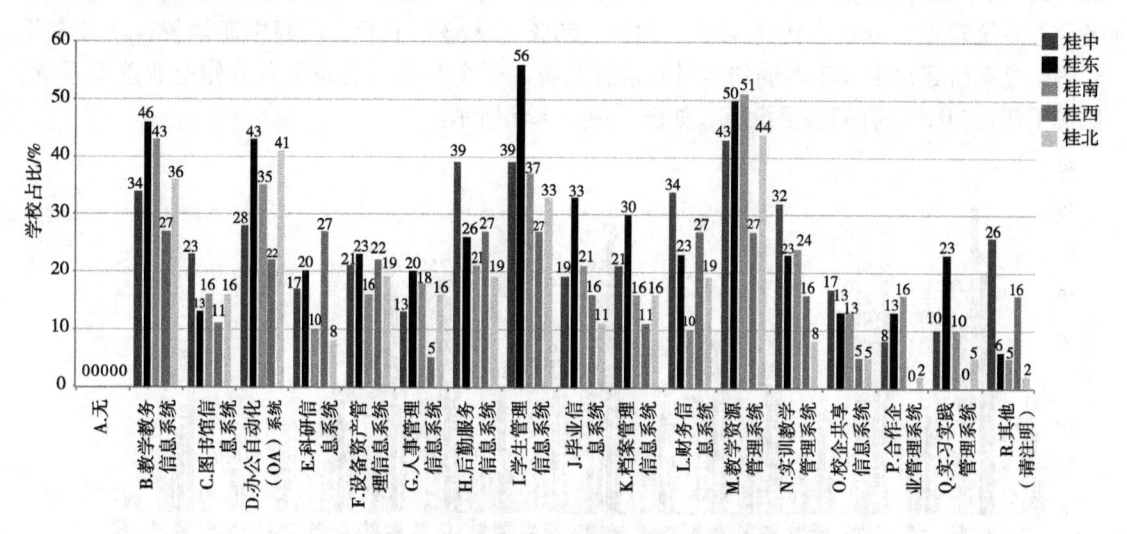

图1-4-123 实现数据共享的系统情况（地区分布维度）

从在校学生规模维度来看，6 001人以上的学校有72%的在学生管理信息系统方面已实现数据共享，有63%的在教学教务信息系统方面已实现数据共享；1 000人以下的学校则更多地在科研信息系统、后勤服务信息系统、档案管理信息系统、财务信息系统、教学资源管理系统、实训教学管理系统、校企共享信息系统等方面已实现数据共享，且位列第一。4 001人以上的学校在科研信息系统、校企共享信息系统和合作企业管理系统方面实现数据共享最薄弱，如图1-4-124所示。

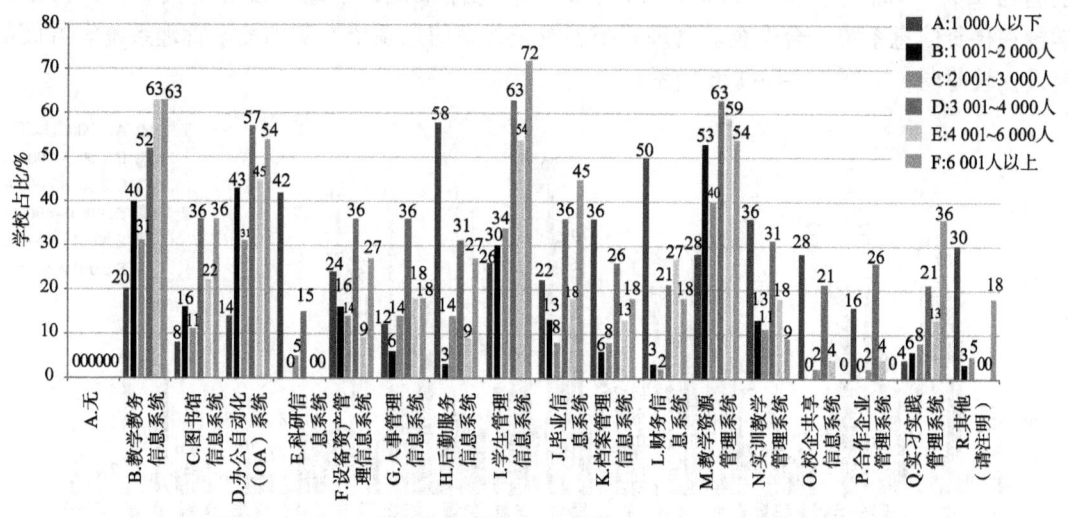

图1-4-124 实现数据共享的系统情况（在校学生规模维度）

1.4.3.4 校园管理系统建设情况

1. 学校常用管理信息系统建设

从地区分布维度来看，广西中职学校在对学校常用管理信息系统建设方面，桂东地区大多数学校更注重学生管理信息系统（63%）、教学资源管理系统（53%）、教学教务信息系统（56%）、财务信息系统（50%）；桂南、桂中、桂北地区的学校首要关注的都是教学教务信息系统建设，分别占比达72%、54%、50%。从整体上看，广西中职学校在学校常用管理信息系统建设上比较薄弱的是科研信息系统、校企共享信息系统及合作企业管理系统，比例不超过20%，有的甚至没有，如图1-4-125所示。

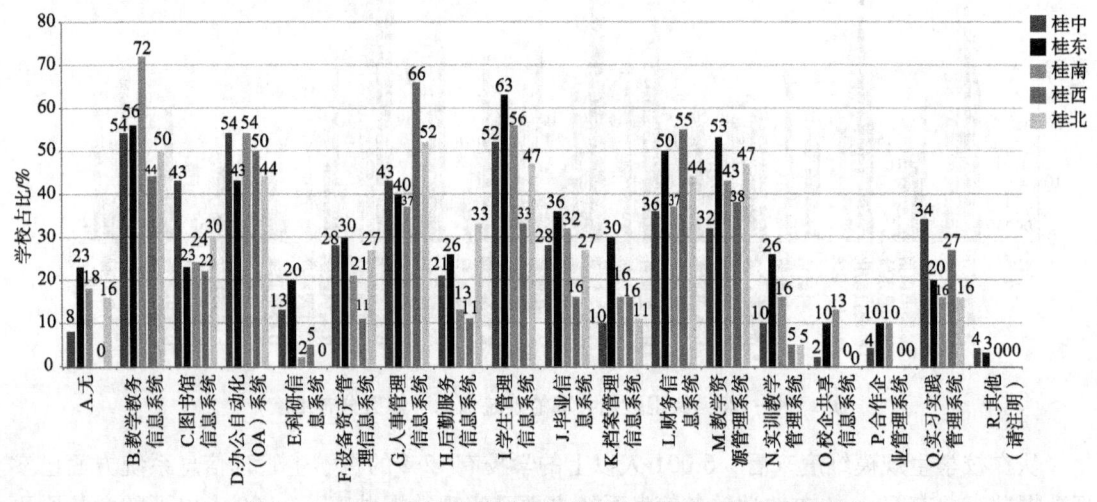

图1-4-125 学校常用管理信息系统情况（地区分布维度）

从在校学生规模维度来看，6 001人以上的学校在学校常用管理信息系统建设方面较完善，其中学生管理信息系统建设已达到90%，教学教务信息系统、图书馆信息系统、办公自动化（OA）系统、设备资产管理信息系统、财务信息系统与教学资源管理系统建设已分别达到81%、72%、72%、54%、81%、81%。总体来说，不论学校规模大小，广西中职学校在科研信息系统、合作企业管理系统、校企共享信息系统、实训教学管理系统等方面的建设比较薄弱，如图1-4-126所示。

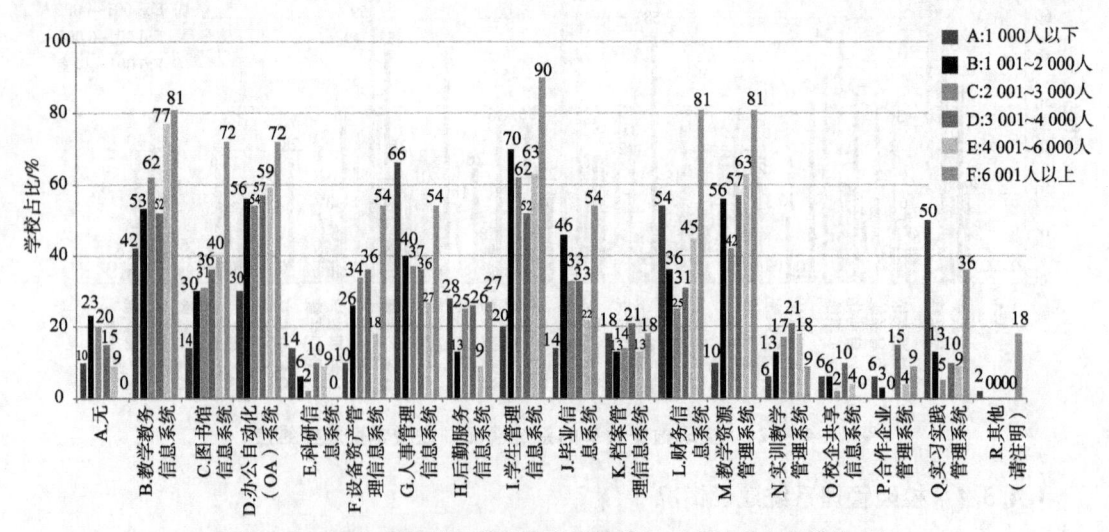

图1-4-126 学校常用管理信息系统情况（在校学生规模维度）

2. 现有管理信息系统基础数据应用范畴

从地区分布维度来看，在学校现有管理信息系统基础数据应用范畴方面，更多的学校应用在部门/学校工作总结中，其次是应用在部门绩效考核与学校规划制定方面，其中桂南地区59%的学校都应用在部门/学校工作总结中，为各地区之最，如图1-4-127所示。

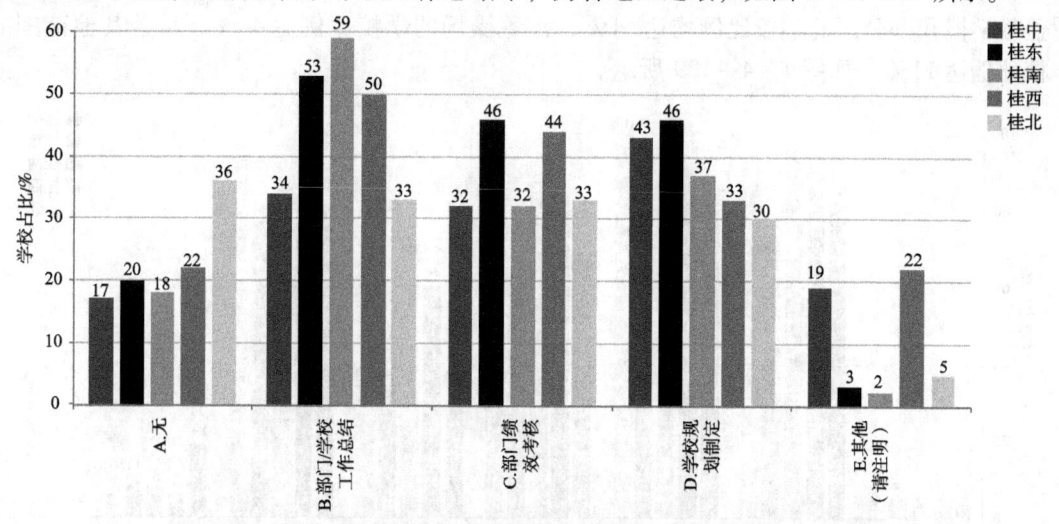

图1-4-127　现有管理信息系统基础数据应用范畴（地区分布维度）

从在校学生规模维度来看，规模在4 001～6 000人的学校将现有管理信息系统基础数据主要应用在部门/学校工作总结中，比例达59%；规模在1 000人以下的学校主要应用在学校规划制定中，比例达50%；规模在6 001以上的学校主要应用在部门绩效考核中，比例达45%，如图1-4-128所示。

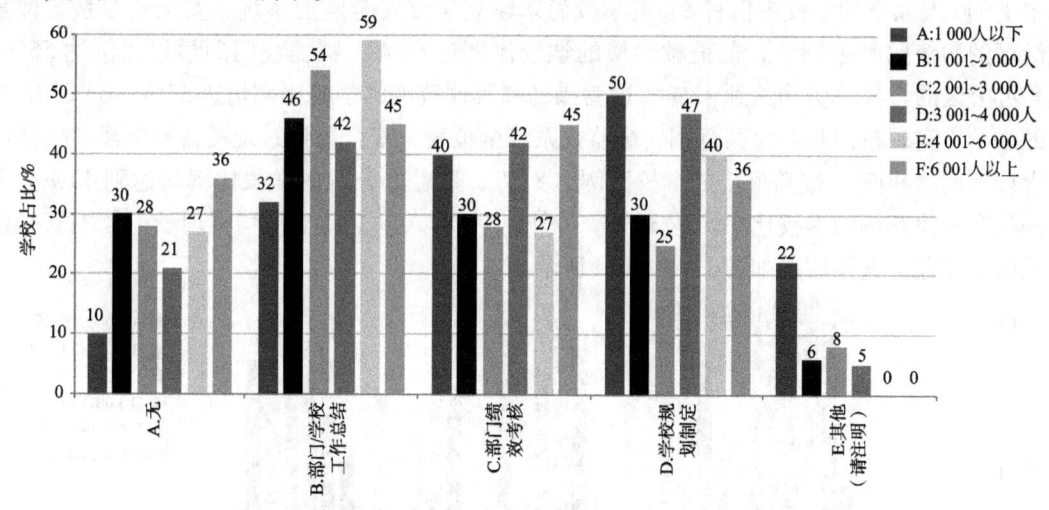

图1-4-128　现有管理信息系统基础数据应用范畴（在校学生规模维度）

1.4.3.5　学校安全监控建设情况

在对学校安全监控系统校园覆盖范围的调查中，各学校安全监控系统校园覆盖范围主要包括校门、教学楼、办公区、生活区、操场等。

从地区分布维度来看，桂北地区的学校安全监控系统校园覆盖范围最大，其中教学楼实现安全监控系统全覆盖，安全监控系统覆盖生活区的学校比例达94%，覆盖校门和办公区的学校比例均达到91%，覆盖操场的学校比例达69%，覆盖其他范围的学校比例达2%；

桂西地区的学校安全监控系统校园覆盖范围最小，目前仍有5%的学校尚未建立学校安全监控系统，其中安全监控系统覆盖生活区的学校比例达77%，覆盖校门的学校比例达72%，覆盖教学楼和办公区的学校比例均达61%，覆盖操场的学校比例达44%，覆盖其他范围的学校比例达11%，如图1-4-129所示。

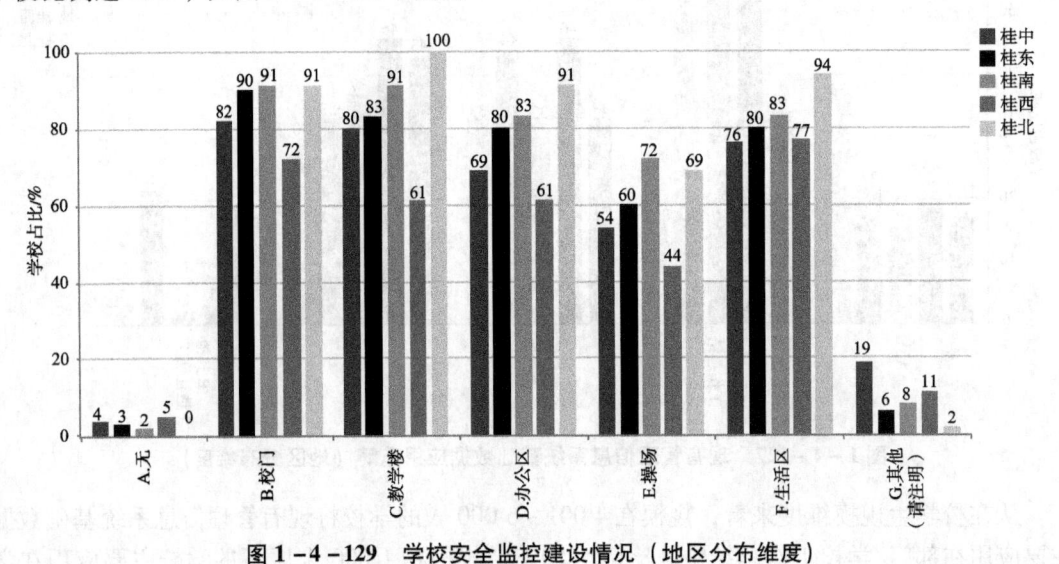

图1-4-129 学校安全监控建设情况（地区分布维度）

从在校学生规模维度来看，在校生规模越大的学校，安全监控系统校园覆盖范围越大。其中1 000人以下的学校中仍有8%的学校尚未建立学校安全监控系统，安全监控系统覆盖生活区的学校比例达64%，覆盖教学楼的学校比例达62%，覆盖校门的学校比例达56%，覆盖办公区的学校比例均达到42%，覆盖操场和其他范围的学校比例均达34%；6 001人以上的学校均实现校门和办公区范围安全监控系统全覆盖，安全监控系统覆盖教学楼和生活区的学校比例达90%，覆盖操场的学校比例达81%，覆盖办公区的学校比率均达到42%，覆盖操场和其他范围的学校比率均达34%。另外，1 001人以上的学校均实现校门范围安全监控系统全覆盖。具体情况如图1-4-130所示。

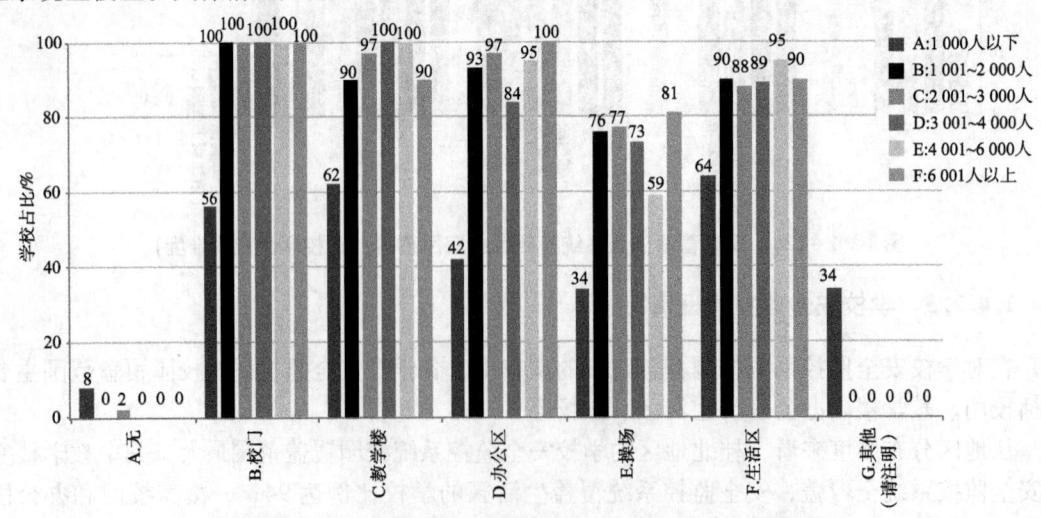

图1-4-130 学校安全监控建设情况（在校学生规模维度）

1.4.3.6 学校网络安全建设情况

在对学校网络安全系统建设状况的调查中，广西各中职学校网络安全系统建设主要包括信息过滤系统、网络防病毒系统、网络运行故障检测系统、入侵检测系统、上网行为管理系统、数据备份和容灾系统、网络身份认证系统等。

从地区分布维度来看，广西各地区中职学校网络安全系统建设尚未全面开展，建设各学校网络安全系统的学校比例均未超过60%，建有网络防病毒系统的学校相对较多。其中，桂中地区和桂西地区所有被调查的学校均建立了相关学校网络安全系统，但各相关学校网络安全系统的建设情况不均衡：桂东地区、桂北地区、桂南地区分别有20%、16%、5%的学校尚未建立任何学校网络安全系统。总体来说，桂南地区开展各学校网络安全系统建设的学校比例较高，建有信息过滤系统、网络防病毒系统、网络运行故障检测系统、入侵检测系统、上网行为管理系统、数据备份和容灾系统、网络身份认证系统的学校比例分别为43%、59%、45%、16%、48%、27%、32%，如图1-4-131所示。

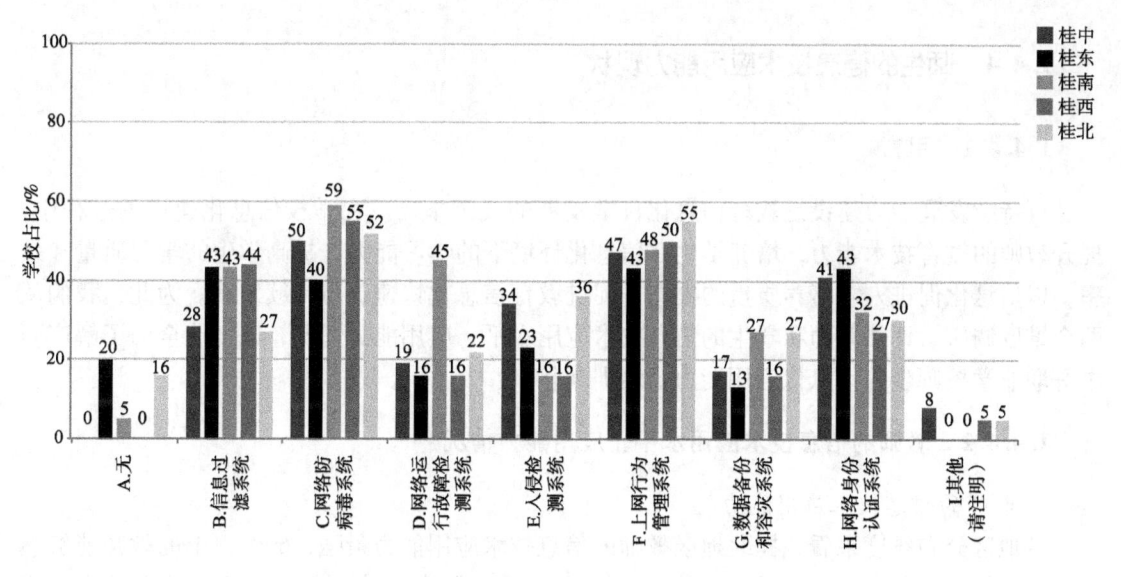

图1-4-131 学校网络安全系统（地区分布维度）

从在校学生规模维度来看，4 001人以上的所有学校均建立了相关学校网络安全系统，1 000人以下、1 001~2 000人、2 001~3 000人、3 001~4 000人的学校中分别有4%、23%、8%、10%的学校尚未建立任何学校网络安全系统。总体来说，6 001人的学校中开展信息过滤系统、网络防病毒系统、网络运行故障检测系统、入侵检测系统、上网行为管理系统、网络身份认证系统建设的比例较高，分别为54%、72%、45%、63%、81%、54%，但由于学校规模越大，数据备份工作越困难，该规模的学校中建有数据备份和容灾系统的比例最低，仅有9%，如图1-4-132所示。

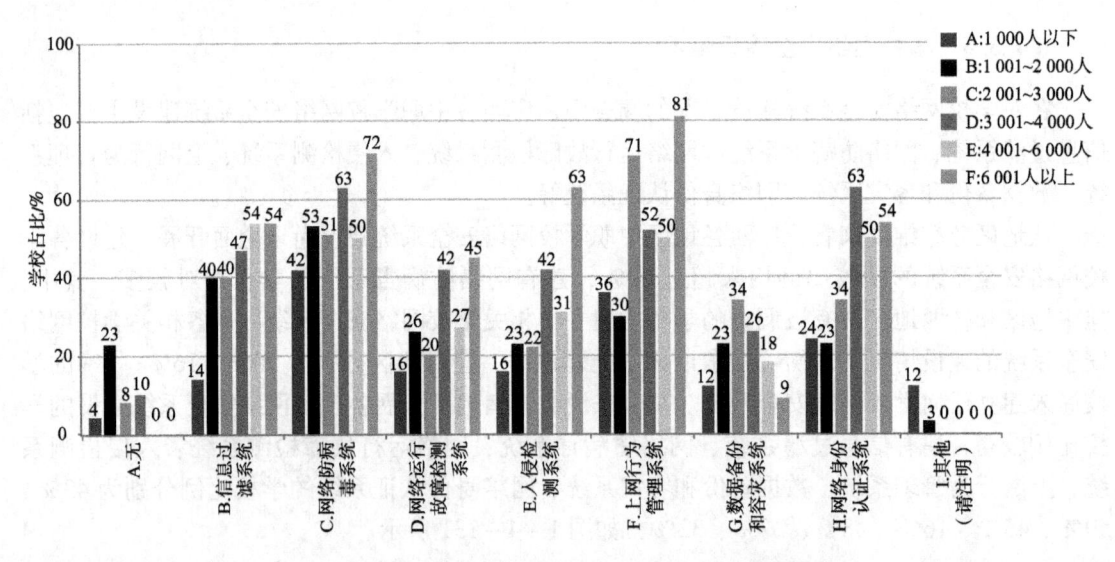

图 1-4-132　学校网络安全系统（在校学生规模维度）

1.4.4　师生的信息技术应用能力现状

1.4.4.1　引言

可持续发展能力建设是教育信息化科学发展的关键举措。在学校信息化建设的过程中，提升教师的教育技术能力，培养学生在信息化环境下的学习能力，提高学生的学习质量和效率，以信息化促进人才培养质量的提高，促进教育信息化快速、可持续发展。为此，我们从两个维度调研、评估教师和学生的信息技术应用水平、应用能力情况，以期能全面了解广西中等职业学校师生的信息化应用能力及培训现状。

1.4.4.2　教师的信息技术应用水平、应用能力情况

1. 教师的信息技术应用能力

从地区分布维度来看，桂北地区教师的信息技术应用能力最强，60%以上的教师能够熟练运用计算机进行办公、教学的学校占比高达61%。桂南和桂中地区教师的信息技术应用能力较强，60%以上的教师能够熟练运用计算机进行办公、教学的学校占比分别为59%和52%。相比而言，桂东、桂西地区的学校教师其信息技术应用能力较弱，如图1-4-133所示。

从在校学生规模维度来看，60%以上的教师能够熟练运用计算机进行办公、教学的各规模学校占比较高。其中，规模在3 001~4 000人的中等职业学校的大部分教师能熟练使用计算机技能办公、教学，60%以上的教师能够熟练运用计算机进行办公、教学的学校占比高达73%，如图1-4-134所示。

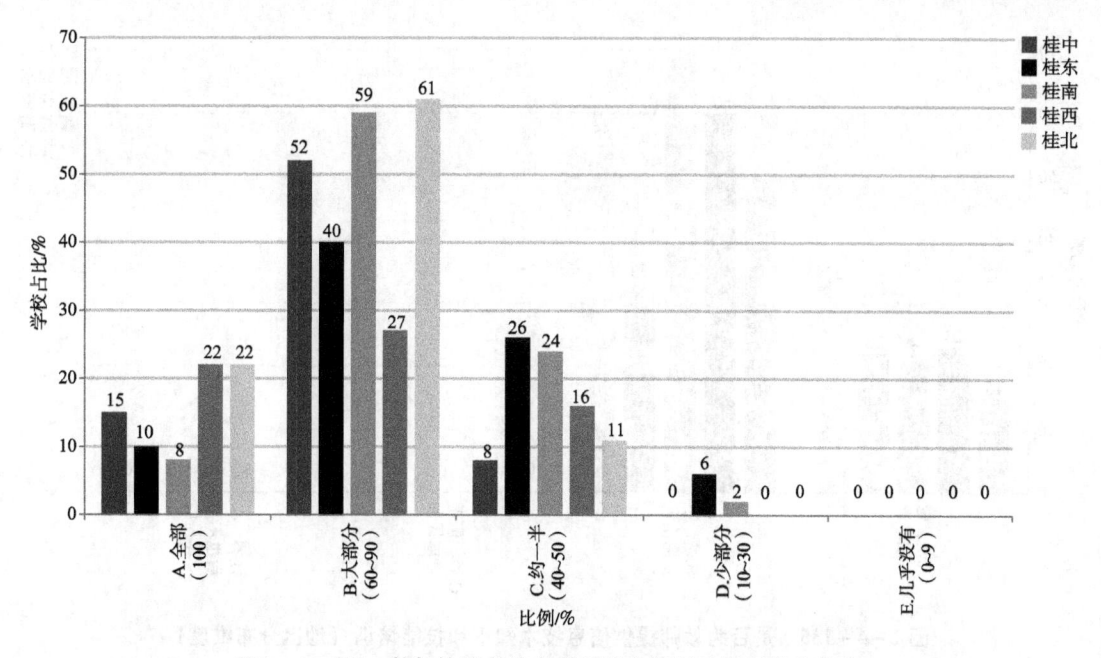

图 1-4-133　教师的信息技术应用能力情况（地区分布维度）

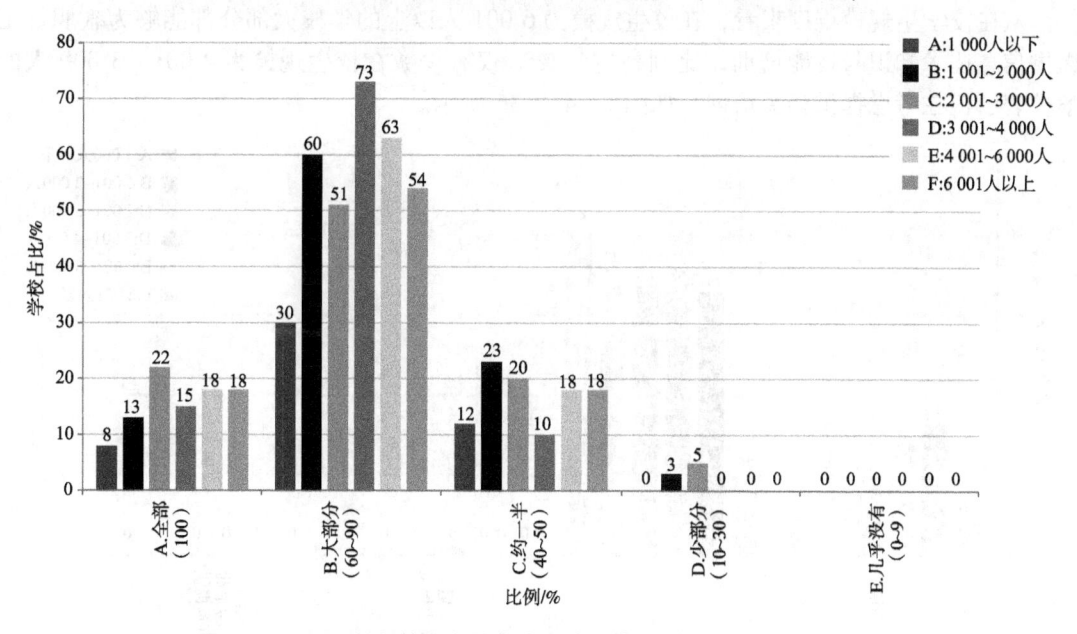

图 1-4-134　教师的信息技术应用能力情况（在校学生规模维度）

2. 教师的信息技术培训情况

1）是否为教师提供信息技术知识和技能培训

从地区分布维度来看，全区中职学校普遍对教师不定期提供信息技术知识与技能培训，桂南地区的学校比例最高，达到70%。桂北地区有33%的学校会定期开展信息技术知识和技能培训，在所有地区中比例最高。整体来看，全区中等职业学校未来还亟须加强对教师提供信息技术知识和技能培训的力度。另外，桂北地区有2%的学校表示正在考虑提供相关培训，如图 1-4-135 所示。

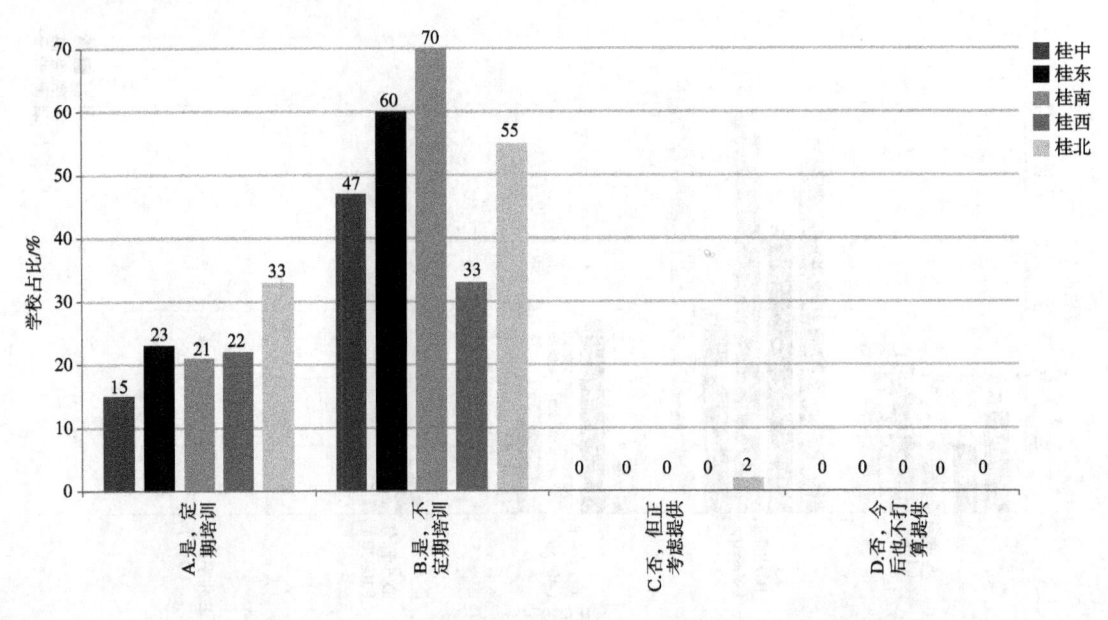

图 1-4-135 是否为教师提供信息技术知识和技能培训（地区分布维度）

从在校学生规模维度来看，在校生规模为 6 001 人以上的学校大部分都能够为教职员工提供信息技术知识与技能培训，比例高达 81%。仅有少数在校生规模为 2 001~3 000 人的学校表示正在考虑提供相关培训，如图 1-4-136 所示。

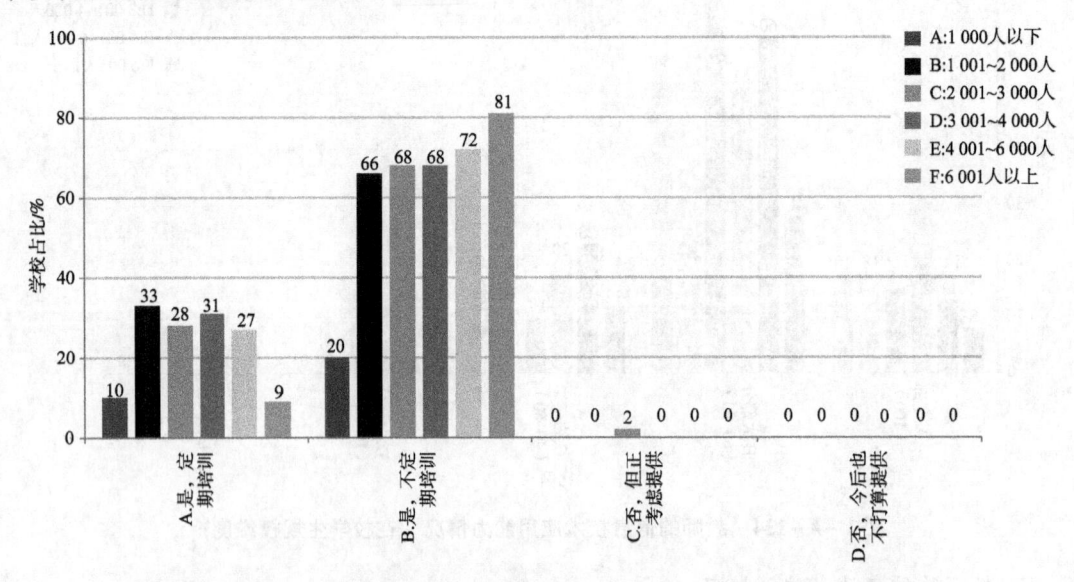

图 1-4-136 是否为教师提供信息技术知识和技能培训（在校学生规模维度）

2）教师的信息技术（或计算机）培训情况

从地区分布维度来看，全区中职学校普遍进行了全员培训，其中桂北地区的学校比例最高，达到 69%。对部分学科教师进行了培训、只对信息技术相关学科教师进行了培训和还没进行相关培训的学校比例总体呈递减趋势。没有学校表示还没有进行过培训，如图 1-4-137 所示。

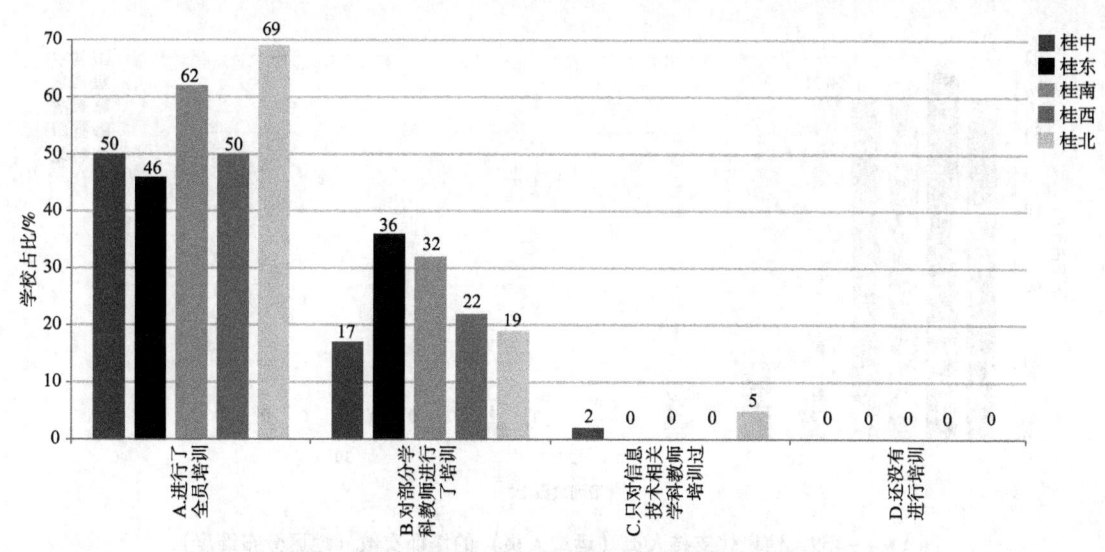

图 1-4-137 教师的信息技术（或计算机）培训情况（地区分布维度）

在校学生规模维度来看，不管学校规模大小，大部分学校普遍开展了信息技术培训。在校生规模为 4 001 人以上的学校中有 72% 的学校进行了全员培训，仅有少量在校生规模为 2 000 人以下的学校只对信息技术相关学科教师培训过。没有学校表示还没有进行过培训，如图 1-4-138 所示。

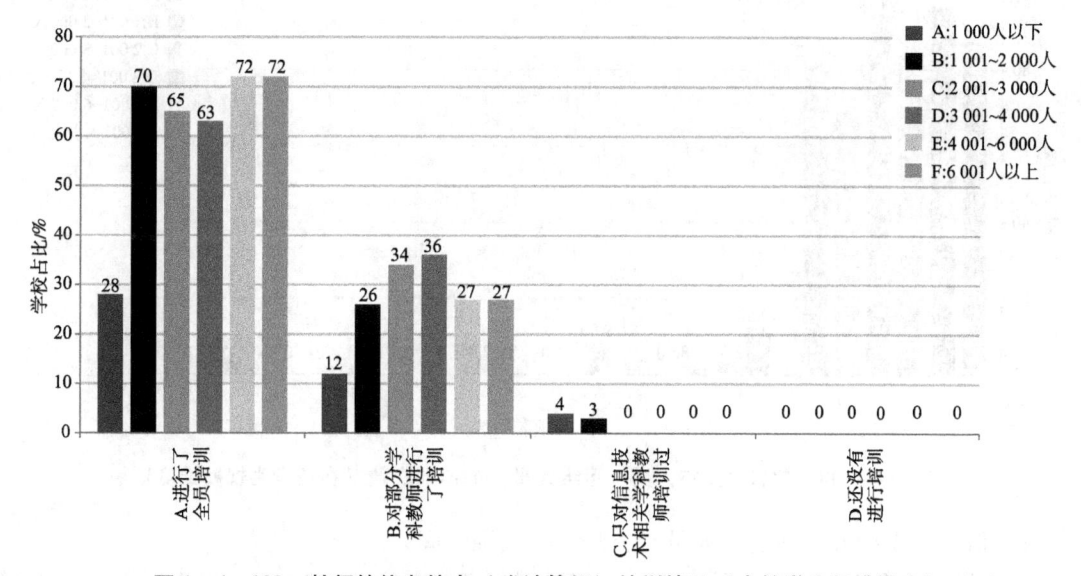

图 1-4-138 教师的信息技术（或计算机）培训情况（在校学生规模维度）

3）信息化支持人员（运维人员）的培训次数

在对学校信息化支持人员（运维人员）培训的调研中，可以发现，大多数学校对信息化支持人员（运维人员）的培训次数主要在 0～10 次的范围内。

从地区分布维度来看，全区中职学校对信息化支持人员（运维人员）的培训次数多集中在 0～10 次范围内；仅桂东、桂南地区有少量学校的培训次数在 20 次以上，如图 1-4-139 所示。

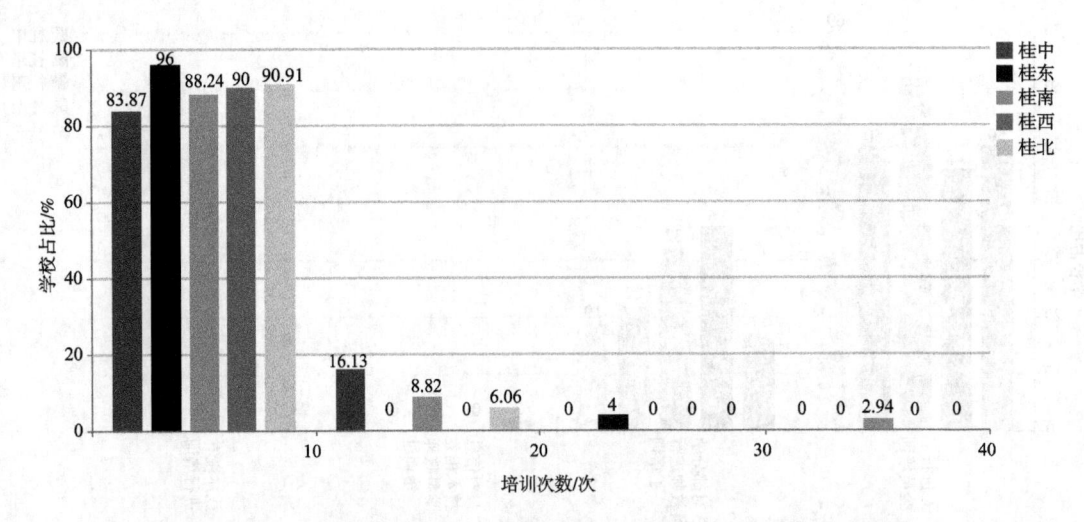

图1-4-139　信息化支持人员（运维人员）的培训次数（地区分布维度）

从在校学生规模维度来看，各区间学校对信息化支持人员（运维人员）的培训次数多集中在0～10次范围内；仅有少量规模在2 001～4 000人的学校对信息化支持人员（运维人员）的培训次数在20次以上，如图1-4-140所示。

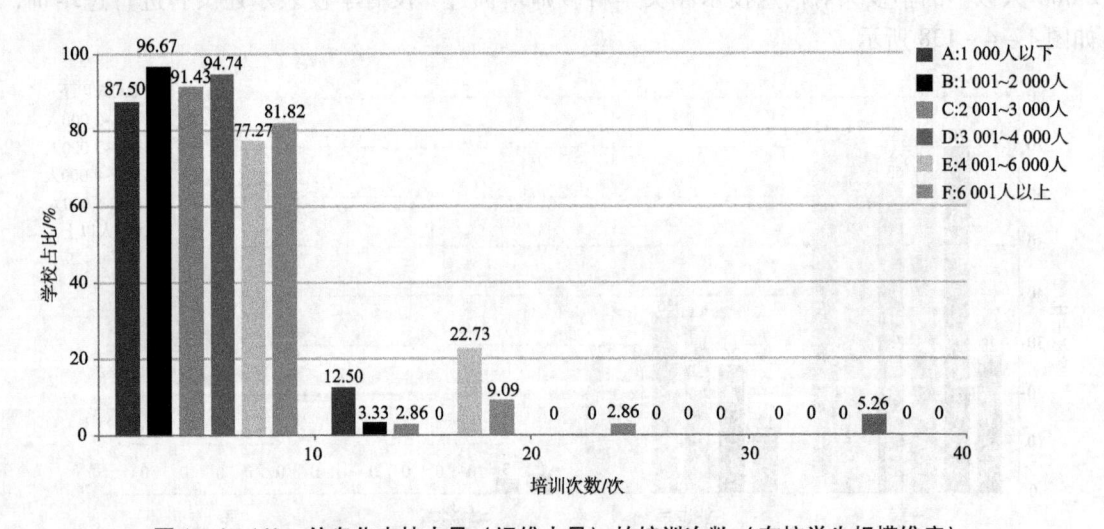

图1-4-140　信息化支持人员（运维人员）的培训次数（在校学生规模维度）

4）信息化支持人员（运维人员）人均一年培训时间

信息化支持人员（运维人员）人均一年培训时间基本维持在50小时以内，人均一年培训时间超过100小时的学校较少。

从地区分布维度来看，全区大部分中职学校的信息化支持人员（运维人员）人均一年培训时间在50小时以内。桂东、桂南、桂北有少量学校的信息化支持人员（运维人员）人均一年培训时间在100小时以上，如图1-4-141所示。

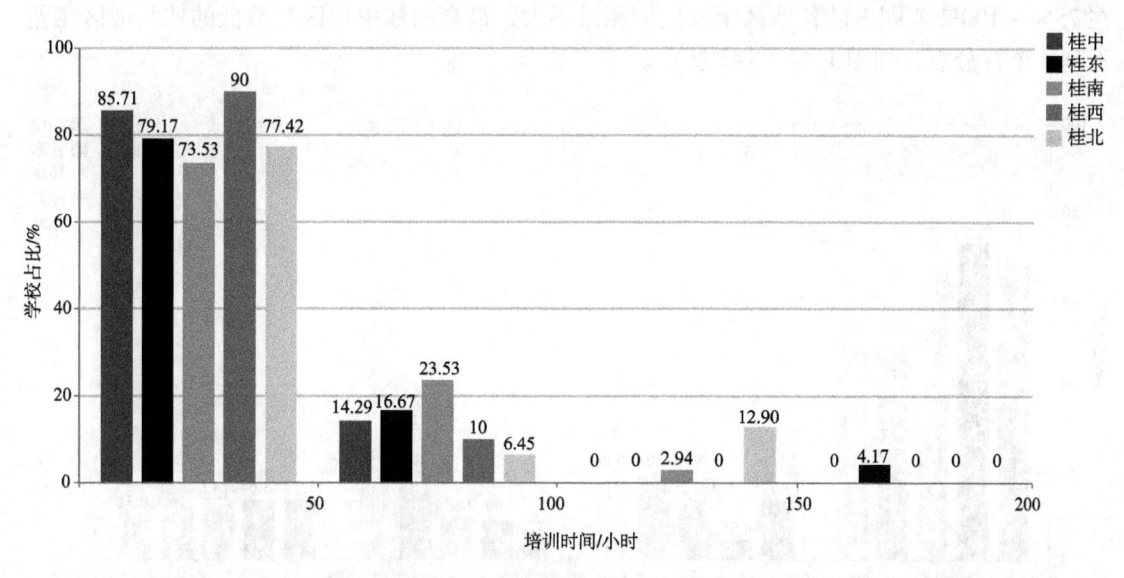

图 1-4-141　信息化支持人员（运维人员）人均一年培训时间（地区分布维度）

从在校学生规模维度来看，各区间大部分学校的信息化支持人员（运维人员）人均一年培训时间在 50 小时以内。规模为 1 001~4 000 人的学校培训时间在 100~150 小时，仅有少量规模为 1 000 人以下的学校培训时间超过 150 小时，如图 1-4-142 所示。

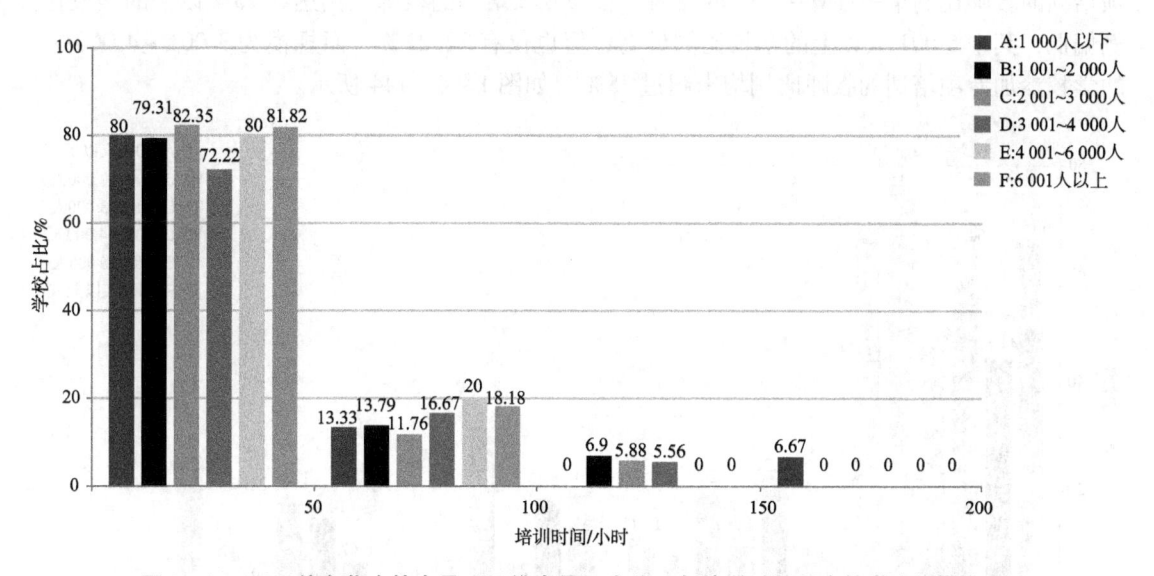

图 1-4-142　信息化支持人员（运维人员）人均一年培训时间（在校学生规模维度）

5）最近一年参加教育信息化专项培训（不含校本培训）的教师比例

最近一年参加教育信息化专项培训（不含校本培训）的教师比例基本在 25% 以内。

从地区分布维度来看，桂中、桂东、桂南地区最近一年参加专项培训的教师比例主要集中在 0~25% 范围内。桂西、桂北地区参加专项培训的教师比例在 0~25% 范围内的学校比例仅为 50%，其他主要分布在 25%~50%、50%~75% 范围内。参加专项培训的教师比例在 75%～100% 范围内的各地区学校比例相差不大，最高的桂中地区与最低的桂西地区相差不到 4 个百分点，如图 1-4-143 所示。

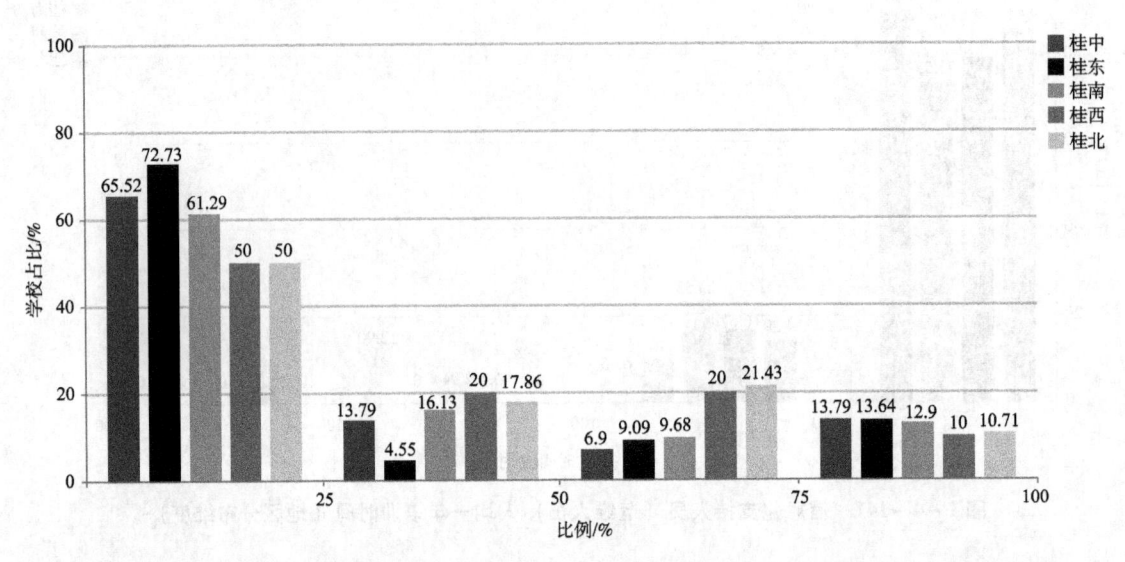

图 1-4-143　最近一年参加教育信息化专项培训（不含校本培训）的教师比例（地区分布维度）

从在校学生规模维度来看，在规模为 4 001～6 000 人的学校中，有 80% 的学校参加专项培训的教师比例集中在 0～25% 范围内。参加专项培训的教师比例达到 75% 以上的学校比例偏低，其中 6 001 人以上的学校比例最高，但也仅有 22.22%，而规模为 3 001～4 000 人的学校参加专项培训的教师比例均未超过 75%，如图 1-4-144 所示。

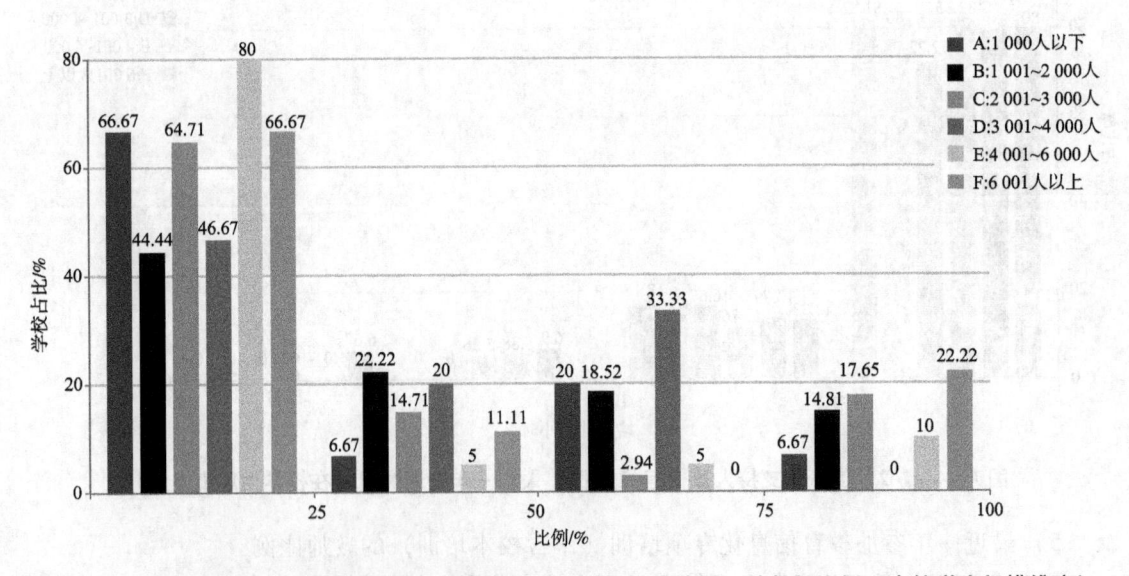

图 1-4-144　最近一年参加教育信息化专项培训（不含校本培训）的教师比例（在校学生规模维度）

6）参加专项教师人均一年培训时间（专项培训）

最近一年参加教育信息化专项培训（不含校本培训）的教师人均一年培训时间基本都在 100 小时内。

从地区分布维度来看，全区大部分中职学校，参加专项培训的教师人均一年培训时间基本都在 100 小时以内。少量桂东、桂南、桂北地区的学校教师人均一年培训时间达到 100～200 小时。少量桂中、桂东、桂北地区的学校教师人均一年培训时间达到 200～300 小时。少量桂北地区的学校教师人均一年培训时间达到 300～400 小时，如图 1-4-145 所示。

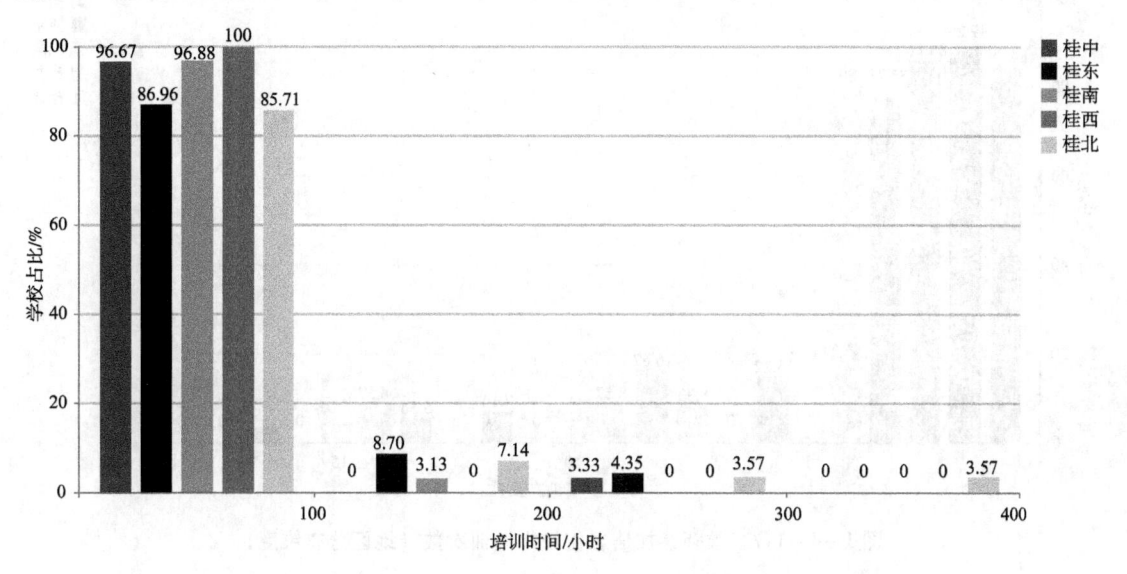

图 1-4-145　教师人均一年培训时间（专项培训）（地区分布维度）

从在校学生规模维度来看，规模为 6 001 人以上的学校，参加专项培训的教师人均一年培训时间都集中在 100 小时以内。少量规模在 3 000 人以下的学校培训时间在 100～200 小时。少量规模在 2 001～6 000 人的学校培训时间在 200～300 小时。少量规模在 3 001～4 000 人的学校培训时间在 300～400 小时，如图 1-4-146 所示。

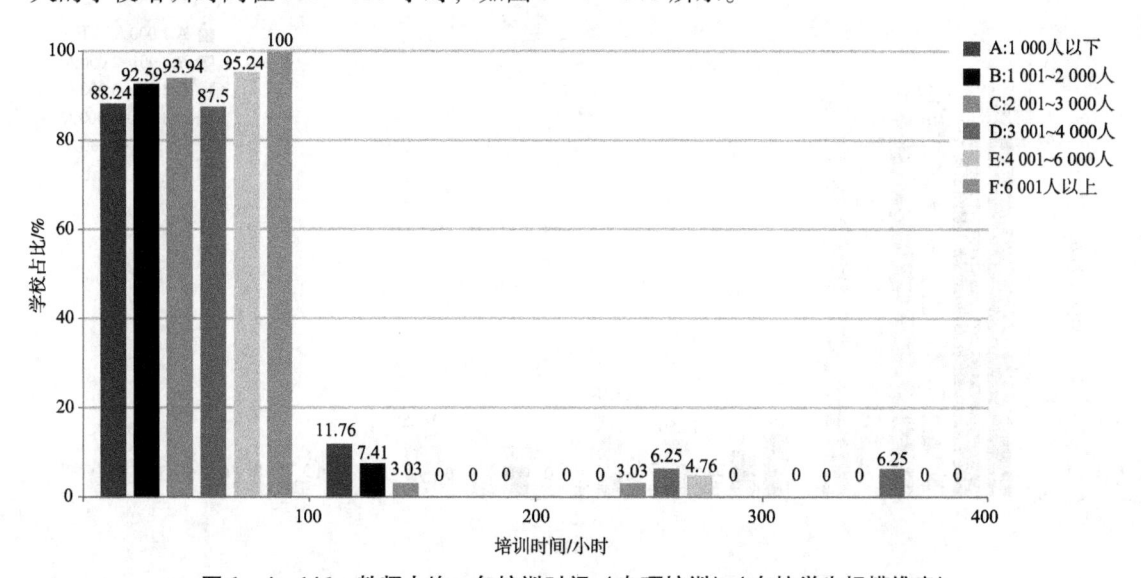

图 1-4-146　教师人均一年培训时间（专项培训）（在校学生规模维度）

7）教师参加信息化校本培训次数

从地区分布维度来看，桂中、桂东、桂南地区的教师参加信息化校本培训的次数主要集中在 5 次以内。桂东地区的教师参加信息化校本培训次数在 5 次以内的学校比例为 89.29%。只有桂东、桂北地区的教师参加信息化校本培训次数在 15~25 次及以上，如图 1-4-147 所示。

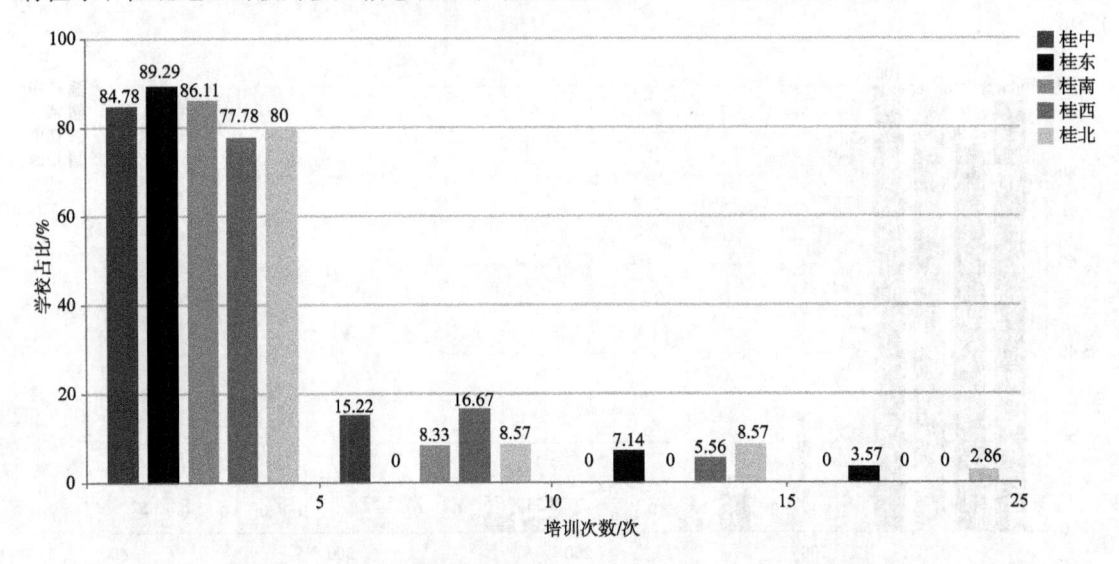

图 1-4-147　教师参加信息化校本培训次数（地区分布维度）

从在校学生规模维度来看，规模为 1 001~3 000 人的学校，有 88.57% 的学校教师参加信息化校本培训次数集中在 5 次以内。教师参加校本培训次数达到 15~25 次的学校比例偏低，其中 1 001~2 000 人的学校比例最高，但也仅有 3.33%，而规模为 3 001~4 000 人、4 001~6 000 人以及 6 001 人以上的学校教师参加校本培训次数均未超过 15 次，如图 1-4-148 所示。

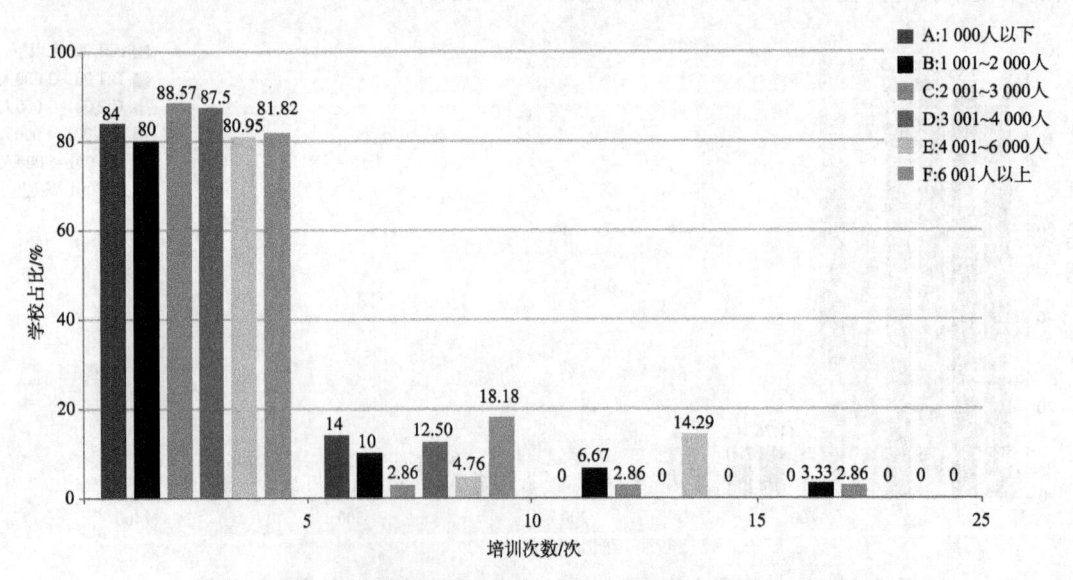

图 1-4-148　教师参加信息化校本培训次数（在校学生规模维度）

8) 教师参加信息化校本培训的比例

不论是从地区分布维度还是从在校学生规模维度来看，教师参加信息化校本培训的比例基本集中在50%以上。除此之外，从地区分布维度来看，桂东地区有31.25%的学校教师参加信息化校本培训的比例在40%以内，如图1-4-149所示。

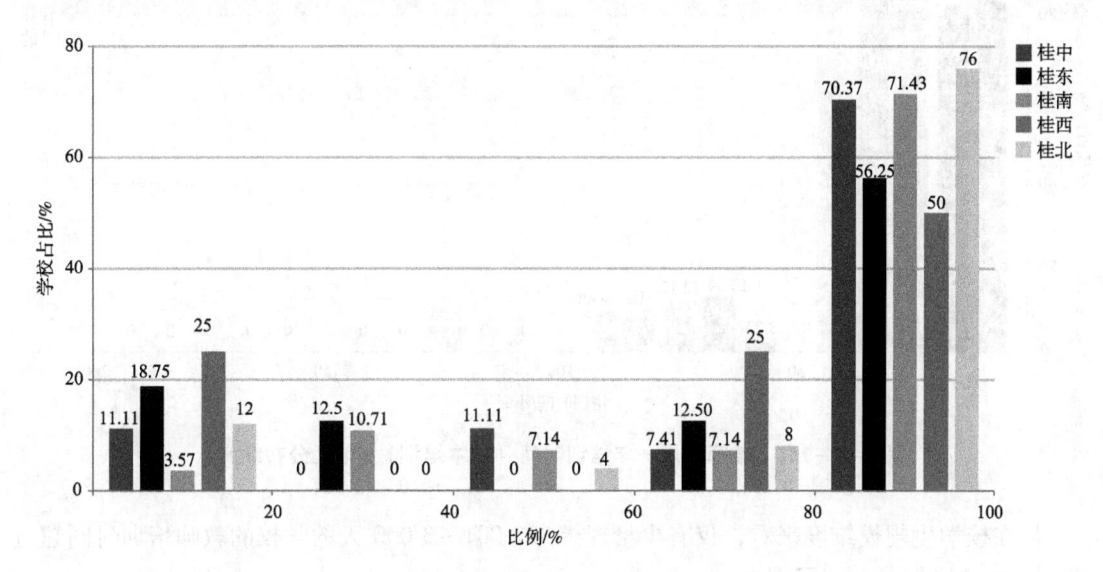

图1-4-149 教师参加信息化校本培训的比例（地区分布维度）

从在校学生规模维度来看，规模为4 001~6 000人的学校，有21.05%的学校教师参加信息化校本培训的比例在20%以内，如图1-4-150所示。

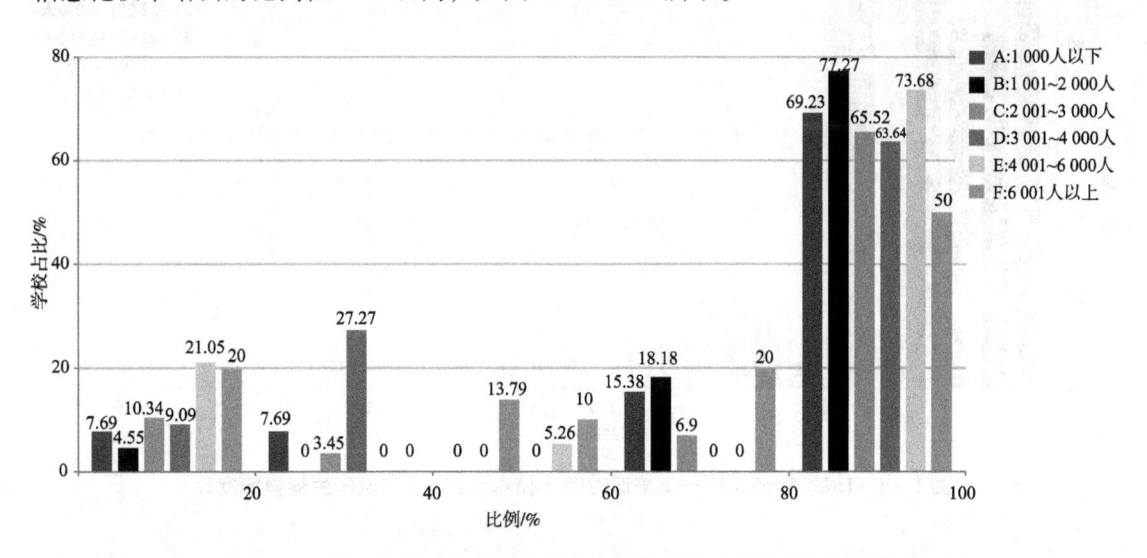

图1-4-150 教师参加信息化校本培训的比例（在校学生规模维度）

9) 教师人均一年培训时间（校本培训）

无论是从地区分布维度还是从在校学生规模维度来看，参加信息化校本培训的教师人均一年培训时间大多数在0~50个小时以内。从地区分布维度来看，仅桂南地区有少量学校的教师培训时间超过 100 小时，如图 1-4-151 所示。

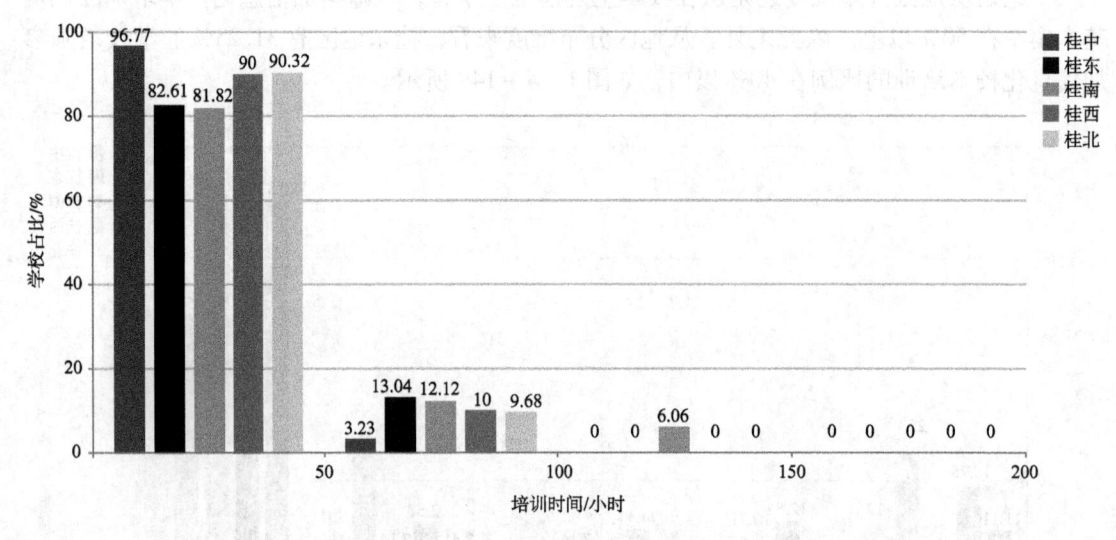

图 1-4-151　教师人均一年培训时间（校本培训）（地区分布维度）

从在校学生规模维度来看，仅有少量规模为 2 001～3 000 人的学校的教师培训时间超过 100 小时，如图 1-4-152 所示。

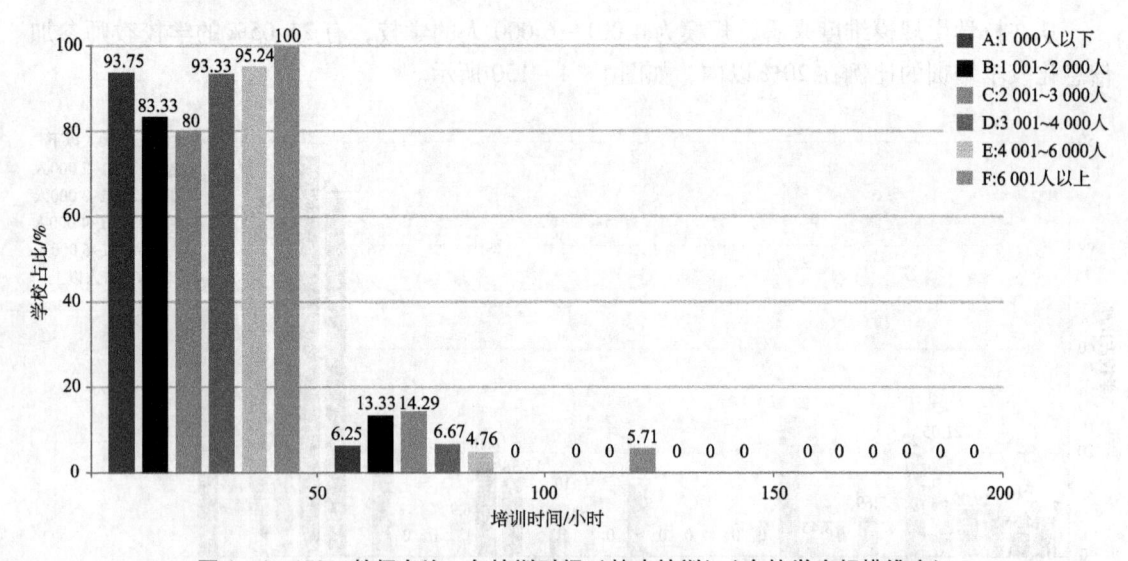

图 1-4-152　教师人均一年培训时间（校本培训）（在校学生规模维度）

10）最受学校教师欢迎的教育信息化培训内容

对最受学校教师欢迎的教育信息化培训内容来说，不论是从地区分布维度来看，还是从在校学生规模维度来看，课件制作技术（桂南地区比例最高，为 86%；1 001～2 000 人的学校占比 100%）与网上资源下载与应用技能（桂西地区比例最高，为 77%；1 001～2 000 人的学校占比 93%）是最受教师欢迎的两类培训内容，信息化教学设计培训内容也颇受欢迎。

整合技术的学科教学法知识能力、现代教育技术理论等培训内容吸引力较低，如图1-4-153和图1-4-154所示。

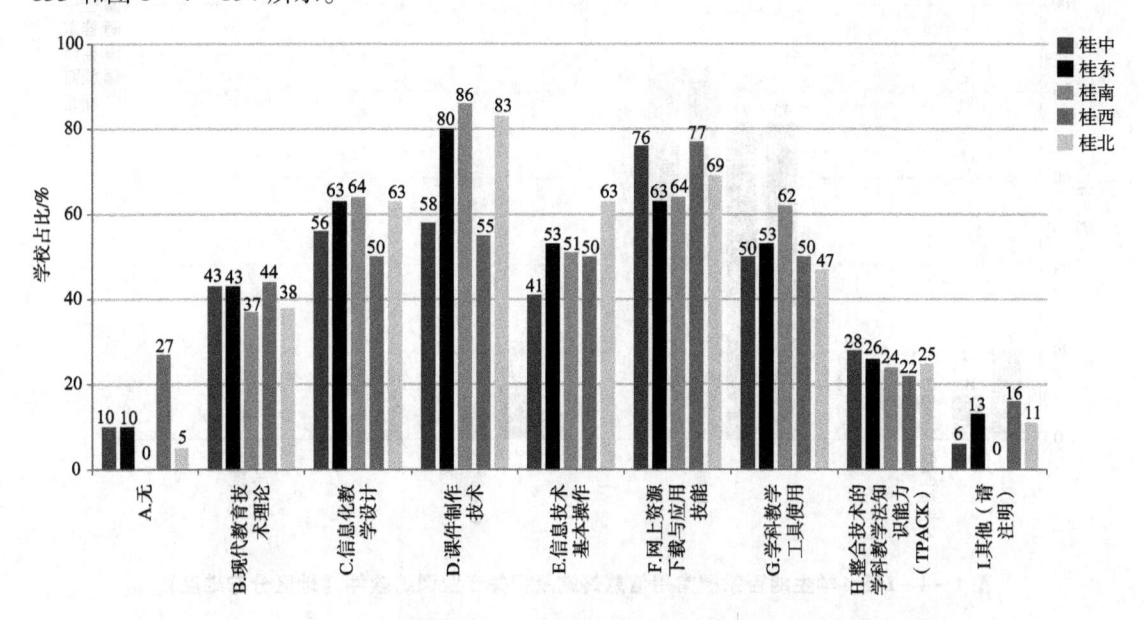

图1-4-153 最受学校教师欢迎的教育信息化培训内容（地区分布维度）

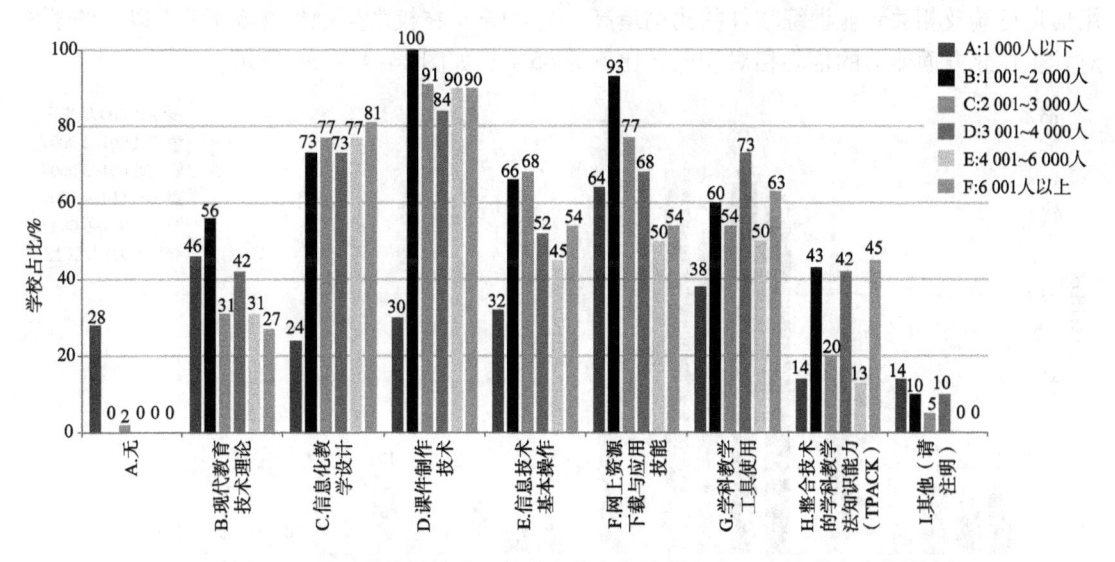

图1-4-154 最受学校教师欢迎的教育信息化培训内容（在校学生分布维度）

1.4.4.3 学生的信息技术应用水平、应用能力情况

1. 学生的信息技术应用能力

1）学生能否掌握常用信息终端及相关专业训练软件

从地区分布维度来看，全区中职学校普遍认为学生能够掌握常用信息终端及相关专业训练软件，其中桂西、桂南地区的学校对学生具备信息技术应用能力的信心较高，非常同意和同意学生能掌握常用信息终端及相关专业训练软件的学校比例分别为99%和93%；其他地

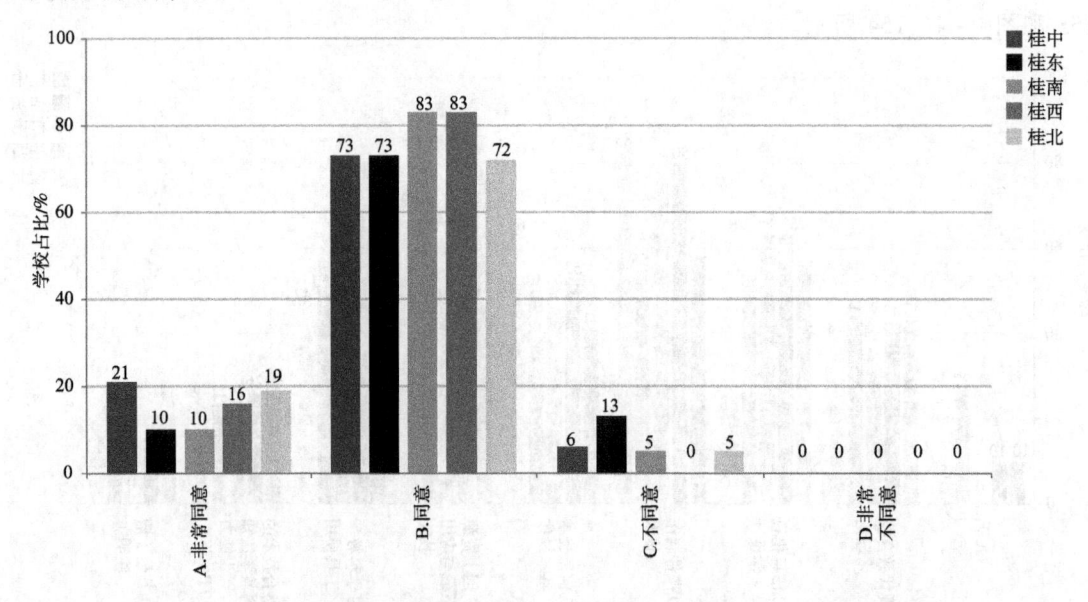

区则相对较低，如图 1-4-155 所示。

图 1-4-155 学生能否掌握常用信息终端及相关专业训练软件（地区分布维度）

从在校学生规模维度来看，在校学生规模为 3 001~4 000 人的学校认为学生能够掌握常用信息终端及相关专业训练软件的比例最高，为 89%。在校学生规模在 6 001 人以上的学校对学生在此方面能力的信心相对较低，比例为 45%，如图 1-4-156 所示。

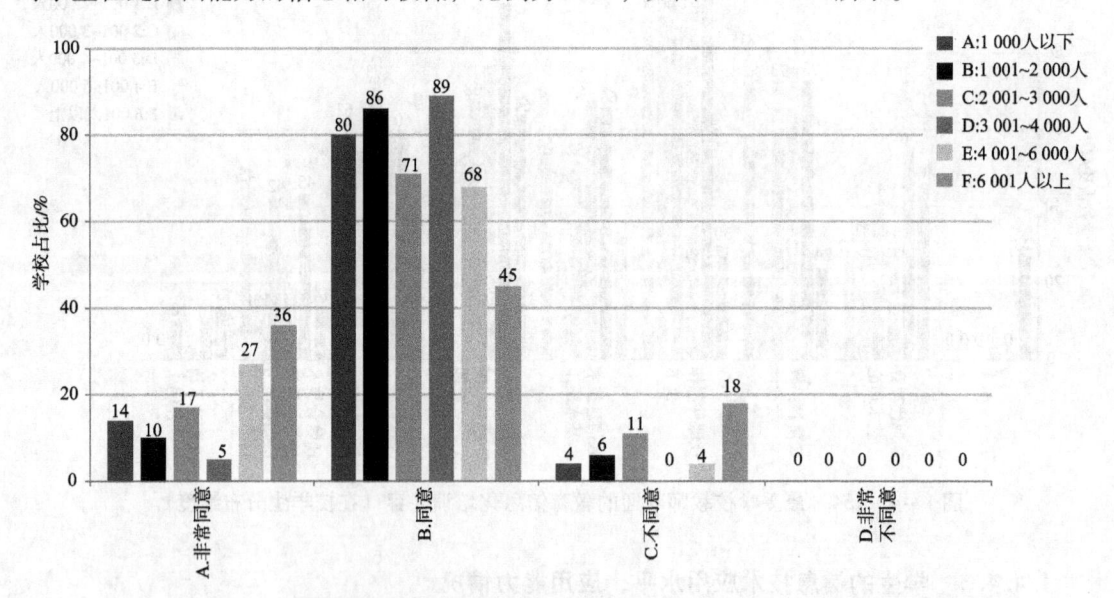

图 1-4-156 学生能否掌握常用信息终端及相关专业训练软件（在校学生规模维度）

2）学生能否利用信息工具收集、评价和使用有效信息

从地区分布维度来看，桂南、桂西地区的学校认为学生能够利用信息工具收集、评价和使用有效信息，比例分别为 86% 和 77%。桂东地区的学校对学生在此方面能力的信心相对偏低，该地区有 13% 的学校不同意（不认为）学生有此项能力，如图 1-4-157 所示。

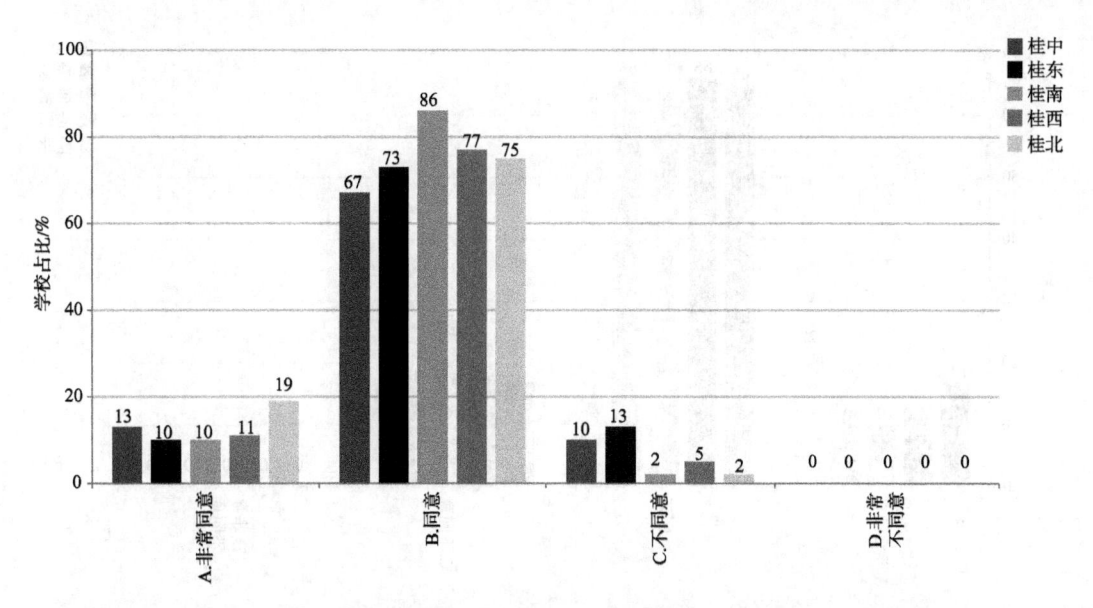

图 1-4-157 学生能否利用信息工具收集、评价和使用有效信息（地区分布维度）

从在校学生规模维度来看，在校学生规模为 3 001～4 000 人的学校同意学生能够利用信息工具收集、评价和使用有效信息，比例为 89%。在校学生规模为 6 001 人以上的学校对于学生拥有此方面能力的信心相对较低，大约有 18% 的学校认为学生不能利用信息工具收集、评价和使用有效信息，如图 1-4-158 所示。

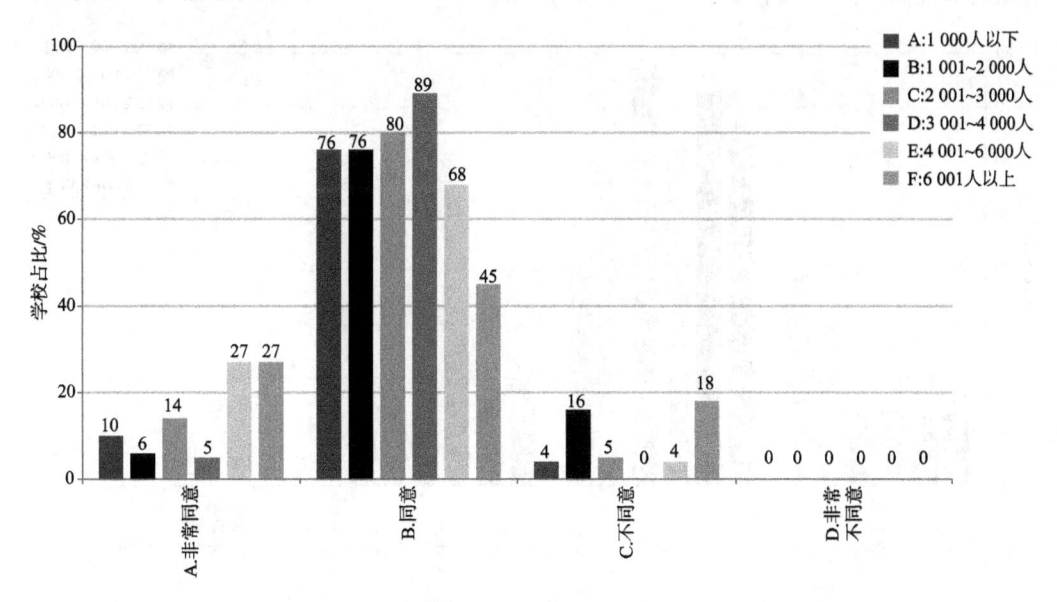

图 1-4-158 学生能否利用信息工具收集、评价和使用有效信息（在校学生规模维度）

3）学生能否借助数字校园提供的技术手段进行创造性训练活动

从地区分布维度来看，各中职学校较为认同学生能够借助数字校园提供的技术手段进行创造性训练活动，同意和非常同意的比例之和均在 70% 以上，不过桂南地区的学校不同意的比例最高，为 27%，如图 1-4-159 所示。

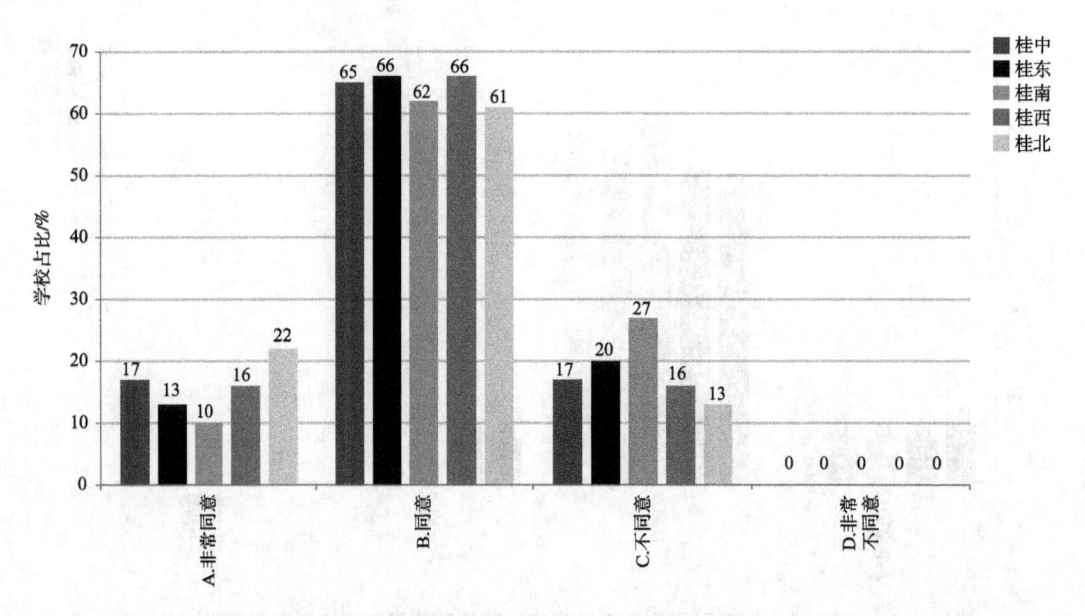

图 1-4-159 学生能否借助数字校园提供的技术手段进行创造性训练活动（地区分布维度）

从在校学生规模维度来看，在校学生规模为 1 001~2 000 人和 3 001~4 000 人的学校同意学生能够借助数字校园提供的技术手段进行创造性训练活动的比例较高，分别为 73%、78%。在校生规模为 6 001 人以上的学校选择同意的比例相对较低，为 45%；而选择非常同意的比例却最高，为 36%，如图 1-4-160 所示。

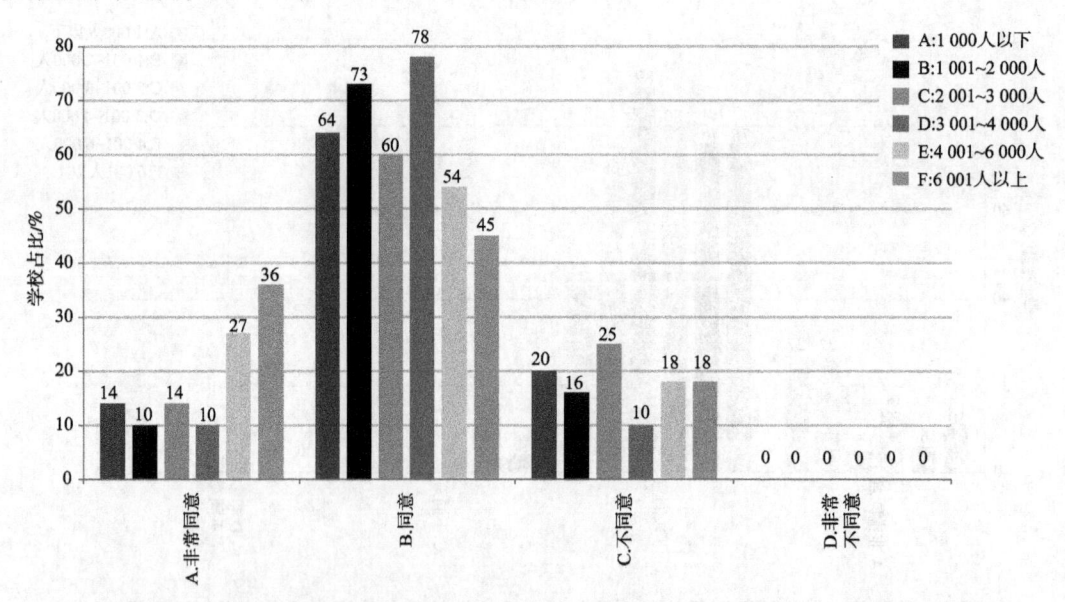

图 1-4-160 学生能否借助数字校园提供的技术手段进行创造性训练活动（在校学生规模维度）

2. 学生的信息技术培训情况

1）最近一年学生的信息化技能培训次数

从地区分布维度来看，各地区大部分学校最近一年学生的信息化技能培训次数在 25 次以内。仅桂东、桂南、桂北地区有少量学校的培训次数超过 75 次，其中桂南地区的学校培

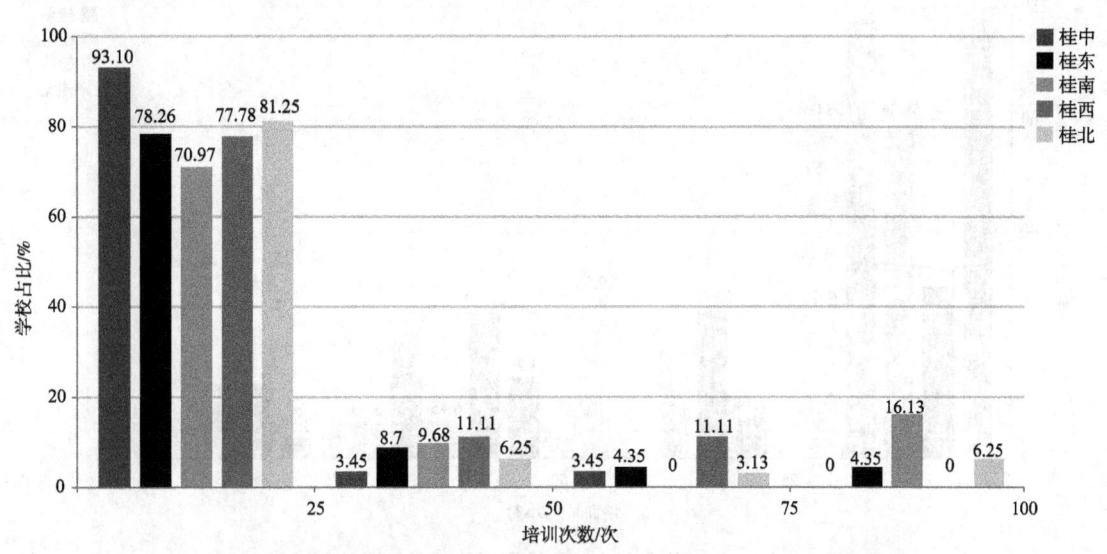

训次数比例最高,但仅为 16.13%,如图 1-4-161 所示。

图 1-4-161　最近一年学生的信息化技能培训次数(地区分布维度)

从在校学生规模维度来看,各地区大部分学校最近一年学生的信息化技能培训次数在 25 次以内,其中规模为 6 001 人以上的学校培训次数全在 25 次以内。培训次数超过 75 小时的学校,规模在 1 000 人以下的比例最高,但也仅为 18.75%,如图 1-4-162 所示。

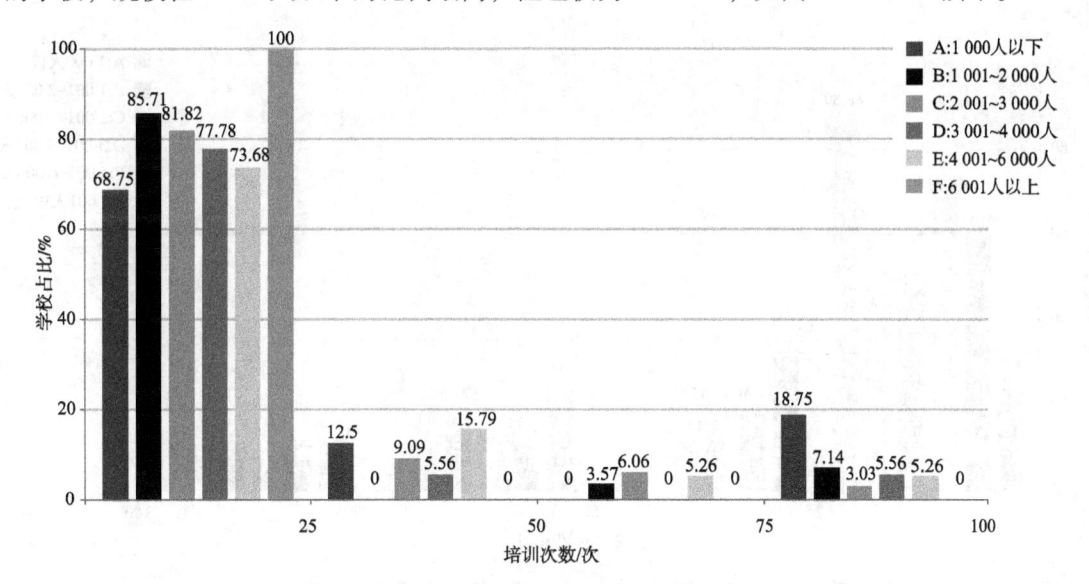

图 1-4-162　最近一年学生的信息化技能培训次数(在校学生规模维度)

2)学生人均一年培训时间

从地区分布维度来看,桂中、桂南、桂西、桂北地区大部分学校的学生人均一年培训时间在 25 小时以内。相比较而言,桂东地区仅有 30.43% 的学校学生人均一年培训时间在 25 小时以内。桂东地区的学校学生人均一年培训时间超过 75 小时的比例最高,但也仅为 13.04%,如图 1-4-163 所示。

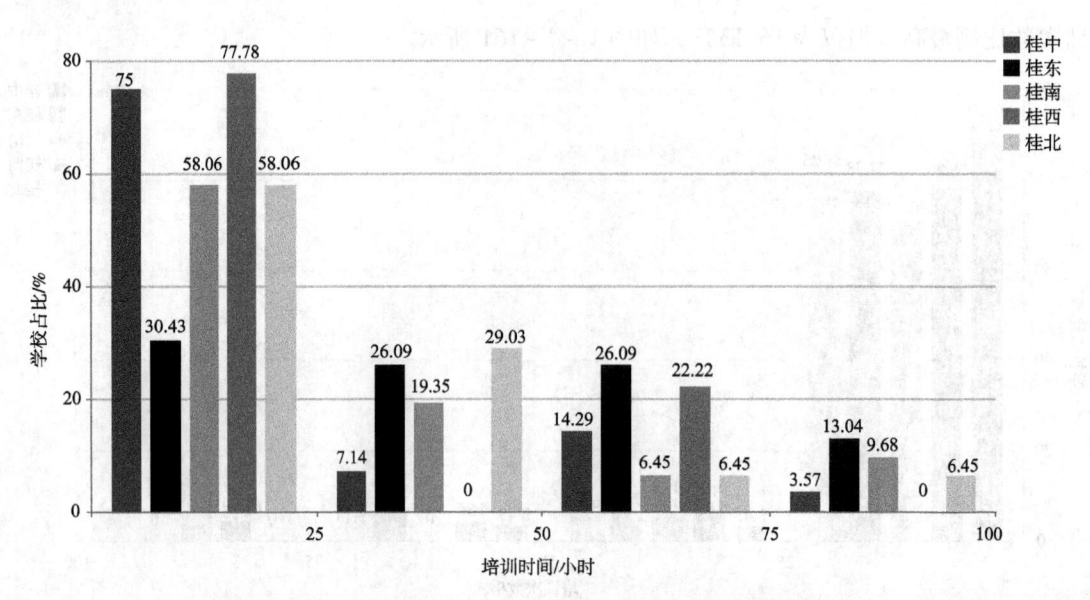

图 1-4-163　学生人均一年培训时间（地区分布维度）

从在校学生规模维度来看，规模在 1 001~3 000 人、4 001 人以上的大部分学校的学生人均一年培训时间在 25 小时以内，其中规模为 6 001 人以上的学校学生人均一年培训时间比例最高，达 88.89%。各地区学校学生人均一年培训时间超过 75% 的比例均不高，如图 1-4-164 所示。

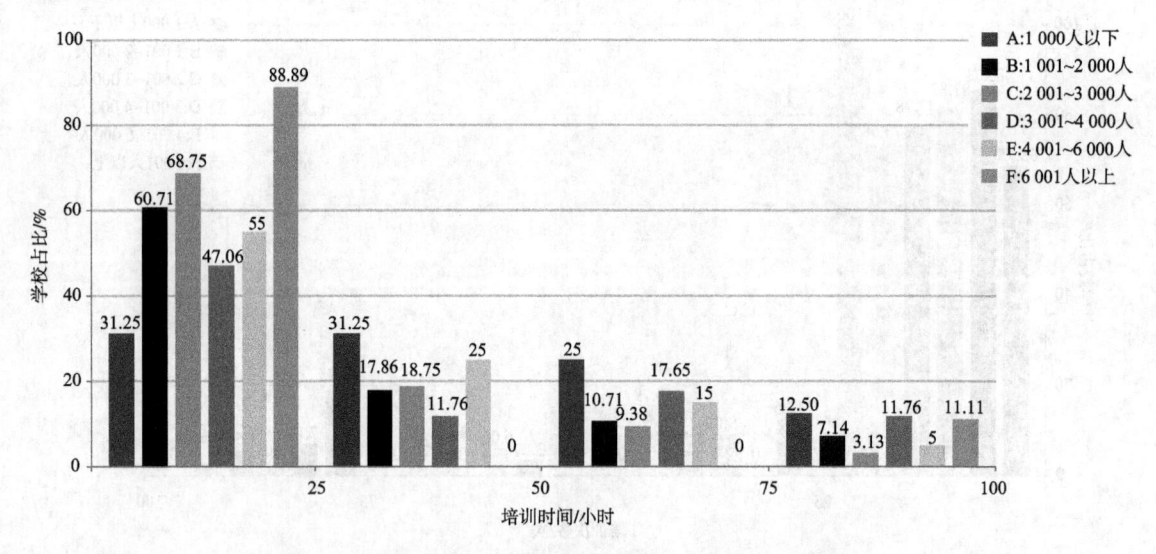

图 1-4-164　学生人均一年培训时间（在校学生规模维度）

1.4.5　信息化保障机制现状

1.4.5.1　引言

为完善广西中等职业学校信息化建设保障机制，不断提升信息化技术发展，建立全方位的信息化保障体系，我们从信息化建设人员支持和制度情况、信息化经费和资金情况两个方面开展调研、评估，以期能全面了解广西中等职业学校的信息化保障机制现状。

1.4.5.2 信息化建设人员支持和制度情况

1. 信息化人才队伍情况

1) 学校主管信息化工作的领导职位级别

从地区分布维度来看，各地区学校主管信息化工作的领导职位级别主要为副校级，占比均为60%以上，其中桂东地区占比达70%；其次是正校级，占比最高的是桂南地区，达29%。值得一提的是，桂中和桂北地区均有2%的学校没有主管信息化工作的领导，如图1-4-165所示。

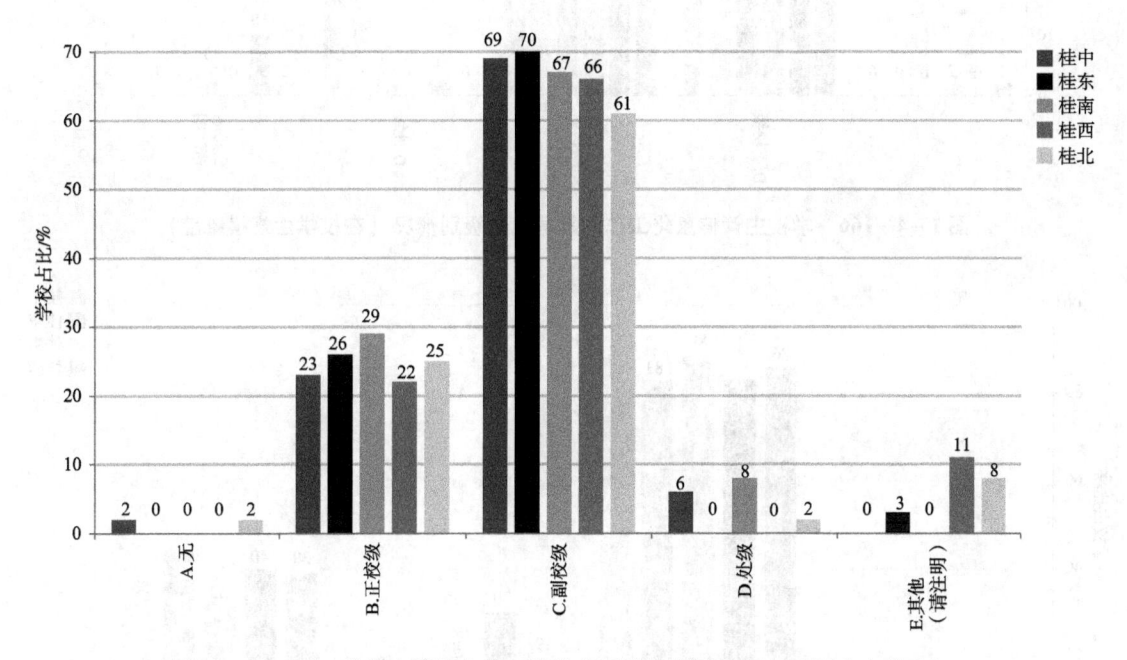

图1-4-165 学校主管信息化工作的领导职位级别情况（地区分布维度）

从在校学生规模维度来看，主管学校信息化工作的领导职位级别为副校级占比最高的是规模在1 001~2 000人的学校，比例达到70%，其次是规模在1 000人以下和2 001~4 000人的学校，比例均达到68%。职位级别为正校级占比最高的是规模在4 001~6 000人的学校，比例为31%。职位级别为处级占比最高的是规模在6 001人以上的学校，比例达到18%，如图1-4-166所示。

2) 学校信息化支持人员情况

从地区分布维度来看，全区中职学校由信息技术专业教师兼任学校信息化工作支持人员的占比达到80%以上，尤其是桂北地区，占比达到91%；各学校聘有专职人员负责信息化支持工作的占比达到30%以上，其中，桂西地区占比最高，达到44%；由其他专业教师兼任学校信息化支持人员的学校占比较少，无人负责信息化工作的学校非常少，仅桂西地区的学校占比达到5%，如图1-4-167所示。

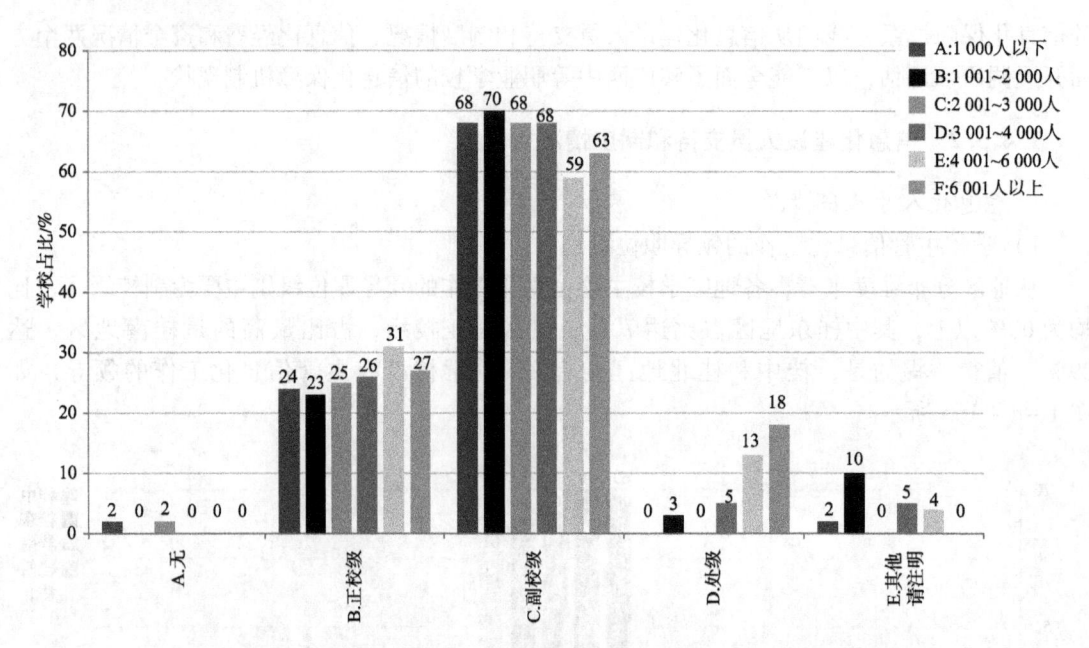

图 1-4-166 学校主管信息化工作的领导职位级别情况（在校学生规模维度）

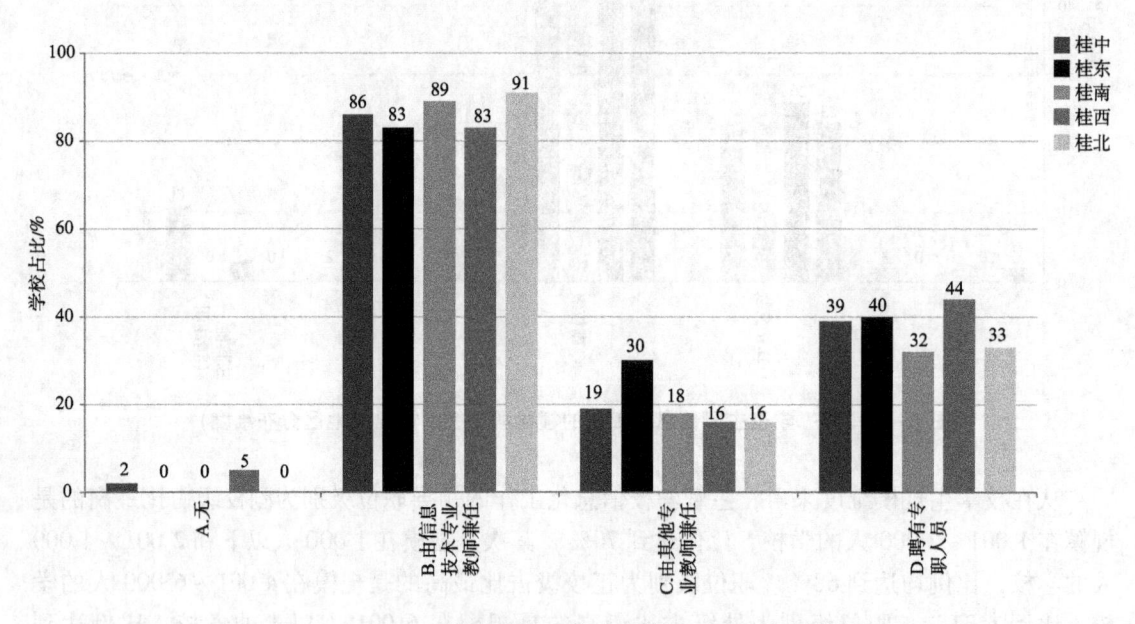

图 1-4-167 学校信息化支持人员情况（地区分布维度）

从在校学生规模维度来看，各学校由信息技术专业教师兼任学校信息化支持人员比例最高的是规模在 4 001~6 000 人的学校，比例高达 95%，除了规模 6 001 人以上的学校比例为 72% 以外，其他规模范围内的学校占比情况相差不大。聘有专职人员负责信息化支持工作的占比最高的是规模在 6 001 人以上的学校，比例达到 63%。由其他专业教师兼任的学校占比较少，无人负责信息化工作的学校非常少，规模仅在 1 000 人以下的学校占比达到 4%，如图 1-4-168 所示。

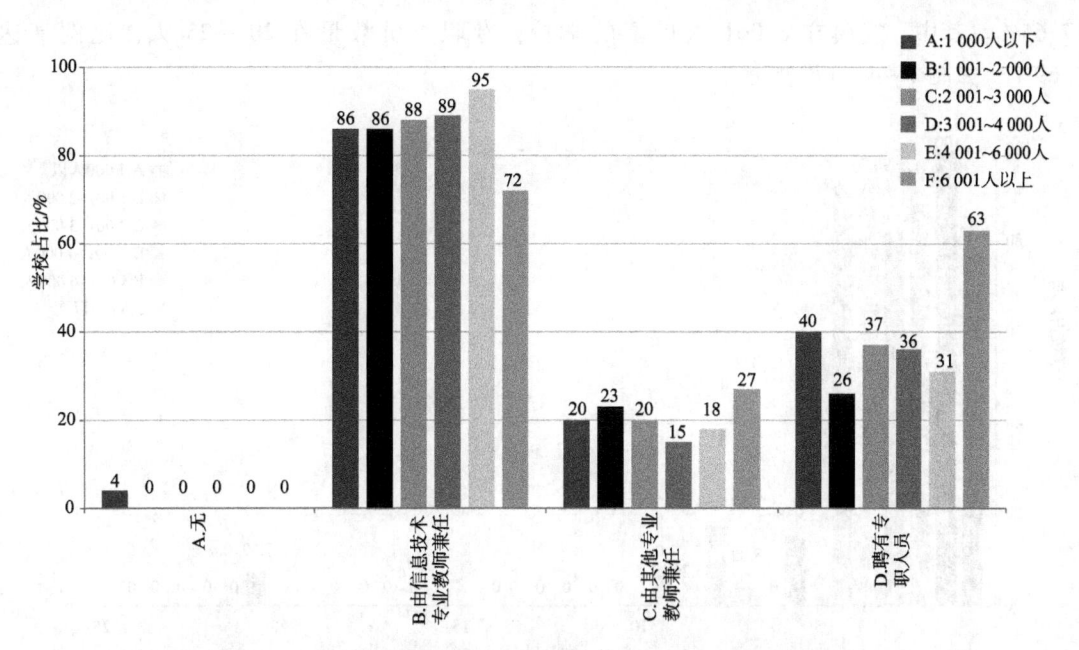

图 1-4-168 学校信息化支持人员情况（在校学生规模维度）

3）学校信息化支持人员属于专职人员的数量

广西中职学校信息化支持人员属于专职人员的数量大多不超过 5 人，超过 10 人以上的更少。从地区分布维度来看，专职人员数量在 5 人以内比例最高的是桂西、桂北地区；专职人员数量在 8 人以上比例最高的是桂东地区，如图 1-4-169 所示。

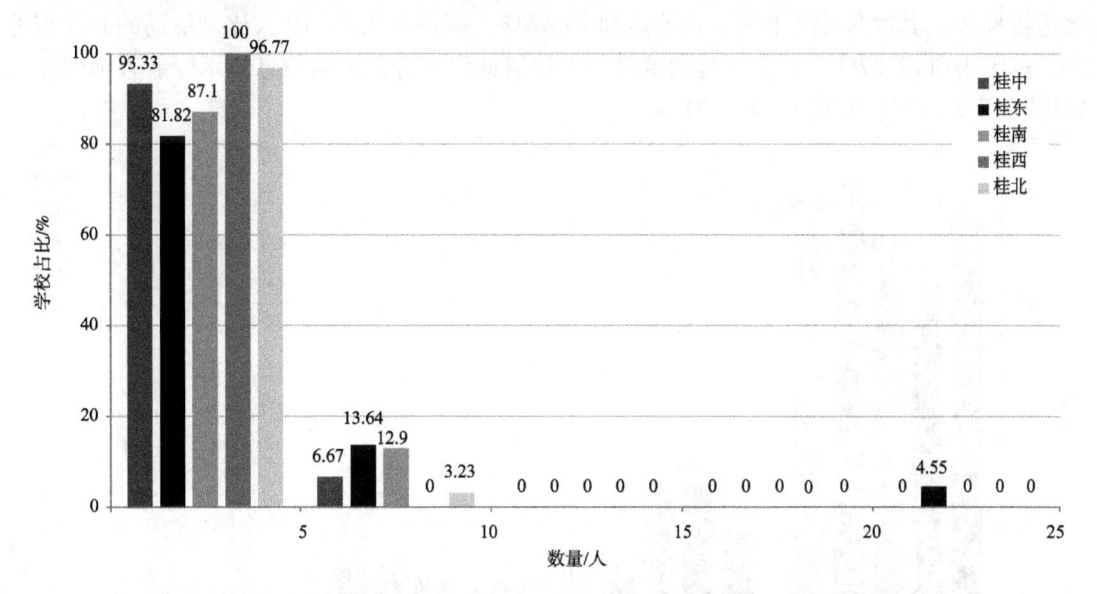

图 1-4-169 学校信息化支持人员属于专职人员的数量（地区分布维度）

从在校学生规模维度来看，学校信息化支持人员属于专职人员的数量在 5 人以下，比例最高的是规模在 1 001~2 000 人的学校，比例为 100%；其次是 4 001~6 000 人的学校，比例为 94.74%。专职人员数量在 5~10 人的比例最高规模是 3 001~4 000 人的学校，达到

17.65%。其中,规模在 6 001 人以上的学校,专职人员数量在 20~25 人,比例高达 7.69%,如图 1-4-170 所示。

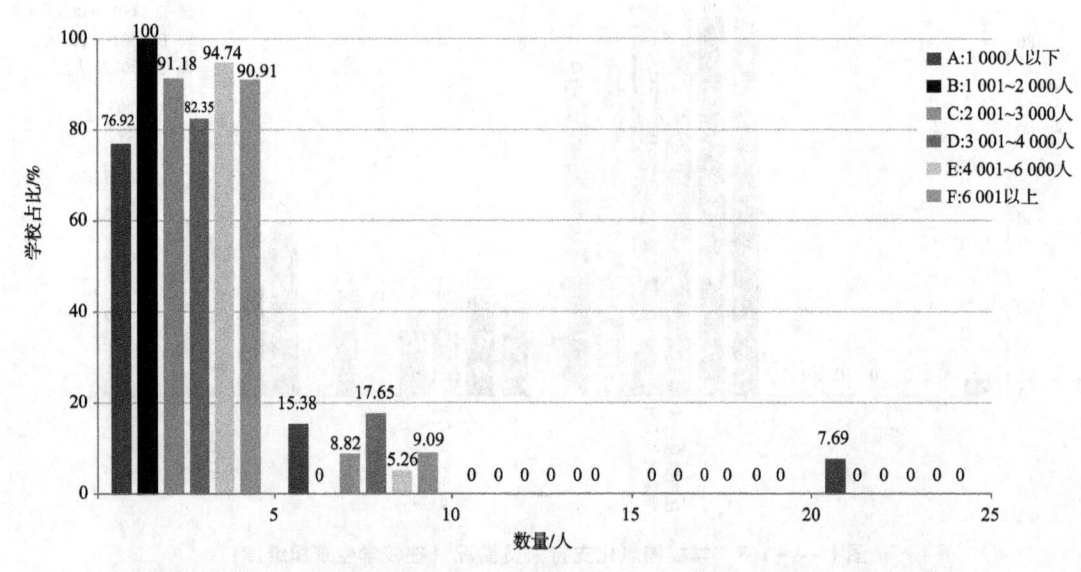

图 1-4-170 学校信息化支持人员属于专职人员的数量(在校学生规模维度)

4)学校信息化支持人员由信息技术专业教师兼任人数

学校信息化支持人员由信息技术专业教师兼任人数,有 60% 以上的学校不超过 5 人。从地区分布维度来看,由信息技术专业教师兼任人数在 5 人以内比例最高的是桂西地区,占比达到 80%,其次是桂北地区,占比达到 75.76%。兼任人数 5~10 人比例最高的是桂东地区,占比达到 27.27%。桂南、桂西地区的学校信息化支持人员由信息技术专业教师兼任人数均在 15 人以下,如图 1-4-171 所示。

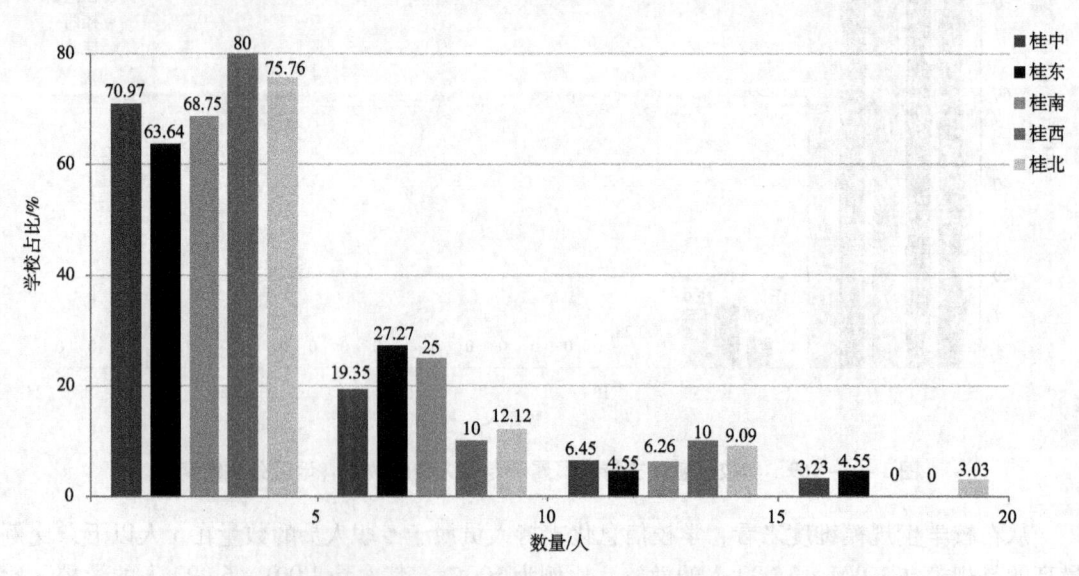

图 1-4-171 学校信息化支持人员由信息技术专业教师兼任人数(地区分布维度)

从在校学生规模维度来看，学校信息化支持人员由信息技术专业教师兼任人数在 5 人以内，比例最高的是规模在 2 001~3 000 人的学校，比例达到 88.24%；其次是规模在 1 001~2 000 人的学校，比例达到 72.41%。兼任人数在 5~10 人比例最高的是规模在 3 001~4 000 人的学校，达到 31.25%。规模在 1 001~3 000 人和 4 001~6 000 人的学校信息化支持人员由信息技术专业教师兼任人数均不超过 15 人，如图 1-4-172 所示。

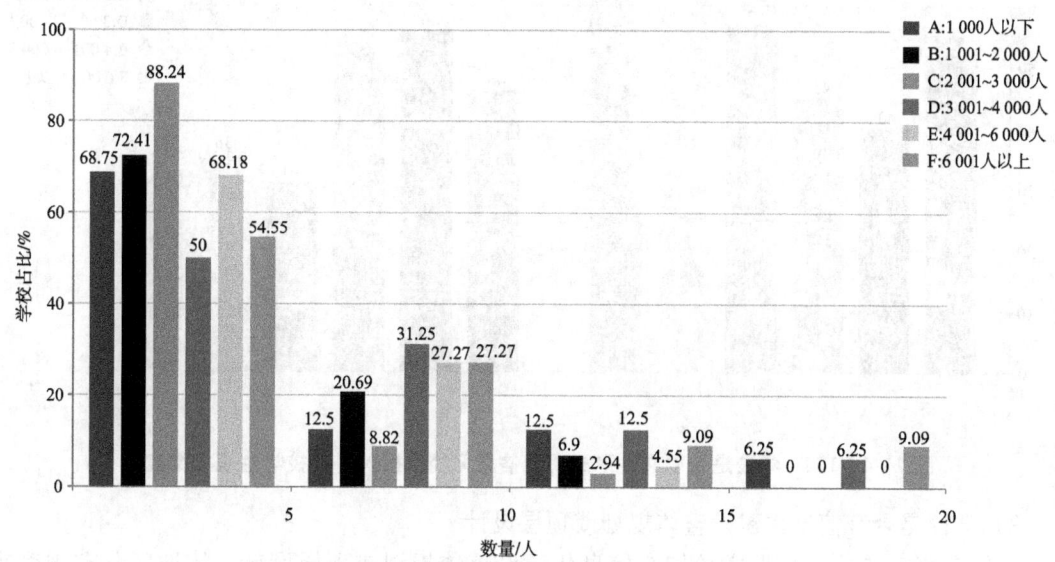

图 1-4-172 学校信息化支持人员由信息技术专业教师兼任人数（在校学生规模维度）

2. 信息化规划制定情况

1）学校是否以文件形式明确信息化经费投入

以文件形式明确信息化经费投入的学校占比达 50% 左右。从地区分布维度来看，以文件形式明确信息化经费投入比例最高的是桂南地区，比例达到 59%，最低的是桂西地区，比例达到 38%，如图 1-4-173 所示。

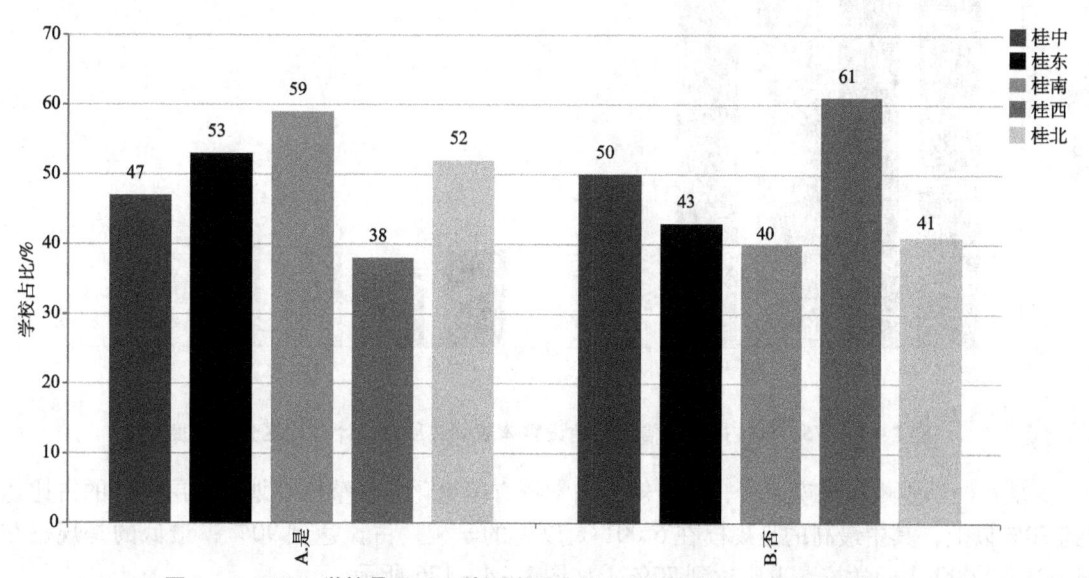

图 1-4-173 学校是否以文件形式明确信息化经费投入（地区分布维度）

从在校学生规模维度来看,规模在 4 001~6 000 人和 6 001 人以上的学校以文件形式明确信息化经费投入的比例最高,达到 63%;其次是规模在 3 001~4 000 人的学校,比例达到 57%;最低的是规模在 1 001~2 000 人的学校,比例为 40%,如图 1-4-174 所示。

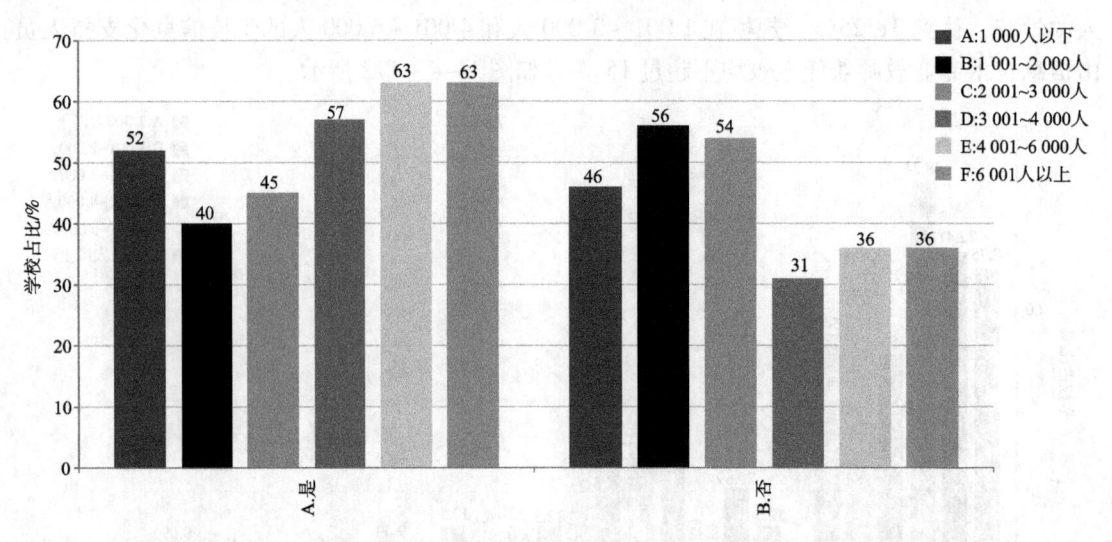

图 1-4-174　学校是否以文件形式明确信息化经费投入(在校学生规模维度)

2)学校是否有信息化建设整体规划或顶层设计

全区有 80% 左右的中职学校均有信息化建设整体规划或顶层设计。从地区分布维度来看,各地区有信息化建设整体规划或顶层设计的学校比例相差不大,最高的桂南地区(81%)与最低的桂中地区(76%)仅相差五个百分点,如图 1-4-175 所示。

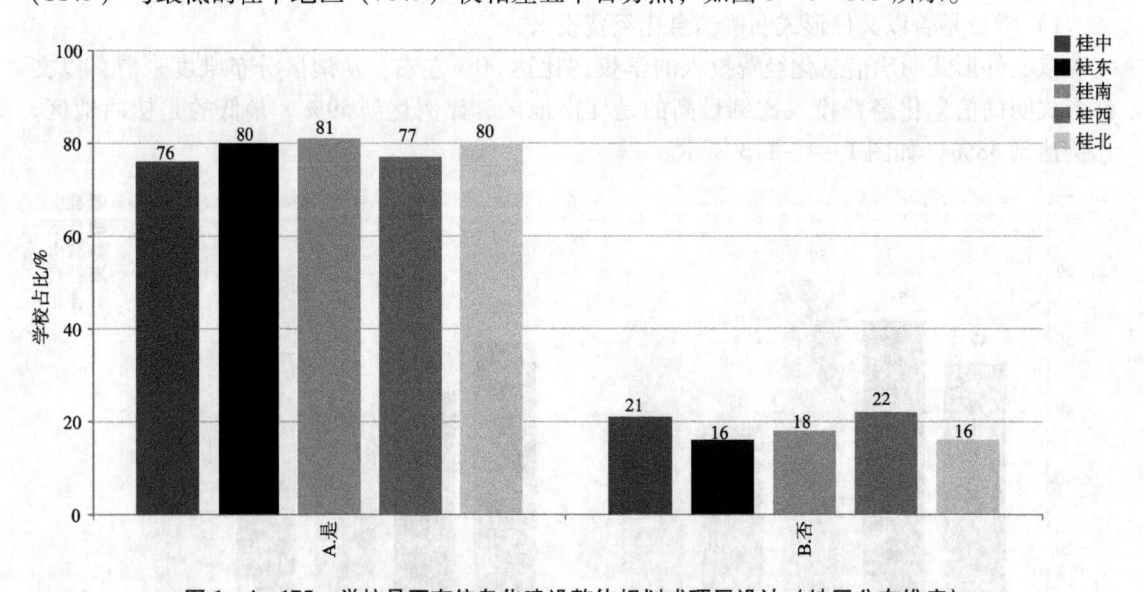

图 1-4-175　学校是否有信息化建设整体规划或顶层设计(地区分布维度)

从在校学生规模维度来看,各个规模的学校有信息化建设整体规划或顶层设计的占比达到 70% 以上,其中最高的是规模在 6 001 人以上的学校,占比达到 90%;最低的是规模在 1 001~2 000 人的学校,占比达到 70%,如图 1-4-176 所示。

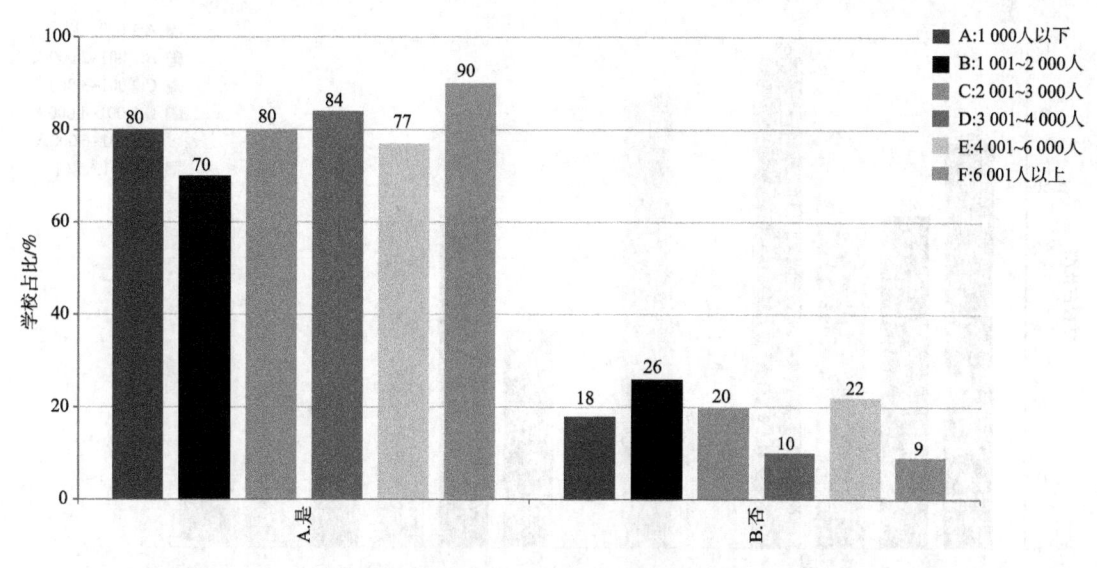

图 1-4-176 学校是否有信息化建设整体规划或顶层设计（在校学生规模维度）

3）信息化建设整体规划或顶层设计是否邀请校外专家论证

全区有 50% 左右的中职学校在进行信息化建设整体规划或顶层设计时邀请校外专家论证。从地区分布维度来看，邀请校外专家论证的学校比例最高的是桂东地区，达到 60%，最低的是桂西地区，比例为 44%，如图 1-4-177 所示。

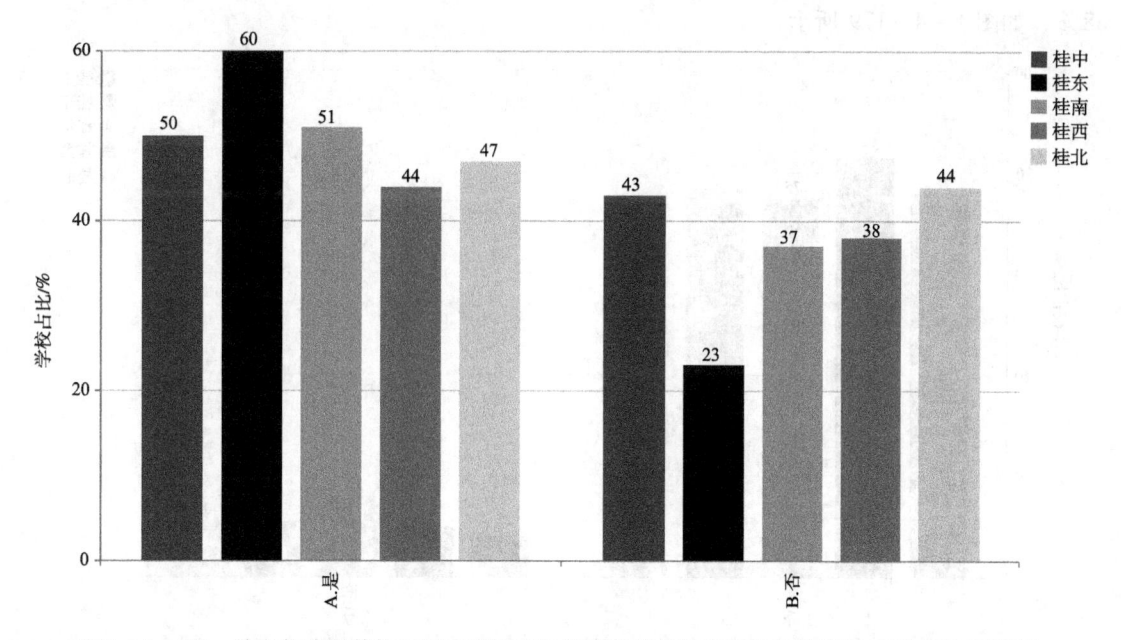

图 1-4-177 信息化建设整体规划或顶层设计是否邀请校外专家论证的情况（地区分布维度）

从在校学生规模维度来看，信息化建设整体规划或顶层设计邀请校外专家论证的学校比例最高的是规模在 3 001~4 000 人的学校，达到 68%，最低的是规模在 4 001~6 000 人的学校，比例为 31%，如图 1-4-178 所示。

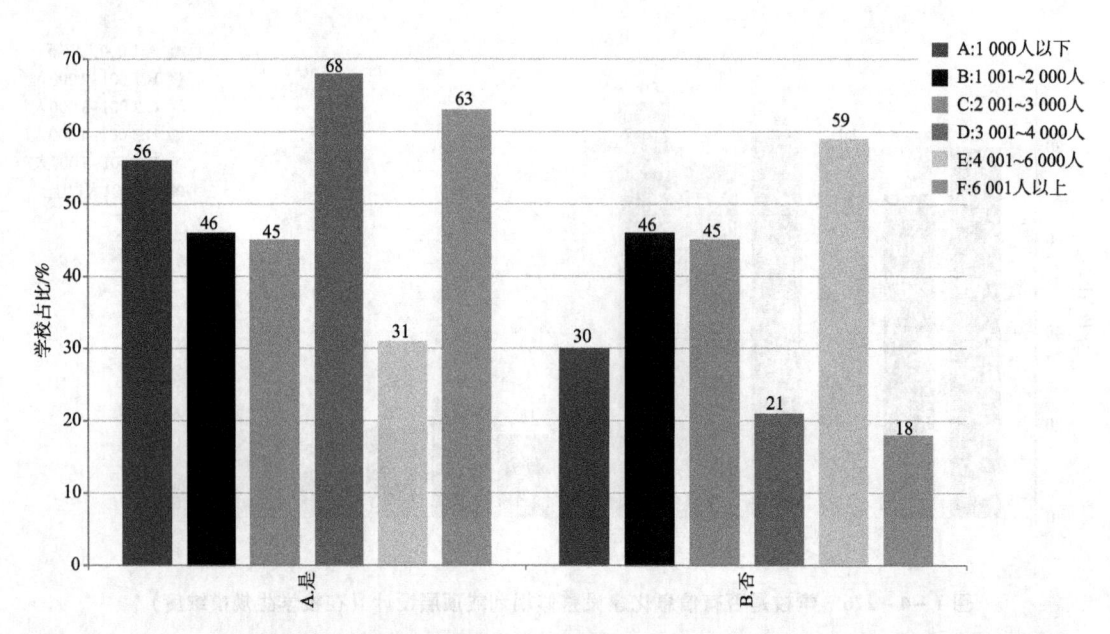

图 1-4-178　信息化建设整体规划或顶层设计是否邀请校外专家论证的情况（在校学生规模维度）

4）学校是否建议引入激励促进机制（如信息化专项建设奖项）

全区有75%以上的中职学校在信息化建设中建议引入激励促进机制。从地区分布维度来看，各地区之间建议引入激励促进机制的学校比例差别不大，最高的是桂北地区，为88%，如图1-4-179所示。

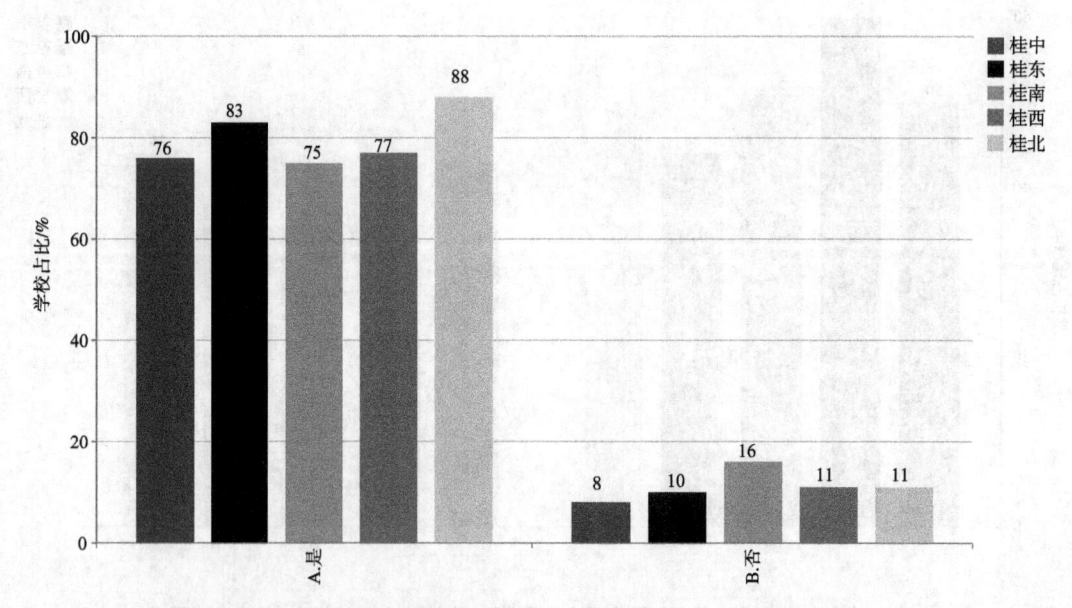

图 1-4-179　学校是否建议引入激励促进机制的情况（地区分布维度）

从在校学生规模维度来看，建议引入激励促进机制比例最高的是规模在2 001~3 000人的学校，达到85%；比例最低的是规模在6 001人以上的学校，为63%，如图1-4-180所示。

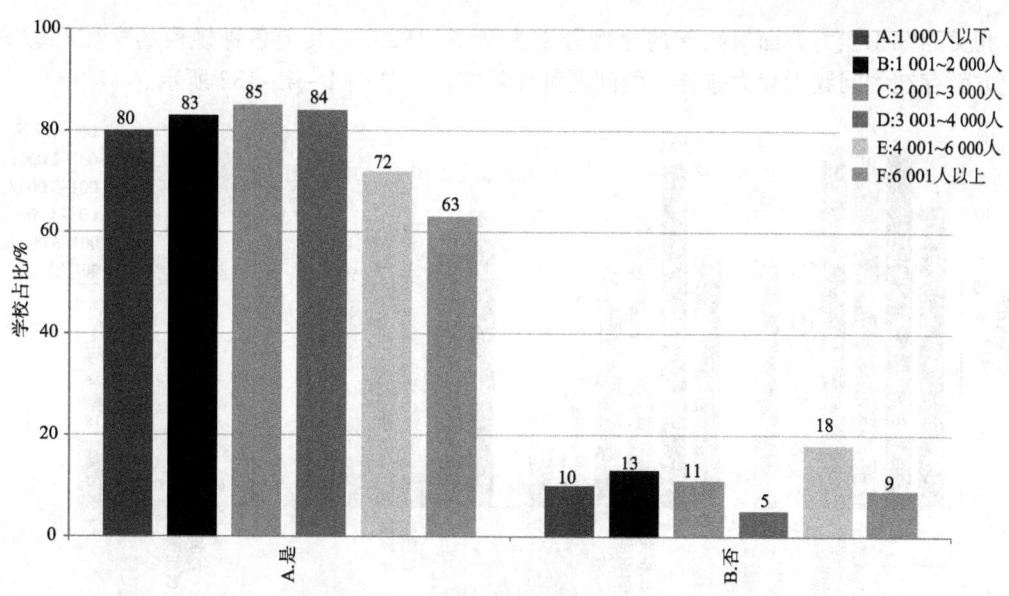

图 1-4-180 学校是否建议引入激励促进机制的情况（在校学生规模维度）

3. 信息化建设难点分析

总体来看，全区中职学校在教育信息化方面存在的问题较大，其中资金投入方面的问题最为突出，其次是教学资源普遍缺乏，在相关的知识能力方面也跟不上发展要求。

从地区分布维度来看，桂北地区在资金投入、教学资源及相关的知识能力方面缺乏的情况综合占比最高，分别为88%、86%、72%，桂西地区在资金投入、教学资源及相关的知识能力方面缺乏的情况综合占比相对较低。其他地区各方面缺乏的情况占比相当，如图1-4-181所示。

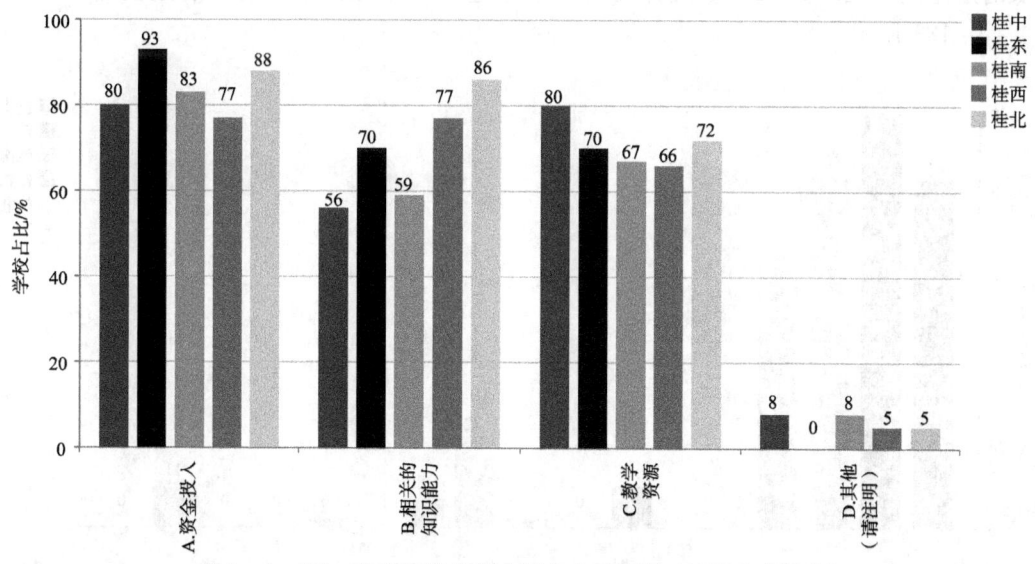

图 1-4-181 在教育信息化方面存在的问题（地区分布维度）

从在校学生规模维度来看，规模在 4 001~6 000 人的学校在教育信息化方面存在的问题不多；规模在 1 001~2 000 人的学校在教育信息化方面存在的问题相对较多，其中在资金投入、相关的知识能力方面最缺乏的比例分别为96%、93%;其他各种规模的学校在教育信息化方面存在的问题无较大差异,但问题都比较突出,如图1-4-182所示。

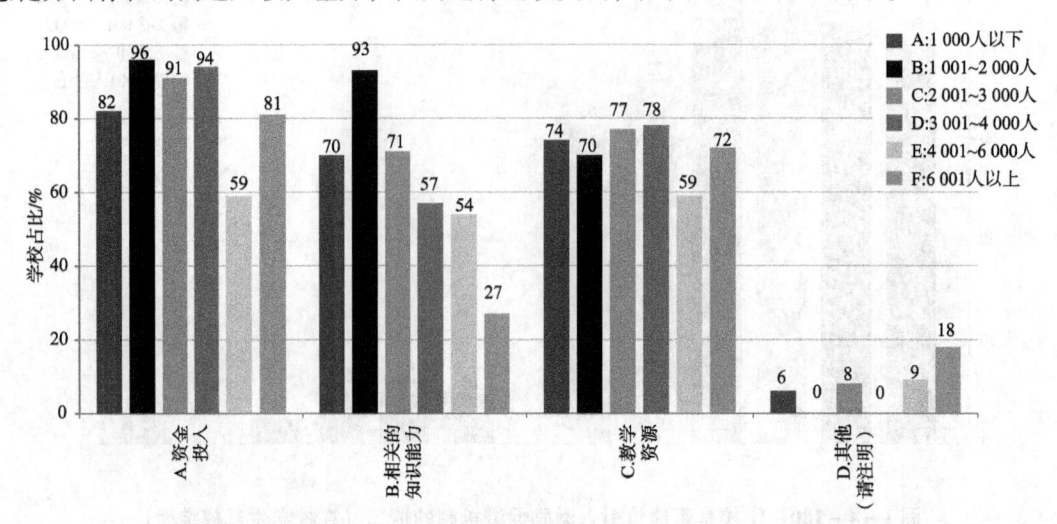

图1-4-182 在教育信息化方面存在的问题(在校学生规模维度)

1.4.5.3 信息化经费和资金情况

1. 信息化建设硬件支出情况

1)硬件支出金额

总体来看,全区有80%左右的中职学校信息化建设硬件支出金额不超过500万元。从地区分布维度来看,硬件支出金额不超过500万元,比例最高的是桂东地区,达到100%;最低的是桂西地区,为66%。硬件支出金额超过500万元,比例最高的是桂西地区,如图1-4-183所示。

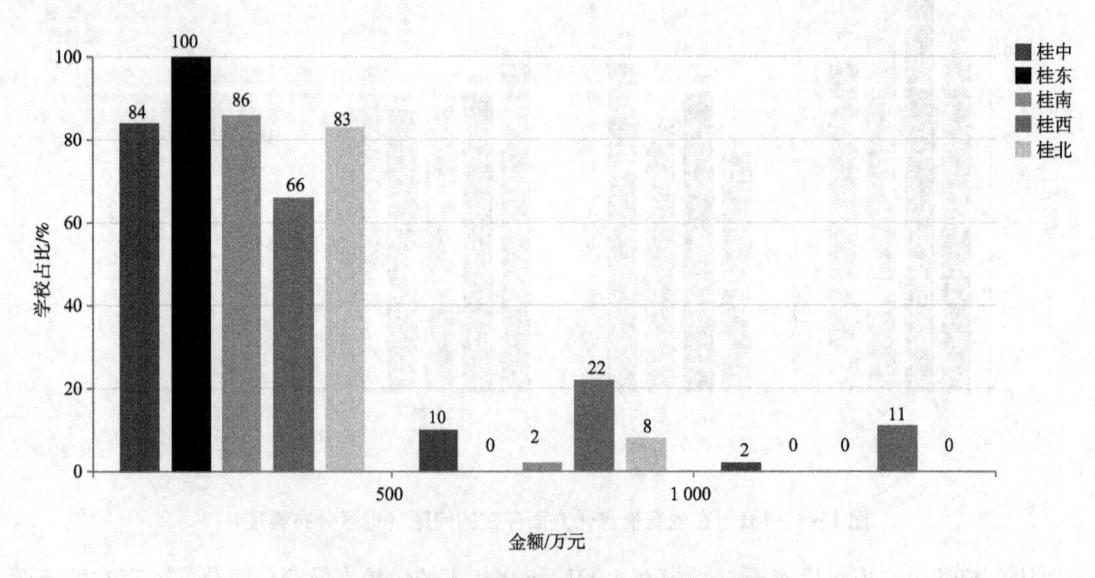

图1-4-183 硬件支出金额(地区分布维度)

从在校学生规模维度来看，规模在 3 001～4 000 人的学校信息化建设硬件支出金额均在 500 万元以下。规模在 6 001 人以上的学校信息化建设硬件支出金额在 500 万～1 000 万元内的比例最高，达到 27%；其他各种规模的学校比例均在 10% 左右。仅有规模在 1 000 人以下的学校信息化建设硬件支出金额超过 1 000 万元，比例达到 6%，如图 1－4－184 所示。

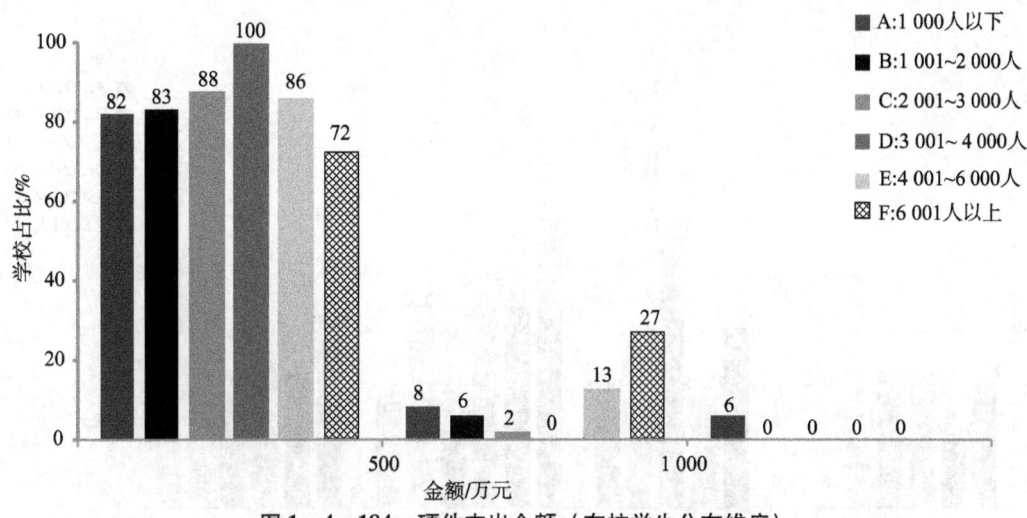

图 1－4－184　硬件支出金额（在校学生分布维度）

2）网络建设与设备购置费用占比

从地区分布维度来看，全区中职学校网络建设与设备购置费用占比多集中在 50%～75% 区间，其中学校占比最多的地区是桂西地区，达到 44.44%，其次是桂南与桂北地区；有部分学校的网络建设与设备购置费用占比在 25% 以下，占比集中在 0～25% 的则相对较少，其中桂中地区的学校在该区间占比最高，高达 22.22%，如图 1－4－185 所示。

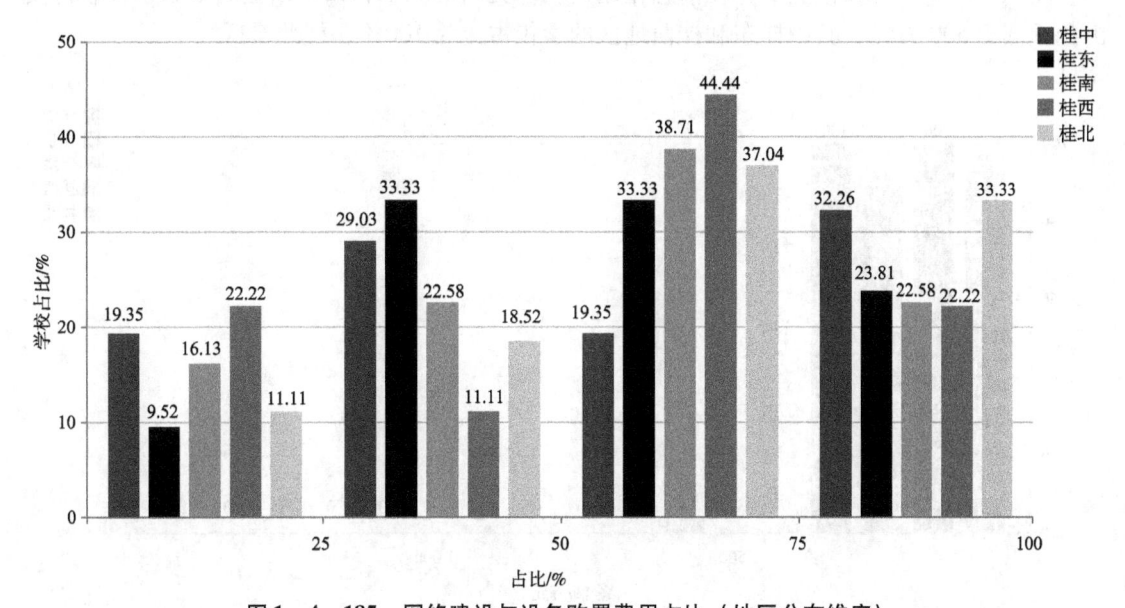

图 1－4－185　网络建设与设备购置费用占比（地区分布维度）

从在校学生规模维度来看，规模 6 001 人以上的学校网络建设与设备购置费用占比多在 75%～100% 区间，学校占比 63.44%。人数规模在 1 000 人以下的学校网络建设与设备购置费用占比多在 50%～75% 区间，学校占比约 50%。规模在 3 001～4 000 人的学校网络建设与设备购置费用占比多在 25%～50% 区间，学校占比在 46.67%。如图 1－4－186 所示。

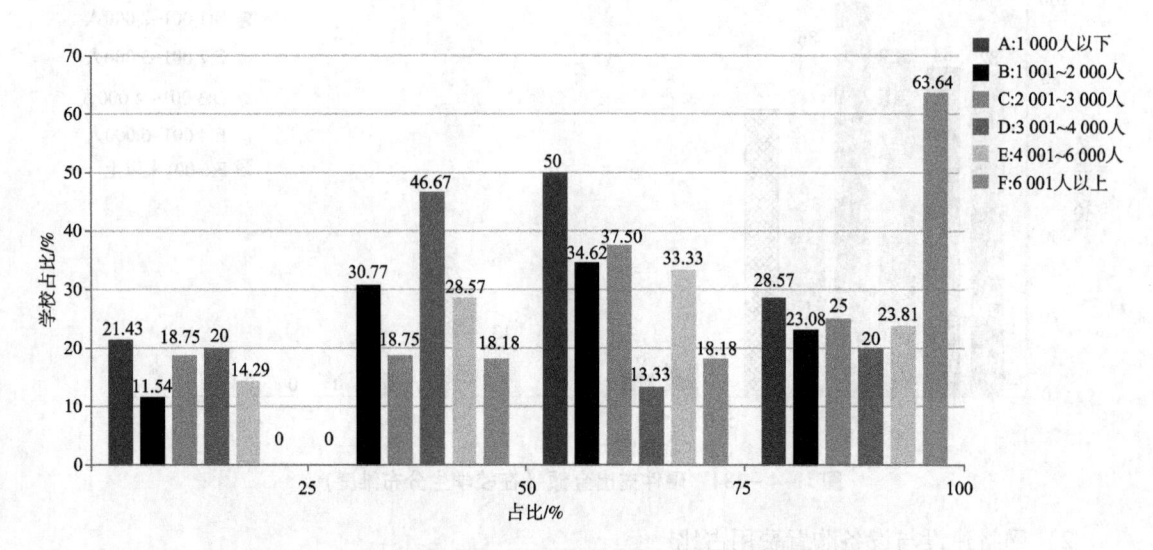

图 1－4－186 网络建设与设备购置费用占比（在校学生规模维度）

2. 信息化建设软件支出情况
1）软件支出金额

图 1－4－187 的数据显示，在信息化建设软件支出情况中，86% 以上的中职学校软件支出金额低于 500 万元，其中桂东和桂西地区的学校占比为 100%，桂北最低。

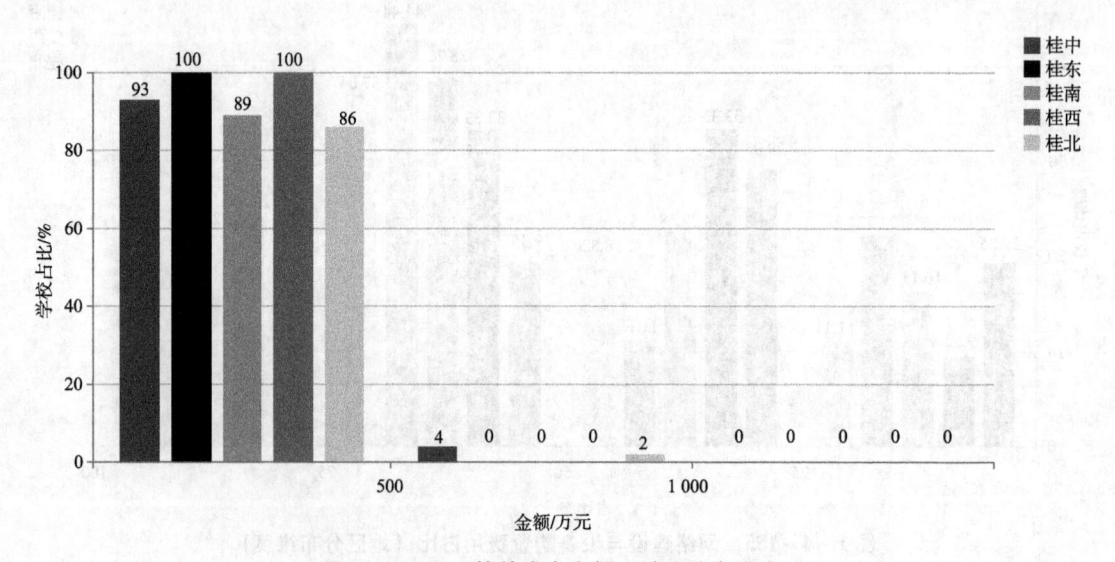

图 1－4－187 软件支出金额（地区分布维度）

从在校学生规模维度分析的结果与从地区分布维度分析的结果基本一致，88%以上的不同规模的中职学校软件支出金额低于500万元，如图1-4-188所示。

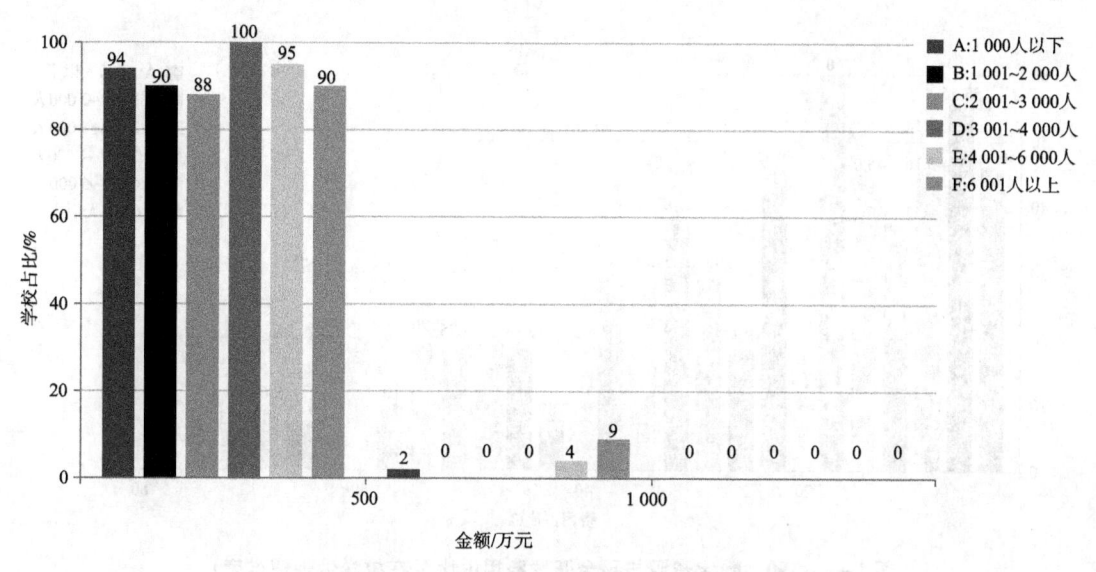

图1-4-188　软件支出金额（在校学生规模维度）

2）数字资源与平台开发费用占比

从地区分布维度来看，数字资源与平台开发费用占比为0~20%区间的中职学校最多，其中桂西地区的学校占比最高，最为突出，桂南地区次之，其他地区的学校相差微乎其微。占比最高的60%~80%区间，学校占比由高到低依次为桂中、桂南、桂北地区，如图1-4-189所示。

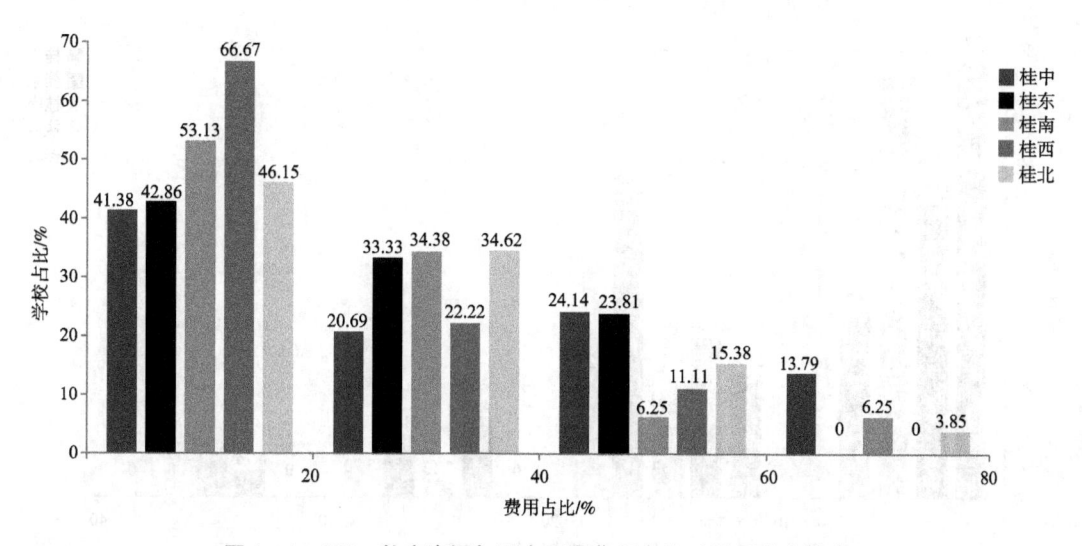

图1-4-189　数字资源与平台开发费用占比（地区分布维度）

从在校学生规模维度分析，比例区间在 0~20% 的中职学校最多，也最为集中，其中 6 001 人以上规模的学校占比最高，3 001~4 000 人规模的学校占比最低，最高和最低占比分别为 60%、37.5%，如图 1-4-190 所示。

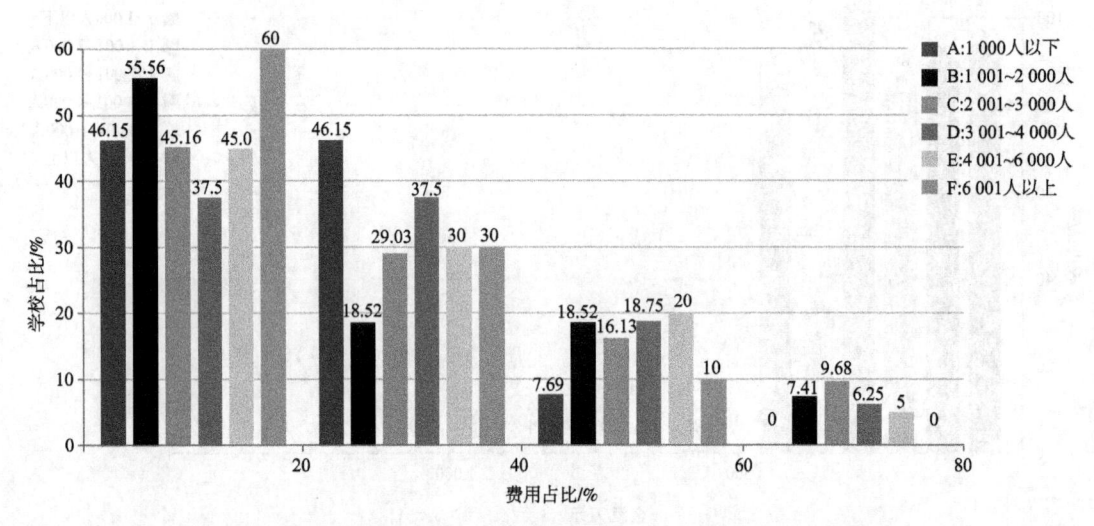

图 1-4-190　数字资源与平台开发费用占比（在校学生规模维度）

3. 信息化建设其他支出情况

1）培训费用占比

从地区分布维度来看，培训费用占比主要集中在 0~10%、10%~20% 区间，主要在 0~10% 区间，其中桂中地区的学校占比最高，桂西地区的学校占比最低，分别为 77.78%、33.33%。培训费用占比在 30%~40% 区间内，桂南地区的学校占比最高，为 6.25%，桂东地区次之，其他地区的学校占比为 0，如图 1-4-191 所示。

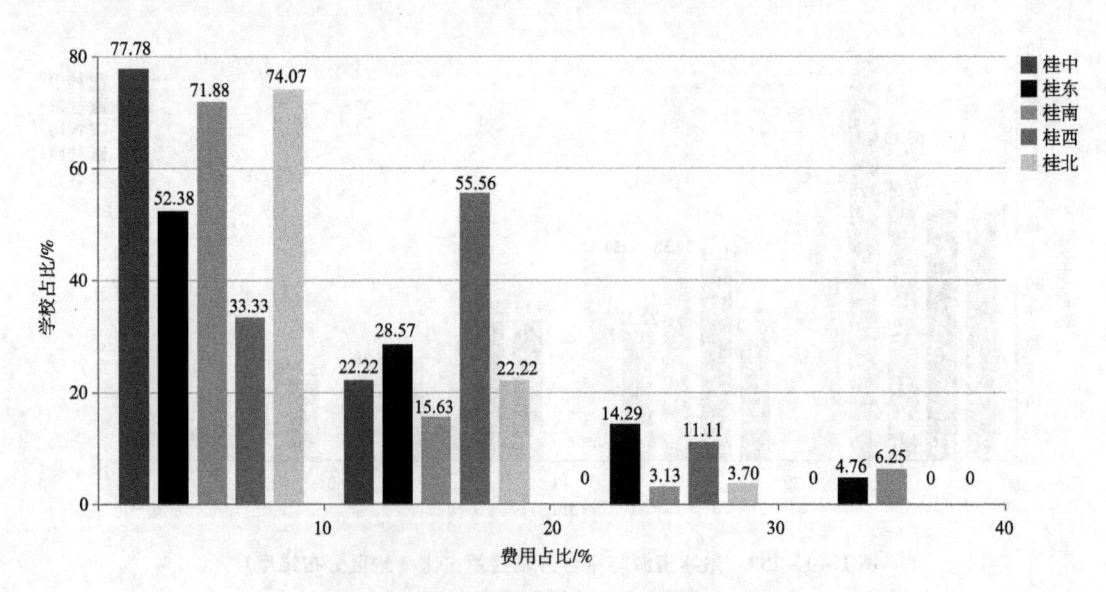

图 1-4-191　培训费用占比（地区分布维度）

1 中职学校信息化发展的现状调查 | 103

从在校学生规模维度来看，50%以上的学校培训费用占比集中在0~10%区间内，其中6 001人以上规模的学校占比达到100%。培训费用占比在30%~40%区间内，3 001~4 000人规模的学校占比最高，为12.5%，1 000人以下规模的学校次之，其他规模的学校占比为0，如图1-4-192所示。

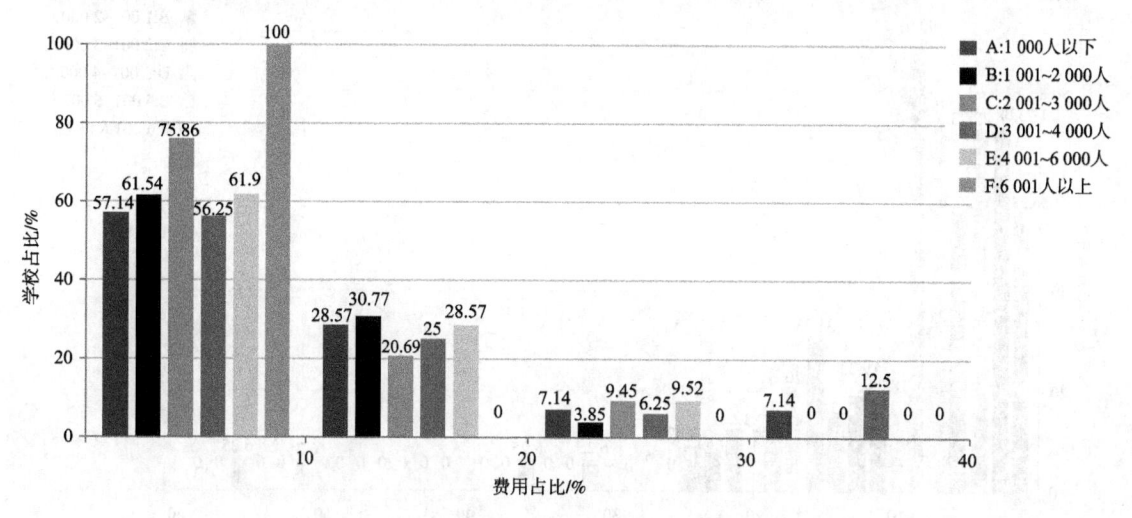

图1-4-192 培训费用占比（在校学生分布维度）

2）运行与维护费用占比

从地区分布维度来看，运行与维护费用占比集中在0~10%区间内的，除桂西地区外，有超过66%的中职学校在此区间。桂西地区的运行与维护费用占比主要集中在10%~20%区间，学校占比为55.56%，其次为0~10%、50%~60%区间，如图1-4-193所示。

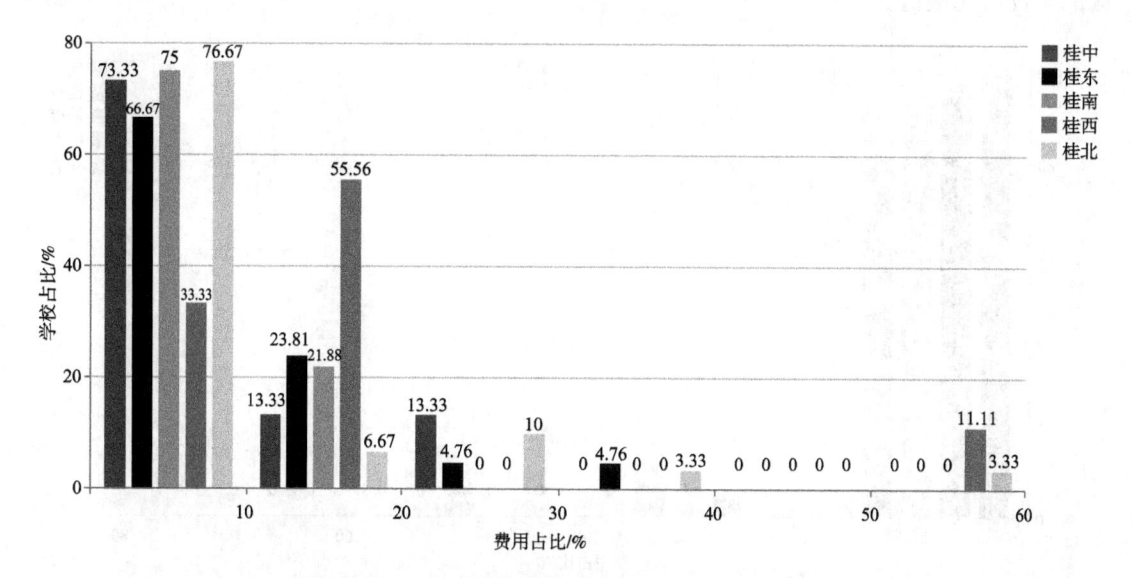

图1-4-193 运行与维护费用占比（地区分布维度）

从在校学生规模维度来看，可以得出一致结论，运行与维护费用占比主要集中在0~

10%区间,其中 6 001 人以上规模的学校占比最高,1 000 人以下和 3 001~4 000 人规模的学校占比相同,为最低,最高和最低的比例分别为 90.91%、56.25%,如图 1-4-194 所示。

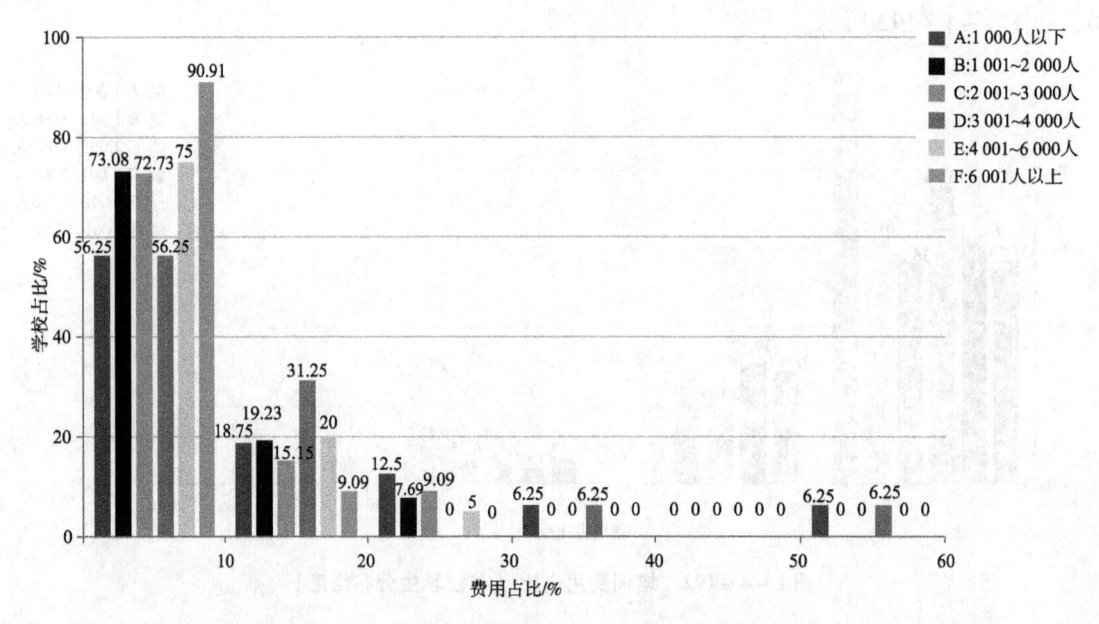

图 1-4-194 运行与维护费用占比(在校学生规模维度)

3)研究及其他费用占比

图 1-4-195 和图 1-4-196 的数据表明,研究及其他费用占比不论从地区分布维度还是在校学生规模维度来看,均集中在 0~20% 区间,其中桂中地区的学校占比最高,桂西地区的学校占比最低。

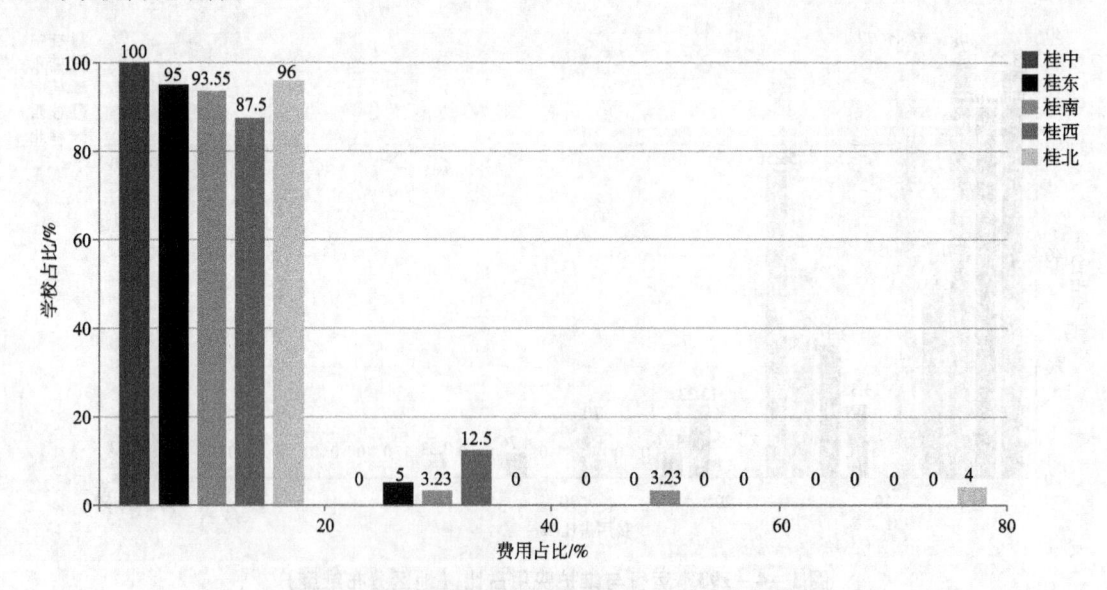

图 1-4-195 研究及其他费用占比(地区分布维度)

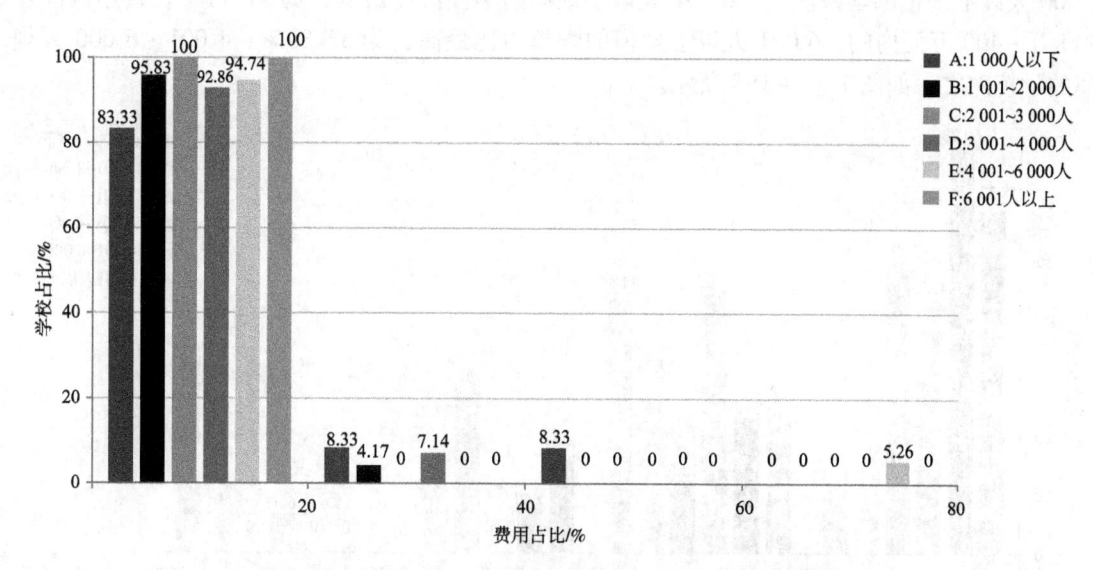

图 1-4-196 研究及其他费用占比（在校学生规模维度）

4. 信息化建设总体支出情况

1）最近一年学校信息化经费

图 1-4-197 的数据显示，全区中职学校最近一年学校信息化经费主要集中在 0~100 万元，其次为 100 万~200 万元。在 0~100 万元区间内，桂西地区的学校占比最高，为 62.5%，桂中地区的学校占比最低，为 32.14%。学校经费在 300 万~400 万元区间内，桂中地区和桂西地区的学校占比较高，分别为 14.29%、12.5%。

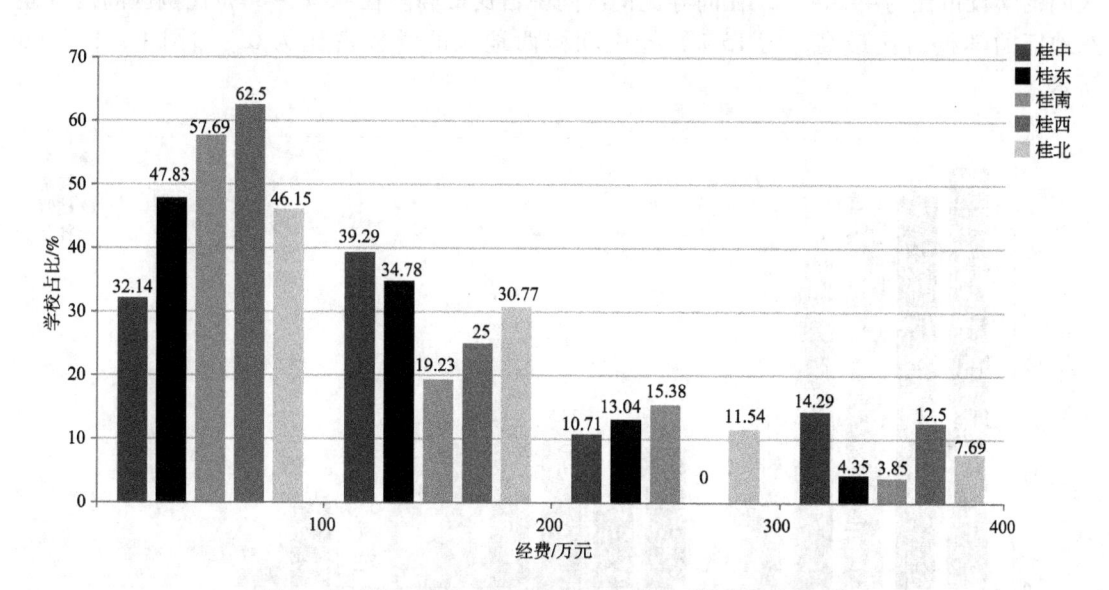

图 1-4-197 最近一年学校信息化经费（地区分布维度）

从在校学生规模维度来看，分析结果与地区分布维度的分析结果基本一致，0~100 万元经费区间包含的学校占比最多，其中 1 001~2 000 人规模的学校占比最高，为 69.23%，

1 000 人以下规模的学校次之，6 001 人以上规模的学校占比最低，为 11.11%。费用区间在 300 万~400 万元内的，6 001 人以上规模的学校占比最高，为 33.33%，4 001~6 000 人规模的学校次之，如图 1-4-198 所示。

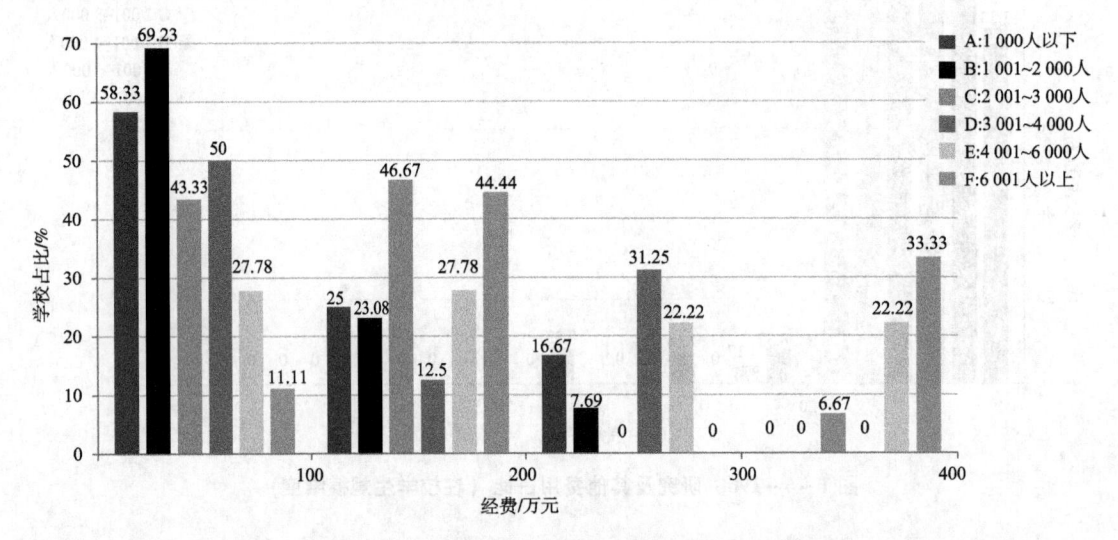

图 1-4-198　最近一年学校信息化经费（在校学生规模维度）

2）信息化经费总计投入占学校同期教育总经费支出比例

从地区分布维度来看，全区中职学校信息化经费总计投入占学校同期教育总经费支出比例较低，主要集中区间在 0~20% 的学校占比达 55% 以上，其中桂西地区的学校占比最小，为 55.56%。桂西地区信息化经费总计投入占学校同期教育总经费支出比例在 20%~40% 区间的学校占比为 44.44%，在同等比例区间中占比最高。在 40%~60% 比例区间内，桂东地区的学校占比最高，为 15%，桂中和桂西地区的学校占比为 0，如图 1-4-199 所示。

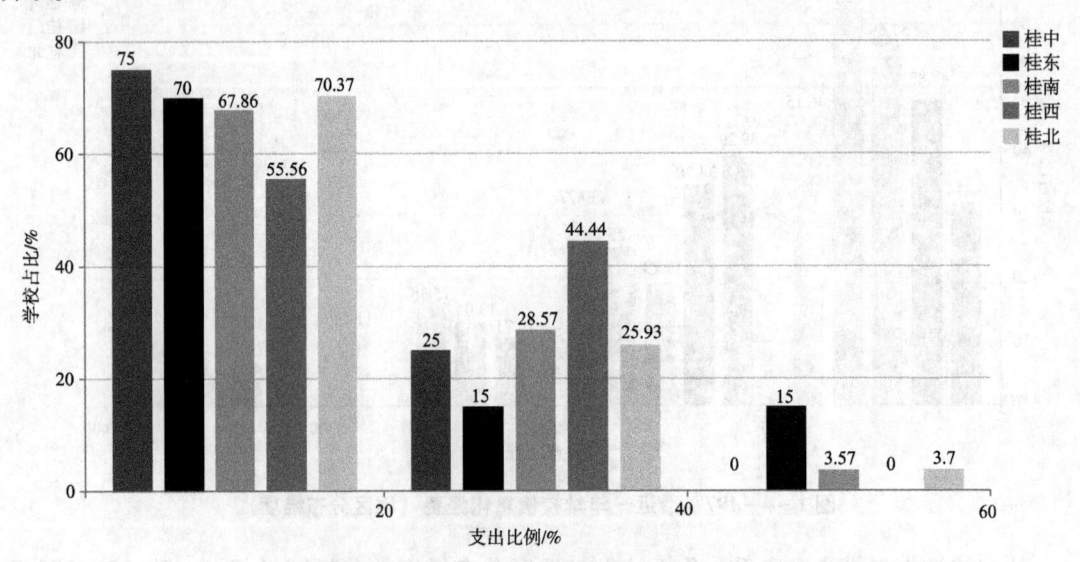

图 1-4-199　信息化经费总计投入占学校同期教育总经费支出比例（地区分布维度）

从在校学生规模来看，60%以上的学校信息化经费总计投入占学校同期教育总经费支出比例在 0~20% 区间内，其中 6 001 人以上规模的学校全部选择比例区间 0~20%，占比最高。信息化经费总计投入占学校同期教育总经费支出比例在 40%~60% 区间内的，2 001~3 000 人规模的学校占比最高，为 13.33%，如图 1-4-200 所示。

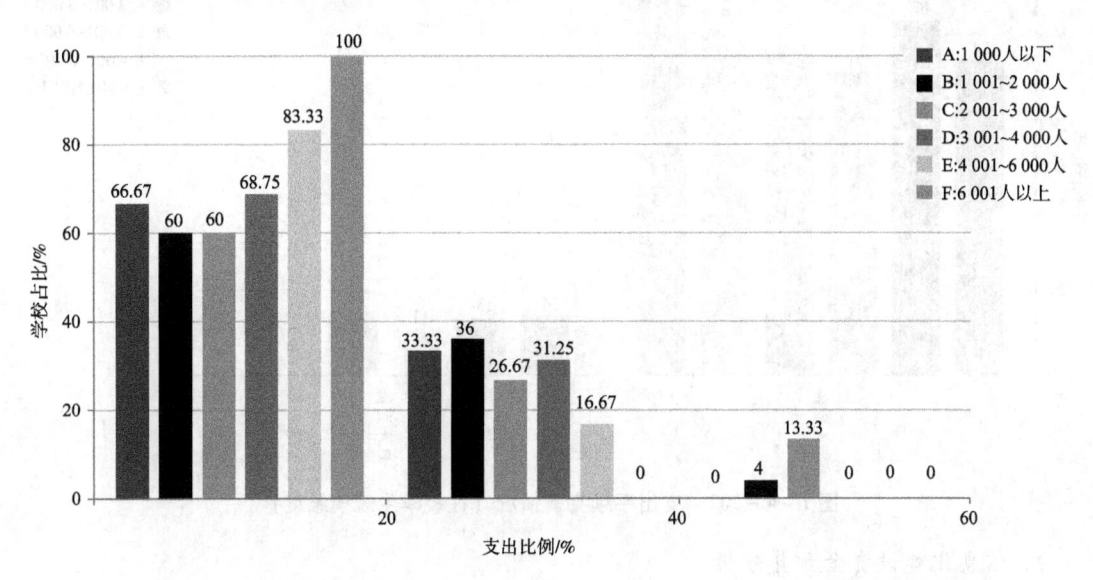

图 1-4-200　信息化经费总计投入占学校同期教育总经费支出比例（在校学生规模维度）

3）支出手续完备情况

图 1-4-201 的数据显示，广西约有一半以上的中职学校支出手续完备，以桂南地区的学校占比最高，为 94%，桂北地区的学校占比最低，为 52%。

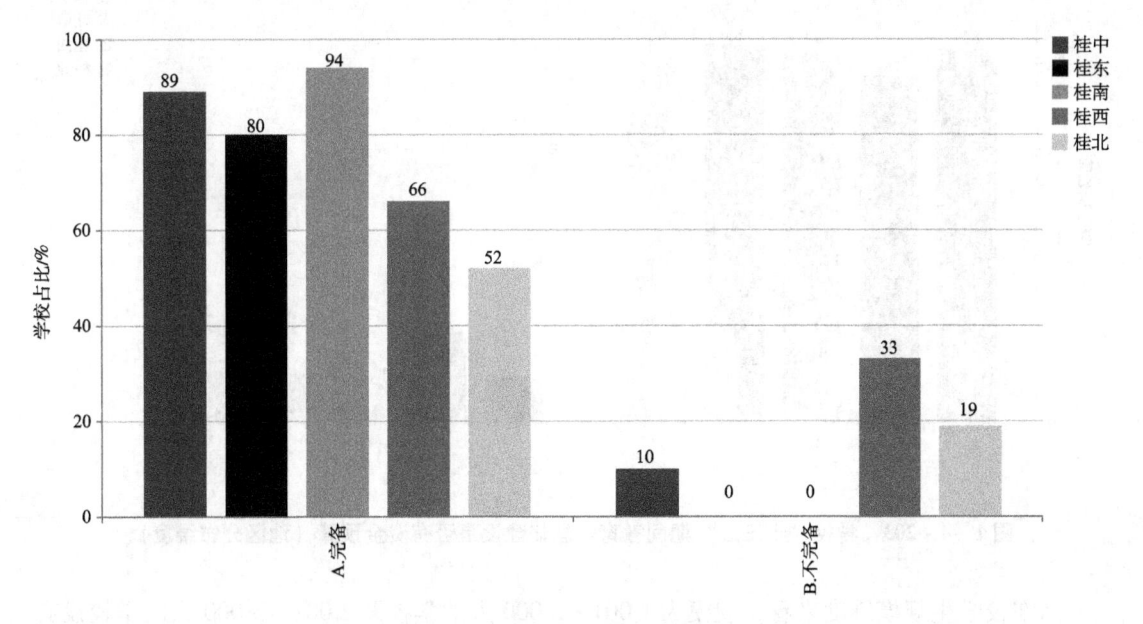

图 1-4-201　支出手续完备情况（地区分布维度）

从在校学生规模维度来看,70%以上的学校手续完备,6 001人以上规模的学校占比最高,为90%,如图1-4-202所示。

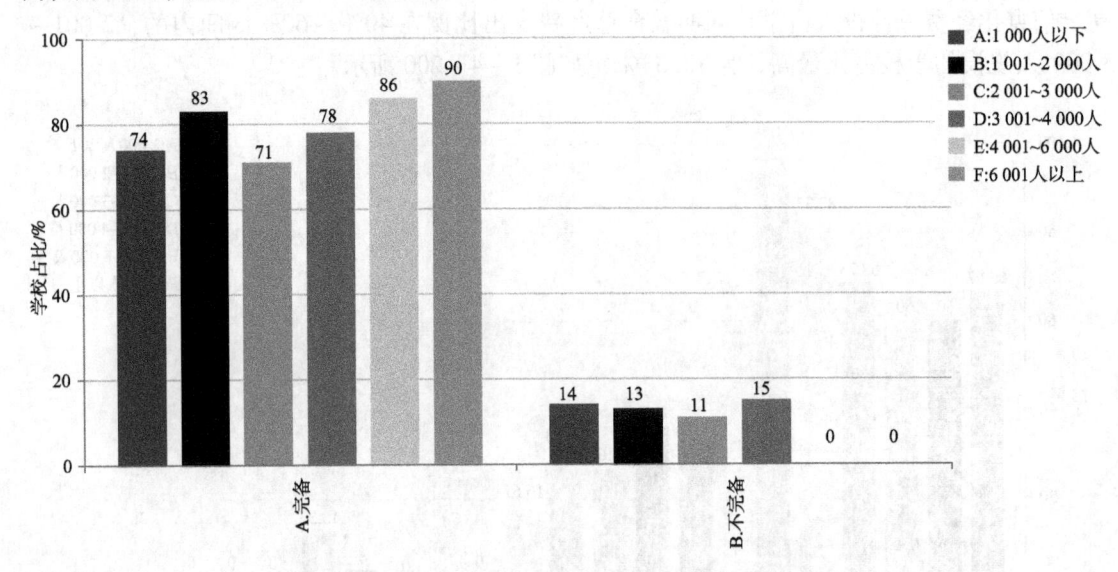

图1-4-202 支出手续完备情况(在校学生规模维度)

5. 信息化建设资金预算分析

1)学校"十三五"期间教育信息化建设是否有资金预算

从地区分布维度来看,广西"十三五"期间教育信息化建设有资金预算的学校比例比较平均且均高于75%,明显高于没有资金预算的学校比例,如图1-4-203所示。

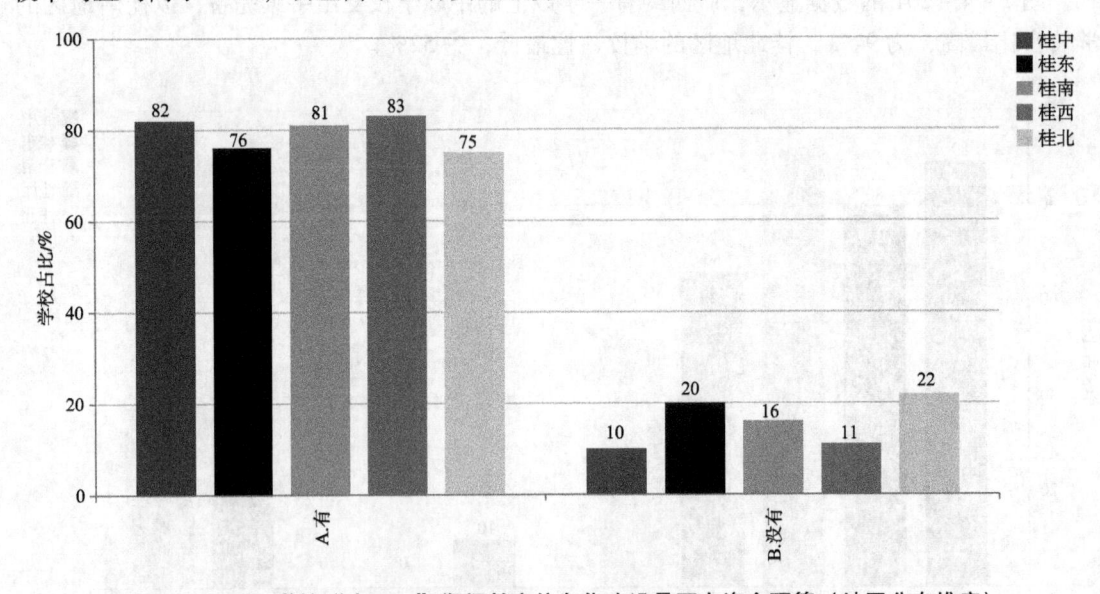

图1-4-203 学校"十三五"期间教育信息化建设是否有资金预算(地区分布维度)

从在校学生规模维度来看,规模为1 001~2 000人的学校及2 001~3 000人的学校没有资金预算的比例最高且相当,分别为23%和20%,如图1-4-204所示。

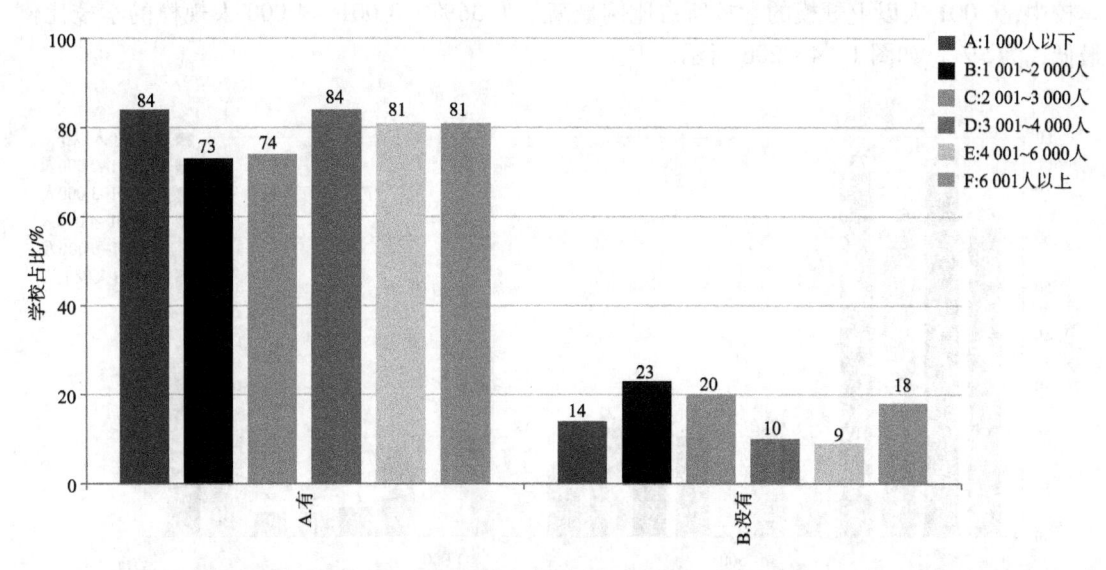

图 1-4-204 学校"十三五"期间教育信息化建设是否有资金预算（在校学生规模维度）

2)"十三五"期间教育信息化资金预算

图 1-4-205 的数据显示，全区有一半以上的中职学校"十三五"期间教育信息化资金预算小于 500 万元，在此区间内，桂东地区的学校占比最高，为 90%。桂西地区"十三五"期间教育信息化资金预算大于 1 000 万元的学校占 33%，在同区间内占比最高，桂东地区的占比最低。

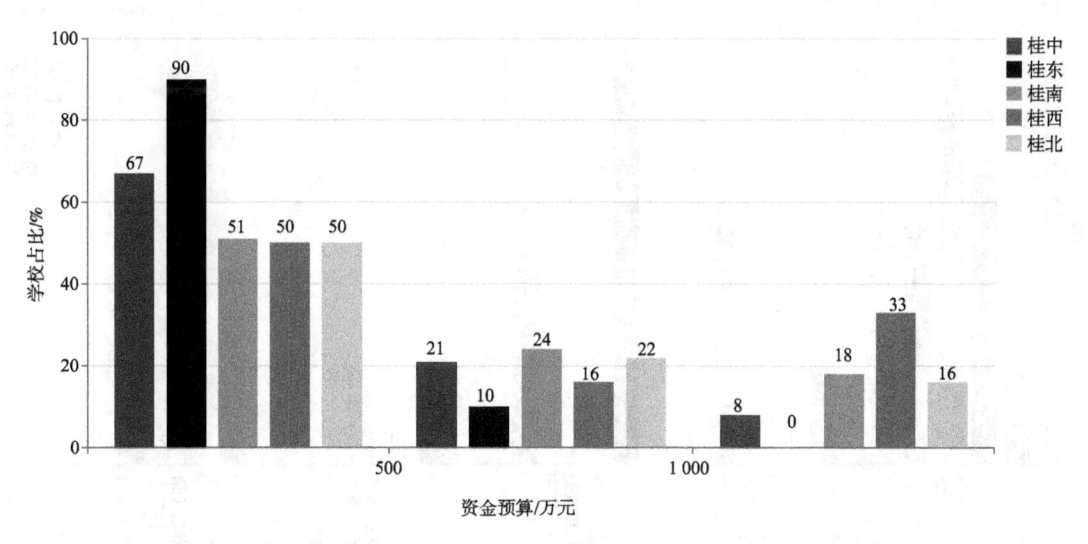

图 1-4-205 "十三五"期间教育信息化资金预算（地区分布维度）

从在校学生规模维度来看，不同规模的中等职业学校"十三五"期间教育信息化资金预算与地区分布维度的分析结果一致，主要集中在 500 万元以下。资金预算大于 100 万元的学校中，6 001 人以上规模的学校所占比例最高，为 36%，3 001～4 000 人规模的学校比例最低，为 5%，如图 1-4-206 所示。

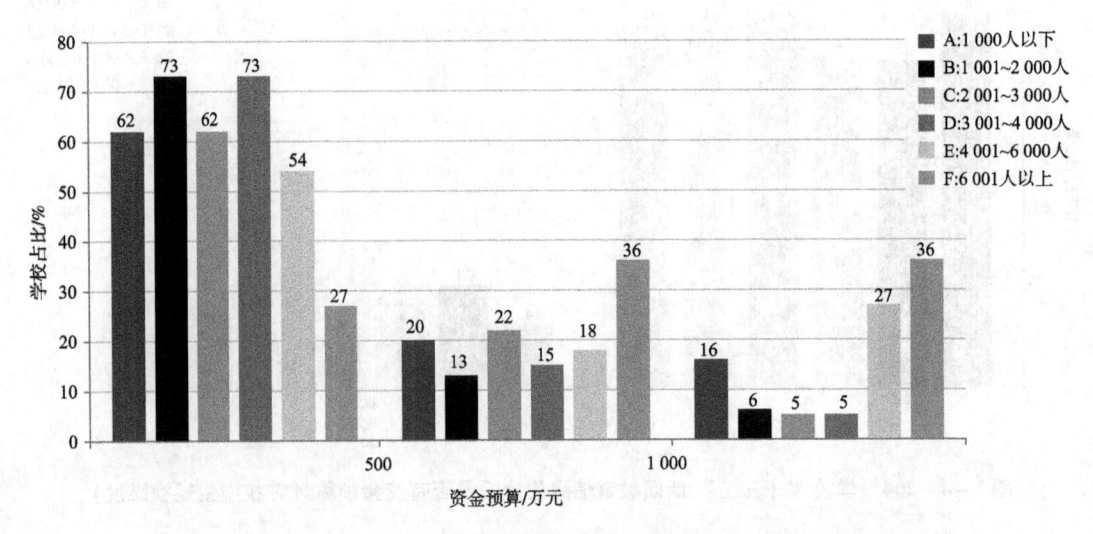

图 1-4-206 "十三五"期间教育信息化资金预算（在校学生规模维度）

3）"十三五"期间教育信息化资金来源

从地区分布维度来看，全区中职学校在"十三五"期间教育信息化资金来源自筹资金占比最大，各地市教育局拨款次之，获得教育部专项拨款占比最少。其中桂中和桂南地区的学校自筹资金占比最大，均高达 8%，如图 1-4-207 所示。

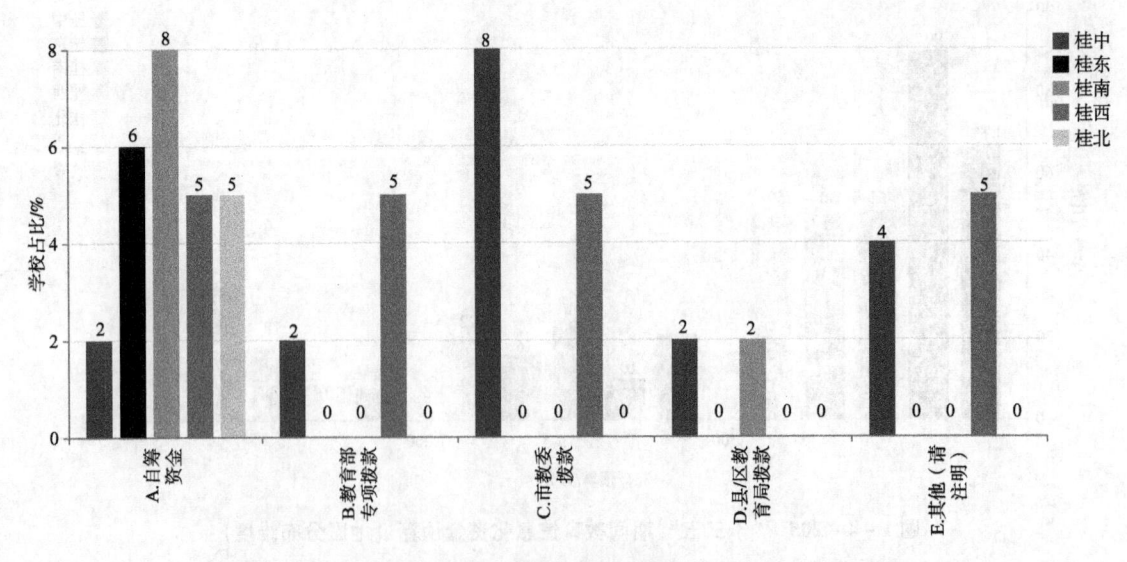

图 1-4-207 "十三五"期间教育信息化资金来源（地区分布维度）

从在校学生规模维度来看，有 10% 规模为 1 000 人以下、4 001～6 000 人及 6 001 人以上的学校自筹资金比例最高,如图 1-4-208 所示。

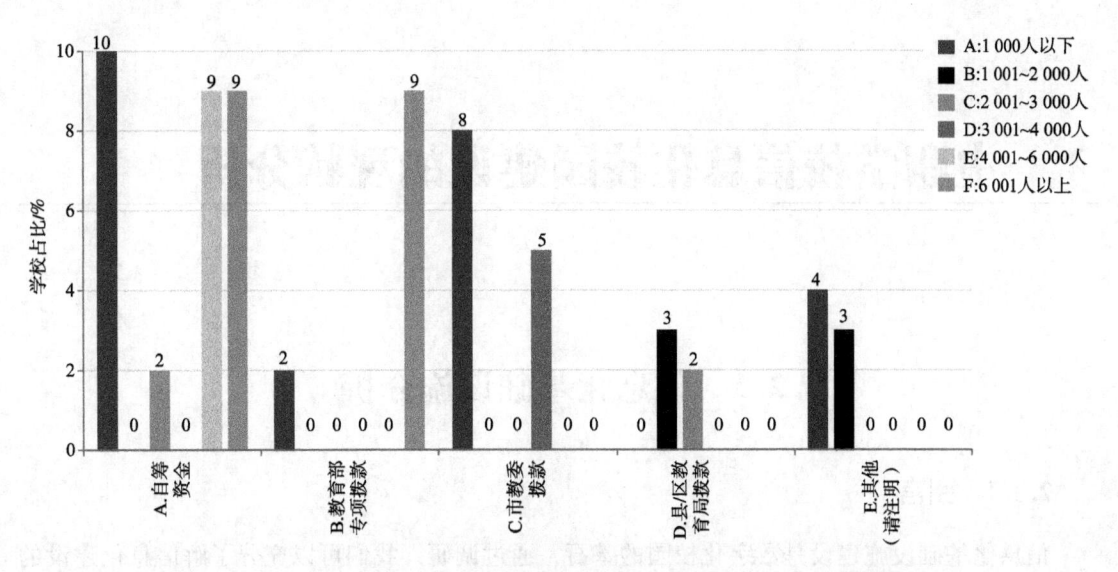

图 1-4-208 "十三五"期间教育信息化资金来源(在校学生规模维度)

2 中职学校信息化校园建设的现状分析

2.1 信息化基础设施分析

2.1.1 引言

信息化基础设施建设是数字化校园的基石，通过调研，我们可以充分了解信息化建设的基础，深入考察系统的性能、数据标准、兼容性与安全性，为设计建设一个科学合理、规范先进的数字化校园打下基础。为完善广西中等职业学校的信息网络基础设施，不断提升信息化技术和服务水平，建立信息化基础设施可持续发展机制，我们从校园网络情况、数据中心机房情况、信息化终端设备情况、多媒体教室和计算机教室情况、校园广播情况、虚拟仿真实训系统情况以及信息化设备维护情况7个方面开展调研、评估，以期能全面了解广西中等职业学校的信息化基础设施建设现状。

2.1.2 校园网络情况

从校园网络覆盖情况来看，约50%的学校校园内实现了无线网络全覆盖，3所学校实现公共区域80%的覆盖，有2所学校没有无线网络，未统一部署无线网络的学校达到20%。从网络接入总带宽情况来看，所有学校网络接入总带宽普遍在150~575Mbps以上，校园网主干带宽为百兆级的学校比例较高，校园网主干带宽为千兆级的学校占比偏低，这说明广西中等职业学校的网络接入总带宽亟须提高。

2.1.3 数据中心机房情况

根据调研数据，全区中等职业学校服务器数量基本为2台左右，拥有服务器的学校占比为90%，仅有1所学校没有服务器。拥有5台以下服务器的学校占比约为70%，拥有5~10台服务器的学校占比为30%，有一所学校拥有15台服务器，占比约为10%，这说明广西中等职业学校服务器数量分布不均衡。

2.1.4 信息化终端设备情况

从教师人均教学用信息化终端设备数来看，所有学校的教师人均教学用信息化终端设备数普遍在1台左右，占比几乎都超过99%，其中，有30%的学校，其教师拥有计算机的数量高于1.2台/人。这说明广西中等职业学校平均每位教师都有一台电脑，终端设备配备比例较高，分布较为均衡。

2.1.5 多媒体教室和计算机教室情况

1. 多媒体教室情况

根据调研数据，在参与调研的10所中职学校中，多媒体教室数量为5~180间，100%的学校拥有多媒体教室。总体上，全区中等职业学校的多媒体教室间数大多集中40~100间，约占80%；有一所学校的多媒体教室间数为5间，有一所学校的多媒体教室间数为180间；有90%的学校总教室间数与多媒体教室间数相等，这说明有90%的学校其所有教室均建设为多媒体教室。

2. 计算机教室情况

从计算机教室数量上看，在参与调研的10所中职学校中，计算机教室数量为4~30间，100%的学校拥有计算机教室。总体上，全区中等职业学校计算机教室间数大多集中0~30间，约占90%，其次，约10%的学校多媒体教室间数为20~30间。

从计算机台数来看，拥有计算机总数基本集中在200~500台以内的学校，约占80%，拥有计算机总数1 500台的学校，约占10%。

2.1.6 校园广播情况

广西大部分中等职业学校都开通了校园广播，达到90%。从校园广播覆盖区域来看，校园广播覆盖教学楼、校门口、主干道的比例要高于校园广播覆盖办公楼、宿舍楼、图书馆、学校饭堂的比例。

2.1.7 虚拟仿真实训系统情况

从学校部署虚拟仿真实训系统的套数来看，虚拟仿真实训系统缺乏。在学校现有的虚拟仿真技术应用范畴方面，更多的学校应用于教师教学演示，其次是学生自学自练，所有学校应用虚拟仿真实训系统的专业占全部专业的比例较低，部分课程专业没有应用虚拟仿真实训系统。

2.1.8 信息化设备维护情况

全区90%以上的中职学校均对信息化设备进行维护。学校信息化设备维护工作主要采用部分设备由专门的部门或个人维护、其他设备由第三方代理维护的方式。学校一般很少采用全部设备均由第三方代理维护的方式。

2.1.9 小结

通过以上调研、评估的情况可知，广西中等职业学校的信息化基础设施建设已取得一定进展，信息化建设硬件设备处于中等偏上；所有学校已基本接入互联网，中心机房、多媒体教室等建设均有所突破；虚拟仿真实训系统的建设发展不平衡。从地区差异来看，广西东、中、西部在数量上呈递减趋势，但差距并不大，并且国家重点职业学校的水平明显要好于普通职业学校的水平。

2.2 数字化资源与应用分析

2.2.1 引言

近年来,中等职业教育的办学环境得到了大力改善,以现代教育技术推进教育教学改革已成为共识,数字化资源与应用日益受到重视。为分析全区数字化资源与应用现状,让资源库的建设与学校的实际教育教学结合起来,提高资源的利用率,以优秀的教学资源服务教和学,我们从校本数字资源库情况、信息化教学系统情况、网络空间情况3个方面开展调研、评估,以期能全面了解广西数字化资源与应用服务现状。

2.2.2 校本数字资源库情况

通过调研显示,大部分学校已经有自己的校本数字资源库,仅有1所学校没有校本资源库;数字资源的来源,有40%~60%的学校为独立建设,有30%的学校通过与企业联合开发的方式获得。从数字资源用于实际教学的情况看,有10%的学校能够实现全部覆盖,50%的学校数字资源用于实际教学的占比为40%~60%,有30%的学校并没有充分将数字资源用于实际教学;教师最常使用的数字教学资源,PPT课件最多,微课、教学视频等次之。

2.2.3 信息化教学系统情况

关于全区的信息化教学系统情况,我们主要针对网络教学平台、网络考试平台、虚拟仿真系统、实训教学管理系统等的使用情况进行了全面调研统计,数据显示,所有学校都利用网络教学平台进行网络教学,50%的学校使用网络教学系统,而利用虚拟仿真系统、实训教学管理系统的学校则较少,仅有20%~30%的学校使用。可见,学校信息化教学系统的建设有待加强,创新性有待提高。

2.2.4 网络空间情况

调研结果显示,全区的网络空间建设都相对缺乏。教师网络空间的建设情况数据显示,有60%~70%的学校开通了教师网络空间,而对网络空间的使用功能大部分集中在备课功能上,还有少部分学校运用网络空间进行师生互动及资源共享。而关于学生网络空间的建设情况数据显示,约有60%的学校建有学生网络学习空间,其中学生网络空间常用功能的数据显示,拓展阅读功能占比最高,其次为课堂活动功能,其余为课前预习、师生互动、作业考试功能。

2.2.5 小结

通过以上调研、评估的情况可知,全区中等职业学校在数字化资源与应用方面的建设现状如下:

绝大部分中等职业学校建有校本数字资源库,数字资源的来源主要包括直接购买和独立建设两种建设模式;在校本数字资源库应用方面,能应用于实际教学的数字资源较少,教师使用数字资源软件以传统的 PPT 课件为主，使用频率较低，其次是微课、教学视频；在信息化教学系统方面，全区的信息化教学系统普遍建设不完善，创新性不足；在网络空间建设方面，教师的网络空间多用于备课，各校之间学生的网络空间建设水平差距较大。

2.3　应用服务分析

2.3.1　引言

为全面了解我区中等职业学校的信息化建设走向，突破学校信息化应用瓶颈，加强信息化应用服务，我们从学校一卡通建设情况、统一管理平台建设情况、校园管理系统建设情况、校园安全监控建设情况、学校网络安全建设情况 5 个方面开展调研，评估，以期能全面了解广西中等职业学校的信息化应用服务现状。

2.3.2　一卡通建设情况

在对学校是否已开通一卡通的调查中，我们发现，5 所学校已经开通了一卡通，约占 50%。从一卡通已经实现的功能来看，全区中职学校一卡通已经实现包括餐卡、学生证、教职工证、图书证、上机卡、门禁卡、购物卡等功能，还没有学校能够实现一卡通的校内乘车证功能，其中，一卡通实现学生证和水卡功能的学校分别约占 80% 和 100%；实现教职工证、餐卡功能的学校分别约占 40% 和 50%，由此说明，在一卡通实现的功能上，各学校存在一定差异。

2.3.3　统一管理平台建设情况

学校统一开通的信息发布平台包括学校门户网站和官方微信公众号，占比 80%，其中，有一所学校开通学校门户网站、官方微博、官方微信公众号等。从实现数据共享的系统情况来看，大部分学校基本实现了学生管理信息系统、教务管理信息化、办公自动化（OA）系统、设备资产管理信息系统共享。

2.3.4　校园管理系统建设情况

在对常用管理信息系统的建设方面，我们发现，大多数学校更注重教学教务信息系统（100%）、办公自动化（OA）系统（100%）、学生管理信息系统（80%）、教学资源管理系统（80%）、人事管理系统（70%）、财务信息系统（40%）。从整体上看，全区中职学校校园管理系统建设比较薄弱的是科研信息系统、合作企业管理系统和实训教学管理系统，比例不超过 20%。

2.3.5　学校安全监控建设情况

在对学校安全监控系统校园覆盖范围的调查中，我们发现，各学校安全监控系统校园覆盖范围主要包括校门、教学楼、办公区、生活区、操场等，约 40% 的学校实现了校园监控全覆盖。其中，校门、教学楼、办公区、生活区的安全监控覆盖率为 100%，所有学校都在校门、教学楼、办公区、学生宿舍安装了摄像头，操场的安全监控覆盖率为50%。

2.3.6　学校网络安全建设情况

在对学校网络安全系统建设状况的调查中，我们发现，全区各中职学校的网络安全系统建设主要包括信息过滤系统、网络防病毒系统、网络运行故障检测系统、入侵检测系统、上网行为管理系统、数据备份和容灾系统、网络身份认证系统等。其中，每个学校都建有信息过滤系统、网络运行故障检测系统、入侵检测系统、上网行为管理系统，占比100%；建有网络防病毒系统、网络身份认证系统的学校占比分别为80%和40%，由此说明，各个学校网络安全系统的建设情况不均衡。

2.3.7　小结

通过上述分析可以看出，全区中职学校电子化校务的程度还处于初期发展阶段，在信息化应用服务方面的建设取得了良好成绩：一是所有学校拥有互联网域名并通过网站对外发布信息，基本已开通一卡通，并且一卡通功能较为齐全；二是统一管理平台和校园管理系统涵盖学校管理、教学、生活等方方面面，大多数学校拥有了教务、财务、人事管理系统，并且有的实现了办公自动化，能为广大师生提供更加便捷的服务；三是学校安全监控建设覆盖率较高，有利于保障校园安全；四是学校网络安全建设已起步，涵盖了学校网络安全的多个领域。

但是，各中职学校信息化应用服务还存在诸多短板，各个信息服务系统（平台）的功能还有待进一步完善；各校在信息化应用服务建设方面存在重应用、轻安全的问题，网络安全监控系统建设较为滞后。

总体来看，必须加大力度对中职学校的应用服务开展应用推广。

2.4　师生发展分析

2.4.1　引言

可持续发展能力建设是教育信息化科学发展的关键举措。在学校信息化建设的过程中，要提升教师的教育技术能力，培养学生在信息化环境下的学习能力，提高学生的学习质量和效率，以信息化促进人才培养质量的提高，促进教育信息化快速、可持续发展。为此，我们从教师和学生两个方面调研、评估信息技术的应用水平、应用能力情况，以期能全面了解全区中等职业学校师生的信息化应用能力及培训现状。

2.4.2　教师的信息技术应用能力情况

1. 教师的信息技术应用能力

在推进信息技术与教育教学相融合的进程中，教师起着非常关键的引导作用，通过调研我们发现，所有学校的大部分老师（60%～90%）都能熟练使用计算机进行办公和教学。

2. 教师的信息技术培训情况

调研数据显示，有 50% 的学校对所有老师进行信息技术培训，有 20% 的学校仅对 10% 的教师进行培训，可见教师培训的覆盖范围有限。对于培训时间而言，仅有 10% 的学校能达到 50 个小时以上，其余均是 10 小时以下，其中有将近 40% 的学校一年仅培训 1~2 小时，另外，针对信息维护人员的培训时间，仅有 10% 的学校年均培训时间为 60 小时，有 60% 的学校没有进行过相关培训。

2.4.3 学生的信息技术应用能力情况

关于学生的信息技术应用能力方面的调研显示，学生接受信息化培训的内容较少，对信息化教育教学技能的培训和使用也均不到位，学生年均培训时间达到 4~6 小时的学校占比 50%，其余均低于 4 小时。

2.4.4 小结

从以上数据可以看出，在教师的信息技术应用能力方面，大部分教师能够熟练运用计算机进行办公、教学；在学生的信息技术应用能力方面，大多数学校的学生都能熟练掌握常用信息终端及相关专业训练软件，能够利用信息工具收集、评价和使用有效信息，能根据专业特点，借助数字校园提供的技术手段进行创造性训练活动。

但是，随着信息化教学技术的快速发展，学校在师生信息技术应用能力提升方面还存在一些问题，如学校对提高教师的信息技术应用能力的重要性和必要性认识不足；对提升师生的信息技术应用能力缺乏全面、系统的培训；学校现代教育技术工作的管理机制有待加强等。

2.5 保障机制分析

2.5.1 引言

为完善广西中等职业学校信息化建设保障机制，不断提升信息化技术的发展，建立全方位的信息化保障体系，我们从信息化建设人员支持情况、信息化经费和资金情况两个方面开展调研、评估，以期能全面了解广西中等职业学校信息化保障机制的现状。

2.5.2 信息化建设人员支持情况

调研数据显示，有 70% 的学校主管信息化工作的领导职位级别为副校级，有 50% 的学校建有信息（网络）中心承担信息化工作，另外，有 1 所学校是教务处管理，1 所学校是信息设备科管理，1 所学校是文化办管理，1 所学校是教辅中心管理，1 所学校没有专门的管理部门。有专门管理部门的学校都配备了 3 名管理人员。

2.5.3 信息化经费和资金情况

最近一年投入专项经费 500 万元以上的学校占比 20%，其中有 1 所学校投入 1 300 万元，其他有 30% 的学校基本没有投入相关信息化经费。

2.5.4 小结

通过上述分析可知，全区中等职业学校初步形成了信息化建设的保障机制。多数学校由校领导主管信息化建设；投入资金保障硬件、软件需求，保障基础能力建设。在资金投入方面，各学校差距较大，仍有30%的学校没有投入相关经费进行信息化建设。

保障机制的健全与否，直接与信息化建设息息相关，综上分析，全区中等职业学校的保障机制建设仍不完善，急需加强。

3 中职学校数字化校园的关键问题

3.1 政府的杠杆作用有待加强

百年大计，教育为本。教育是民族振兴、社会进步的基石，是提高国民素质、促进社会发展的根本途径。"十二五"期间，广西积极响应国家职业教育的相关政策，深入开展提升职业教育水平的各项战略，立足广西，着眼中国—东盟自由贸易区、广西北部湾经济区、珠江—西江经济带、21世纪海上丝绸之路的建设与发展，以组织实施职业教育十大工程为抓手，以建立健全职业教育的发展机制为动力，加快构建具有广西特色、国内先进的现代职业教育体系，积极进行了"深化职业教育攻坚扶贫富民工程""国家民族地区职业教育综合改革实验区"项目，并取得了很大成效，对提升全区中等职业教育的水平发挥了重要作用。但是，目前仍然存在很多因素制约着中等职业教育的发展，也制约着中等职业学校信息化水平的提升。

3.1.1 进一步调整职业教育的规模和结构

随着广西产业结构的优化、经济发展方式的转变、社会分工的不断细化，社会发展要求实现整体劳动者素质的提升，尤其是提升专业型人才、实用型人才、复合型人才的素质。目前的中等职业教育以公办性质的学校为主，有些新型专业设置不符合需求，职业教育面向的学生，学习基础参差不齐，学员来源范围广且杂，且相当比例的中等职业学校教师的质量也不符合要求，这些都制约了职业教育质量的提升，因此，需要进一步调整职业教育的规模、优化结构和提高质量，以与经济社会发展的需求相适应。

3.1.2 进一步加大政府财政资金投入

近些年来，在自治区党委、政府的全力推动下，广西陆续采取了一系列措施加大教育资金的投入，取得了明显的成效，但是中等职业教育的可用资金只是其中的一小部分，而且由于中等职业学校的基础比较薄弱，很大一部分资金用于学校基础设施建设及内涵建设。缺乏专项资金、缺乏资金运行机制、缺乏资金监控机制是制约中等职业教育信息化建设水平的瓶颈，因此，政府应进一步加大财政资金投入，使资金分配更合理。

3.1.3 深化对职业教育的认识

目前，社会上很多人对职业教育的认识依旧很浅薄，认为职业教育的地位低于普通教育，对职业教育的建设存在轻视倾向，不愿意在职业教育方面进行投资，更不愿为职业教育的信息化建设投资，而信息化建设是职业教育建设重要的一环。因此，要改变并深化人们对职业教育的认识，引起人们的重视，让人们愿意投资职业教育建设，尤其是信息化建设，为信息化建设提供助力。

3.1.4 完善中职学校教育信息化建设机制与规范

经过前期建设，中职教育信息化建设取得了丰富的成果，但是，针对职业教育信息化的顶层设计、统筹规划还比较薄弱，上海市、浙江省、江苏省已陆续出台了三年的信息化建设规划。山东省、江苏省确立了明确的信息化建设指标。广西也出台了《广西教育信息化建设三年行动计划》（2017—2020年），但各中职学校普遍缺乏信息化建设机制与规范，这阻碍了信息化建设的落地与监测。

3.2 中职学校信息化发展不均衡

3.2.1 基础设施不均衡

中等职业学校特别是市、县级中等职业学校，学校的基础设施还存在一些问题，"三通两平台"的基本条件尚未达标。有些已达标的地区，也存在重建设、轻应用的现象，这种基础设施建设不均衡的状况，难以匹配广西中等职业教育数字化教学环境的发展。

3.2.2 教育资源不均衡

地区与地区之间、学校与学校之间的教育资源，特别是信息化教育资源的不均衡普遍存在，因为教育资源不均衡，导致教育质量不能从根本上得到提升，这在一定程度上影响了广西中等职业教育的发展水平。

3.2.3 师资队伍不均衡

各地区之间、学校之间都存在师资配备不均衡、教师教学能力不均衡、学校内部专业课师资与公共文化课师资配备不均衡的问题，而且各专业内"双师型"师资缺乏，各地、各学校还存在信息技术专业人才配备不均的现象，这在人力资源上对中等职业教育的发展造成一定影响，这种师资队伍的不均衡，使广西难以推动中等职业教育教学信息化的应用进程。

3.3 中职学校信息化建设需多方面加强

3.3.1 信息化建设仍需要加强规划

近年来，为响应国家教育信息化的相关政策要求，广西相继发布《广西壮族自治区新时期深化职业教育攻坚五年计划》《广西壮族自治区中长期教育改革和发展规划纲要（2010—2020年）》《广西壮族自治区人民政府关于加快发展现代职业教育的意见》《广西教育事业发展"十三五"规划》《广西壮族自治区教育厅2017年工作要点》等相关政策文件，以推动广西的教育信息化发展,从政策层面上看,政府对教育信息化的指导越来越明晰,并已取得前所未有的成绩。

在取得成绩的同时,我们也需要重视当前存在的问题。通过对调研资料的研究我们可以发现,由于中职学校信息化建设在实施过程中整体规划力度不够,使全区中职学校信息化建设普遍存在以下问题:

1. 资金分配问题

资金分配不均衡,资金直接分拨到各学校后,在信息化建设过程中可能出现乱采乱购、挪用资金等现象;

2. 信息孤岛问题

各学校分散进行信息化建设,导致数据标准不统一,缺乏与现状相适应的,具有实用性、先进性和兼容性的教育信息化标准体系,无法实现数据互联互通,存在信息孤岛,各学校重复建设的项目也很多,严重阻碍构建区域级教育信息化生态系统。

3. 教育管理问题

缺少从自治区、市、县到学校的垂直管理体系,教育信息化建设各自为政,缺少统一规划、统一标准、统一建设,导致一些管理上的障碍。

4. 学习资源问题

各学校建立了很多的信息化资源,但是由于一些技术和非技术的原因,校际资源共享难,资源利用率不高,造成了较大的浪费。

3.3.2 信息化基础设施不足制约智慧化校园的实现

信息化硬件设施是实现职业教育信息化的物质基础和先决条件,职业教育信息化需要硬件的基础设施作为支撑,良好的信息化设施及环境是开展教育信息化的必要条件。但是目前广西中职学校信息化基础设施严重不足,这限制了中等职业教育信息化的发展,所以,需要加大投入力度,提高职业教育信息化的硬件装备水平,加快技术标准规范建设,为职业教育信息化发展提供坚实的物质基础。

根据调研组实地调研,全区中职学校信息化基础设施的整体使用情况如下:

1. 各学校之间基础设施建设不完善

通过调研我们发现,各中职学校的信息化基础设施建设不完善,在网络设施、数据中心机房、信息化终端设备、多媒体计算机教室、校园广播和虚拟仿真实训系统这六个方面普遍存在基础设施投入不足、数量不足、硬件设备缺乏老旧的问题。其中网络设施的设备问题占到了21.21%;数据中心机房的问题达到40.63%;信息化终端设备的问题占到44.83%;多媒体教室、计算机教室配置低、设备老化等问题达到51.61%。

2. 现有基础设施资源得不到充分利用

由于现有基础资源得不到充分利用,导致各中职学校资源重复建设,利用率低,从而降低了硬件设施对学校软件平台的有力支持。基础设施建设作为校园信息化建设的前提条件,能营造良好的数字化教学环境,所以,将硬件建设与软件系统充分结合,是全面提升广西中职学校信息化建设水平的重要途径。

3.3.3 数字化校园应用服务有待提升

信息技术对职业教育改革和发展有着革命性的影响。以信息技术推进职业教育创新,构建网络化、数字化教育教学环境，是实现职业教育现代化的主要内容。为了促进信息技术与职业教育教学的深度融合，贯彻全国职业教育工作会议精神，落实教育部《教育信息化十年发展规划（2011—2020年）》中"加快建设职业教育信息化发展环境"的发展任务，就要加强数字校园的建设与升级，推进职业教育信息化建设的步伐。

经过实地调研评估我们发现，广西中职学校信息化应用服务整体使用情况一般，有超过一半的学校基本能满足学校的日常使用，但大部分学校的信息化应用服务水平有待提升。

具体问题如下：

1. 各应用系统之间缺乏数据的互通共享

调研评估显示，由于基础设施不足、缺乏统一数据的应用服务，广西职业教育的大数据建设还处于较低水平，距离教育部的相关要求还有较大差距。其中平台独立、不能实现互通共享、形成数据孤岛的问题比例高达57.14%。系统使用率不高的问题比例达到28.57%。因此，亟须加强数据共享平台的建设，加大相关核心业务系统的投入，精确科学地实现数据共享分析，为领导决策提供支持。

2. 统一管理平台的功能有待加强、使用面有待推广

所有参与调研评估的10所中等职业学校中，近36.36%的问题反映学校管理平台建设不完善，达不到现代办学的需求，还处于基础阶段。有37.2%问题反映学校并没有正式使用统一管理平台。而在安装了统一管理平台的学校中，备份与容灾系统不完善、浏览器的兼容性不佳、移动终端应用较少、缺乏专职技术人员等问题阻碍了统一管理平台的应用推广，这些问题的比例达到22.73%。

综上所述，目前全区统一管理平台的建设不够，不仅需要前瞻性的系统规划，还需要对统一管理平台系统进行升级完善。此外，相关专业技术人才的储备不足，也是导致统一管理平台建设程度水平较低的原因，所以，还要加强相关专业技术人才的储备。

3. 各应用系统的功能有待完善、一卡通系统有待升级

评估情况显示，有5所学校没有建设一卡通系统，问题占比为45.45%，而安装了一卡通系统的绝大多数学校，其一卡通只是实现了餐卡和门禁，与真正意义上的一卡通相去甚远。此外，部分学校没有考虑将一卡通系统与管理应用系统进行对接，实现数据共享，形成了数据孤岛，降低了学校智能化管理与智能化生活的水平。总体上看，全区中等职业学校的一卡通系统建设水平比较低，各应用系统的功能有待完善。

4. 教学质量诊断与分析水平有待提升

教育部文件《中等职业学校教学工作诊断与改进指导方案》明确指出：提高中等职业学校的人才培养质量，是加快发展现代职业教育的重要内容，也是中等职业教育主动适应经济发展新常态、服务中国制造2025、创造更大人才红利的重要抓手。建立中等职业学校教学工作诊断与改进（简称诊改）机制，是教育行政部门履行管理职责、加强事中事后监管、引导和支持中等职业学校常态化发展、保证人才培养质量的基本形式。

从本次调研情况来看，中职学校的信息化系统以信息管理类、财务类、教务类、后勤类系统居多，自治区、市、县各级中职学校在教学质量方面的信息化建设力度远远没有达到国家要求。

3.3.4 教学资源面临开发和应用的双重难题

广西的职业教育信息化相对来说发展比较滞后，信息化资源建设稀缺。硬件设备是基

础，软件资源是核心，没有软件资源，硬件设备如同摆设，不能发挥应有的作用。国家教育部颁布的《构建利用信息化手段扩大优质教育资源覆盖面有效机制的实施方案》提出了"构建利用信息化手段扩大优质教育资源覆盖面的有效机制，实现优质数字教育资源的共建共享"的要求，而贯彻落实这一要求，需加强教学资源的开发，缓解各学校间优质资源匮乏和分配不均的问题。

经过实地调研评估，我们发现，具体问题如下：

1. 教学资源共享机制尚不健全，需要加强共享规范

问卷调研显示，在 10 所中职学校中，仅有 1 所学校没有校本数字资源库。由于各学校数字资源的运营和管理各自为政，开发平台不统一，学校建立的资源库大多只能为本校的教育教学应用服务，从而使现有的资源相互隔离，造成资源内容高度同质化、低水平重复建设、资源浪费的现象。

2. 教学资源的内容有待丰富，质量有待提升

调研评估显示，虽有 90% 的学校建设了校本数字资源库，但资源库建设内容仍存在各种问题。全区中职学校的教学资源库普遍存在内容少、质量低的问题，其中资源库种类少、质量低的问题高达 40%。同时，还存在资源制作手段方式单一、没有充分利用信息技术进行资源的制作与开发等问题。所以，作为学校教学内容支撑的资源库，需要不断丰富教学资源的种类，提升优化教学资源的质量。

3. 教学资源的建设与使用脱节

由于认识和观念不到位，不少教师对教育信息化的认识还停留在幻灯片阶段，广西教师最常用的数字教学资源是 PPT 课件，可见，广西中职学校普遍存在教学资源库在教学中应用率低的问题，教学还处于信息化的低端应用水平。

4. 信息技术与教育教学的融合不够深入

信息技术在一定程度上融入教育教学领域并发挥了一定的作用，但是方法不多，效果不显著。

问卷调研显示，实训教学信息化和课堂教学信息化情况较为薄弱，近 60% 的问题反映出学校缺乏信息化教学平台，此外，教师使用信息化手段辅助教学的形式比较单一，多集中在备课环节。同时，通过实地调研评估我们发现，约有 16% 的问题显示：由于缺乏完善的资源建设机制，资源更新较慢，培训力度不足，中职学校没有真正实现数字资源与课程教学的深度融合。另外，学校普遍存在对信息化移动教学应用较少的现象，约占所有问题的 21.6%。

信息技术是变革教学模式、创新人才培养模式的重要途径，因此必须加强信息技术与教育教学的深度融合，提升信息技术的应用水平，拓展其应用领域。

3.3.5 师生的信息化技术应用能力有待加强

师生的信息技术应用能力是支撑信息化水平提升的基础动力。随着职业教育的不断发展，作为信息化技术的运用者和受惠者，中职学校的信息化对教师和学生的发展提出了新的要求。

《教育信息化十年发展规划（2011—2020 年）》中指出，队伍建设是发展教育信息化的基本保障。造就业务精湛、结构合理的教育信息化师资队伍、专业队伍、管理队伍，为教育

信息化提供人才支持；同时，为了在数字时代更好地学习和发展，学生需提高发展自身的信息化应用能力和信息化职业能力。因此，要加强师生的信息化技术应用能力，使教育信息化真正在教学中落地。

全区大多数中等职业学校都组织了教育信息技术应用能力的相关培训，但由于信息化技术发展很快，加上教学条件所限，很多教师在日常教学工作中不经常使用信息技术，使原有培训取得的能力已经落后或遗忘，所以，需要进一步提高能力和更新观念。

通过实地调研评估，我们发现，具体问题如下：

1. 教师缺乏系统性的信息化培训

调研情况显示，大多数中等职业学校的教师具备一定的信息化教学基础和基本理念，但仍存在一些不足。在信息技术方面，仍然存在着教师信息化教学积极性不高、培训层次不足、对信息化应用认识不足等问题。问卷调研显示，仅有50%的学校对所有老师进行信息技术培训，在教师的信息技术应用能力方面，教师对信息化发展应用的认识不足、信息素养参差不齐的问题占到了23.08%；在教师的信息技术培训方面，部分学校的教师不能熟练使用信息化手段辅助教学、创新不足的问题占比达到38.46%。因此，中职学校需加强教师的认识，分类分级加强培训。

2. 学生的信息技术应用能力缺乏引导

学校的信息化水平不仅和教师的信息化技术应用能力相关，而且学生的信息化应用水平也是制约学校信息化水平的主要因素之一。根据调研组实地调研反馈的情况可知，近一半的学校表示，学生的信息化素养一般；近54.54%的问题明确反映，学生利用信息化手段开展多样性多平台学习的能力还有待较强。因此，各学校需加强对学生的信息技术应用能力的引导，充分利用教师在课堂上所展现的形式所带来的生动效果，提高学生对应用信息技术的积极性。

3.3.6　信息化建设和激励机制需规范完善

政策的支持程度、人员的信息化认识水平、管理的水平层次、评价的科学依据、实施的可行性、信息化标准的制定、信息化资源的共享机制等是确保职业教育信息化建设有序有效进行的重要条件，是推进信息化建设成果更好更智能地服务于学校老师、学生的重要保障。

通过实地调研评估，我们发现，具体问题如下：

1. 信息化建设和激励机制有待完善

在信息化建设和激励机制方面，机制不完善、缺乏统一规划、专业人才缺乏是学校的三大问题。机制不完善的问题占比达到20.83%，缺乏统一规划的问题占比达到33%；同时，学校的信息化管理人员偏向于校内人员，缺乏校外专家的指导，该问题占比达到33.33%。可见，加强信息化建设和激励机制、加强统一规划、完善管理机制对促进学校信息化建设非常重要。

2. 对信息化人员的管理有待加强

在信息化建设人员支持方面，信息化建设的相关人员缺乏、信息化建设人员的素养不高等问题占比超过70%。可见，中职学校在信息化建设方面有很大的提升空间，除完善机制、落实机制外，还需培养引进专业人才，这是规范、优化、完善机制的主要方面。

3.3.7 信息化建设经费支出有待加强

从我国教育经费投入来看，职业教育仍然处于薄弱环节，其经费投入政策和保障机制需进一步完善。经费是中等职业院校进行信息化建设的重要保障。《国家中长期教育改革发展纲要（2011—2020年）》明确了筹措中等职业教育经费的机制，也为管理职业教育经费提出了规范要求。一是要健全以政府投入为主的多渠道筹措教育经费的体制，加大教育投入；二是要进一步明确各级政府的职责，完善各级教育经费投入机制，保障稳定的经费来源。三是要加强职业教育经费管理。要求合理使用经费，建立科学化、精细化预算管理机制，并加强经费使用的监督。因此，加大经费投入、明确经费应用、实现经费监管是保障中等职业教育信息化建设的重要举措。

通过实地调研评估，我们发现，具体问题如下：

1. 经费投入不足严重制约学校信息化的建设进程

中等职业教育信息化是一个庞大的系统工程，需要较大的建设和维护经费。由于全区中职学校的发展水平不同，不少学校虽然有意愿完成教育信息化的目标，但苦于财政经费不足，无法开展学校的信息化建设。

调研评估数据显示，在信息化建设人员支持和资金方面，大部分的问题是由于学校没有资金预算、缺乏资金投入而导致的。

2. 各级政府在教育信息化建设经费中投入的主体作用需加强

信息化手段作为变革教学模式和创新人才培养模式的重要途径，在教育发展的过程中，政府在经费投入政策和保障机制方面起到非常重要的引导作用。据调研分析，全区中职学校在"十二五"期间教育信息化资金来源学校自筹资金占比最大，市级拨款次之，教育部门拨款占比最少。所以，相关政府部门必须采取有效措施，高度重视并加大建设投入，切实加强职业教育信息化基础设施与设备建设，开发并充分利用科学合理的职业教育资源，促进职业教育信息化的发展。

3. 职业教育经费投入政策和投入体制有待健全

以政府投入为主的职业教育经费投入机制存在的问题，主要是政策法规落实不到位。因此，必须健全职业教育经费投入政策和投入体制，进一步完善拨款方式，制定各级各类职业学校的生均拨款标准；完善绩效评价机制，提高各类资金的使用效率；建立与职业教育经费投入相适应的监督管理机制，明确各级政府之间的监督管理关系；提高办学质量，吸引社会资金，逐步形成完善的经费保障制度，保障职业教育信息化又好又快地发展。

4 中职学校信息化发展的对策与建议

4.1 加强中等职业学校信息化建设顶层规划

4.1.1 教育信息化专项经费统筹规划

对于广西中职学校的信息化建设,针对资金分配问题,我们推荐的资金分配方式如下:部分经费由自治区统筹,用于决策各学校共性部分的信息化建设(比如公共基础网络、公共平台建设、智慧管理系统等);部分由各学校自主分配,用于其个性化的信息化建设(比如某些个性化教学系统、资源制作与开发中心、特色专业的虚拟仿真实训等)。

通过部分经费由自治区统筹规划、各中职学校共性部分的信息化建设由专业团队统筹实施的方式,达到互利双赢的目的。

(1) 能有效保障资金分配均衡,尽量避免把资金直接分拨到各学校后,各学校在信息化建设过程中可能出现的乱采乱购、资金挪用等现象;

(2) 避免各学校分散建设导致的数据标准不统一、无法实现数据互联互通以及重复建设的问题;

(3) 由专业团队整合各个企业的优势软硬件、资源等,共同完成全区的信息化建设,通过政府同意大量采购的方式,保证以最低的成本价格购买到高质量的产品,可以规避由一家企业建设带来的风险;

(4) 能有效完成各学校信息化建设的实际需求(共性的信息化建设、个性化的信息化建设);

(5) 可打造新型智慧校园,构建一批领先全国的优质标杆学校,发挥区域辐射的示范作用。

最终实现用有限的资金、高标准、短期内帮助完成本该花更多的钱、只能完成最基本的、长期的(比如"十三五"信息化五年)的建设目标。

4.1.2 教育信息化规划的主体

中等职业教育信息化的发展要考虑多元主体的利益。教育信息化规划的主体不能只是教育信息化部门,因为各级教育主管部门的教育信息化规划不但需要相关利益者(学校、企业、政府等)的参与,更需要财政、科技、等部门的支持。规划的内容必须取得相关业务管理部门的支持并达成共识,充分体现相关利益者的诉求和利益,要有较强的系统性。

4.1.3 教育信息化规划的可操作性

中等职业教育信息化规划要配套相应的项目，项目实施方案要具有可操作性。在制定规划后，后续要及时制定总体实施办法，或按领域、事务制定专门的实施意见，明确规划目标的具体要求和操作路径。

4.1.4 教育信息化规划的执行力

制定出一个好的规划仅仅只是前提条件，良好的执行力才是规划得以落实的生命力。为加强中等职业教育信息化规划的执行力，需要进一步完善全区教育信息化评估和督导机制，将中等职业教育信息化纳入全区教育现代化的重要评价指标中，加强对中等职业教育信息化规划的评估和督导。

4.1.5 将信息安全保障纳入规划重点内容

中等职业教育信息化的快速发展，将使众多信息化应用成为教育系统（包括教育行政管理部门和中等职业学校）日常运行的重要支撑，但同时也会积累海量的重要数据。为了确保教育系统各项工作的正常有序开展，必须高度重视信息安全，切实维护中等职业教育的数据安全，确保中等职业教育信息化可持续发展。

4.2 完善中等职业学校信息化基础设施建设

4.2.1 制定完善的信息化财政资金政策，保证学校建设资金的投入

为加强中职学校的数字化校园建设，全面提升中职学校的信息化水平，就要制定广西中职学校数字化校园建设标准，采取"政府引导、标准引领、项目示范、分步实施"的方式，推进全区中职学校数字化校园建设。通过制定完善的信息化财政资金政策，可合理规划教育信息化建设资金，明确基础设施建设资金比例；同时，也可鼓励社会力量参与办学，打开学校自筹资金的渠道，为学校的信息化建设提供资金保障。

4.2.2 升级中职学校信息化基础设施

以加强中职学校信息化基础设施建设为突破口，邀请信息化技术专家，针对全区中等职业学校的网络使用现状和千兆校园网的建设目标，进行学校校园网的总体规划与设计，加强网络基础设施建设，包括网络主干线路建设、楼宇综合布线、网络接入设备建设、中心网络机房建设、网络安全（运维）建设、无线网络建设等。统筹建设覆盖全区中职学校的职业教育宽带网络，实现高速、稳定、安全的互联互通，实现宽带网络校校通。争取到 2020 年，全区 100% 的中职学校接入宽带，自治区级示范以上的中职学校建设自己的学校门户网站，学校宽带接入不低于 200 兆。

另外，要大幅提升中职学校的信息技术装备水平。

（1）加大学生和教师用机配备力度，中职学校按照生机比不低于 5∶1、师机比不低于 1∶1 的标准配备计算机；

（2）加强电子阅览室、多媒体教室、网络计算机房、数字媒体制作室、校园无线网络等其他教育信息化硬件资源的建设；

（3）采取政府政策引导、学校自主建设或校企共建共享等形式，加强信息化终端建设，逐步建设并普及现代教师信息化办公设备、学习交流终端、学生信息化学习终端，实现处处能工作、随时可学习的信息化建设目标。

4.2.3 加大信息化实训仿真教学环境建设

以广西中等职业教育资源服务平台建设为依托，以拓展网络资源为建设重点，以数字教学资源共建共享为目标，全面推动优质资源班班通建设；积极推进数字技能教室和虚拟仿真实训室建设，基本形成校企信息互动、理实一体、学做合一、仿真与实操结合的信息化环境，对基础较薄弱的边远地区、农村职教中心，利用信息化手段实现远程技能教室建设。并制定智能信息发布系统、实训综合信息系统，要求学校加大信息化教学环境建设，提升学校信息化水平。

4.3 加快广西中等职业教育公共管理平台建设

广西中等职业教育公共管理平台是"三通两平台"的主要建设内容。该平台实质包含教育公共管理平台和学校管理系统，这两个系统实现共享互通。学校管理系统是学校内部管理的应用系统，也是中等职业教育公共管理平台的数据来源。两系统要遵循统一的标准进行统一开发，实现系统相互兼容、数据共通。

4.3.1 加快开发广西中等职业学校管理系统

由自治区教育厅根据各中等职业学校在招生、就业、教务、学生、行政、后勤、薪酬、绩效等方面的使用需求，制定统一的、适用于全区中等职业学校的广西中等职业学校管理系统技术标准、规范和要求，学校管理系统应包括综合业务办公系统、学生管理系统、教师管理系统、学校资产及办学条件管理系统、就业与招生系统、人才预测与专业建设系统、职业教育决策系统等，形成比较完善的电子政务体系，全面提高职业教育的管理水平和公共服务能力。加快开发广西中等职业学校管理系统，需依据国家教育信息化管理的相关标准，一是加快职业教育基础数据库建设，重点采集实习实训、校企合作、工学结合、集团办学和学生资助等关键信息，逐步建立人才预测、就业预警和人才培养管理信息系统；二是各地各职业院校加强管理平台的建设与应用，做好信息采集、统计工作，做到完整、准确、及时、高效，充分发挥管理平台在日常管理和重点工作推进中的作用，实现学生、教师、经费、基建、装备等信息入库，加强教学质量监控，推动校务公开，优化学校服务与管理流程，提升学校的管理效率与决策水平。

4.3.2 尽快开发广西中等职业教育公共管理平台

在广西中等职业学校管理系统的基础上，尽快开发广西中等职业教育公共管理平台软件。根据自治区教育厅、市、县各级教育部门不同的管理权限和需求，开发适合三级职业教育的公共管理平台，使各级教育部门监测实时数据、发现问题，为领导提供决策依据。同时，以ISO9000质量管理体系为基础，在广西中等职业教育公共管理平台中配套建设广西中等职业学校质量管理监控平台，以常态数据为基础，进行多维度、多元化数据分析，实现快速、有效的质量反馈，推动学校整体教育教学管理质量水平的提升。

4.4 加快广西中等职业教育教学资源平台建设

4.4.1 制定广西中等职业教育公共教学资源建设规划

目前广西中等职业教育的教学资源建设基本上由学校进行自主建设，缺乏统筹规划，存在建设成本高、效率低、重复建设等缺陷。因此，需对全区教学资源建设进行顶层设计，统筹规划，明确建设标准与目标任务。

4.4.2 加快中等职业教育公共教学资源平台建设

目前，教学资源匮乏已经成为制约全区中等职业教育教学质量水平提升的主要因素，而且教学资源难以共享共用，利用率比较低。因此，需尽快开发中等职业教育公共教学资源平台建设，提高教学资源的质量，实现教学资源共享；广西职业教育资源服务平台需融资源制作平台、资源管理平台、资源利用平台和资源交流平台四大系列为一体，并提供多系统耦合平台，在网络环境中将各个平台耦合起来，共享数据，形成一个基于云计算技术标准的数据互通的教育资源库软件环境，该框架需具有共享性、开放性、服务性和流程化的特色，用以实现资源共享服务、知识积累服务、学习模式服务、数据管理服务等。广西教育资源服务平台向上与国家平台有机对接，向下与职业院校平台互动融合。

4.4.3 重点建设中等职业教育专业课数字化教学资源库

基于广西教育云计算标准，从职业教育的发展需求出发，需建设广西职业教育信息资源库。

（1）整合已有职业教育的优质数字资源；

（2）依托国家职业教育改革发展示范校已建成的多个数字资源开发基地，成立重点专业建设协作组和特色项目建设协作组，组织建设对接我区主导产业和支柱产业，满足基础知识、基本技能、基本素养教学的需求，覆盖面大、覆盖能力强、应用比较广泛、操作相对简单、制作工具常见、安装调整容易、适宜网络运行，以助教为主体，相对完整、相对独立的基础性资源库；

（3）建立资源认证体系，根据资源建设标准，与企业合作，初步建成满足全区职业院校基本需求的互动教学软件、仿真实训教学软件、智能型软件制作模板、典型教学软件（由先进软件工具制作的）等，建设对接职业（岗位）活动，突出专业技能、突出核心岗位能力，制作工具相对先进，具有引导性、示范性，可以同时满足助教、助学功能，交互性高，相对独立、完整的引导性数字资源库；

（4）立足人才培养的需要，加快校级教学资源建设，大力推进各职业学校自主开发虚拟仿真实训平台、网络课程、工作过程模拟软件、通用主题素材库、名师视频公开课、资源共享课、微课程等多种形式的数字化资源，并择优遴选和汇聚各校资源到广西职业教育信息资源库。

制定职业教育数字资源建设规划，建设优质职业教育数字资源开发基地，建立"企业竞争提供、政府评估准入、学校自主选择"的资源建设机制，建立以政府购买公益性服务为主导、市场提供个性化服务为补充的服务模式，形成免费使用和有偿使用相结合的资源共享机制。

4.4.4 加强中等职业教育教学资源在教学中的应用与推广

以提升中等职业学校的教师职业实践能力和学生的专业技能为目标，以对接企业、岗位的新技术、新规范、新标准、新设备、新工艺以及专业核心技能为重点，按照"教师率先使用、国家改革发展示范校率先示范"的原则，依托广西中等职业教育教学资源平台，拓展建设网络学习空间服务平台，建设可学习、可交流、可上传、可下载、可交互、可跟踪、可评价、可统计，方便、友好、多通道的教师和学生学习空间，全面实现中等职业学校网络学习空间人人通。通过网络学习空间，加强教师、学生、家庭之间的沟通和互动，在职业学校教师之间开展网络学习、网络教研、网络观摩活动。

4.5 提升广西中等职业教育管理者与师生的信息化能力

4.5.1 开展教育行政部门人员的培训

从全区目前的情况看，加快中等职业学校的信息化建设，需要教育行政部门积极推动，这就需要对教育行政部门的相关人员进行培训，建设专业化的技术支撑队伍，重视信息化专门人才的引进和培养，建立和完善信息化人才考评和激励机制，持续开展教育信息化专业人员能力培训，培养一批具有较强能力的信息化人才，形成结构合理的专业队伍。

4.5.2 开展学校管理者的培训，提升教育信息化领导力

要加强培训，更新观念，开展管理人员教育技术能力培训和教育信息化领导力培训，增强各级教育行政部门、专业机构和职业学校管理者的信息化意识，提升其对信息化的规划能力、管理能力和执行能力。建立健全信息化管理工作的业务规范和考评机制，将职业教育管理部门的管理绩效和学校的信息化建设效果、信息化发展水平作为评估管理者信息化领导力的重要依据，将信息化领导力列入所有教育管理者的考核内容。

4.5.3 开展中等职业学校教师的培训，提高教师应用信息技术的水平

建立自治区、市、职业学校三级教师应用信息技术能力提升培训体系，广泛开展职业学校教师职前、职中相衔接的应用信息技术能力培训，采取多种方法和多种手段，帮助教师有效利用信息技术、更新教学观念、改进教学方法、提高教学质量。

进一步完善信息化教学大赛制度，自治区教育厅、市级每年定期举办教师信息化教学大赛，扩大教师的参与面，实现竞赛成果开放、共享，引导信息技术人才培养模式的创新。加强信息技术与教学内容、过程、方法和质量评价的深度融合，运用信息技术促进学校与企业、专业与岗位、课程标准与职业资格标准、学习过程与生产过程的深度对接。完善人才需

求、就业预警、专业调整等方面的信息分析和服务，积极探索在信息化环境下产教结合、工学结合、校企合作、顶岗实习的新模式。

4.5.4 开展中等职业学校学生的信息化学习能力培养

中等职业学校的学生对于信息化教学的接受意愿较高，除了学习形式新颖的因素外，更重要的是信息化教学比较适合中等职业学校学生的特点，能够较好地调动学生学习的积极性、主动性，但学生普遍存在寻找、获取和筛选信息能力等方面的不足，而在中等职业学校开设的信息课程中，只讲授《计算机基础》及常用办公软件（如OFFICE或WPS）的应用，其他方面涉及太少，影响学生在信息化社会中多渠道获取知识、技能的能力，从学生将来职业发展的需要看，需要加强中等职业学校学生的信息化学习能力，创新信息化环境下职业学校的德育工作模式。

中职学校要充分运用信息技术手段，丰富德育内容、创新德育方法、拓宽德育途径。融合网络、电话、无线通信，加强家校互动、师生互动，建立学校、家庭、社区全时空的网络育人环境。重视对学生应用网络资源的引导，大力开展网络道德教育、网络法制教育与网络安全教育，增强学生对网络不良信息的辨别能力和抵制能力，打造有职业教育特色的绿色、文明、和谐的校园网络文化。

4.6 加快广西中等职业教育大数据的开发与应用

4.6.1 加快中等职业教育大数据基础设施建设

为适应大数据时代的需求，实现绿色环保、高效率、低成本的数据智能处理，应由自治区级政府牵头，建设"自治区、市、县、校四级大数据中心"基础环境，从数字通信、数据存储、安全性三个方面着手，采购各种基础设备，如刀片式服务器、云存储设备，加快大数据基础设施建设。

4.6.2 建设大数据统计分析中心

为了更好地实现中等职业教育与社会教育的密切契合，需对中等职业教育大数据进行汇集整合和关联分析。由自治区级相关政府部门牵头，通过引进研发，建设基于云计算的"自治区、市、县、校四级大数据统计分析系统"，实现各级职业教育大数据整合与分析，为教育管理者及学校领导的决策提供依据，也为行业、企业等用人单位提供科学合理、较为精准的数据分析。

4.6.3 加强中等职业教育大数据的应用开发

通过对中等职业学校专业设置、行业企业人才需求的预测预警、毕业生就业水平和质量等方面大数据的高效采集、有效整合、深化应用，提高职业教育服务经济社会发展的精准性和有效性。

4.6.4 组建中等职业教育大数据科技人才梯队

通过引进社会各方技术人才、内聘精英、外聘专家及国内外培训等方式，组建大数据中心管理梯队及大数据统计分析精英梯队，为全区中等职业教育大数据中心建设提供人才保障。

4.7 完善广西中等职业学校信息化建设保障机制

4.7.1 加强组织领导

1. 加强教育信息化工作的组织领导

推动广西各级教育行政部门建立健全教育信息化管理职能部门。自治区教育厅负责统筹规划、组织协调和宏观指导全区职业教育信息化建设工作，对职业教育信息化建设的目标和内容进行整体规划，制定全区职业教育信息化建设标准和管理规范，通过加大投入和购买公共服务的方式，组织实施自治区级职业教育信息化共建项目；指导各市、县教育行政部门和中等职业学校制定职业教育信息化优先发展的配套政策和措施，协调制定职业学校网络接入等方面的资费优惠政策，指导、检查地方和学校职业教育信息化规划的实施。

2. 明确推进教育信息化工作的责任

通过构建学校和区域两个层面的组织体系，实现教育信息化建设的决策、管理、执行和操作。在学校层面成立由校长任组长、部门领导为成员的信息化建设领导小组，负责学校信息化建设工作的战略决策，加强信息化建设工作的领导。校长要有较强的信息化领导力，部门主任要具备一定的信息化基础理论和应用能力。成立信息化建设专职管理机构信息中心，全面负责学校信息化建设决策规划的实施，为决策层提供支持。信息中心负责人要有良好的组织管理和统筹协调能力、基本的教育信息化科研能力、较强的信息技术应用能力。组建一支专业能力强，有奉献精神的信息化建设专业队伍，负责学校网络中心、数据中心、多媒体中心、计算机实训室的具体工作。

4.7.2 完善制度规范

1. 建立科学的标准规范

依据国家行业规范标准，借鉴国内外先进成果，结合广西的实际，合理构建中职学校信息化建设标准规范。通过标准规范的制定和应用，规范学校信息化建设、运行和管理工作。标准规范应当结构清晰、层次分明，准确把握现状及发展趋势，简洁、适用，并能满足各区域中职学校信息化建设的需要，要不定期地更新、完善标准规范，使其应用于信息化建设。

2. 制定系列管理运行制度

中职学校要依据广西教育信息化建设战略规划，制定学校中长期战略规划和详细的建设方案，要建立健全科学规范的软硬件资源管理制度、岗位责任制度、人员培训制度、使用安全制度等。在管理过程中要保证规划和制度的执行力度，通过常态化督察强化落实制度，通过责任追究杜绝推诿扯皮，管理要坚持以人为本，如制定课余、节假日向社区和学生开放的运行制度，充分发挥功能场室、设备的效益，提高利用率和共享范围。

3. 构建有效的评价激励机制

要建立详细的考核指标和方案对学校各部门和职工的信息化建设工作进行考评。要将信息技术的应用情况及能力提升作为教师考核、评优、晋升职务职称的依据。

4.7.3 做好技术服务

1. 加强中等职业教育信息化标准规范的制定和应用推广

制定全区中等职业教育信息化建设督导评估方案，建立科学的中等职业教育信息化建设评价体系。科学有效的评估体系，要有科学的评估指标、合理的评估组织和有效的评估策略。把中等职业教育信息化建设和应用作为衡量中等职业教育创新发展水平的重要内容，作为学校办学水平和办学质量的重要标志。加强对中等职业学校数字化校园和教学信息化建设的考核评估，并作为学校建设项目立项、经费拨款、评先评优的重要依据。把中等职业教育信息化建设工作作为各级教育行政部门和学校领导年度考核的重要指标之一，并纳入市、县（区）人民政府教育评估督导内容。

2. 建立和完善中等职业教育信息化创新支撑体系

整合设立教育信息化研究基地，以多种方式设立教育信息化技术与装备研发、推广项目，建立和完善适应广西教育信息化技术自主创新的、经济可行的特色装备、研发支撑体系。

3. 完善中等职业教育信息安全保障

加强教育行业的网络安全建设，提升安全防护能力。严格执行《网络安全法》等相关的法律、法规和政策，加强网络安全教育和宣传，提升安全意识。按照分级管理、分级负责的原则，建立健全网络安全领导责任制，落实网络与信息安全的经费投入，明确网络安全责任部门和人员的职责，建立健全网络安全管理规章制度、应急预案、重大网络安全事件处置和报告制度，形成相对完善的网络安全管理制度体系。配齐、用好网络安全设施、设备和软件，加强网络安全技术防范措施，开展漏洞检查和风险评估，提高发现风险隐患、监测预警和处置突发事件的能力，形成多层次的网络安全技术防护体系。

4. 完善中等职业教育信息化运行维护与技术支持服务体系

推进各级教育机构的信息化运行维护和技术服务机构建设，建立各级教育行政部门和各级各类学校的信息技术专业服务队伍。

4.7.4 加强信息化运维体系，提高信息化运营水平

广西中等职业教育信息化建设运维管理体系的建设目标是建立运维管理的组织机构，制定科学有序的规章制度和管理流程，实施统一的运行维护规范，应用运维管理工具搭建运维管理平台，保障全区教育信息化建设的稳定运转。运维管理的对象主要是基础设施和应用支撑环境，包括链路管理、机房及配线间管理、网络管理、服务器管理、应用系统软件运行环境管理、多媒体教室管理、多功能会议室管理、安全监控管理、数字广播管理、数字电视台管理等。通过科学合理地开展运维管理服务，保证数字校园真正为人所用，真正使人智慧化。

4.8 落实广西中等职业教育信息化经费投入

4.8.1 完善信息化财政资金投入政策

中等职业教育信息化是一项需要持续投入的事业，需要制定完善的政策，确保资金的

投入和支持。资金投入要向应用、服务、培训等方面倾斜，不但要确保硬件设施维护和更新的投入，还要增加购买信息化服务、开展信息化培训、定制开发应用的经费。因此，一方面，要通过政府财政资金的分配，合理配置中等职业教育信息化建设的资金数额及比例，并在其中明确基础设施建设资金的比例；另一方面，鼓励行业、企业、社会各界参与中等职业教育的信息化建设，扩宽学校自筹资金的渠道，为学校的信息化建设提供资金保障。

4.8.2 建立经费投入保障机制

1. 形成多元化投入支持机制

落实中等职业教育信息化建设资金，加大投入，是推进中等职业教育信息化的重要保证。坚持以政府投入为主的方式，各市、县（区）要把职业教育信息化所需资金列入财政预算，并逐年有所增加。鼓励创建多元化资金来源渠道和机制，探索引进市场运行机制，广泛动员和争取社会各方面的力量参与中等职业教育信息化建设。各级教育行政部门、中等职业学校要把实施职业教育信息化作为职业教育投入的重点之一，优先考虑。

2. 打造多元的投资主体

目前广西中职学校信息化建设资金主要为财政拨款，要积极争取各级财政资金，保证信息化建设的基本投入。同时要争取企业、基金会、社会团体等组织和个人的资金投入，以解决各区域中职学校信息化建设资金投入不足的问题。各区域中职学校可以通过招投标方式，由获得特许权的企业、团体或个人投资建设与运营部分信息化建设项目，通过提供服务收费、政府补贴和税收减免等方式收回成本。合同期满时学校再无分歧地收回项目，当然，这需要区域政府、教育行政部门创造良好的投资氛围来推动。

4.8.3 加强项目与资金管理

统筹安排教育信息化经费使用，根据广西教育信息化发展的阶段特征，及时调整经费支出重点，合理分配在硬件、软件、资源、应用、运行维护、培训等各环节的经费使用比例。加强项目管理和经费监管，规范项目建设。实施中等职业教育信息化经费投入绩效评估，提高经费使用效率效益。

4.9 加快广西中等职业教育信息化建设进程

4.9.1 提高中等职业教育的管理效率和决策水平

利用大数据技术，挖掘中等职业教育的信息和数据，开展数据集成和分析服务，提高中等职业教育的管理效率和决策水平。

（1）促进中等职业学校校务实现全流程管理，面向师生员工提供一站式校务管理服务，提高服务水平和效率；

（2）整合各种分散应用系统，实现统一身份认证，建成学校公共数据库，打破因管理软件不同而形成的信息孤岛，实现各类基础数据的共享和交换；

（3）支持网上协同办公，促进决策信息和反馈信息快速在决策层与执行层之间流动，实现扁平化管理，促进校务公开。

4.9.2 推动广西中等职业教育教学模式的变革

通过建成面向教学、实训、科研、管理、服务的应用系统，达到各应用系统的融合，推动广西中等职业教育教学模式的变革，提高技术技能人才的培养质量。积极探索把基于云计算、物联网、新一代移动通信技术为代表的新一轮信息技术有效整合于教学，使新一代互联网教育应用成为常态。一方面，支持中等职业学校的教师面向校内开展信息化教学，提高教学质量，面向校外提供在线教学，服务企业培训和终身学习；另一方面，促进中等职业教育优质资源的交流与共享，支持教师利用信息技术开展教学，提高教学的效益和质量。

4.9.3 提升中等职业学校校园公共服务和文化生活品质

基于数字化校园，创新开展平安校园、节能校园、生态校园、和谐校园建设，鼓励和支持中等职业学校使用信息化手段与行业、企业开展多种形式的校企合作与交流。搭建虚拟校园社区，提升中等职业学校的校园文化生活品质，促进优秀文化的传承。

（1）支持中等职业学校的学生组成网上社区，鼓励学生反思并分享不同的观点，倡导师生平等，创设开放、民主的校园文化；

（2）提供网络公共服务和正版软件服务，营造诚信和自律的文化氛围；

（3）汇聚互联网上的数字化图书馆、档案馆、博物馆、艺术馆等，发展中等职业学校师生的人文素养；

（4）引入数字化生活、医疗、娱乐、保安等服务，提升中等职业学校校园公共服务水平。

4.9.4 提升中等职业学校教师教科研能力

通过搭建中等职业教育在线协同工作平台，提升中等职业学校教师的教科研能力。

（1）支持中等职业学校的教师通过网络研修，提供在线培训，支持教师足不出校，即可远程进修，开展终身学习，保证专业能力与双师素质的可持续发展；

（2）支持中等职业学校的教师在线教研科研，提高研究效率，加速科技创新的步伐，提升中等职业学校教师自主创新的能力；

（3）构建中等职业教育在线协同机制，支持中等职业学校与企业、政府和其他院校开展协同创新，促进产、学、研一体化。

4.9.5 推动中等职业学校的教学服务对社会开放

建设中等职业学校数字化社会服务体系，推动中等职业学校的教学服务对社会开放。

（1）支持中等职业教育与产业紧密结合，促进行业、企业参与中等职业学校的教育教学，或者中等职业学校开办特色专业，与行业、企业相互支持、相互促进，集人才培养、科学研究、技术服务于一体；

（2）支持中等职业学校优质、特色的教育资源突破校园界限，服务更大范围的职业群体，促进本行业或本地区终身学习体系和学习型社会的形成；

(3) 获取产业行业需求,推介毕业生源,促进中等职业教育人才培养和产业行业人才需求的顺畅对接;

(4) 支持中等职业学校向社会开放,提升学校的社会影响力,促进中等职业教育优秀文化的社会传承。

5 中职学校信息化建设的实施

5.1 整体规划

5.1.1 建设原则

5.1.1.1 统筹规划、分步实施

站在学校教育发展的高度，整体规划中等职业学校新时期智慧教育的发展目标、任务、路径与配套体系，创设具有超前性、先导性和示范性的智慧教育环境；同时，在统一规划和总体设计的基础上，坚持突出重点、合理配置、注重效益、逐步到位的工作方法，避免低水平的重复投入，全面推动学校向智慧教育的跨越式发展。

5.1.1.2 应用驱动、多元参与

信息化要以实际应用为核心，信息化的各项工作要始终围绕实际应用来展开。一方面，注重信息化整体应用环境的建设和软硬件、资源的协调发展，促使其在教育管理与教学中真正发挥作用，产生效益；另一方面，信息化的各项应用要以教学应用为先导，优先扶植能够大面积大幅度提升教学效果、教学效益和社会效益明显的信息化教学应用，促进教育的跨越式发展。要充分调动一线教职员工的积极性，发动各方力量广泛提出需求并参与建设。

5.1.1.3 网络互联、信息互通

基础数据是进行大数据分析、科学决策的先决条件，"十三五"期间要逐步解决目前各业务系统无法互联互通的信息孤岛问题。在整体规划和设计上，参考现有的国内外教育信息化标准，梳理现有系统的数据结构和各业务部门的信息需求，统一各系统的数据交换模型和互操作标准，建立同现状相适应的，具有实用性、先进性和兼容性的教育信息化标准体系。建立数据交换中心，在统一的信息共享标准下，有序分步地改造现有系统，规范新系统的接入，最终实现各系统的互联互通，打破信息孤岛的现状，全面推动中等职业教育信息化生态系统建设。

5.1.1.4 面向未来、以人为本

充分了解国内外教育信息化的发展趋势，调研各地区教育信息化发展的经验教训，按照

面向未来、以人为本的原则进行规划和实施。按照中长期教育改革发展的目标要求，信息化建设工作要适应未来竞争和创新人才成长的需要，努力为每一名学生提供个性化学习与终身学习所需的信息化环境和服务。信息化工作的成果最终体现在学生成长上，信息化建设要符合学生的特点和育人规律，体现学生的主体地位，所以，要利用信息技术实现个性化学习，提升学生的学习效率，使学生快乐学习、健康成长，促进学生的全面发展。

5.1.2　建设目标

5.1.2.1　总体目标

在校企共建智慧城市的体系下，建设独具特色的智慧校园，集新型信息技术与服务为一体，充分利用领先技术（云计算、物联网、大数据等）、先进理念，改变学校的传统环境，创建与社会、城市、社区融为一体，充分满足用户的个性化需求，辐射和服务社会的智慧校园环境，以实现智慧管理、智慧教学、智慧科研、特色文化、智慧生活，助推智慧教育梦的实现。为打造地区乃至全国标杆性智慧校园提供有力支持，促进学校跨越式发展，推进学校的信息化水平，并与国家教育现代化接轨。

5.1.2.2　具体目标

1. 构造智慧教学环境和智慧生活环境

通过开展基础设施建设，构建智慧生活环境（安全监控体系、一卡通体系、校园电视台、校园广播系统等）和构建智慧教学环境（多媒体教室、录播教室、虚拟仿真实训教室、VR协同创新中心、多功能报告厅等），打造环境全面感知、网络无缝互通、师生个性服务的智慧教育教学环境，为学校管理、教学等业务工作提供基础支撑。

2. 创建智能高效的管理体系，实现学校扁平化的高效管理

改变学校传统的管理模式，创建充分满足校园用户个性化需求的智慧校园环境，对学生及老师在校期间的全流程进行信息化管理，实现对校园管理的服务支撑，提升学校对人、事、物等各个方面便捷、智能的管理水平和科学决策水平，实现校园整体管理模式的现代化、国际化转型。

3. 创建智慧的教学体系，丰富教师的教学手段，实现教学模式创新，为学生构建个性化、多元化的智能学习平台，拓展学生学习的广度和深度

建设科学性、前瞻性的教学平台，打造"虚实结合、理实一体、智慧管理、科学反馈、开放共享"的教学平台，实现教育教学与信息技术的深度融合，实现校域性、地域性及更广范围内的教学资源共享、教学系统互联、教学数据互通。开启校企共建共管的新模式和新途径，促进教育教学的科学改革，更好地为培养具有扎实理论基础、实践创新能力的优异人才提供服务。

4. 融合创新的科研体系，提升学校的科研水平，促进科研反哺教学

创新以往的科研管理体制，提高中等职业学校的科研水平，并将科研成果转化为优质数字教育资源，实现科研与教学的互动和对接，同时通过促成学校与企业、地方政府达成合作关系，促进科研成果转换为实际生产力，推动产学研的结合与发展，从而整体提升学校的知名度，提高学校的综合实力。进一步创造区域人才红利，助力区域经济发展，推动区域产业

升级。

5. 构建开放共享的资源体系，为师生提供丰富优质的教育资源

构建涵盖资源库、仿真实习实训资源、数字课程资源、数字图书馆资源、师资培训资源、社会培训资源、资源开发中心等一体化的数字资源体系。其中，通过建设资源开发中心（以下简称中心），制作和引入优质数字化学习资源，同时把中心已有的优质资源推荐至各地乃至全国，实现优质教学资源跨地域传输和共享，实现资源开发的信息化和智慧化，实现对资源开发、管理、应用和运营的一体化管理，保证中心未来的可持续发展，能够服务更多的职业院校，辐射更广的区域。

6. 教学质量诊改体系，提供科学的决策数据，不断提升教学质量

围绕教学质量工作目标，通过完善与重构、有机整合与集成，构建一个集人才培养工作信息采集、质量管理指标实时监控、质量诊断科学量化，乃至能实现面向人才培养全过程的、具备初步辅助决策支持的人才培养质量实时监控信息化体系。以质量提升为目标，帮助教育主管部门、学校建立诊断指标库、智能诊断工具、基础数据管理系统、文件管理工具等信息化管理工具，对人才培养与学校的管理工作进行诊断，并根据诊断结果发现问题，制定改进措施，不断提升办学质量。

5.1.3 整体设计

以大教育观的思维，基于云计算、物联网、大数据等先进信息技术，为学校构建全方位的信息化业务与运营服务体系，打造学校的生态智慧环境，如图 5-1-1 所示。通过科学决策诊断、再造管理流程、创新教学模式、规范科研管理、实现资源共享等，促进信息技术与职业教育的深度融合，创新人才培养模式，发挥职业教育的品牌影响力。

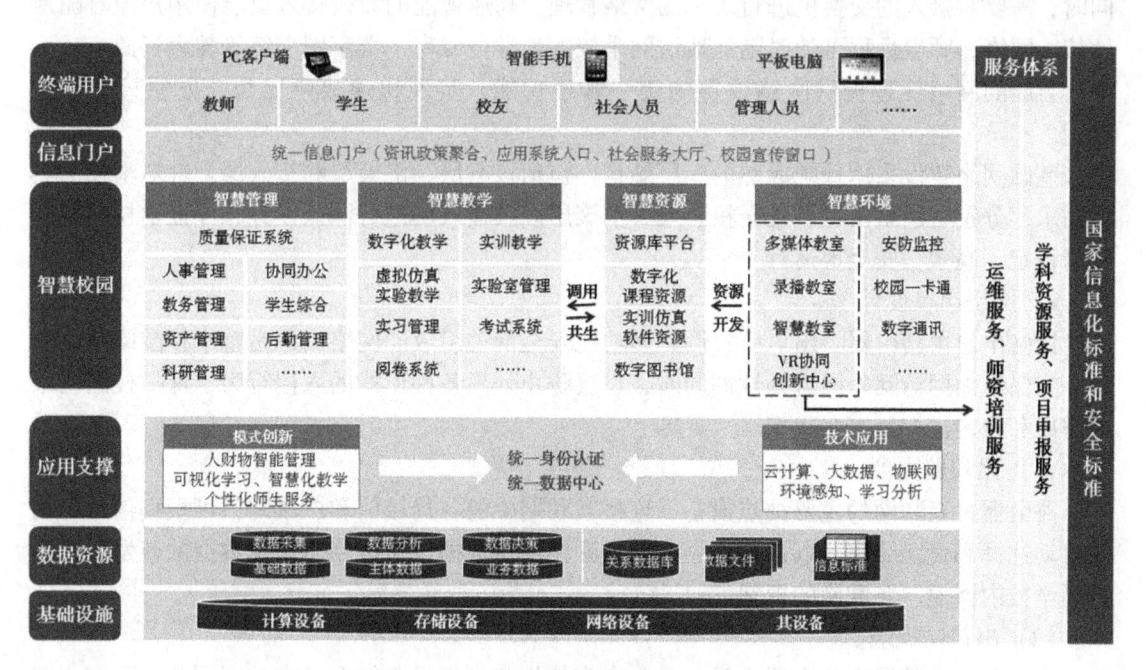

图 5-1-1 生态智慧环境

5.2 建设内容

5.2.1 智慧环境

5.2.1.1 基础设施

1. 基础网络

1）基础网络平台设计

基础网络平台要具备智能的特点，包括智能高可用的核心平台、智能安全的网络出口、智能的接入、智能的网络管理。

智能高可用的核心平台具有高可用、智能的特点。校园网中的所有业务数据都要经过核心平台转发。首先要高可用，在点、线、面各方面都高可用，设备本身的硬件架构设计（如无缘背板、双风扇、双电源保障）要高可用，采用双链路、双核心的拓扑。其次是智能化，出现问题时要能自动检测和紧急恢复。

智能安全的网络出口首先要能智能转发，解决连通性问题；其次是智能带宽要能优化，保障关键应用；再次，要能控制安全风险，智能安全地解决 URL 过滤，并防止信息门户被篡改或被挂马的问题；最后，统一管理出口设备，实时观察出口的健康情况，做到出口的可视化管理。

智能的接入包括有线接入、高速智能的无线接入等，对各种接入方式要统一管理。有线接入要提供交换机的基本安全特性，如防 DOS 攻击、防 DHCP Snooping、ARP 欺骗等问题，同时，需要对接入的交换机进行统一的网络管理。高速智能的无线接入要能使用户随时随地地接入网络，师生远程可随时随地地访问学校的教学资源库、数字图书馆等教育资源。

智能的网络管理提供网络设备的统一管理功能，实现快速故障定位，方便日常维护管理。

基础网络建设采用传统成熟的三层结构，包括核心层、汇聚层和接入层。针对学校的具体需求，分别对网络出口、骨干核心层、汇聚层以及接入层进行深入设计，保证学校的基础网络稳定、高效、安全地运行。

2）网络出口设计

网络出口由路由器、出口防火墙、多功能安全网关组成。网络出口是整个校园网络的大门，在保证内网访问外网流畅性的同时，也要防止外界各种形式的入侵行为，保护校园网络的健康和稳定。

（1）出口路由器。

路由器是互联网的主要结点设备，连接互联网中的各局域网和广域网，可根据信道的情况自动选择和设定路由，以最佳路径按前后顺序发送数据，通过路由决定数据的转发。路由器是学校内网通向互联网的枢纽。

（2）出口防火墙。

出口防火墙部署在路由器之后，是一个由软件和硬件设备结合、在校园网和互联网之间构建的保护屏障。可对出入数据实时检测，清除各种病毒和蠕虫，扫描进出的 Email 附件和所有 FTP 和 HTTP 流量，包括基于 WEB 的邮件，而不影响 WEB 性能，在网络出口处阻挡病毒和蠕虫的入侵。

3）核心层设计

核心层部署两台基于万兆平台设计的核心交换机，两台核心交换机通过万兆光纤链路互联，使用虚拟化技术，将两台核心交换机虚拟为一台，以简化拓扑，实现毫秒级的故障恢复。汇聚交换机通过千兆光纤链路与两台核心交换机互联，形成高性能、高可靠的核心交换机区，核心交换机在出现故障和未出现故障情况下的解决方案如图 5-2-1 所示。

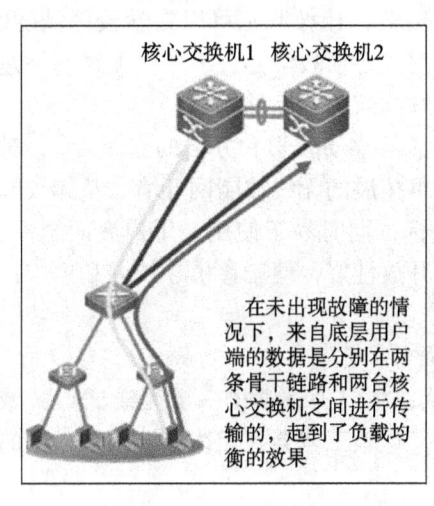

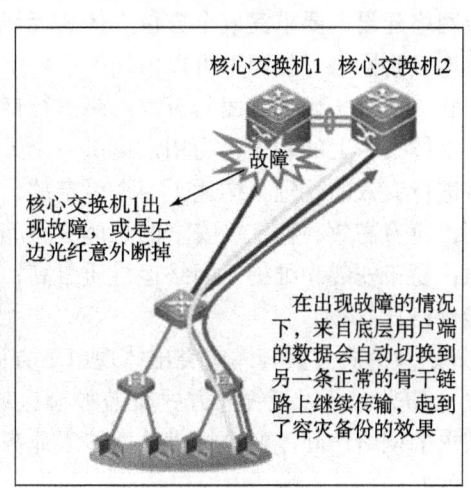

图 5-2-1　核心交换机在出现故障和未出现故障情况下的解决方案

网络中心作为全网的心脏，向单位内部的终端系统源源不断地提供安全的信息血液，保证整个校园业务系统的可靠运行。因此，作为整个网络平台的神经中枢，网络核心层是全网数据传输的中心，不仅要保证 7×24 小时的稳定运行，而且要保证各种应用服务器的数据能够被稳定可靠地传输到终端系统。同时，还要协调全网的数据流量和访问策略，在提供信息服务的同时，保证网络中心自身的安全。

4）汇聚层设计

汇聚层应使用与核心层相同结构的冗余节点备份连接，以实现最快速的路由收敛并避免黑洞产生。汇聚层交换机做三层接入网关时，还需要通过 VRRP 等协议实现网关的冗余备份和流量的负载分担。汇聚层边界发生链路或节点故障时，收敛速度取决于缺省网关冗余与故障切换，通过合理地配置协议定时器，可达到秒级的收敛速度。

从汇聚层到核心层间采用 OSPF 等动态路由协议进行路由层面高可用保障。常见的连接方式有两种：

（1）从汇聚层到核心层具有全冗余链路和转发路径。

（2）从汇聚层到核心层没有冗余链路，当主链路发生故障时，需要通过路由协议计算获得从汇聚层到核心层的冗余路径。

所以，三角形拓扑的故障收敛时间较小，但要占用更多的设备端口，建网成本略高。

网络汇聚层以上都为三层设备，配置 OSPF 协议，网络故障收敛速度快，易于管理和维护。接入层千兆归属到汇聚层设备，提供链路冗余备份。核心层设备通过高速链路连接，完成数据交换和双机热备份。

5）接入层设计

内网接入层设备分布于各楼层配线间，每个楼层根据用户信息接入点的数量，灵活配置 48 端口和 24 端口的千兆交换机，通过智能控制广播流量、端口防坏设计，保障内网的安全性。接入层交换机通过千兆光纤链路连接到汇聚层交换机。上行链路建议配备不少于 2 个千兆的光纤接口，必要时可通过增加光纤链路来扩充上行带宽，在实现千兆到终端的同时提供更优的上网体验。

2. 无线校园

无线网络建设，要求完成全方位立体式无线覆盖，让教职工可以在学校区域随时随地、无拘束地连接到网络，教职工可以依托无线网络完成各项教学办公事务。无线网络建设要求在网络互联、安全防御等方面与有线网络进行良好的兼容和互补。

对于整体技术上的领先，为用户提供一个灵活的移动教学和办公的"平台"，对用户和无线网络进行有效的管理，构建了一个稳定的、可拓展的无线校园网环境。整体校园无线网络的规划，应有高效、稳定、安全的总体设计目标，同时易于使用，用户界面统一、标准，表现力强；易于安装和维护，网络运行质量高；开放性好，便于移植、扩展和推广；要有较好的性能价格比。

1）规划及解决方案具体应突出体现以下方面

（1）全覆盖：即以无线的方式覆盖校园区域，主要为教学楼一层无线试点区域。保证被覆盖需求的网络访问流畅。提供数据接入业务，让教工体会到无线局域网给教师的教学和办公带来的好处。

（2）可管理：要求融合进现有校园管理系统中，对无线网内每一位用户和每个无线接入点进行统一管理。

（3）安全性：无线网络首先必须融合进网络安全解决方案体系中，并根据无线网络的安全技术特征，补充为具有多层次的安全保护措施，以满足用户身份鉴别、访问控制、可稽核性和保密性等要求。

（4）可扩充性：在网络规模不断发展的情况下，无线网络应满足在不改变主体架构与大部分设备的前提下，平滑实现升级和扩充，降低原有网络的硬件投资，并保证扩展后的系统可用性与稳定性。

（5）多种服务的支持：基于校园级网络的未来可持续发展，无线网络规划应为未来发展校园级无线宽带应用（如，无线语音应用、无线视频会议应用、无线监控、无线多媒体通信应用等）打下基础，并提供低成本的无缝升级和先后兼容。

2）设计方案

为了达到无线网络完整覆盖校园的需求，采用高性能的无线控制器和灵活部署的无线接入点相结合的形式，针对不同的环境部署不同的无线接入点，让设备发挥其最优的功效。

无线控制器集用户控制管理、安全机制、移动管理、射频管理、超强 QoS 和高速数据处理等功能于一身，具备容量大、高可靠性、业务类型丰富等特点。配合无线接入点组网，可以方便地部署于任何现有的二层或三层网络。在运营商分层网络，无线控制器可以部署在接入层、汇聚层和核城域网中，线接入点和无线控制器之间通过标准 CAPWAP 隧道进行互通而无须针对现有网络重新配置。

无线接入点采用室内用和室外用两种相结合，2.4G 和 5G 双频覆盖，胖瘦 AP 工作模式轻松切换，安装灵活，室内用无线接入点可挂墙或吊顶，室外用无线接入点可以挂与建筑墙体或挂在专用挂杆立于空旷位置，合理部署，真正实现无线信号的全面覆盖。

3）方案拓扑

方案拓扑图如图5-2-2所示。

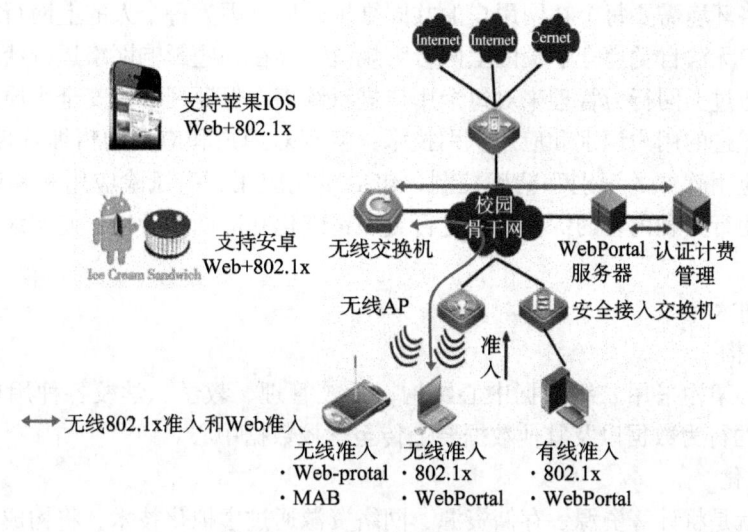

图5-2-2 方案拓扑图

3. 安全平台

1）统一身份认证体系概述

随着智慧校园建设的全面展开，网络应用的功能不断加强，网上办公、网上管理、网上教学和网上服务已经实现。但这些应用系统各自拥有一套不同的身份认证方式，在使用上造成一定的不便，同时影响了用户的使用效率，并对整个系统的安全带来极大的隐患。校园网络统一身份认证系统可实现对不同的网络应用系统用户名和口令的统一管理，方便每个用户的操作，提高网络管理的能力。

智慧校园中身份认证是不可缺少的。在传统的智慧校园建设中各应用系统是孤立设计的，身份认证的功能被重复设计和实现，分散在各个应用系统中，造成大量的时间和资金上的浪费，给系统的使用者带来了不方便。因此，每使用一个系统都要单独去申请使用该系统的账号，这就造成了一个用户多个账号的现象。

统一身份认证系统是智慧校园集中的用户认证管理和集成环境，可管理和分发用户的权限和身份，为不同的应用系统提供用户和管理服务。

2）有线、无线等不同接入方式的统一认证

有线、无线等不同接入方式的统一认证模式如图5-2-3所示。

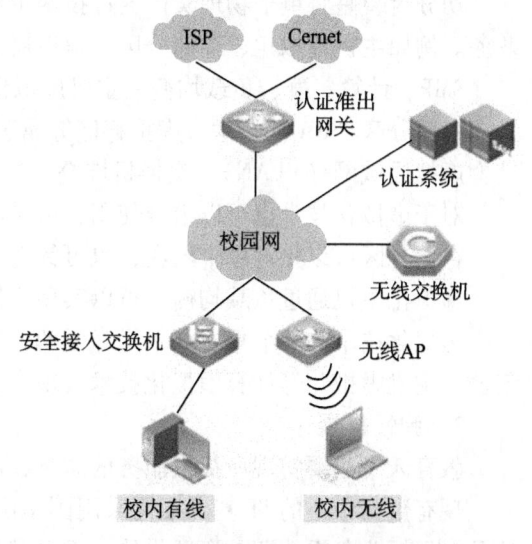

图5-2-3 有线、无线等不同接入方式的统一认证模式

通过建立校园网公共认证平台，可实现有线用户、无线用户的统一认证，每个用户有线网络、无线网络使用同一份身份信息、同一套账号密码，同时，可以实现有线无线的统一拓扑管理、批量配置及实时告警等功能。

3）上网行为管理

良好的网络环境需要每个在网用户的共同维护，但是因为每个人的上网行为都具有不可控性，个别用户无法自觉遵守学校的上网行为规范，存在一些影响网络运行状况或健康状况的行为，需要通过上网行为管理来对每个用户进行约束，保证网络的安全优质地运行。上网行为管理采用先进的用户识别和应用识别技术，实现对用户和应用的精细管控和行为审计。对上千种网络应用软件的识别和精确控制，包括主流应用、高风险应用和移动终端热点应用，通过对应用行为和内容的深入分析进行更加精细化和准确的管控，使网络管理更贴近用户预期。

4. 云数据中心

1）技术架构

云数据中心架构采用二级数据中心结构，学校管理、教学、学校各种用户（教师、学生、管理者）的行为数据以及其他数据要上传至学校数据中心。

2）资源池化

资源池化就是将计算资源、存储资源、网络资源通过虚拟化技术，将构成相应资源的众多物理设备组合成一个整体，形成相应的计算资源池、存储资源池、网络资源池，提供给上层应用软件。

资源虚拟化是对上层应用屏蔽底层设备或架构的资源封装手段，是实现云计算资源池化的重要技术基础。

虚拟化技术由来已久，所谓虚拟化，是相对于物理实体而言的，即将真实存在的物理实体，通过切分或（和）聚合的封装手段形成新的表现形态。

切分封装是将单个物理实体通过技术手段封装为多个虚拟映像/实例，可用于执行不同业务。例如主机虚拟化、存储分区、虚拟局域网（VLAN）等。其中：

SMP、计算集群、负载均衡、主机虚拟化等属于计算虚拟化的范畴；

存储分区、RAID 技术、虚拟存储等属于存储虚拟化的范畴；

虚拟局域网（VLAN）、交换机堆叠、端口汇聚等属于网络虚拟化的范畴。

对于虚拟化技术也可以组合使用，以灵活地满足各种应用环境。例如：

存储分区可以是对单个磁盘，也可针对 RAID 磁盘组；

虚拟化主机通过负载均衡又可以实现应用单一映像。

虚拟化技术的一个重要结果是降低 IT 架构中部件之间的依赖关系，以计算虚拟化为例，集群、主机虚拟化等计算虚拟化技术实现了应用软件与物理基础设施的耦合。

3）弹性扩展

教育云中心要实现所提供服务的质量，动态的资源调度是必不可少的。

现有数据中心的 IT 基础架构采用固态配置，灵活性较差，当业务发展超出预期时，无法及时根据业务需求调整资源供给，难以满足业务快速增长的需求。而且系统资源扩展需要一定的周期，在此过程中，应用系统将处于高危运行状态，造成服务质量下降。而为了应用峰值而扩展的资源在正常情况下，将处于低负荷状态，造成资源浪费。

而云数据中心要避免这样的情况出现，就必须要实现动态的资源调度，实现应用系统资源配备的按需调整，结合管理系统的资源监控，根据业务负载等情况，调整业务资源配给，保障应用系统的资源供给，满足其运行需要，也就保障了业务的服务质量。

云中心弱化了应用软件与底层物理资源依赖关系，使得物理资源能够更加灵活地向优化系统性能、提高可靠性、提高易用性、提高运维效率等方面发展，使得动态资源调度成为可能，从而为上层的应用软件提供更好的服务质量。而提高底层的计算、存储、网络等物理资源的耦合性，对于解决上述问题具有关键作用。

4）部署架构

学校数据中心拓扑图如图 5-2-4 所示。

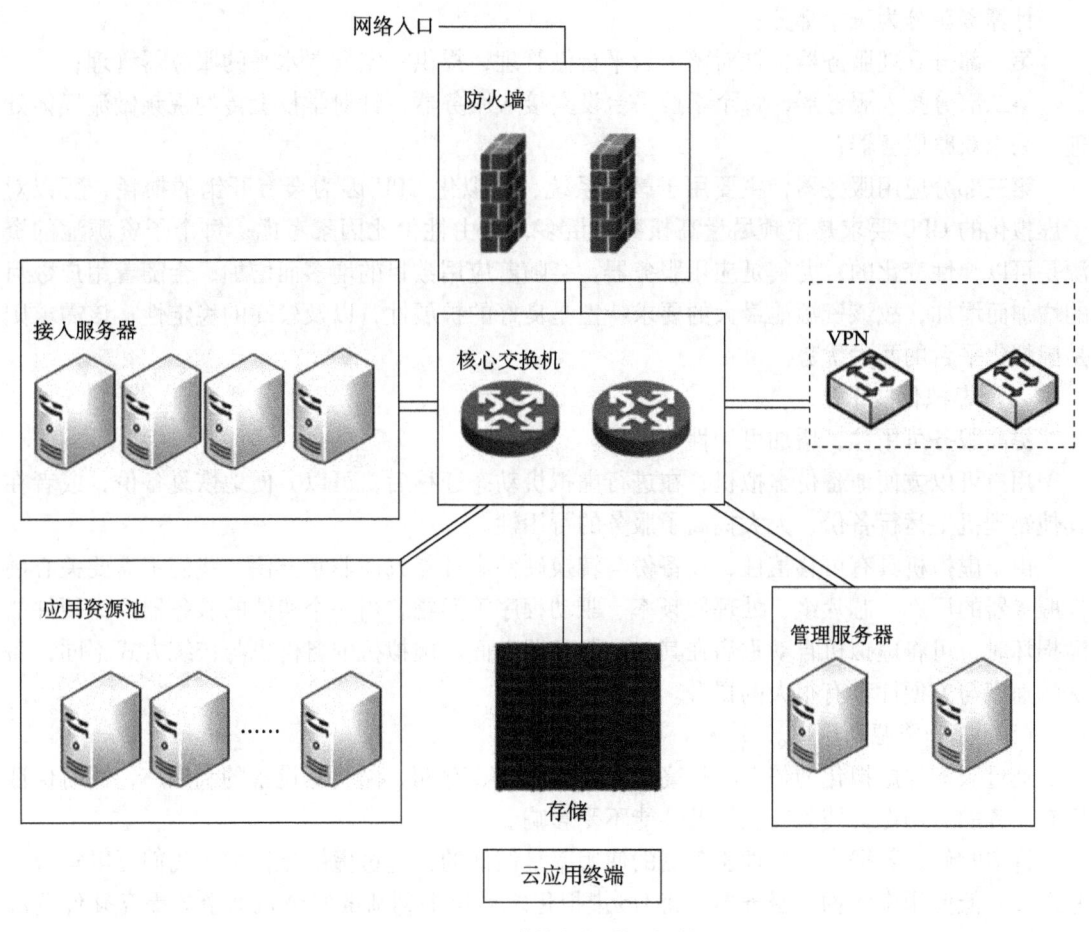

图 5-2-4 学校数据中心拓扑图

网络流量从网络接口流入，经过新一代防火墙，汇聚至核心交换机，核心交换机同时连接 VPN 组、服务器池、存储资源池、云应用终端。

（1）网络资源池。

针对学校平台安全，在网络入口设置两台防火墙，建议使用结合了应用识别、内容检测、URL 过滤、入侵检测、病毒识别多位一体的新一代防火墙，采用高效的匹配算法，实现对报文的高效一次性处理。

避免不必要的资源消耗。应用高性能的硬件平台，至少可处理 10Gbps 吞吐。要求系统内置入侵检测防护、IPse VPN、SSL VPN、抗 DoS 攻击、防病毒、垃圾邮件防护、DNS 防护、应用安全防护、智能流量管理、上网行为管控等多种技术，保证内网安全；网络可视化技术能够实现对网络流量和安全态势的全方位实时掌控；智能路由技术和多功能 NAT 技术可实现智能多链路接入和负载均衡。

（2）存储资源池。

由于学校存储使用较为频繁并且存储的数据量相较于整个项目较小，因此可以采用传统的磁盘阵列提供存储资源，磁盘阵列为了保证高性能与高可用性。

（3）计算资源池。

计算资源分为三个部分：

第一部分管理服务器，针对整个云平台做管理，提供一定配置水平的服务器管理；

第二部分接入服务器，每个学校平台设立接入服务器，针对学校上传的视频做流媒体处理，采用双路服务器；

第三部分应用服务器，主要用于教育系统，虚拟化 CPU 因为会有开销的损耗，所以对于虚拟化的 CPU 要求是主频尽量高核数尽量多，再由性价比因素考虑；每个子资源池的资源是可以弹性变化的，尤其是应用服务器，会随着应用数目的增多而增加，会随着用户数目的增加而增加，故该资源池最大的要求特性是良好的扩展性，以及较高的稳定性；该需求则是虚拟化平台的两大优势。

（4）虚拟化技术。

提高服务可用性，增加可用性与备份。

用户可以方便地备份虚拟机，在进行虚拟机动态迁移后，可以方便地恢复备份，或者在其他物理机上运行备份，大大提高了服务的可用性。

由于虚拟机具有可移植性，在备份与转换硬件服务器方面非常方便。我们不需要关心硬件服务器的厂牌、芯片组、处理器频率、驱动程序等问题。当一个实体的服务器因为硬件故障损坏时，可将虚拟机自动重启在其他的服务器上面。虚拟机的备份也与传统方式不同，备份的速度与方便性都有很大的提升。

（5）提升资源利用率。

通过服务器虚拟化的整合，提高了 CPU、内存、存储、网络等设备的利用率，同时保证原有服务的可用性，使其安全性及性能不受影响。

许多时候，数据中心物理服务器的使用率是偏低的，通过虚拟化技术，我们可以整合一些老旧、低使用率的物理服务器，将 OS 虚拟化之后集中到新的实体机器上，提高硬件资源使用率，无形之中也降低了空调成本，多出了机柜可使用的空间，也节省了电力成本。

（6）动态调度资源。

在服务器虚拟化技术中，数据中心从传统的单一服务器变成了统一的资源池，用户可以即时地调整虚拟机资源，同时数据中心管理程序和数据中心管理员可以灵活根据虚拟机内部资源使用情况灵活分配调整给虚拟机的资源。

通过虚拟化技术，我们可以动态调配资源给 VM，并让它在不同的实体主机之间做到不停机地移转，避免硬件因为计划性的停机维护而不能提供服务。当虚拟机无法在实体机中取得足够硬件资源的时候，我们还可以让它自动去寻闲置有足够资源的实体机，并在线转移过去，进行服务器的资源负载平衡（DRS 功能）。经过虚拟化之后，原本困难费心的事情变得很轻松容易实现。

（7）降低能源消耗。

通过减少运行的物理服务器数量，减少 CPU 以外各单元的耗电量，达到节能减排的目的。

（8）降低运营成本。

服务器虚拟化降低了 IT 基础设施的运营成本，令系统管理员摆脱了繁重的物理服务器、OS、中间件及兼容性的管理工作，减少人工干预频率，使管理更加强大、便捷。

（9）提高应用兼容性。

服务器虚拟化提供的封装性和隔离性使大量应用独立运行于各种环境中，管理人员不需频繁根据底层环境调整应用，只需构建一个应用版本并将其发布到虚拟化后的不同类型平台上即可。

（10）快速大量部署，降低维护工作。

采用服务器虚拟化技术只需输入激活配置参数、拷贝虚拟机、启动虚拟机、激活虚拟机即可完成部署，大大缩短了部署时间，免除人工干预，降低了部署成本。

要快速产生一台或多台合乎标准的虚拟机是非常容易的，这省下了采购硬件的流程、安装软件时间、后续硬件维护等多道麻烦手续，快速而方便地用于开发、测试、运维等环境上面。

（11）容灾备份区。

容灾是指为了保证关键业务和应用在经历各种灾难后，仍然能够最大限度地提供正常服务所进行的一系列系统计划及建设行为，业务连续性是容灾的最终建设目标。对企业来说，突发事件造成企业关键业务功能（或流程）的中断时间超过企业最大可容忍的程度就可被认为是灾难。

5. 模块化机房

1）机房功能规划及装修设计

（1）机房工程概述。

机房设备不同于其他的机器设备，机房环境除必须满足设备对温度、湿度和空气洁净度，供电电源的质量，接地地线，电磁场和振动等项的技术要求外，还必须满足在机房中工作的人员对照明度、空气的新鲜度和流动速度、噪声的要求，因此，充分地认识机房环境条件的作用和影响，提出解决问题的办法并付诸实施是非常重要的。我们所做的机房环境监测系统就是在综合考虑所安装的全部设备的情况下，提出的解决方案。

（2）机房系统工程范围。

本机房工程的设计包括多项子系统工程如下：

①机房功能规划；

②装修工程包括天花吊顶，地面装修，墙面装饰，门窗工程；

③机房供配电柜系统；

④空气调节系统；

⑤配线系统；

⑥照明系统；

⑦接地、静电防范及防雷系统。

（3）机房工程规划设计示意图如图5-2-5所示（供参考）。

图5-2-5　机房工程规划设计示意图

（4）机房建设参考标准。
①《电子计算机机房设计规范》；
②《计算机场地安全要求》；
③《计算机场地技术条件》；
④《计算机机房用活动地板技术条件》；
⑤《建筑防雷设计规范》；
⑥《电子计算机机房施工及验收规范》；
⑦《工业企业照明设计标准》；
⑧《计算机房的建设与管理》；
⑨《建筑内部装修设计防火规范》；
⑩机房现场环境及机房建筑图纸；
⑪甲方提供的图纸及招标文件。

（5）机房建设要求。
①机房建设材料和设备的选型。
材料：包含抗静电地板、金属天花板、墙体及隔断材料、屏蔽材料和保温材料。
设备：机房照明及应急照明系统、配电及不间断电源系统（UPS）、新风机及机房精密空调、防雷防浪涌及接地系统、消防控制中心、通信及报警系统。
②机房接地、防静电及屏蔽系统。
墙体宜选用彩钢板结构处理，金属天花板、抗静电地板及地板下接地网，多点重复硬连接接地，保证接地可靠，满足抗静电和屏蔽的需要。计算机机房工程中涉及直流工作地、交流工作地、安全保护地和防雷保护地等接地系统，并需考虑静电的危害作用。其中交流工作

地的接地电阻不大于4Ω，安全保护地应不大于2Ω，防雷保护地应不大于10Ω，采用独立接地方案，满足目前防雷的要求。

③机房装饰工程。

装饰工程包括机房地面、墙面、顶棚的处理，以及活动地板铺设、金属天花板安装、钢化玻璃不锈钢隔断、门窗安装。

④空调及新风工程。

一般空调及机房专用的精密恒温、恒湿空调及适合不同气候的大风量新风设备（安装调试）。

⑤供配电及照明工程。

UPS、输入输出配电柜及配电管线、插座、机房照明，应急照明。

⑥机房内特种装修的作用。

机房内密封工程主要服务于空调气流的合理流通、布线方便合理、光线充足、防静电屏蔽，房内装修材料以防火、防水、防腐、不起尘、不吸尘、防雷击、防鼠害、防电磁波干扰、防静电、经久耐用为条件，在保证机房密封、地面无尘、墙体保温、屏蔽、光线充足的前提下，机房应装修得美观、大方、实用，造价低廉。

⑦机房格调的原则。

典雅、现代、宁静、舒适，给人安全、稳定感；大协调，小对比，既不能富丽堂皇，又不能平淡无奇，要有助于工作人员的身心健康，使人员有安静、舒适感；整体宜采用较浅的冷色调。

根据以上原则，色彩搭配如下：

A. 天花采用亚光白色屏蔽国产金属铝质天花；

B. 墙面采用ICI处理；

C. 地板采用国产金刚防静电地板。

⑧机房密封。

机房密封是为了营造一个与外界隔离的环境，以便保持机房内的温度、湿度，新风换气等控制在要求的参数以内并起到隔音的作用。

由于机房内要求消除的是直径不小于0.5微米的尘埃，所以任何微小缝隙，尘埃均可从室外进入机房，为此必须要求机房精心装修。

⑨机房天花及照明。

为节约能源，提高空调机的效率及机房的照度，机房的净高度不宜设计得过高，考虑操作人员的合适和习惯，机房的净高度又不能太低。机房从活动地板到吊顶下的净高度为2.7m；吊顶上的空间高度在不设通风管道的情况下为0.3～0.5m。一般情况下，设计高度为500mm较为理想，采用喷塑铝制天花吊顶。除使机房美观外，更重要的是质轻并可起到吸音、防潮、防尘、阻燃、不产生眩光等作用。承重龙骨采用暗龙骨。

为与金属天花格调一致，布局与数量保证距离地面0.8m处照度不低于200Lx，主控室和主机房不低于400Lx之间；光色比度应在6 000k以内接近太阳自然光线为好。

应急照明系统直接安装在不锈钢反光格栅灯盘内，在机房或办公间，根据机房的具体位置间隔设置，保证机房的最低照度。消防疏散指示灯根据消防走火通道布置，照度不低于30Lx。平时由市电供电，市电停，由UPS供电。

⑩防静电活动地板。

主机房内铺设国产优质阻燃金刚抗静电地板，设备均安放在活动地板上。铺设的活动地板除了具有活动地板应有的稳定的抗静电性能和承载能力外，同时应具有耐油、耐腐蚀、柔光、不起尘、保温的作用，还能方便通信和电力线路的布线。

机房地面清洁后，刷防静电漆并铺设屏蔽保温棉，再铺设 600mm × 600mm 高度为 200mm 高的阴燃抗静电地板。所选抗静电地板电阻率应达到（$10 \times 10^7 \sim 10 \times 10^8$）Ω/CM，分布载荷满足 1 500kG/M^2，集中载荷满足 700kG/M^2。

⑪墙面装饰。

地面墙体厚度要符合热负荷要求，使室内热负荷减少到最低限度。所采用的材料应该不易燃烧，而且隔热、隔音、吸音性好。

为营造一个封闭与室外隔绝的计算机机房，必须将计算机机房四周与外界的窗户封闭。墙面先做清洁工作后，涂刷防潮漆，并对渗水部分做特殊处理，采用 ICI 处理。

2）模块化机柜

（1）遵循原则。

①整体性。

数据中心建设包括多个模块，各个模块间存在千丝万缕的联系，必须从整体考虑、全局出发才能使各模块协调融会在一起。

②可靠性。

采用高可靠性设计标准，为应用提供稳定可靠的基础环境和设计。

③安全性。

从防火、防水、防盗、接地、防雷、防电磁干扰、降噪等方面采取有效措施，并考虑地面承重能力等特殊技术措施。

④统一、兼容性。

本系统的设计符合国家设计标准和行业标准，且各子系统统一设计、统一规划，选用统一品牌的产品（包括 UPS、机房精密空调、机柜、封闭冷通道、动环管理系统、PDU 等），确保了各子系统高度兼容统一。

⑤先进性与实用性。

在满足可靠性前提下，采用先进、实用的技术、设备和材料。

⑥管理、维护便捷性。

便于工作人员对环境及放置的设备进行集中管理，便于维护、维修。

⑦可扩展性。

各子系统都必须具备灵活的系统扩容和升级能力。

⑨环保、节能。

全部使用环保材料，方案设计体现节能思想。

（2）建设效果。

数据中心基础设施建设是以保证设备运行安全性、可靠性为主要目的综合性项目，它包括机柜系统、电气系统、空调系统、监控系统四大系统。其目标如下：

①保证计算机设备运行的可靠性；

②保证机房运行的安全性；

③延长计算机设备的使用寿命；
④满足用户的特殊要求；
⑤保证场地工作人员的身心健康。

设计工作就是围绕这些根本任务来进行，在设计过程中采用超前的设计思想和先进的技术，并着眼于未来发展，把各个系统有机地结合起来，通过采用优质材料、合理的配置和先进的工艺确保环境指标的实现，为计算机设备和工作人员创造一个安全、可靠、宽松、舒适的工作场地。

（3）建设内容。

根据学校需求进行定制化建设单排模块机房与双排模块机房。单排模块机房的建设内容涵盖行级精密空调、机柜PDU、冷通道一体化机柜、监控系统等子系统。双排模块机房的建设内容涵盖行级精密空调、机柜PDU、服务器机柜、封闭冷通道、监控系统、模块化UPS配电一体柜。

3）机房防雷系统

机房防雷系统主要是对建筑物内的易受过电压破坏的设备，如计算机、闭路电视监控系统、服务器、交换机、路由器、消防主机、UPS及空调机等电子设备中装过电压保护装置，在设备受到过电压侵袭时，保护装置能快速动作将能量泄放，从而保护设备不受损坏。

为防止闪电雷击及操作过压对配电设备造成的危害，在主低压配电箱设置高压防浪涌保护器；出线端设置低电压电源防雷器，经配电箱线排到分配各用户的隔离散设备。在隔离设备端应再设置一级电源防雷器。重要负荷在楼层配电箱电源输入端设电源防雷器。

电源防雷分为三级：

（1）在总进线电源开关前（机房电源总进线），作为电源系统第一级防雷，对雷电脉冲电流进行初级泄放；

（2）在UPS输入端和空调的输入端，作为电源系统第二级防雷，对雷电脉冲电流进行二级泄放；

（3）在重要设备前端前装设防雷插座，对浪涌过电压进一步进行抑制。

6. 智慧终端设备

1）师生信息化终端设备

为了更加丰富学校师生的终端体验，升级学校师生信息化终端设备，按需配备包括计算机、笔记本、平板电脑、手机等终端设备。

2）校园信息发布系统

为了提高未来学校在校师生生活学习的方便性、快捷性，设计了一套校园信息发布系统。校园信息发布系统是在特定的区域安装显示设备或查询终端，为特定人群传播信息和资讯，系统可以针对收看人群的特点设计专门的内容，使观众得到最及时、准确的信息，可在学校大门、教学楼、行政楼、学生生活区、实训基地、会议室、图书馆、宿舍、食堂等位置设立数字媒体播放器，连接各种显示设备，如液晶电视、液晶显示器、等离子电视、LED屏等，发布学校介绍、信息公告、课程安排、天气预报、会议通知、新闻等各种类型的多媒体信息，并可以同屏幕组合播放多个节目内容。

学校信息发布的部门负责工作人员可以通过网络编辑并发布节目，智慧校园统一管理平台可集中管理校园内不同地点的数字媒体播放器，有针对性地发布不同的信息，不仅支持图片、滚动字幕、视频、音频等各种类型的节目内容，而且支持接入实时的数据源，例如可以在教室外播出实时的课程信息，还可接入学校的其他系统，例如视频会议系统，可以在会议室外进行会议直播。系统有很强的扩展性，以便今后可以根据学校的发展需求与更多的系统进行结合。

（1）建设点位设计。

①在校门口通过 LED 屏发布学校介绍、形象展示、欢迎词、公告等；

②在实训基地、教学楼大厅及各楼层、行政楼大厅通过液晶电视或等离子电视发布教务数据（课程信息、考试信息、教职工信息等）、学校的重大事件、各种通知（包括紧急事件通知）、校园新闻、网络电视、天气预报、日期时间等；

③在学生生活区通过 LED 屏发布，学校的重大事件、各种通知（包括紧急事件通知）、校园新闻、时事新闻、招聘信息、社会要闻、天气预报、日期时间、网络电视等；

④在会议室门口通过液晶电视或等离子电视发布会议安排、会议简介、会议直播、专家讲座等；

⑤在图书馆大厅通过液晶电视或等离子电视发布新到图书信息、图书馆开、闭馆时间、通知等；

⑥在宿舍和食堂通过液晶电视或等离子电视发布通知、电视直播、生活常识、食堂菜价等。

（2）系统组成。

学校校园信息发布系统主要由校园信息发布系统软件、数字媒体播放器和显示设备组成。

①校园信息发布系统软件：校园信息发布系统软件在中心服务器上，它是服务端软件。采用 B/S 架构，部署在管理中心服务器上，用户可以通过网络，在任何地点登录系统进行操作。实现整理素材、节目编排、节目审核发布、用户管理、播放终端管理和监控、日志管理、统计分析等。

②数字媒体播放器：本系统可简称为播放终端，播放终端硬件上安装有播放软件，用于接收服务端发布的播放单、节目单和节目文件并存储在本地，按照播放单安排播放节目并显示到连接的显示设备上。通过安装在播放器上的软件，可以接收服务端发布的播放单和节目内容文件，并自动按照播放单的编排播放节目。

③显示设备：支持多种显示设备，包括等离子显示器（PDP）、液晶显示器（LCD）、液晶电视、LED 屏、触摸屏、DLP 拼接屏等。

（3）系统功能应用。

校园信息发布系统，针对校园里不同的地点和区域，设计不同的功能应用。

①学校门口。

学校大门是学校展现给人们的一个最直观的形象，在校门口通过安装显示设备发布学校介绍、形象展示、欢迎词、通知等信息，可以起到宣传和树立学校良好形象的作用。

校园内发布学校的重大事件、各种通知、校园新闻、时事新闻、招聘信息、社会要闻等，为学生提供及时的校园和社会信息，保证了信息的覆盖面积，提高信息传播效率。

由于是在室外，一般使用 LED 大屏效果比较好，可以通过网络对 LED 屏进行统一管理，方便了节目的播放。

②行政办公楼。

行政办公楼的大厅，可通过液晶电视、等离子电视等显示设备发布通知、新闻、教职工信息、办事流程、教学会议安排等信息。不仅为教职工提供日常工作中需要的各种信息，还可以为来办公楼办事的学生或校外人员进行指引，方便了大家的工作，提高了工作效率。

③教学楼与实训基地。

可在教学楼与实训基地的大厅或者各楼层公共区域、电梯口，通过液晶电视，等离子电视等显示设备发布学校各种通知、课程时间表、新闻、思想道德教育宣传片，实时视频直播（学校领导讲话、会议、活动直播等），为学生提供学习相关的信息和其他需要了解的校园及社会信息，以生动活泼且易于接受的方式对学生进行教育。

④图书馆。

在图书馆的大厅或者楼层公共区域，通过液晶电视，等离子电视等显示设备发布新到图书信息、图书馆开闭馆时间、图书借阅情况、借阅规则、通知等信息。为学生提供最及时的图书信息，了解借阅程序，不仅方便了学生，还提高了图书管理员的工作效率，使图书馆更好地发挥作用，从而使学生学到更多的知识。

⑤宿舍楼与食堂。

可在宿舍楼或食堂的大厅或者门口，通过液晶电视或 LED 显示屏，发布通知、生活常识、饭菜情况、课程安排、专题讲座、新闻、卫生评比等信息，不但方便了学生的生活，还使学生获得全面的生活知识，全面地提高自己的素质。

3）触摸查询自助系统

校园触摸查询系统是集图像、声音、文字为一体的多媒体电脑系统。有着图文并茂、多姿多彩和简便操作的优点，它能综合信息发布者的意愿、接受者的习惯及需求，从而对信息进行收集、加工、整合并进行双向传播。

触摸查询系统规划的目标重点如下：

（1）触摸查询一体机能展示符合要求的多媒体内容。按照学校触摸查询内容的要求，公布教学内容、办公行事指南、办事程序、管理制度、公寓楼层、教学资质介绍以及其公告性的文件或其他相关信息等内容，并方便用户随时查询、浏览等工作。

（2）多媒体查询软件的功能要求：

①学校触摸查询系统内容的入库保存。

②实现数据库的维护功能，如添加、修改、删除、查询。

③实现政务办事流程管理。

④实现数据的统计和打印功能。

为了保证系统的安全性，要求必须具有相应权限的用户才能使用该功能。不同的用户所能使用的功能和所能访问的数据不同。用户可分为以下三个级别：

①系统管理员：可以查看并修改用户信息。

②操作员：可以对数据进行修改，但不能查看和修改用户信息。

③普通用户：不能对数据进行修改，也不能查看和修改用户信息，但可以浏览数据。

（3）触摸查询系统由触控系统、文件系统、数据库系统、管理系统和管理子系统五个系统组成。

①触控系统。

　　A. 用于人机对话，实现人机交互；

　　B. 用于代替鼠标和键盘输入设备；

　　C. 与显示屏共同完成触摸查询功能。

②文件系统。

　　A. 负责需要对外宣传的文字、图片或视频信息；

　　B. 用于对数据的备份。

③管理系统。

　　A. 用于对所有的查询机终端设备的使用权限进行管理；

　　B. 间接实现对管理子系统的权限管理；

　　C. 对本系统所有的查询机终端设备进行内容管理。

④管理子系统：

提供自助服务功能。

⑤数据库系统。

　　A. 用于支持文件系统；

　　B. 为内容管理提供稳定的必备的平台。

4）教务一体机

（1）系统概述。

教务一体机系统基于触控屏的呈现方式，并结合打印设备、投币器、刷卡器、工控机、二代身份证读卡器、校园卡读卡器、智能化机柜等硬件，与学校的教务管理及一卡通系统进行集成对接。系统可用于学生课表、学生个人成绩、学籍证明等多种信息的查询与自助打印，支持中英文打印，并可自动生成防伪码。从而大幅减少教务处为大量毕业生打印就业成绩单、学籍证明等的工作量，杜绝以往排长队等候的繁杂局面，提升工作效率，进一步提高学校信息化管理的水平。

（2）学生自助查询打印

①学号登录：通过输入学号、密码登录系统（屏幕自带软键盘），也可支持校园卡、身份证刷卡登录。

②自助查询打印：查询各类教务公告，查询并打印学生成绩（中文和英文成绩单）、学籍证明、在读证明等（含学生照片）；系统可自动计算每次打印时须付费金额，支持采用刷校园卡或微信支付的方式进行支付，也可根据后台设置的免费打印次数，自动免收相应次数的打印费用。

（3）系统管理控制。

①打印管理：设置功能开关，设置免费打印次数，设置收费金额，设置纸张数量和硒鼓更换数量。

②打印公告：与自助打印服务相关的公告的添加、删除、修改。

③广告管理：可以维护自助打印系统的广告图片，在设定时长内无人触摸屏幕时，系统则自动播放广告，从而可以为用户实现广告创收。

④打印监控：查看学生打印情况，查看纸张剩余情况，提醒更换纸张，提醒更换硒鼓。

（4）数据接口。

同时我们还可以通过集成的短信接口，在任何一台终端打印机上的纸张或硒鼓剩余量低于某一数值时，自动给管理人员发送短信通知，从而可以使管理人员的管理更加高效。

①教务系统数据接口。

系统可以集成学校的教务管理接口，由教务系统开放相应的信息查询视图，并分配专用账号进行访问（专用账号只有访问数据的权限，不能修改数据），以确保数据实时、准确。

②一卡通系统数据接口。

系统可以集成校园一卡通系统接口，可在一体机上安装校园一卡通读卡器，实现刷卡登录或支付。

③二代身份证识别接口。

系统封装了标准的二代身份证识别接口，可以在一体机上安装二代身份证读卡器，实现刷身份证登录打印系统。

④短信接口。

系统可以集成手机短信接口，用户将打印机的使用情况通过短信的方式告知管理员，当纸张或硒鼓快要用完的时候，可以自动给管理员手机发送提示短信，因此可以大幅度提升管理力度，降低管理难度。

⑤微信支付接口。

系统集成了微信支付接口，支持微信扫码支付打印费，学校只需开通微信公众号，开通支付接口即可。

⑥其他接口。

可以根据学校的各种个性需求，定制各种设备接口，实现与打印系统的无缝集成，比如校园一卡通接口、学生证磁条充磁设备接口，等等。

5.2.1.2 安全监控（平安校园）

加强学校安全保卫建设，建设完善的防范系统，通过安全管理平台的建设，实现全校视频监控覆盖、电子巡更、联网报警及火灾监控等统一的通信系统，保障校园的正常秩序及师生的人身安全。

1. 总体架构

校园安全从管理角度可分为安全教育、校园环境安全、校园周边安全、消防安全、重点部位安全、体育设施安全、学校财产、学生财产和学生人身安全等。为增强校园安全管理能力，降低校园安全风险，同时促进教学方式创新，顺应国家社会治安管理条例及相关法律法规、校园安全现状、安防技术发展现状和趋势。

1）系统框架设计

校园安防防范体系不但要满足学校自身需求，还应满足上级教育主管单位对校园重点区域的远程监控，以及为公安部门提供制定防范措施的依据。新时代的智慧校园的构建，主要构建一个"安全、健康、便捷、绿色"的校园生活应用体系，包括身份认证体系、图书服务、电视广播、信息发布、公共应用、医疗卫生服务、环境监测等业务应用系统，针对校园实际建设情况，作相应详略设计。

系统框架如图 5-2-6 所示。

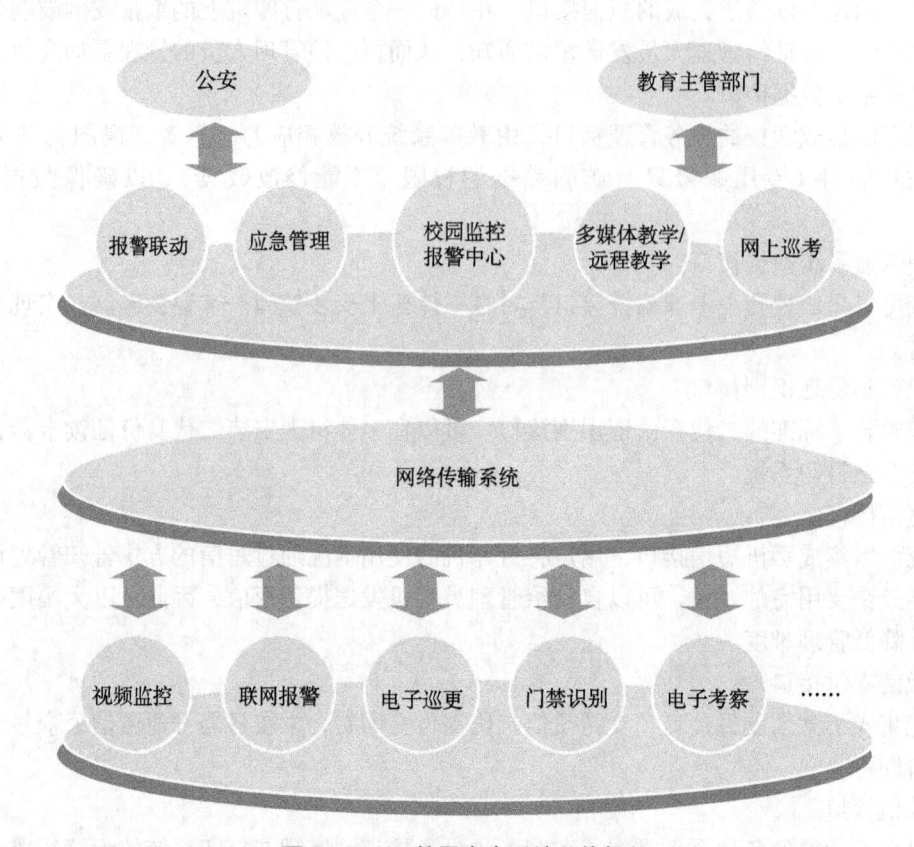

图 5-2-6 校园安全系统总体框架

系统采用纯网络架构，以视频监控、联网报警和电子巡更系统为基础，辅以指挥调度系统，实现报警联动、应急管理、多媒体/远程教学、网上巡考等功能，同时为学校、公安和教育主管部门服务。

2）系统拓扑结构

校园安全系统拓扑图如图 5-2-7 所示。

根据方案建设结构和模块功能，总体可以分为三个部分：

（1）接入层：24 小时不间断对校园各个角落所发生的一切进行实时监测和智能分析。

（2）管理层：将接入层收集到的图像、声音信息以及前段发出的报警信息和管理信令信息等通过服务器汇总到后台的云端数据库。

（3）应用层：通过固定类或移动类的各种终端对学校内所发生的一举一动实时进行反映，供管理人员对各种隐患进行及时获知和快速处置。

2. 技术实现

云平台主要由中心服务器、转发服务器、管理服务器、认证服务器、报警服务器、存储服务器组成，并在各服务器上安装云安全管理系统。根据学校规模的不同，可以将几种服务器的功能都集中在一台服务器主机上，也可以分别单独架设，每种功能服务器还可架设多台并形成服务器集群。

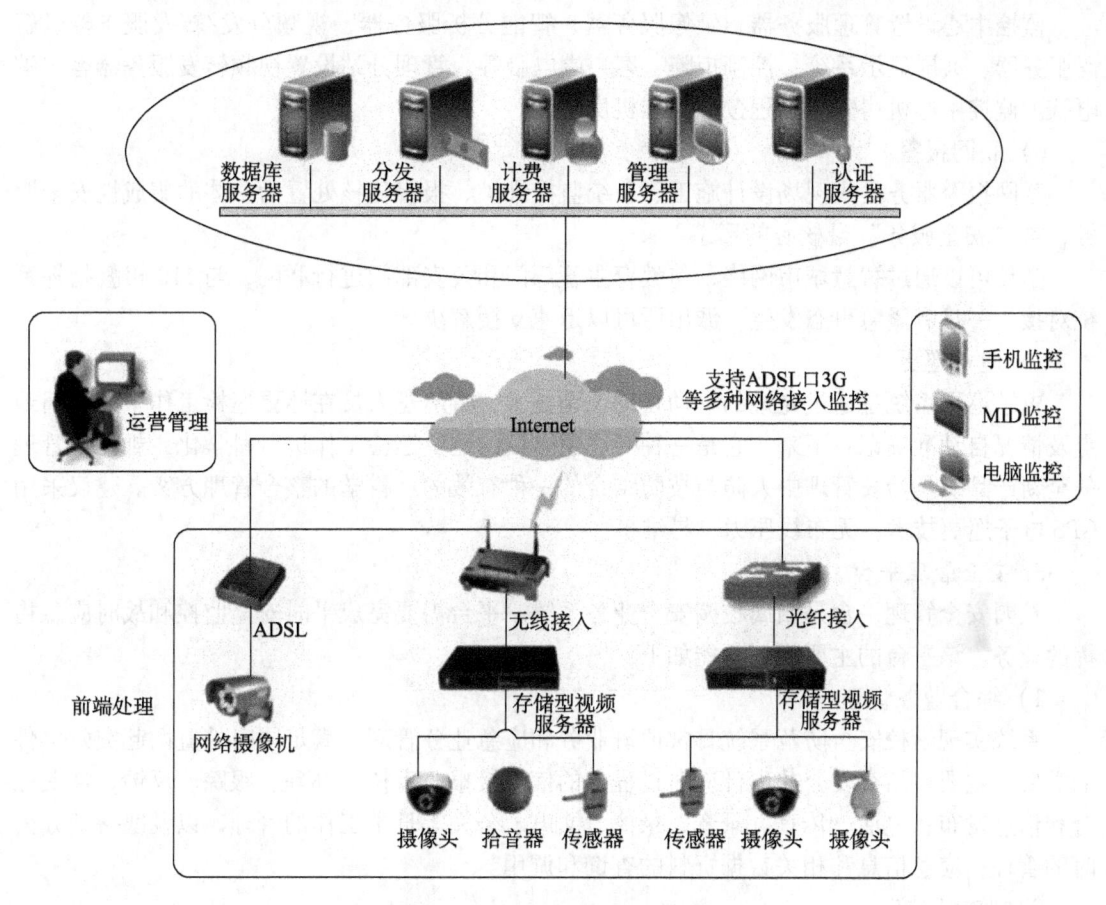

图 5-2-7　校园安全系统拓扑图

1）公共场所监控

可采用纯网络方案，前端采用 IP 高清球机和 IP 高清枪机，重点区域可采用 IP 智能高清，采用光纤传输，直接接入监控中心。安装采用立杆，做好防雷接地处理。可结合校园广播一起使用，实现不文明行为劝阻，远程疏散功能。

2）楼宇安全监控

建筑安全监控以建筑为单位通过接入安全管理分站再接入监控中心或直接接入监控中心。摄像机可以采用具备 POE 供电的 IP 摄像机，减少施工难度和维护成本。安全管理分站建议按照建筑类型和实际区域划分/撤销。

3）移动终端监控

主要给安全保卫人员配置，分为手持和车载 2 种，通过无线网络（WIFI 或 3G）传入监控中心。应用于现场处置的图像上传。

4）智能分析

智能分析系统是在前端探测终端与后端平安校园管理中心之间建设的一层智能分析体系，终端信息穿过分析层的过程中，系统将对所有信息进行智能分析，并反馈分析结果。系统根据智能分析结果可以进行相应的主动告警等操作。

5）安全管理中心

监控中心设置管理服务器、录像服务器、智能分析服务器、视频分发/转发服务器、解码服务器、大屏显示系统、控制矩阵、客户端电脑等。管理分站设置视频转发服务器客户端电脑。监控中心机房安装工程按照标准机房建设。

6）联网报警

联网报警服务是集现场设计施工、系统监控维护、报警复核处置为一体的集成性安全服务，是"安全服务"最核心的形态。

学校可以通过智慧城市网络，与教育主管部门和公安部门进行联网，与110报警指挥系统对接，一旦有紧急事态发生，派出所可以迅速支援解决。

7）电子巡更

电子巡更系统是通过先进的移动自动识别技术，将巡逻人员在巡更巡检工作中的时间地点及情况自动准确记录下来。它是一种对巡逻人员的巡更巡检工作进行科学化，规范化管理的全新产品。是治安管理中人防与技防结合的一种有效的、科学的整合管理方案。建议采用GPS电子巡更技术，无布线压力，易维护。

3. 安全管理平台

校园安全管理平台是归属校园安全业务系统。平台需要完成平时安全监控和战时应急指挥的业务。该平台的主要规划功能如下：

1）综合业务管理

系统实现学校安全防范系统日常值班业务和应急业务管理，满足同时处置两起突发事件的需要。主要包括突发公共事件应对过程中的信息接报、审核、办理、跟踪、反馈、情况综合和信息发布；电话、传真、录音、录像、文电、公文等日常工作的管理，以及寒暑期办公时的管理；应急信息和相关数据资料的查询和调用。

2）监测监控

监测监控系统实现校园监测信息和风险分析信息的汇集，并可对相关信息进行搜索查询或者筛选，对其中一些数据可以进行特征识别，判读信息的内涵或其标志的状态，进行风险评估分析，通过直观的方式展现在决策者面前作为事件处置的依据。

3）预测预警

通过预测预警系统实现灾害事故的早期预警，趋势预测和综合判断，预测突发事件的影响范围、影响方式、持续时间和危害程度等，从而达到减少和避免原发性灾害事故的发生以及减少灾害事故的衍生次生，为应急救援决策的制定和实施提供技术支撑。

4）辅助决策

根据国家总体应急预案、专项应急预案、省市级应急预案及学校应急预案等相关预案，利用预测分析和判断结果，结合应急组织体系和工作流程、现场应急救援力量和应急救援物资等情况，通过应急系统对有关法规、政策、安全技术要求以及处理类似事件的案例等进行智能检索和分析，并咨询专家意见，提供应对突发公共事件的指导流程和辅助决策方案。

5）指挥调度

指挥调度系统辅助应急指挥人员有效部署和调度应急队伍、应急物资、应急装备等资源，实时或及时将突发公共事件发生发展情况和应急处置状况传递给相关人员，实现协同指挥、有序调度和有效监督，提高应急效率。

6）应急保障

系统主要实现对突发公共事件的人力、物力、财力、医疗卫生、交通运输、通信保障等资源的管理，提供对应急资源的优化调配方案、应对过程中所需资源的状态跟踪、反馈，保证资源及时到位。满足应急救援工作的需要和灾区群众的基本生活，以及恢复重建工作的顺利进行。

7）事件评估

建立事件评估系统是为了记录应急事件的应对过程，按照应急预案等相关规定建立评价模型再现应急过程，应急过程前、过程中和过程后进行综合评估，形成应急能力评估报告。建立突发公共事件评估系统，可进一步提高应急现场处置建设能力和应急现场处置的指挥调度、监测的能力建设，使得在突发公共事件应急处理的监测预警、决策支持、指挥调度、现场处置和后期评估能力得到提高。

8）安全教育

安全教育系统是为了辅助学校推进安全教育，提高师生的安全防范意识，增强师生的应急避险能力。安全教育系统设计有众多模板及语音、视频、文字等资料库，丰富安全知识宣传方式。安全教育系统设计有模拟演练与评价模块，通过对各类突发公共事件场景进行仿真模拟，在虚拟场景中分析事态、提出应对策略，进行网络模拟演练，并能够自动记录演练过程，并对演练效果进行评价，进而为实战演习提供依据。

9）智能联动

实现视频监控系统、联网报警系统、指挥调度系统及电子巡更系统智能联动。联动方式采用顶层协议接口联动。视频监控系统与联网报警系统的联动在部门前端区域可采用开关量联动。视频监控资源可以接入指挥调度系统，作为视频会议的视频来源。

10）GIS 应用

实现校园 GIS 与业务系统的结合，GIS 与视频监控系统、联网报警系统、电子巡更系统，融合通信的结合。实现业务、报警、资源、设备、分析结果等内容在 GIS 地图上以多种方式呈现。

11）指挥调度系统嵌入

实现指挥调度系统与业务系统相结合，提高沟通效率，工作效率。

部署方法：平台软件可在应急平台软件上进行二次开发完成，具体工作量在后续详细设计过程中确定。

4. 视频监控系统

中职院校的视频监控系统依布局和建筑物类型可划分为校园公共场所视频监控系统、建筑视频监控系统和移动视频监控三大类。

1）校园公共场所（室外）监控系统

建议采用纯网络方案，前端采用 IP 高清球机和 IP 高清枪机，重点区域可采用 IP 智能高清，采用光纤传输，直接接入监控中心。安装采用立杆，做好防雷接地处理。可结合校园广播一起使用，实现不文明行为劝阻、远程疏散的功能。

2）建筑视频监控系统

建筑视频监控以建筑为单位通过接入安全管理分站，再接入监控中心或直接接入监控中心。摄像机建议采用具备 POE 供电的 IP 摄像机，减少施工难度和维护成本。安全管理分站建议按照建筑类型和实际区域划分或撤销。

3）移动视频监控系统

主要给安全保卫人员配置，分为手持和车载两种，通过无线网络（WIFI或3G）传入监控中心。应用于现场处置的图像上传。

4）监控中心系统

监控中心设置管理服务器、录像服务器、智能分析服务器、视频分发/转发服务器、解码服务器、大屏显示系统、控制矩阵、客户端电脑等。管理分站设置视频转发服务器客户端电脑。监控中心机房安装工程按照标准机房建设。

5）视频监控平台软件

视频监控平台软件至少具备：B/S、C/S登录方式、图像监控与调用、多级分发、实时录像、存储管理、权限管理、信息查询、GIS应用、智能分析、移动应用等功能。

视频监控平台软件需提供接口给上层校园安全管理平台进行集成，完成与联网报警系统、门禁系统、巡更系统、指挥调度系统的智能联动，支撑安全管理平台完成综合业务，平时具有监控和应急指挥的功能。

5. 联网报警系统

1）系统的优点

校园范围大、人员多，根据常规情况有必要在校园范围内系统性布设简单易用的报警点（SOS求助点），当师生遇到违法行为或者遇到困难、疾病时，可以就近通过报警求助，快速与指挥中心取得联系，其优点如下：

（1）沟通更迅速、更直观；

（2）便于指挥中心进行位置确认；

（3）不涉及手机信号、电池、长距离等客观因素，可用性高。

联网报警系统是集现场设计施工、系统监控维护、报警复核处置为一体的集成性安全服务系统。根据发达国家的安防行业总体情况，联网报警是安全服务最核心的形态。

2）系统功能特点

联网报警系统由前端探测器、报警控制器和报警中心平台组成。目前最新报警系统具备以下特点：

（1）防范无盲区：支持多防区管理、支持探测器类型多，支持多级联网。

（2）智能化：具备防破坏、防剪线无线转发报警功能；具备智能学习，防止误报功能。

（3）多种报警传输方式：支持PSTN、GSM、GPRS及3G传输网络；支持语音、短信、电子邮件等自动报警方式。

（4）报警图像联动：支持报警与视频联动、支持报警视频预录。

（5）主要功能：防火、防盗、防抢和紧急救助。其中紧急救助在校园暴力频发的时段尤为重要。学生和教师可通过移动电话实现一键式快速报警和静默报警。

3）系统解决方案

学校采用具备支持PSTN、GSM、GPRS及3G传输网络，支持语音、短信、电子邮件等自动报警方式，支持报警与视频联动、支持报警视频预录，支持智能学习，防止误报，支持移动电话实现一键式快速报警和静默报警等功能的联网报警系统。前端探测器主要采用红外被动探测器、震动探测器、各种门磁、烟感探测器、摄像机及声光报警器和紧急报警按钮。

探测器与报警主机之间的传输尽量采用无线方式，减少布线难度和成本。系统的结构如图 5-2-8 所示。

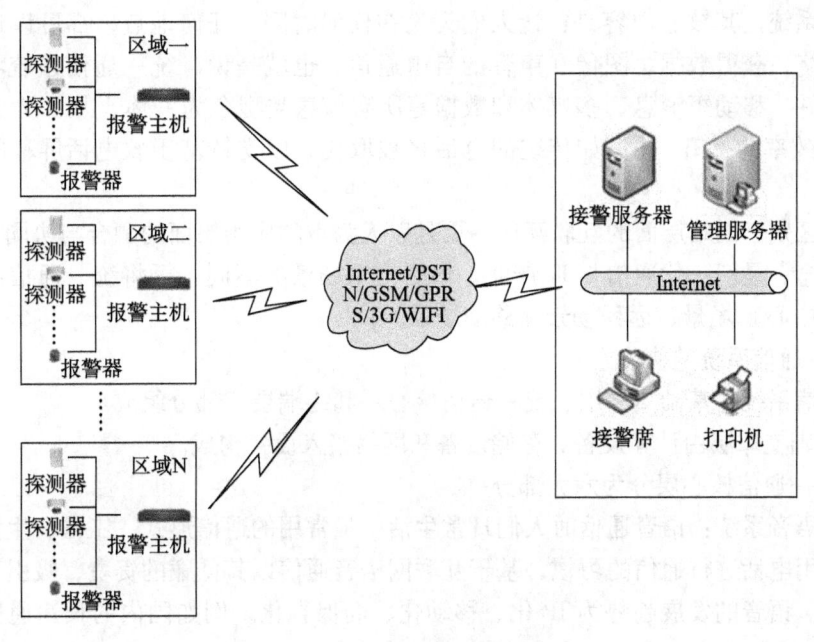

图 5-2-8　联网报警系统的结构

4）布点方法

校园联网报警以单体建筑为单位部署然后接入报警管理中心。除单体建筑外，还应包括岗亭、重要交通路口等。重点位置包括：各种机房、财务室、实训室、研究中心、档案室、图书馆、配电设施、供热设施、库房等。重点建筑包括图书馆、后勤服务中心、商业服务中心、接待中心、卫生保健站、食堂、实训中心、配电设施建筑等。

前端点位按照报警主机数量计算，重点区域每 100 平方米一个防区，非重点位置约 500 平方米一个防区。

6. 电子巡更系统

电子巡更系统是通过先进的移动自动识别技术，将巡逻人员在巡更巡检工作中的时间地点及情况自动准确记录下来。它是一种对巡逻人员的巡更巡检工作进行科学化，规范化管理的全新产品。是治安管理中人防与技防的一种有效的，科学的整合管理方案。建议采用 GPS 电子巡更技术，无布线压力，易维护。

7. 火灾防控体系

建立覆盖全校教学、办公、宿舍、食堂的智能消防监控综合系统，当温度探测器采样到的数值大于等于火灾报警阈值时，温度探测器经识别判定报警，则温度探测器发出报警信号，点亮报警指示灯，发出报警音响。

重点区域，如中心机房等建立自动消防体系，如遇火灾则自动启动消防措施，将火灾消灭于灾害之前。

未来可以考虑将学校监控和消防体系与智慧城市联通，与就近消防队建立联警联动体系，提高反应效率。

8. 统一通信系统

统一通信系统是指把计算机技术与传统通信技术融为一体的新通信模式，作为一种解决方案和应用系统，其核心内容是：让人们无论在任何时间、任何地点，都可以通过任何设备、任何网络，获得数据、图像和声音的自由通信。也就是说，统一通信系统将语音、传真、电子邮件、移动短消息、多媒体和数据等所有信息类型合为一体，从而为人们带来选择的自由和效率的提升。（例如传统的电话将被取代，以支持基于软电话屏幕的客户端软件）

它不仅区别于网络层面的互联互通，更是以人为本的应用层面的融合与协同，是更高一个层次的理念，是新一代通信与IT产业。根据使用场景的不同，可将统一通信系统分为办公室（监控中心）场景、远程场景和移动场景。

1）统一通信系统的构成

统一通信系统由基础支撑层、统一通信核心层和终端层三部分组成。

（1）基础支撑层由计算设备、存储设备和网络接入设备构成。

（2）统一通信核心层分为六大部分：

①基础语音系统：语音通信时人们日常生活中最常用的通信形式，工作、生活中，大多数人已形成用电话进行通信的习惯，基于互联网语音通信以其低廉的资费，吸引了越来越多消费者使用。语音的发展趋势为IP化、移动化、高保真化。例如国内的长途通信，核心系统早已IP化。

②基础视频系统：视频通信增加了人员之间沟通的互动性，面对面的沟通更直观。网真系统更是真实还原了远端场景，与会者如身临其境。基础语音/视频系统是统一通信的基石，人员在工作中要频繁使用语音、视频进行交流，这就要求在构建语音/视频系统时，首先要确保系统的可靠性、稳定性。

③多媒体会议：多媒体会议包含即时消息会议、语音会议、Web会议、视频会议，构建成本由低到高。多媒体会议系统，能够显著节约差旅成本、沟通成本、会议成本、时间成本。

④统一消息/状态：收集员工使用的各种通信终端的消息和状态，目的是达到有效沟通。

⑤移动办公：对于出差和在外办公的人员尤为适用，不论通过何种终端，如笔记本电脑或手机，都能在移动状态下，连入学校的核心通信系统和办公系统，实现人员的办公移动化。

⑥协同办公：部署具备多媒体通信能力的办公套件，将语音、视频、会议与即时消息、邮件、传真、日历等功能集成，提高工作效率。

（3）终端：分为固定终端和移动终端。固定终端有IP电话、可视电话、会议电话、高清桌面视频终端、高清会议室终端、PC软终端等；移动终端有手机、平板电脑、笔记本电脑、上网本等。

2）智慧校园统一通信系统

系统在校园通信网络和计算机网络的基础上，采用SIP和IP技术搭建，主要用于接警和指挥调度。

9. 数字门控系统

学校宿舍、实训室、教研室等地区相对比较封闭，存放有较多的学校资产或师生个人财务。为了保障财产的管理，并有效进行人员管理，建设门禁系统，提升学校的安全性，构建安全和谐的友好校园氛围。根据学校需求，提供基于一体化门控主机的门控系统和基于门禁控制器与刷卡器的门控系统两种实现方案。根据项目实际情况，可选用最佳实现方式。

1）基于一体化门禁主机的门禁系统

一体化门控主机将门控控制器和刷卡器集成在一起，具备几万个用户和几十万条刷卡记录的本地存储。同时，将一体化门控主机通过校园网络接入校园安全综合管理平台，在管理平台上实现门控系统与校园安全系统的集成。并且具备报警输入接口，可接消防系统，出现火灾报警时，平台自动联动报警预案，实现摄像机视频联动以及门禁自动开门，门控系统的结构如图5-2-9所示。

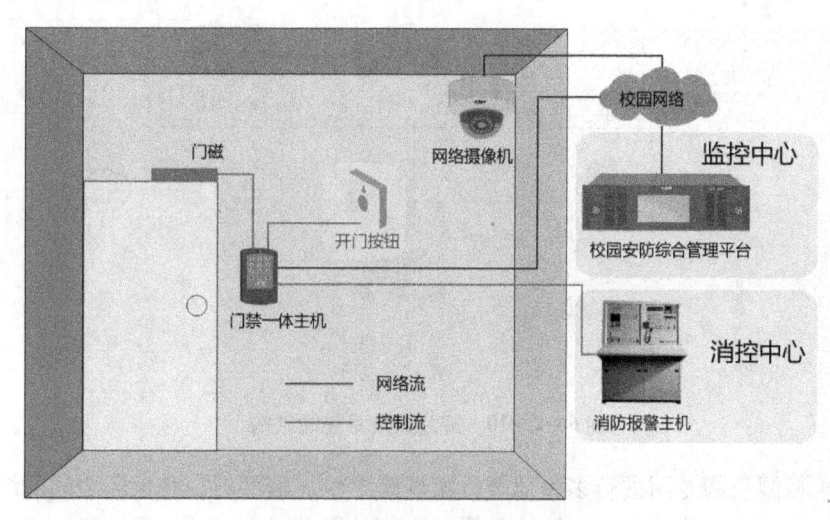

图 5-2-9 门控系统的结构

2）基于门控控制器与刷卡器的门控系统

基于门禁控制器与刷卡器的门控系统是通过门控控制器和刷卡器实现。同时，将一体化门控主机通过校园网络接入校园安防综合管理平台，在管理平台上实现门控系统与校园安防系统的集成。并且具备报警输入接口，可接消防系统，出现火灾报警时，平台自动联动报警预案，实现摄像机视频联动以及门控自动开门。

建设门控系统可实现消防系统联动、视频监控系统联动、校园一卡通融合、批量授权、远程开门、分时段开门权限、门开关状态显示、记录、报表查询、考勤管理、在线巡更管理、离线运行模式、防返潜及防复刷、胁迫报警功能、支持防拆报警、内置看门口狗程序、防偷窥密码等功能。

10. 应急调度系统

基于校园内部视频专网，本着将已有资源的最大化利用，为进一步建立、健全日常综合指挥调度管控、突发事件预警和应急保障机制，提高校园应急指挥效率，需建立校园综合指挥调度系统，整合语音、视频监控/会议、指挥调度、集群对讲、GPS/GIS业务、3D实景、3G/4G单兵、应急预案等系统，建立集语音、视频、数据三位于一体的全面综合指挥调度系统，实现语音、视频、数据的融合与调度功能。

综合指挥调度系统主要实现与有线/无线通信网络、数字集群网络、计算机网络、移动通信网络等网络的互联互通，并实现统一的指挥调度。应急调度系统的结构如图 5-2-10 所示。

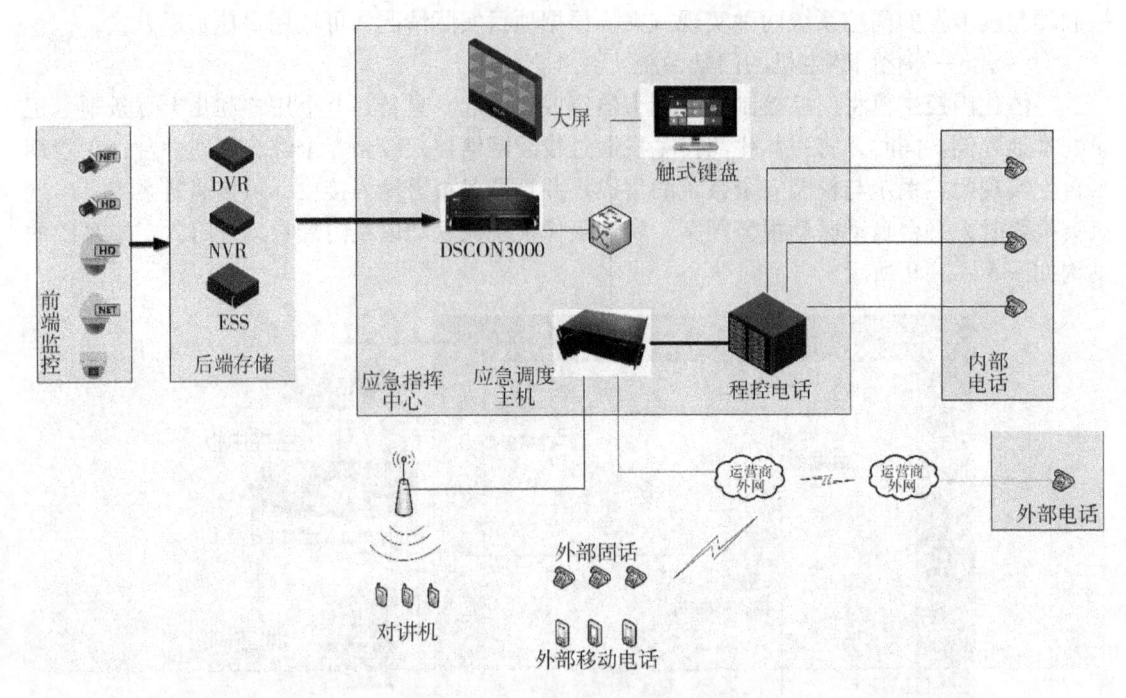

图 5-2-10　应急调度系统的结构

系统基于校园视频专网进行多级部署，实现跨学校、跨部门、跨校区之间的统一指挥协调，实现对突发事件的快速上报、统一部署、迅速处置和联合行动。系统可实现应急通信录调度、语音会议调度、视频调度、三维 GIS 地图调度、预案系统（预案管理与预案演练）、联动调度等功能。实现对学校各安全业务的管理与把控，提升学校的指挥统筹能力。

11. 突发事件防范系统

除常规安全系统的基本功能外，还具有更多的智能监测和安全防范手段。

1）周边入侵智能分析

本方案针对校园周边利用先进的电子围栏技术设立警戒线，可以全天候开启，也可根据需要在夜晚或假期针对性启动，当有人、动物或其他移动物体穿过既定的警戒线则系统自动将穿过过程录像留档，并实时报警，指导安保人员快速到达事发区域进行处理。

2）重点区域穿越进出检测智能分析

校内一些重点区域，如学校财务、学校食堂后厨、学校重要档案存放点（如试卷封存点）等，可针对性调高区域安全级别，当有任何人进入时均会实时记录时间点并拍照或录像留档。对于特殊区域还可以在有人通过时实时自动提醒安保中心值班人员进行人工核查，进一步提高保障系数。

3）防盗智能分析

系统可以设定对某些贵重物品或暴露无人看管设施进行实时监测保护，一旦所保护的物品未经授权被人移动，立即智能分析发出告警，并在管理室的监视屏上自动弹出物品原来的位置，安保人员可以通过财物被移动时系统自动抓拍的画面以及系统联动，快速在周边追索嫌疑人。

同时校园内空旷区域如果一旦发现有物品遗留，系统也可以立即发出提示，并在安保中心监视屏上自动弹出物品遗留的位置，方便安保人员及时对不明物体查验和排除隐患，对师生遗失物品代为保管。

4）可疑人员智能分析

系统可以对校门口或其他定义区域内经过人员进行智能跟踪和分析，如果发现有可疑人员非正常经过而且长时间徘徊，系统将会自动识别并发出警告。同时在监视屏上自动弹出徘徊的人及其运动轨迹。

5）群体事件智能分析

通过检测校内外某区域人群移动趋势、聚集密度等各种信息的智能分析，系统可以根据群体运动特征在一定程度上预警学生聚集、游行、集会等活动。

6）烟火监测智能分析

通过系统的火灾自动监测和报警功能，自动识别火焰和烟雾，并标明烟、火位置进行报警。同时还可输出与其他应急系统的开关联动信号，例如：消防喷淋设施等。

7）抢劫、斗殴事件智能分析

通过检测人体运动速度特征、运动轨迹特征及肢体变化剧烈程度三个重要特征，来区分正常行为和疑似不良行为。及时给管理老师以关注提示，把事件处理转变为事件预防。

8）自动安全联动控制

系统不仅在发现特殊事态后立刻向监控人员发出声光告警，同时系统可通知智能监控系统自动启动录像。还可以对诸如门禁、消防、自动广播、强光灯等各种周边设备进行实时调动，对突发事态进行预处理。

9）智能识别分析

系统可以通过部署在校门口等重点进出关键地点的摄像头，并预设相应算法，即可实现人脸识别，并自动传给人脸识别服务器做黑名单比对，从而达到智能分析等功能，并可以联动报警系统，提供报警。

12. 校园环境监测系统

学校师生作为校园学习生活的主体，校园环境对其影响很大，我们对学校项目提出建设智慧校园的理念，在"便捷的校园生活"应用体系中包含校园环境监测系统，目的是建设绿色节能环保的校园健康环境体系。利用物联网 RFID 技术配合各类传感器的集环境信息信号采集、传输与分析应用，在学校固定场所、移动设施中安装各类相应的传感器以及信号采集设备，通过校园无线网传输至学校数据中心的环境监测系统，对全区空气质量、水污染、噪声、电磁辐射、碳排放、环卫等业务数据动态收集、处理和加工，准确判断学校区域性环境质量与污染源排放动态监测信息，为有效实施环境管理、增强污染源防治、减少污染物排放提供科学依据。

13. 三维地图可视化管理

基于三维地理信息技术构建的三维数字校园信息平台是基于数字校园的理念建立的新型校园信息系统，它在传统校园信息平台基础上，利用先进的地理信息系统（GIS）、遥感、计算机、软件工程等技术手段，整合校内各种资源、集成校内各种孤立的监控体系（监控、考勤、报警、RFID 等）最终形成一个满足真三维实景漫游，集各类校园监控管理为一体的三维化数字校园服务平台，提高校园管理工作信息化水平。

构建三维数字校园管理系统，需要配置一台三维地图引擎服务器、一台三维地图数据服务器（选配，一般规模的校园可以将数据库部署在平台上）、一个数字校园综合管理平台。另外，校园三维地图数据需要现场勘查建模。

三维地图可视化系统建设，实现各种方式的校园三维场景浏览、漫游，仿佛置身于真实的校园环境当中，对整个校园的内部建筑分布、设施摆放、道路通道等都能有一个全面、直观的了解。该系统可实现校园三维漫游、校园空间查询、校园三维实景联动、视频监控、考勤管理、报警联动、照明管理、资产设备管理、消防设施管理、应急预案管理和地下管道设施管理的功能。

5.2.1.3 校园一卡通（感知校园）

感知校园平台是智慧校园建设的重要组成部分。感知校园平台结合物联网、射频识别（RFID）、智能检索、地理信息系统（GIS）等技术，实现校园资源设施的集成展示，为学校提供校园数字化、智能化的管理方式；为师生学习、生活提供信息查询与交互平台；为家长、访客提供友好、便捷的方式游历和了解校园。

1. 基于 NFC 的综合身份认证的一卡通系统

校园卡的各种应用系统丰富多彩，学校内的所有证件（教师证、学生证、借书证、医疗证、游泳证、就餐卡、洗衣卡、洗浴卡、电话卡、水卡、电卡等）功能、钱包功能都集中在一张卡上，实现"一卡在手、走遍校园"的现代化职校生活理念，大大提高学校管理、教学、生活和服务的水平。

校园一卡通为学校带来了巨大的经济效益和社会效益。社会效益方面表现在统一了学校的品牌形象，增强了师生员工的自豪感，体现了人性化管理，强化了学校的品牌传播。经济效益方面既包括直接的经济效益，也包括间接的经济效益。校园一卡通使得全校师生实现校内的电子商务消费方式，有效地解决学校水电超支、学生拖欠学费等问题。通过数据中心和万兆校园网络的建设，彻底实现计算机软件和硬件的共享，减少学校在硬件配置、机房建设和专业人员方面的重复建设和浪费。校园一卡通的经济效益包括以下几个方面：

1）防止恶意拖欠学费、恶意拖欠助学贷款

校园一卡通能有力地降低欠费率，提高学费催缴力度，改善学校财务状况。学宿费难以收回是部分职业院校目前面临的问题之一，随着中职学校近年来的扩招，难免有部分学生钻空子，恶意不交学宿费，或者无人催交就干脆不交。通过严格的学生基本情况调查（对贫困生和临时特殊原因不能按时交费的学生可以减免或缓交，不属于"恶意"范围）以及校园卡的网络信息功能，针对恶意不交学宿费的学生，控制好该卡每学年投入使用的第一关，不交学费就无法进行学籍注册、成绩登录以及其他活动。通过"被动方式"提高学生的主动性，确保学校能够及时收回资金，减轻学校经费不足的压力。

2）水控电控节支效果显著

通过一卡通的水控电控功能可以节约大笔水电费用。某学校使用校园一卡通后全校每天比原来节约了 30 吨热水，按 1 000 个宿舍计，使用一卡通后一年可节约 130 万度电。我们也可以从表 5-2-1、表 5-2-2 中更加清楚地看到使用一卡通之后在能源方面的经济收益。

表 5-2-1 使用校园卡智能控电系统收益对比
[某学校实际使用情况（宿舍规模 1 000 个房间）]

项目	使用前	使用后
管理模式	放开用电	放开用电，每月免费供每间宿舍20度电，超标收费
月平均耗电/万度	12	11
年电费上缴/万元	46	44
年电费收缴/%	无	100
电费承担者/%	学校 100	使用者
月盈利状况/万元	无	6

表 5-2-2 使用校园卡控水收费系统收益对比（某学校实际使用情况）

项目	使用前	使用后
平均洗浴人数/(人·天$^{-1}$)	1 800	2 300
平均支付浴资/元	2	1.2
人均用水/升	383	110
月耗水/吨	1 8200	6 578
月均水价（2.5元/吨）/元	45 500	16 445
人均耗煤/公斤	3.5	1.06
月耗煤/吨	163.8	63.39
月均煤费（300元/吨）/元	49 140	19 016
月总收入/元	93 600	71 760
月总支出/元	94 640	35 461
月利润/元	-1 040	36 299

表 5-2-1 和表 5-2-2 的数据显示，学校在使用一卡通系统后，不仅节约了水电资源，同时每月还将获得近 10 万元的收益，一年收益百万余元。

3）节约人员成本，提高工作效率

采用一卡通解决了学校的信息孤岛现象，堵塞了管理漏洞，改变了大量靠人工、手工作业管理的现象，有效节约了人员成本，提高了管理水平。校园一卡通的一卡多用及数据共享功能，免除了诸如办理图书馆借书证、考试证、食堂就餐卡等证件的发、补工作，节约了人员编制费用、管理费用和师生办证工本费。如华中某学校使用一卡通后图书馆节约 1.5 个办证编制，财务处节省 3 个出纳编制，学工、教务等部门各至少节省 1 个编制，加上各部门节约的办证费用，本系统每年可节约的直接费用可达数十万元。

4）吸引商户，增加卡消费收入

由于校园一卡通具有电子支付功能，学校可通过招商与多家运营商合作，商场、超市、餐厅、书店、礼品店、洗衣店、复印社、电信服务等都是可合作对象，学校可以收取对商户的管理经费，为学生提供了便利和优惠，校内食堂、体育场馆、计算机房、浴室、游泳池等场所也增加了卡消费收入，还培养了学生校内消费的习惯。

5）资金透明，杜绝小金库

校园卡的电子支付功能，使校园内的现金流量大大减少，校内的一些有偿服务机构不再收取现金，而是将所得收入直接划转到相应的财务账户之中。在规范了校内收费管理的同时，杜绝了可能发生的经办人员挪用公款的漏洞，使各个服务机构的收入透明，杜绝了收入不入账、账外循环的部门小金库现象。同时，学校可以将提供有偿服务机构的账户资金集中起来，有利于学校调度这些闲散资金，改善学校资金运作能力，提高资金使用收益。

2. 一卡通管理中心

整个校园一卡通系统的核心是一卡通管理中心（包括中心数据库），一卡通中心的业务流程是整个系统中最为基础和复杂的，而其中最主要的就是一卡通业务处理流程和结算处理流程。

1）平台管理

系统参数：设置设备通信速率、系统发卡容量、发卡有效期、最大卡金额、用户名称、卡使用扇区等全局性参数。

工作站管理：为一卡通系统分配授权的工作站，只有经过平台授权的计算机才允许加入一卡通系统成为管理工作站。

餐类设置：设置早、中、晚餐和夜宵的起止时间。

卡类设置：最多允许设置八个卡类的名称、应收押金、管理或优惠费率。

营业员管理：提供增加、修改消费设备营业员，以及制作营业员卡、注销营业员卡等。

角色管理：为整个系统软件的管理定义管理员角色组。

权限管理：为不同的角色组选择设置不同的权限。

操作员管理：将不同的操作员添赋予不同的角色，使其拥有不同的权限。

补助团体管理：批量添加补助人员信息，设置充值金额。

启动补助充值：开启此模式，自动校验卡片的有效性，完成已设置补助充值，也可以选择从自助服务终端发放补助。

数据备份和恢复：按选定的时间范围将当前数据库的消费数据备份或将备份数据恢复。

数据归档：删除当前数据库的至少 3 个月以前的数据，配合财务结算使用。

连接数据库：改变数据库的指向或重新连接数据库。

修复数据库：当数据库出现异常情况可尝试用此功能进行修复数据库。

2）人事中心

部门、人员资料的导入导出，人员档案管理、人员照片管理。

此项目数据库需与学校教务系统共享，即所有一卡通的学生数据均来自教务系统数据库，所有人事数据和教务系统对接无须重新录入每个学生的信息。

3）卡务中心

卡业务管理子系统是校园一卡通系统的基础应用模块，它负责整个系统中所有涉及卡的业务处理，包括基础数据管理、卡初始化、发行、更换、挂失、充值、取款、黑名单处理、注销、系统卡管理、密钥管理等等。卡业务管理子系统就是管理从卡发行到卡回收、注销的整个卡片生命周期过程。

4）结算中心

生成用户所需要的多种财务报表，如：资金收支、个人对账、消费统计、月（天）结算报表，部分报表还可自定义产生。

资金收支表：查询任意期间的充值、收卡押金等收支类型明细和汇总；现金、转账等支付方式的明细和汇总。

结算账户查询表：对在一卡通中心开设的账户进行明细和汇总统计。

数据采集情况表：查询指定消费机在指定日期范围内的数据采集情况。

消费数据查询统计表：根据消费机、营业员、卡类和姓名统计选定日期内的消费状况。

补助查询统计表：根据操作员、补助团体的名称和姓名，统计选定日期内的补助充值状况。

充值退款查询统计表：统计选定日期内的充值、退款状况。

个人对账单：查询某人任意时期内的充值、消费数据。

状况表：查询任意时期内用户开户、销户状况；以及存在异常的情况。

操作日志：对于一些重要的操作（例如：充值、发卡），系统自动记录日志以备查证。

其他报表：系统可以自定义生成其他类型报表以满足用户对不同内容和格式的需要。

3. 一卡通监控平台

1）系统概述

一卡通监控平台可以对一卡通设备的状况进行监视，并且对出现异常的情况进行报警，方便学校对一卡通系统进行管理。

一卡通监控系统可以同时显示 TCP/IP 或者 Wi-Fi 的消费机、门禁机、考勤机、圈存机、查询终端和各个子应用系统的状态，这些状态可以定时更新，由用户来设置更新的时间间隔。

一旦出现状态为异常的终端，则通过用户的设置，来决定是否发送短信或者邮件来通知管理员或者终端负责人，来处理异常。

2）功能描述

（1）一卡通终端信息维护。

用户填写终端的类型、名称、编号、所在 IP、端口、使用单位、地理区域、终端类型、详细地理位置、状态标志、使用标志、是否短信报警、是否邮件报警、脱网容忍时间。

状态标志：终端的状态分为初始、正常、异常。

使用标志：选择"是"，终端正在使用，选择"否"，终端弃用。

是否短信报警：选择"是"，则向终端使用单位的负责人发送短信。

是否邮件报警：选择"是"，则向终端使用单位的负责人的邮件地址发送邮件。

脱网容忍时间：是一个终端在扫描到状态为异常，后又持续一段的异常时间，主要是确认终端是否真的异常，而不是在一个扫描周期后，又正常了。

（2）导入终端信息。

可以根据学校数据库中已经有的终端信息，导入到一卡通监控的系统表中，减少部分录入工作。

（3）使用单位及人员信息维护。

用户输入终端使用单位和用户的编号、名称、主管单位名称、负责人名称、联系固定电话、号、邮件地址。

（4）终端监控配置维护。

用户需要填写管理员姓名、终端扫描周期、是否邮件报警、是否短信报警、管理员号、报警是否通知到终端、管理员邮件地址、邮件报警是否通知到终端、报警发送间隔。

终端扫描周期：对所有一卡通终端扫描一遍的设定时间，以秒为单位，这个设置有最短时间限制，根据终端的多少，最短时间为60秒左右。

是否邮件报警：选择"是"，则某几个终端出现异常，会向其发送邮件，选择"否"，会中止所有邮件报警。

是否短信报警：选择"是"，则某几个终端出现异常，会向其发送短信，选择"否"，会中止所有短信报警。

报警是否通知到终端：选择"是"，则发送到管理员号，选择"否"，发送到终端负责人的号。

邮件报警是否通知到终端：选择"是"，则发送到管理员邮件地址，选择"否"，发送到终端负责任的邮件地址。

报警发送间隔：指的是异常一旦出现，则发送第一条报警，之后，异常还存在，则发送第二条报警，第一条报警和第二条报警之间的时间间隔，为报警发送间隔，以秒为单位。

（5）终端显示界面。

将所有的终端状态和基本信息以树型显示出来，并以终端扫描周期的时间定期刷新数据。

4. 电子交易及节能控制类子系统

电子交易类子系统是校园一卡通系统中非常重要的一个组成部分。电子交易类服务的目的就是以卡代币，在各校区内凡涉及现金使用的任何一个消费网点，校园一卡通的电子钱包都能通用，所有商户单位不论其性质与规模都可以授权代理收款、结算。如缴费、食堂、超市、餐饮、小卖部、浴室、洗衣、上机收费管理、医院挂号收费管理、电控管理、水控管理等。

电子交易类子系统主要由消费管理子系统、脱机水控管理子系统、联网水控管理子系统、脱机电控管理子系统、联网电控管理子系统等多种子系统构成。在一卡通项目中，可以选择建设其中的一项或多项子系统。上述子系统通过一卡通平台连为一个整体，共同使用一个统一的一卡通数据库，同享卡片资源。多个子系统使用多个不同的钱包进行单独的资金管理，各钱包的资金可以通过自助服务终端等系统进行资金划转。

1）消费管理子系统

消费管理子系统在校园一卡通应用中，主要用于食堂消费，所以，常常被称为食堂售饭系统。考虑到消费系统在校园一卡通系统中的重要地位，以及消费数据的重要性，本系统选用安全、稳定、高效、通用的 TCP/IP 协议作为终端机具与上位机程序的通信协议。这样做可以有效地提高数据的安全性和及时性，确保账务数据安全稳定。

作为一卡通系统的一个重要的组成部分，消费管理子系统主要由消费机、读写器、管理工作站构成，如图 5-2-11 所示。其中，消费机（又被称为 POS 机）是子系统中最核心的组成部分，持卡人可以通过它完成刷卡消费的活动。消费机按外观分类，可以分为挂式消费机、卧式消费机和台式消费机。其中，挂式消费机主要用于拥有一些金属支架结构的食堂售饭窗口，卧式消费机主要用于缺乏固定支架，且有一定防水要求的水吧、小吃店等区域，台式消费机主要用于超市、便利店、卫生所等对于美观、按键舒适度有一定要求的场所。按通信方式，消费机可以分为有线消费机和无线消费机。其中，有线消费机使用标准快速以太网来传输数据，而无线消费机使用 WI‑FI 来传输数据。

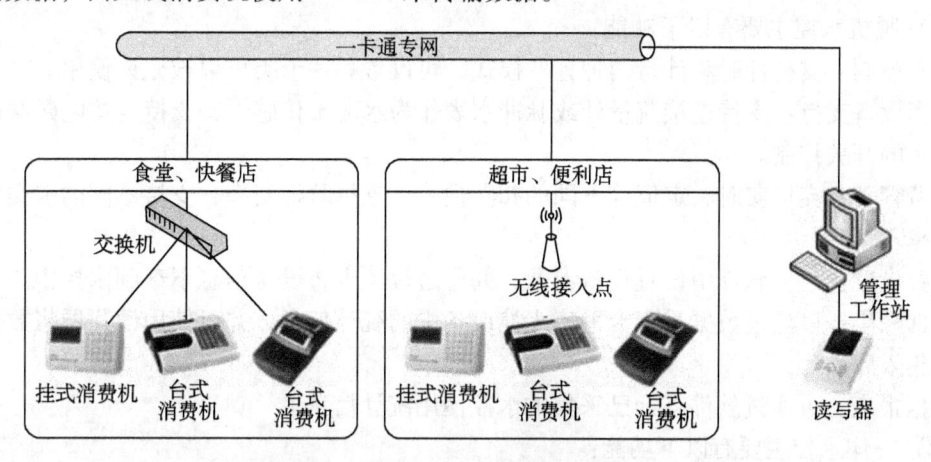

图 5‑2‑11　消费管理系统的构成

消费管理子系统主要具有以下功能：
（1）消费机支持脱机消费，支持定值、单价模式等多种交易模式；
（2）消费机支持脱机状态下的限额、限次、超额消费密码等功能；
（3）消费机支持连接打印机实现小票打印功能；
（4）消费机支持 PSAM 卡，可实现金融级的加密控制；
（5）消费机及软件系统支持在线升级；
（6）消费数据由消费机实时主动上传，软件系统可实时查询交易记录；
（7）黑名单数据可以通过任务服务器程序实时下载；
（8）支持任务管理，可以通过任务设置，定时对于消费机进行数据采集、数据补采等各种操作；
（9）消费管理子系统软件可以对于消费机进行设备管理、参数设置、数据采集等各种操作；
（10）消费管理系统相关软件支持权限管理功能，可以对于管理员权限进行细致的设置；
（11）消费管理子系统能提供各种明细报表和统计报表，方便进行账务查询；
（12）提供多种分析报表，方便进行消费数据的统计和分析；
（13）提供多种操作日志报表，方便进行日志查询。
2）脱机水控管理子系统

水控系统是指通过智能卡，进行用水控制和用水收费的管理系统。水控系统按终端机是否联网可以分为脱机水控系统和联网水控系统。其中，脱机水控系统功能强大，安装实施比较简单，但是无法通过软件系统直接连接设备做各种通信操作。

脱机水控子系统主要由水控器、管理工作站、读写器等设备构成。其中，水控器又可以分为脱机一体水控器和脱机分体水控器。一体水控机内置流量计和电磁阀，无须外接其他设备即可实现水控功能，且易于安装，不易破坏，适合安装在一些对成本和性价比要求比较高的场所，比如学生宿舍。分体水控外观美观大方，可外接多种不同的计量设备和不同的阀门，适合应用于一些对于计量精度要求较高、美观度要求较高的场合或者需要考虑使用电动阀的场所，比如浴室、饮水机、开水机等。

（1）脱机水控主要有以下功能：

用水控制：支持计时和计量两种计费模式，可设置哪些卡类可以被允许使用。

配套设备支持：支持连接流量计或脉冲水表作为水流量传感器，支持连接电磁阀或电动阀进行水的开关控制。

扣费管理：支持实时、定值等不同的扣费模式，支持阶梯费率，支持不同的卡类使用不同的费率。

参数设置：可在软件中设置设备参数，并通过设置卡将设置信息下载到水控中。

数据采集：可通过数据采集卡采集水控设备中的统计信息，并可使用读写器将数据从采集卡采集入库。

数据报表：可通过软件查询已采集的水控使用统计信息。

（2）一体水控主要有以下功能：

用水控制：支持计时和计量两种计费模式，可设置哪些卡类可以被允许使用。

宿舍绑定：支持宿舍绑定功能，通过绑定，住某个宿舍的学生将只能在自己宿舍的水控机上刷卡用水，如果更换宿舍，可以由操作员处理后重新绑定。

扣费管理：支持实时、定值等不同的扣费模式，支持阶梯费率，支持不同的卡类使用不同的费率。

参数设置：可在软件中设置设备参数，并通过设置卡将设置信息下载到水控中。

数据采集：可通过数据采集卡采集水控设备中的统计信息以及最近 50 笔的明细信息，并可使用读写器将数据从采集卡采集入库。采集数据后，可以在补卡操作中补卡余额。

数据查询：可通过软件查询水控设备的明细交易记录、统计数据等，可通过软件查询转账数据，可通过软件查询个人交易流水。

挂失解挂：可通过黑名单卡下载黑白名单，实现卡片的挂失和解挂功能。

3）联网水控管理子系统

联网水控系统是水控系统的一种。顾名思义，在这种水控系统中，所有水控器均可计入网络，通过软件进行远程集中管理。

联网水控系统包括联网水控器、串口服务器和管理工作站。其中，水控器以 485 总线接入串口服务器，然后通过串口服务器以 TCP/IP 协议接入一卡通专网。管理人员可以通过工作站对于水控设备进行集中管理。

联网水控系统主要有以下特点：

（1）支持数据实时采集、黑名单实时下载，支持参数远程下载、远程读取；

（2）支持按时间计费、按流量计费、按次数计费等多种计费模式，计费模式可以远程修改；

（3）支持硬件程序在线升级，可以很方便地对硬件进行功能扩展；

（4）硬件可支持多种阀和流量传感器，可通过连接电磁阀、电动阀等设备来控制水流，可通过连接脉冲水表、流量计等流量传感器实现流量监控；

（5）硬件采用电容触摸按键，完全无缝隙，可提供更加良好的防水性能；
（6）提供卡槽，方便将卡片放置于卡槽中，解放持卡人的双手；
（7）可以与系统一起，实现统一的自助挂失解挂。

4）脱机预付费电控管理子系统

脱机预付费电控管理系统主要用于用电控制和用电计费，系统以预付费模式按用电量进行计费，广泛适用于学校、工厂、居民区、医院等生活、生产用电场所。其具体实现方法是在宿舍等公共用电场所安装IC卡预付费电表以代替传统电表，同时为用电人员发行用户卡，作为充值的电子钱包来刷卡取电。使用时，用户只需在读卡区刷用户卡，IC卡电表上显示并存储用户卡的购买的用电量信息，开关自动打开，开始用电。设备按用电量实时扣费，并实时显示剩余用电量信息。当预存电量快要用完时，电表自动提醒，当预存电量完全用完时，电表将自动切断电源。这种方式方便地实现了"先付费、后用电、用多少、扣多少"的收费模式，彻底解决了管理部门电费回收和用电管理难的问题，同时也对于节约用电也有一定的促进作用。

作为校园一卡通系统的一部分，电控子系统可以进行分宿舍的用电管理和用电收费，将大大减轻学校的后勤管理压力。在方便学校师生员工生活学习的前提下，能有效控制用电，节约能源，建立起一种新型的符合中国国情的职校后勤保障体系。

其特点如下：
（1）工程实施方便，仅需替换原有传统电表，就可以完成部署，无须布线；
（2）外壳具备良好的绝缘性能，接线端子部分被有效隐藏，使用安全；
（3）管理方便，只需要一台电脑，即可完成用户卡的购电等操作；
（4）采用LCD显示屏，正常运行时显示用户剩余电量、累计用电量、用户号等相关信息；
（5）一个电表配对一张用户卡，这样即使某些人拾到别人的用户卡，也不能使用；
（6）数据保护采用固态集成电路技术，不使用电池，断电后数据能保存达30年。

5）联网电控管理子系统

学生公寓用电管理是学校后勤服务部门面临的主要任务之一。随着学生用电需求的多样化以及以人为本的学生管理要求的提出，在部分职业院校中，脱机预付费电控可能已经无法满足后勤管理的需求。

联网电控管理系统由联网电控器、串口服务器、管理电脑、服务器等设备构成。通过联网电控，学校可以很方便地实现对于电控设备的远程管理。

其功能如下：
（1）具有双向计量功能，能够精确测量正反两个方向功率，且以一个方向累计电量，因而本产品具有防窃电功能；
（2）通信部分采用光耦隔离，防止外部的干扰破坏正常用电；
（3）可显示剩余电量、总用电量、实时功率、序列号、地址等，具体可由客户自行设定；
（4）可以与系统一起，实现统一的自助挂失解挂。

6）智慧公寓管理子系统

智慧公寓系统由控制主机、单相无线电能计量模块、无线流量传感器、无线门禁控制器等设备构成。控制主机安装在公寓中，实现对公寓的照明用电、插座用电、空调用电、热水、冷水、供暖进行管理和计费。同时，控制主机可通过连接无线门禁终端及电控锁，实现门禁管理和考勤管理的功能。此外，由于控制主机具有一个大尺寸的彩页液晶屏，可对用户提供一系列的自助服务和信息推送功能。

标配情况下，控制主机能够对公寓的照明（1 路）、冷水（1 路）和多达 6 路的插座实现分别计量，除了实现传统电控系统的电能计量、时段控制、负荷控制外，还能够满足公寓内不同人员的用电需要，根据用电量付费，客观公平；并通过以太网实现公寓用水电的实时监控、远程控制等诸多功能。作为一种公寓后勤管理手段，多路分控系统有效地满足了管理者和用户的多种需要。

其功能如下：
（1）可实现宿舍各种相关的功能需求；
（2）宿舍所需的各种功能模块使用统一的集中控制器，集中控制，集中通信，降低总体成本；
（3）方便统一进行设备管理、宿舍管理、账务管理以及人员管理。

5. 身份识别类子系统

在校园的教学生活活动中，有着各种身份识别类的应用需求，比如：学生证、图书馆出入、图书借阅、大门出入、办公室门禁、宿舍门禁、校医院诊疗卡，等等。通过数字化校园一卡通系统的建设，可以实现统一身份认证、身份识别一卡通。

校园一卡通系统包含一系列的身份识别类应用子系统（在行文中为方便叙述，"子"一般省略，直接称为系统），比如考勤管理系统、门禁管理系统、无障碍通道系统、彩门系统、会议签到系统、停车场管理系统、班车管理系统，等等。其中，考勤管理系统、门禁管理系统、无障碍通道系统、彩门系统以及会议签到系统为传统意义上的身份识别类系统，而停车场管理系统、班车管理系统除了包含身份识别类的功能外，还包含一些交易类的功能。

6. 考勤管理子系统

考勤管理系统是校园一卡通应用中的一种常见的系统。考勤管理系统由考勤终端机具、交换机、管理工作站和各种服务器构成。考勤终端机具安装在各考勤点，使用有线或无线的方式接入网络，考勤数据通过网络实时主动上传到服务器端。

考勤系统的原理是，利用持卡人在考勤终端上刷卡，从而记录刷卡人的信息以及刷卡的时间信息，考勤软件根据设定的班次规则计算得出人员出勤的信息，得到人员的出勤报表。管理人员通过安装在工作站上的管理程序，可以查询指定人员的考勤明细数据、统计数据以及分析数据。

考勤管理子系统具备以下功能：

1）考勤制度设定

根据用户的需要和实际情况，可任意设定符合自己的作息制度，例如法定假日、各类事假、轮休、上下班班次设定。

2）考勤排班

对员工班次可以根据规律，例如每周循环、每天循环、定期循环等做自动套用设定，这样可以快速、智能地对员工班次进行设置。同时支持对跨天、跨班次、加班等异常出勤的自动处理。

3）手工签到处理

对于种种特殊原因，不能刷卡签到的，可以通过管理人员手工输入上班时间代替签卡；对请假、出差等，也采用类似签到方式，能够起到刷卡考勤相同的作用。

4）考勤结果分析处理

通常情况下，存储于考勤机中的数据由管理软件自动采集，加以处理后，可形成完整的报表用以打印输出，完全不用专人管理。

5）信息查询及管理

可以对人员出勤、部门出勤、人员打卡种种情况进行细致的查询、并且加以统计，再以自己预先设定的格式打印输出报表，在检索时，能够根据人员卡号、指定日期、部门进行。该报表完全可以用来作为薪资计算的可靠依据。

7. 门禁管理子系统

门禁管理系统的目的是有效地控制人员的出入，并且记录所有出入的详细情况，来实现出入口的方便、安全管理。系统要能够完成卡片及人员授权、实时监控、门状态监控、出入查询及打印报表等功能。控制机可以联网和脱机工作，这样系统稳定运行起来之后，无须人员管理和值守。

门禁设备出于安全性的考虑，需采用专业的设计，即将门禁控制主机和门禁读卡器分离。门禁控制主机可以安装在就近的机房或者室内，只将门禁读卡器安装在门口，这样即使遭到破坏，也只能将门禁读卡器破坏，而门禁控制主机仍然保持完好，自然也可以保证出入口的安全了。对于一般的安全需要，可以在进入时刷卡，在出去时按下和主机相连的开门按钮；某些特殊的情况下，需要更高的安全性，也可以选择进入和出去（双向）都要求刷卡。

通常情况下门禁控制的对象有普通门，包括玻璃门、木门、铁门或者防火门等，这些都是控制安装在门上的电锁从而控制门的开关；还有的是出入通道，例如安装在图书馆、电影院、体育馆等公共出入口的闸机。以上都是利用门禁系统的身份识别功能进行身份和权限的验证，在验证成功后予以放行。

门禁管理子系统具备以下功能：

1）门禁与数据采集

进门时，有权进出该门的人员在门禁机前出示自己的人员卡后，天线上的绿色指示灯亮，门锁自动打开。当无权进入此门的人员在刷卡后，天线上的红灯亮（并出现报警），锁打不开。下班或外出时，在出口刷卡或轻按一下门上的按钮（两种方式任选），门锁自动打开。出入门时，门禁控制器会自动记录卡号、进门日期和时间等信息，并将及时把获取的数据传送给服务器。

2）权限管理与设置

可针对不同级别的持卡人进行权限设置——是否有权限打开某个门；还可以设置有效刷卡的时间段，最多可设置6个时间段；这样可形成"某人—某时间—某个门"有权限刷卡的时间，实现门禁管理。

3）数据查询与统计

所有的出入刷卡信息都保存在控制器或一卡通中心数据库中，在需要时可提供查询。

4）门禁扩展考勤功能

门禁的刷卡数据也可以作为考勤数据导入到考勤子系统中，这样避免了重复的投资，也减少用户要分别刷考勤机和门禁机的麻烦。考勤的结果在考勤子系统中可以查询或汇总。

5) 电子地图功能

软件可以启用电子地图功能，在软件里面设置好设备后，每个门采用一个图案表示。这样可以在软件上面直观观察到每个图案所代表门的变化：门开或者门关、破坏门禁设备、是否有人刷卡等，为管理提供了极大的方便。

6) 联动管理

可由软件启用安防联动、灯光联动、消防联动、监控联动；并在启用后在门禁控制器相应端口连接实现，例如：连接门磁装置实现安防联动，从软件电子地图可以实时监控；连接摄像机实现监控联动，从软件刷卡监控区可以监控和记录刷卡人图像。

8. 无障碍通道管理子系统

开放式无障碍快速门禁通道系统是一种新型的安防管理系统，其构成如表 5-2-3 所示。系统适用于集体公寓出入口、图书馆出入口等人员身份难以准确、高效判定并快速通过的场合。这些通道场合均具有固定持卡人员、一定时间内有较大通道流量，并配备现场管理人员的特点，无障碍通道系统能够对其进行有效的管理。

表 5-2-3　无障碍通道管理子系统的构成

项目	说明
通道	包括通道外壳、漏电保护器、变压器、485 接线盒、通道控制器、声光报警灯、红外开关等
线路	包括 220V 电源线，视频传输线，485 总线等
摄像机	用于对通道进出情况进行拍照
通道管理软件	通道管理，视频监控管理，与一卡通无缝连接
通道工作站	安装视频采集卡及通道管理软件，进行通道系统管理、录像、电子拍照等
发卡器	读取智能卡信息，用户发卡与换卡
智能卡	Mifare 系列芯片

开放式无障碍快速门禁通道系统能够实现 24 小时不间断视频监控及联动通道控制。持卡人进出通道主动刷卡，系统能够快速准确地判定进出持卡人员的合法性，筛选非法身份和无卡人员，同时声光报警及抓拍照片。避免了传统通道验证人员身份效率较低而造成进出口拥堵的状况。防尾随，反潜入。并在遇到紧急情况时可以快速地对人员进行疏散。

无障碍通道子系统具备以下功能：

1) 通过检测功能

通道无障碍，人员可快速通过，通道在人员通过时可快速检测到通过行为。支持多人识别，两人之间通过距离超过 25cm 即可正常识别。

2) 卡片识别功能

持有合法卡片的人员在通过通道时主动刷卡，即可直接通过。通道控制器会自动识别卡片的合法性，如果卡片非法或未刷卡，通道将会自动以声光方式报警。

3) 数据记录和上传功能

刷卡数据将自动在通道控制器内保存，在联网状态下，数据将实施上传到服务器。

4）数据查询功能

软件系统提供详细的明细数据和统计数据的查询功能。

5）实时监控功能

工作站软件可实时显示刷卡信息，如果安装有配套视频监控设备，将会实施显示视频信息，方便安保人员工作。

6）视频抓拍功能

如果安装有配套的视频监控设备，可以实现刷卡抓拍功能。系统会自动保存抓拍的照片以及抓拍时间、刷卡人等相关信息。

9. 图书借阅子系统

图书借阅系统是一卡通系统的一个子系统。图书管理系统是建立在先进的计算机技术、条码识别技术及非接触式 IC 卡技术之上，为图书借阅提供方便、高效的管理。每位读者用发放的校园 IC 卡来标识读者身份，书本则用条码来标识，分别用感应卡读卡器和条码阅读器来识别读者和书本。管理人员办理借阅或归还手续均不需手动输入，极大地提高了效率。

图书借阅系统由中心数据库服务器、图书借阅工作站、扫描枪、读写器、打印机等设备构成。图书数据、借阅数据、读者数据等数据存储在中心数据库服务器上，与一卡通数据库服务器共用服务器，共用数据库。扫描枪和读写器安装在图书借阅工作站上，用于图书录入、借还书管理、超期罚款等工作。

10. RFID 考勤子系统

学生持 2.4G RFID 卡通过读头读卡区域时，读头自动读取卡信息；

系统从 RFID 读头获取读取到的卡片信息；

系统分析读卡记录，生成短信数据和考勤数据。

11. 自助服务类子系统

自助服务类子系统包括网上 WEB 或 WAP 自助服务子系统、多功能自助服务终端子系统等。除此以外，自助服务子系统软件运行在触摸屏自助服务终端上，同一卡通中心数据库联网，为持卡人提供校园信息查询、修改密码、挂失卡片、卡内转账服务，同时，用户可以开放查询图书借阅系统信息、机房管理信息、考勤信息等。

1）网上 WEB 自助服务子系统

WEB 自助服务子系统是基于互联网的一种一卡通系统扩展应用。用户通过浏览器即可完成校园信息查询、修改密码、挂失卡片、卡内转账等各种服务。

2）多功能自助服务终端子系统

多功能自助服务终端子系统软件安装在触摸屏自助终端上，开机即自动运行。根据用户选择的服务类型，可以直接使用或者登录后使用。用户登录可以是输入用户名和密码登录，或者刷卡后输入密码登录。自助服务终端直接接入校园网，通过 WEB 服务器为用户提供各类服务。

12. 人员定位管理子系统

人员定位管理系统主要集中在学校内的应用，包括学校人员区域定位、与人员进出人数自动识别、统计，进行人员的考勤。根据现实的学校管理需求，加强本学校人员区域人数的管理，采用 RFID 技术来跟踪和记录每个人员在教室、图书馆、食堂等一些场所的进出情况，实现高效率的自动识别要求，统计在教室内、图书馆内、食堂内的人员人数。同时对学校的一些危险区域，进行定位报警。

1）室外人员区域定位系统

在学校室外区域，比如学校主干道、操场等，安装2.4G有源全向定位基站，定位基站的覆盖区域为100米，学生或者老师佩戴电子标签，当学生进入读写器识别区域，标签主动发送的数据被读写器接收到传输到后台进行处理，通过测算节点（读写器或者AP、电子标签）之间链接信号强度（RSSI）的方法，利用无线信号空间传输衰减模型估算出节点间传输的距离，逻辑算法进行处理，最终算出定位点数据，定位区域最小在6~8米区域。

2）室内人员区域定位系统

在教学楼里，以楼层为定位单元，也就是只需要知道学生在哪个楼层就可以了，需要在楼梯出口区域安装一台双频吸顶式定位基站，为保证学生出了楼梯，无论从哪个方向行走都能被其一个激活天线激活到，因此要在楼梯口的走廊左右两侧的和对面墙安装激活天线，激活天线采用棒状天线，安装位置离在本层楼地面约1.5米高的位置，当楼层里有重点区域时，可在当前楼层把重点区域从楼层单元里分出来作为另外一个定位单元，该定位单元也需要添加定位基站。

需要更精确定位，也就需要知道学生在哪一层的哪一个房间里，则除需要在楼梯出入口处安装设备外，还需要在每个房间门口1.5米高的位置安装一个棒状激活天线，房内安装一个单频定位基站，在走廊区域安装双频定位基站，上图为把学生定位到房间的设备安装方式。

13. 银行圈存服务子系统

自助充值系统是校园一卡通系统的一个重要组成部分，现在常见的自助充值系统有两种：一种是银行圈存系统；另一种是现金自助充值系统。圈存系统，也称银校通系统，它提供校园一卡通系统到银行系统的接口。通过该系统的实施，不仅可以实现持卡人使用银行卡自助充值，而且能实现一系列的其他自助服务功能。

金融服务子系统由学校圈存机、圈存前置服务器、网络设备等构成。圈存机通过校园网与圈存前置服务器连接，圈存前置服务器通过专线方式与银行联网。

金融服务子系统的功能包括两部分：子系统服务器的功能和终端功能。

1）子系统服务器的功能

查询服务：提供校园卡对应银行账户余额查询、明细查询和银行方发起查询校园卡持卡人基本信息功能。

转账处理：完成个人银行卡账户和校园卡电子钱包之间的资金转账。由银行卡账户转入校园卡电子钱包称为圈存，反之称为圈提。由个人银行卡账户转入学校账户称为代收，反之称为代付。

数据传递：完成银行与学校之间的批量收付文件、日终对账文件、银行卡和校园卡对应关系（签约）基本数据文件的传递。

对账：完成银行与学校之间的实时和批量对账、转账。

2）终端功能

圈存服务：查询、打印电子钱包的余额及明细服务；查询、打印银行账号的余额及明细服务。

转账服务；挂失服务。

3）主要实现的银行交易

（1）签到；

（2）转账（即圈存）；

（3）查询余额；

（4）查询明细；

（5）结算；

（6）上送；

（7）自动冲正；

（8）发送对账文件；

（9）发送签约文件；

（10）接收对账文件；

（11）接收签约文件；

（12）自动对账。

14. 现金充值自助服务子系统

有时候，由于各种条件所限，无法建设银行圈存系统。这时候就需要使用现金充值自助服务系统来实现自助充值的功能。现金充值自助服务系统由现金自助服务终端、网络设备等构成。

自助现金充值功能：持卡人可以使用现金进行自助充值，现金自助服务终端默认支持 20 元、50 元、100 元 3 种面额的人民币。

自助查询个人信息：可以通过自助服务系统自助查询个人信息，包括姓名、部门、人员编号、卡号、余额等。

自助查询个人账务：可以通过自助服务系统自助查询个人充值记录、消费记录等。

自助挂失解挂：可以通过自助服务系统自助进行挂失、解挂等操作。

15. 与第三方对接类（公交、银行等）

当前的校园数字化建设，一般都统一规划，以分步实施的方式进行。校园一卡通系统作为基础核心系统，会在早期完成建设。那么，后期的系统如何方便地与前期的系统做对接呢？第三方介入平台就能很好地解决这个问题。第三方接入平台系统提供各种标准接口，以便未来的系统可以方便地接入。

第三方接入平台提供以下一些主要功能，很好地保证了第三方系统与一卡通系统的耦合。

（1）读取卡片上信息；

（2）查询人事信息；

（3）查询一卡通账户的明细信息；

（4）卡片有效性验证；

（5）卡片的消费（可以脱机）、退费；

（6）卡片的充值、转账；

（7）卡片的挂失、身份功能的启用和禁用；

（8）第三方接入平台系统提供多种接入模式。

针对读写器，提供 OCX 控件，方便进行 C/S 架构以及 B/S 架构的程序开发。

针对软件系统，提供 Web Service 接口，并提供包括密码控制在内的一系列安全控制机制。

16. 校园车辆管理子系统

校园车辆管理系统作为智慧校园的一个重要组成部分，是利用先进的技术和高度自动化设备，对车辆出入和停车点进行安全、有效的管理。它是为校园管理者提供校园车辆的管理手段，为教职工的校园车辆行驶、停放提供服务的系统。

车辆出入管理系统是用于校园内车辆的出入及停放的管理系统，它可以保证校区内车辆行驶、停放的安全，便于随时了解校区内车辆的出入动态情况、停车场车位使用情况等，做到准确、高效和动态管理。在校区内的固定用户，可以统一使用一卡通，出入校园和进行车辆停放。

1）入场控制

身份识别：判断前来刷卡的车辆是否有入场权限。

信息记录：读卡时记录入场时间、车牌号、车主身份等信息，自动储存，备份以备系统调用。

临时发卡：对临时停车的车辆自动发给临时停车卡，卡箱缺卡或少卡时自动报警。

声光提示：语音及 LED 或 LCD 显示可根据需要发布各种信息。

逻辑控制：互锁式智能逻辑控制功能，确保一卡一车，不可以重复进出。

脱机功能：网络故障或电脑死机，关闭时控制机能正常工作，停电时能正常读卡，数据不会丢失。

智能计数：车辆刷卡后由系统自动计数，可以防止尾随，确保多辆车同时刷卡后能安全通过闸机。

2）出场控制

自动确认：读卡后可自动识别，合法卡自动放行并记录存储。

自动计费：临时卡可由系统自动计费，收卡收款后由工作人员放行。

车辆确认：读卡时确认车牌号、车主信息等。由值班人员确认是否为同一辆车。

临时卡回收：在完成收费后自动或人工收回临时卡。

声光提示：语音或 LED（或 LCD）显示应交费额、礼貌用语及相关信息。

3）中心控制

IC 卡管理：实现各种权限卡的发行、授权、修改、收回、挂失等管理。

收费标准设定：收费标准可由用户自主设定，操作非常方便。

中心控制：实时监控进出口车辆通行状态，防止意外事故。

操作记录：记录所有车辆出入情况，明确责任，防止作弊。

统计管理：提供各种统计资料及报表用于管理。

财务管理：自动计费，收费记录，产生收费统计。

中心收费：多出入口可以集中中心收费，减少管理。

4）全自动道闸

弹力平衡机构：采用先进的弹力平衡机构，使闸杆上下起落平稳，减少电机附载，增加使用寿命；

微电脑控制：采用智能芯片控制，RC 感应附载保护电路，多路传感器输入接口及电脑通信接口；

防抬杆功能：采用停止锁定功能，可防止外力抬杆，确保外力抬杆时内部结构不被损坏；

防砸车功能：

一级：地感感应，有车不落杆；

二级：电子压力波，落杆遇阻时可自动回弹；

三级：当闸杆遇外力冲击时，可横向弹开。

5.2.1.4 数字通信（开放校园）

1. 校园广播系统

1）方案设计

校园广播是建设智慧校园的组成部分之一，也是实现教育信息化的重要手段。尽管近几年来视频技术和网络技术在飞速地发展，但校园公共广播系统仍以它的实用性、经济性和便捷性被各类学校所应用，主要实现全体广播、自动广播、定时广播、定点广播、分区广播、紧急广播等功能，以满足学校对广播的需求和实现对教学的补充。

校园方广播系统以 MP3 智能音乐播放系统为音源核心：采用世界最先进的微电脑控制、MP3、FLASH 录音技术。将广播自动播放、音源选播、录音下载/音频和麦克风录音存储等先进功能综合为一体。高标准的产品定位、多功能的超前设计，成为广播设备的典范之精品，达到国内领先水平。以十六路矩阵分区器实现对分区广播。

传输方式：广播系统采用有线定压传输方式，传输电压 70～100V。

2）系统功能

（1）发布实时的语音广播、录音广播；

（2）覆盖教学区内的活动场所；

（3）广播覆盖区域分区控制，可视需要手动选择或关闭任何广播分区；

（4）强行插入寻呼广播或其他紧急广播，在发生突发性紧急事件时，可以强行发布警笛；

（5）能够实现自动定时管理，包括定时接通/关闭广播系统的电源，定时播放已编排好的钟声/音乐铃声或其他节目。

（6）高级系统除应符合一般系统的基本要求外，还具有下列功能：

节目分区，即可同时在不同的广播分区播送不同的节目（要有多路音源支持）、发布背景音乐，同时具备消防信号联动报警功能（预留），也就是当消防中心发出警报时，广播系统能自动对相应分区强行插播警报。此外，支持中央集控功能（预留扩展功能）。

2. 校园电视台

随着现代教育事业的不断发展，适应素质教育的要求，开放性、交互式的多媒体视频教学逐步被应用到教学实践中。数字化校园电视台的建立可以促进学生自主探索、创新学习的能力，并且可以开阔学生的视野，在教师、学生之间建立起一个互动式的视像网络教学平台。另外校园电视台可以让学校创办出自己的特色，比如对学校重大事件进行记录宣传，请学校里面各个科目的佼佼者进行学习上的交流以供老师观摩和其他同学学习等等。随着各个学校对教育软硬件投入的加大以及民用级别广电设备的价格下降，越来越多的学校会组建自己的电视台为学校提供重大事件纪实、师生教育、学习经验交流、宣传办学特色等做出贡献。

校园电视台主要由演播室、摄像机、录制编辑系统、自动播出系统和网络发布平台五大部分组成。校园级别的电视台一般来说属于民用级别，根据各个学校的需求不同所需的设备也不同。

演播室设置了一个演区：录播区（含虚拟抠像区）与导播控制区。景区布光以冷光源三基色柔光灯为主，为节约成本及满足使用功能，该演播室悬挂采用 80mm×60mm 的铝制轨道制作而成，灯光不仅能够满足该演播室布灯的需求，而且前、后、左、右可以自由活动，外观简洁美观。

灯具的配置：以三基色柔光灯具为主，彻底解决了演播室内温度过高的现状。灯具均采用铝合金型材，重量轻、散热性能好；反光器采用进口的高质量镜面铝板制作，大大提高了光效。

1）设计亮点

（1）具备多格式制作能力，能同时进行高、标清、模拟、电脑、流媒体信号节目的录制或播出，且实施简单方便，使系统具备极大的灵活性。

（2）系统自带同步功能，可以随意接入任何外来信号，不必担心因信号不同步而产生的画面抖动。

（3）系统集成度高，操作简便，维护方便。人机交互性好，为用户节省了很多额外的设备和人员。

2）系统功能

（1）校内外活动实况电视直播、录播或网络直播。

学校举办或参与的各种活动（例如新年晚会、运动会、教学报告会等），同期制作成视频节目。这样不但可作为学校每年活动保存纪念，也是和其他学校进行校园文化交流的重要资料。

（2）校园演播室节目录制。

通过对现有教室或房间的简单改造搭建校园演播室。演播室可制作出诸如校内视频广播、校园新闻播报、优秀师生访谈、师生才艺表演等节目。这不仅是信息传播的有力工具，同时也能调动起学生的参与校园活动的积极性和热情，从内到外提升校园形象。

（3）校内闭路电视广播。

利用校内现有的闭路电视广播系统，将音视频节目进行校内全覆盖广播。也就是将前面提到的多媒体课堂视频，校园活动节目视频，演播室制作的节目视频以及其他教学视频以电视广播的形式在校内进行发布，分布于校内闭路网络中的电视均能接收收看。

5.2.1.5 多媒体教室

多媒体教室系统由计算机技术、音视频技术、实物展台、交互式电子白板、功放、中控与音响设备等组成。在多媒体教室环境下，老师可用图文并茂的方式教学，激发学生的学习兴趣，提高教学质量，丰富了老师的教学手段，带给学生更生动的课堂知识，是改革教学手段的必然趋势。

通过多媒体教室系统，教师可以根据内容集中控制系统，实现对各种设备常用功能的控制和音视频之间的互切换操作，使教学的内容生动化、形象化和具体化，克服以往呆板的灌输形式，学生对于声像并茂的教学方式更易领会和接受。多媒体教学系统充分发挥了现代教学设备对提高教学质量的作用，缓解了上课教师的劳动强度。多媒体教室系统设计图如图 5-2-12 所示。

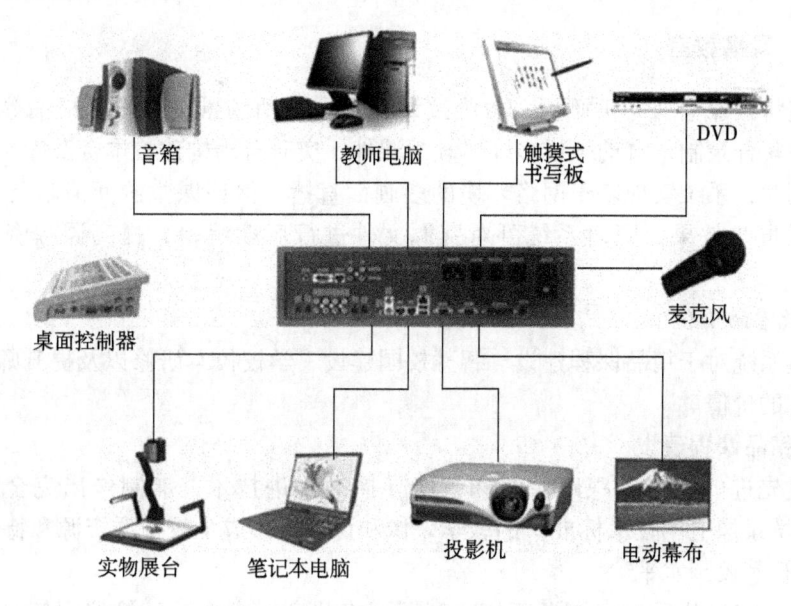

图 5-2-12　多媒体教室系统设计

1. 多媒体教室的优势

（1）系统根据现代化教学和自动化控制的需求而设计的，操作简单，切换自如，效果良好；

（2）所有操作和教学过程全部通过电脑控制，高效准确，安全可靠；

（3）具有对不同厂家、不同型号设备的兼容性，以及对平台控制软件的开发功能，具备对多媒体资料进行二次制作，编辑教材的功能；

（4）多媒体教室能与校园网兼容，调用室外教学资源；

（5）通过网络实现远程控制和校园网的无缝接入，提供多个层次安全控制手段，建立完善的安全管理体系。

2. 系统功能

（1）在课件及应用软件上对显示内容进行批注、批示、使教师的表达更为形象生动、简单直观，同时脱离了传统的黑板板书教学时的粉尘污染；

（2）投放画面效果比普通玻珠屏幕增益提高 3~5 倍，画质优美大气；

（3）将笔输入技术、触摸技术、平板显示技术、网络技术、办公教学软件等多项技术综合于一体，将传统的显示终端提升为功能强大的人机交互设备；

（4）在不同尺寸的书写屏上，可以实现书写、批注、绘画以及电脑操作；

（5）通过网络交互功能，可以实现异地数据和批注内容共享，与远程音视频会议系统完美结合，具有广泛的应用前景。

3. 特色亮点

（1）所有设备实现集中控制，教师上课只需要刷卡或插钥匙；

（2）具有对设备延时保护关机功能，可自行设定保护时间；

（3）可配合校园 IC 卡，一卡关闭所有设备；

（4）可集中管理，在总监控室可关闭学校多媒体教室所有设备。

5.2.1.6 录播教室

录播教室将授课电脑 PPT 画面、教师授课和师生互动场景以及教师板书等场景进行多种模式的自动整合录制，自动生成多媒体教学课件，实时自动构建校本资源库，供学生自主网上学习。同时，系统实现基于网络环境的多画面直播，保证课堂画面清晰且音视频文件能实现精准的同步效果，同时系统可对资源文件进行后期编辑，提高课程资源使用的灵活性。

1. 录播教室的价值

录播教室系统对于精品课程建设、智慧校园建设、学校校本研修以及提升师生教学效果等都具有一定的价值。

1）完成精品课程建设

系统通过先进的全自动跟踪录制和智能导播等先进技术，能制作出完全符合教育部《精品课程教学录像上网技术标准》的教学录像和课件，形成学校优质资源和特色资源。

2）提升智慧校园水平

专业致力于打造优质教育资源环境，利用网络共享课堂系统助推校园信息化水平稳步提升。

3）促进学校校本研修

系统内置微格教学、语音打点、教学评价等一系列促进教学提高的系统，为学校教学评优、评估评比等提供决策支持数据。

4）提高教师教学能力

教师可以通过录播系统提供的平台，自我学习、审视、反思，老师之间可以相互观摩、交流、借鉴，有助于老师教学能力的提高。

5）加强学生课后学习效果

学校可以利用优质教学资源为学生家长提供相应服务，学生在课后则可通过浏览直播、课件和视频点播等享受系统资源，实现自主学习。

2. 系统功能

（1）所有录播教室及录播会议室均可通过网络采取集控式管理，支持多间教室同时录制课程；

（2）集录播系统控制、定位系统控制、导播系统控制于一体，通过控制面板可以控制整个录播系统所有设备；

（3）可对课堂学生与老师实现全程定位录像和特写；

（4）录制课件时可选择多种码流、多压缩比同时生成；

（5）音频信号与视频信号进入录播系统同步编码，并实时录制；

（6）实现带特效功能的教师、板书、学生、教学电脑等教学场景的自动切换；

（7）支持自定义导播、在线点播、课堂直播；

（8）远程后台管理系统具有系统直播管理、点播管理、用户管理、资源分类、用户认证、权限设置等功能。

5.2.1.7 智慧教室

运用物联网、传感器、射频识别（RFID）等技术手段，打造集智慧教学、智慧管理、环境智慧调节、视频监控及远程控制于一体的新型现代化智慧教室。以大数据及可视化技术为核心，融合电子白板、数字笔、电视（显示）墙、无线网络、数字摄像、环境传感器等在内的多种设备和技术，改变传统的以教师为中心的教学模式，为师生提供讲授式学习、翻转课堂、自主探究式学习、合作探究式学习等多种课堂模式，采用移动学习平板终端和教学应用APP实现课堂互动，整合教学资源，创新教学模式，优化教学流程，实时进行教学评价。

遵循"依据需求、统筹规划、分步实施、成熟可靠"的原则，高起点、高标准地建设统一管理平台。从智慧环境感知系统、智慧教学体系、可视化管理中心三个方面建设形成覆盖全校的网络体系和基础服务，涵盖学校教学和管理核心业务的方方面面。

1. 智慧教室总体架构

1）智慧教室总体架构设计图（如图5-2-13所示）

图5-2-13 智慧教室总体架构设计图

2）智慧教室整体效果（如图5-2-14所示）

2. 主要功能

智慧教室的环境感知基于物联网工程信息平台，依托光载无线交换机、远端射频单元、模拟光纤、以太网交换机、WiFi设备服务，构建物联网的网络层和感知层；系统通过统一

图 5-2-14　智慧教室整体效果

的物联网信息中心，完成数据的存储、分析和应用。感知与控制模块包括各种传感器和控制器，用于感知环境和实现对设备的控制。

1）智慧环境感知

智慧教室的环境感知基于物联网工程信息平台，依托光载无线交换机、远端射频单元、模拟光纤、以太网交换机、WiFi 设备服务，构建物联网的网络层和感知层；系统通过统一的物联网信息中心，完成数据的存储、分析和应用。

整个感知系统涵盖物联网的三层结构，主体功能模块包括物联网工程信息平台、教务考勤管理系统、智能教学系统、设备管理系统、灯光控制系统、空调控制系统、窗帘控制系统、智能安防系统以及门禁系统。环境感知部分设备如图 5-2-15 所示。

2）智慧课堂教学

教学系统由内置电子白板功能的触控投影机一体机、功放、音箱、无线麦克、拾音器、问答器和配套控制软件构成。使用内置电子白板功能的触控投影机代替传统的黑板教学，实现无尘教学，可在投影画面上可以操作电脑，在每个桌位上配置问答器，实现师生交互式课堂教学。课堂教学系统示例如图 5-2-16 所示。

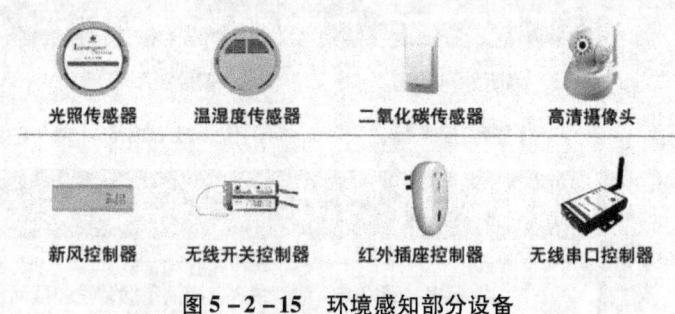

图 5-2-15　环境感知部分设备

3）智慧信息发布

（1）智慧班牌。

智慧班牌是学校日常工作、班级文化展示和拓展课堂交流等实现智慧校园的一个很好的

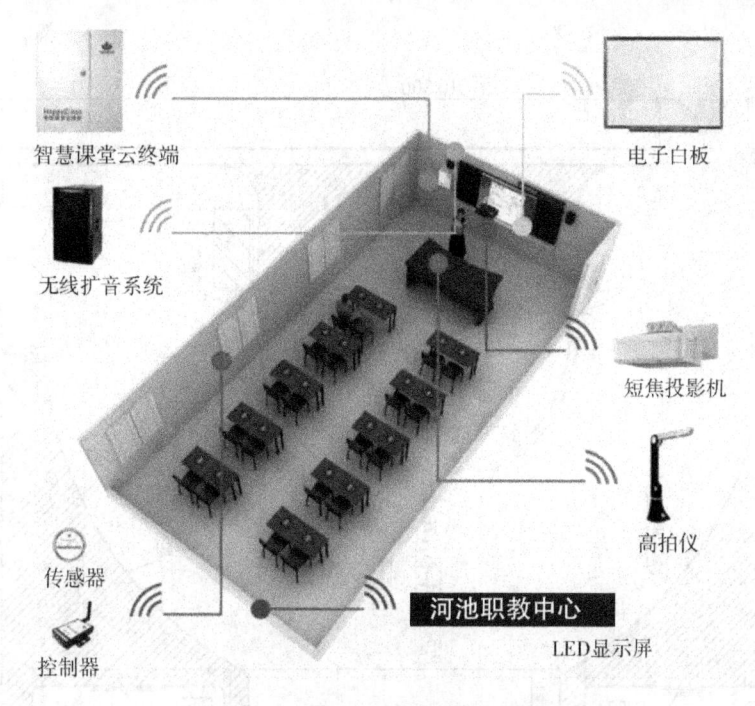

图 5-2-16　课堂教学系统示例

应用载体，多用来显示班级信息、当前课程信息、班级活动信息以及学校的通知信息。不仅能实现最基本的信息发布载体功能，还可通过增配智慧考勤扩展套件、智能资产管理扩展套件和智慧教室环境感知扩展套件，构建智慧教室、智慧校园环境。

（2）感应终端推送系统。

感应终端推送系统结合物联网平台组建的无线 WiFi 网络，通过 WiFi 设备服务器、RFID 读卡器等实现对移动终端的感知。当进入终端展示设备的时候，可及时感知，推送课程信息和服务信息，告知新近动态。

5.2.1.8　VR 协同创新中心

VR 协同创新中心一方面坚持"科学规划、共享资源、突出重点、提高效益、持续发展"的指导思想，以全面提高学生创新精神和实践能力为宗旨，以共享优质实训教学资源为核心，建设具有扩展性、兼容性、前瞻性的硬件设备和智能管理平台，高效管理实训教学资源，满足学校机械工程、经济管理、基础科学和汽车工程等相关专业的 VR 实训需求。

另一方面，通过应用 VR 技术、人机交互技术、动态环境建模技术、实时三维图形生成技术、立体显示和传感器技术、应用系统开发工具和系统集成技术等新一代信息技术搭建高度逼真的全新实训教学环境，为全校多学科专业师生带来全新的沉浸式教学和学习体验，从而最大化地激发学生、教师积极性和创造热情，促使学校进一步地改变教学手段和教学方式，丰富教学内容，节约教学资源等。

1. 中心规划布局

主要包括 VR 展示体验区、VR 教学实训区和 VR 资源开发及培训区三大功能区，如图 5-2-17～图 5-2-21 所示。

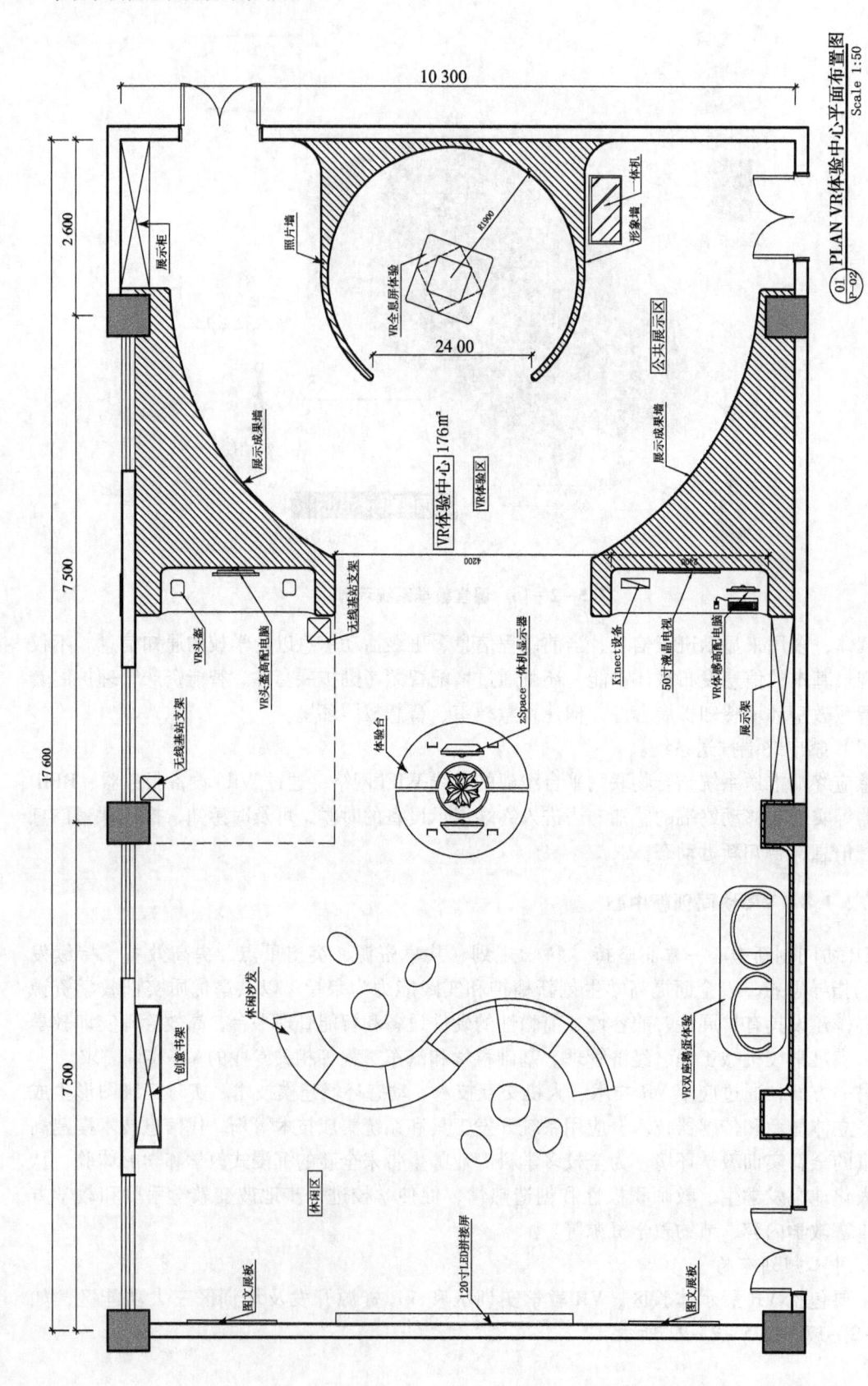

图5-2-17 整体规划布局——VR展示体验区

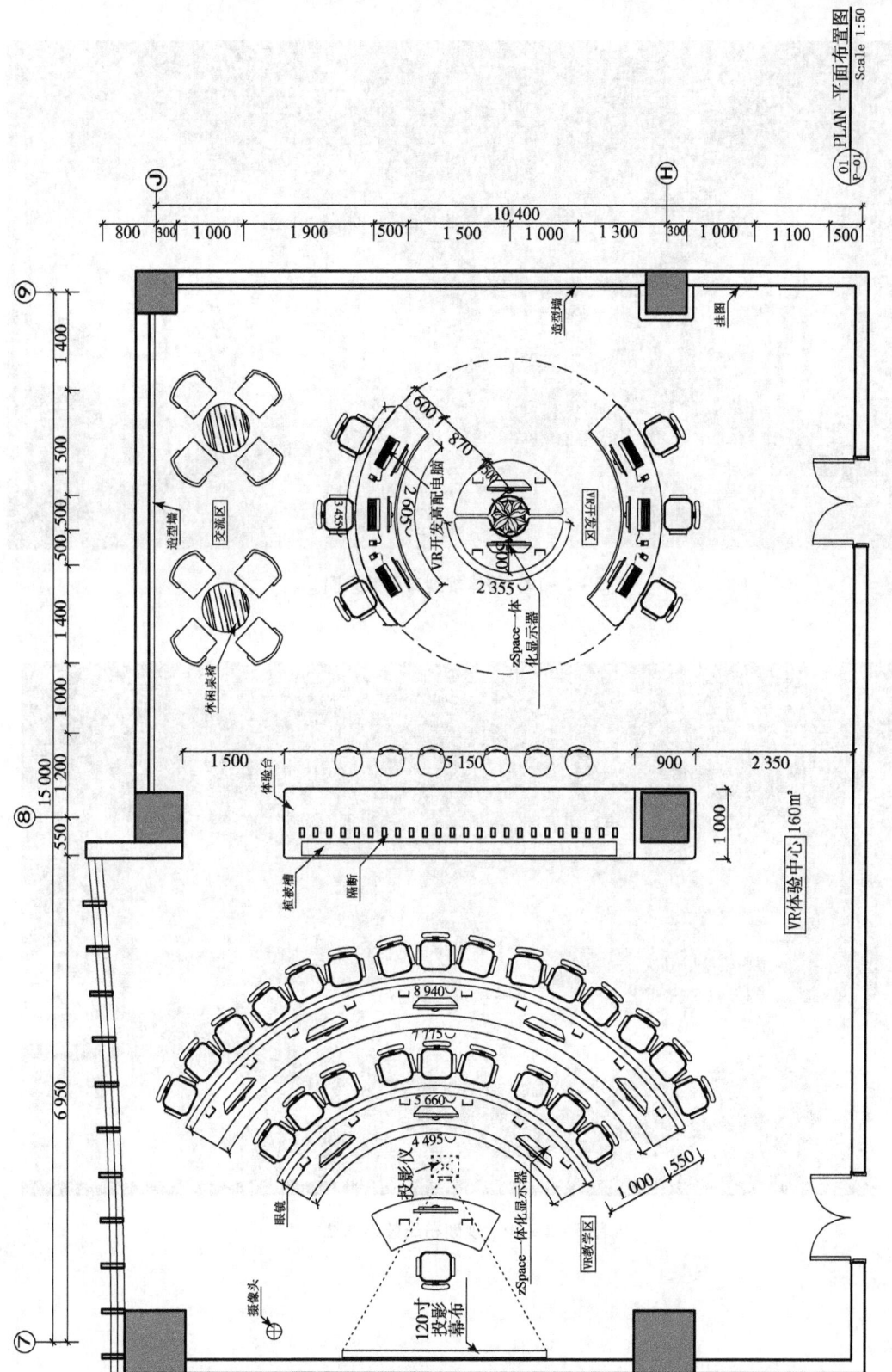

图 5-2-18 整体规划布局——VR教学实训区和VR资源开发及培训区

图 5-2-19　整体规划布局效果图①

图 5-2-20　规划布局效果图②

图 5-2-21　规划布局效果图③

1）VR 展示体验区

展示体验区是中心的入口与门面，对内可让学生接触体验到最新的 VR 技术；对外承担着宣传与接待的功能，可接待领导考察，面向社会开放，扩大中心影响，塑造学校品牌。

2）VR 教学实训区

教学实训区面向职业学校，把 VR 技术引进教学实训中，是专业实训+创新教育的植入，解决传统实训形式枯燥、教学内容抽象、实训设备损耗严重、实训操作危险等难题，有效提升职业院校教学实训效果，让实训室真正成为职业教育第一课堂。

教学实训区主要应用于各学科的实训与教学，开发专业线和实训项目，涵盖理工科、农林牧渔、大经管、旅游酒店、养老医疗、金融、创就业等专业方向。

3）VR 资源开发及培训区

VR 产品开发涵盖了 VR 最前沿产品的开发，包括基于桌面交互、沉浸交互和体感交互的 VR 开发。学校可依托 VR 开发区，培养 VR 技术人才，合作开发 VR 资源，开展 VR 技术社会培训。在完成学校 VR 人才团队组建后，还可与公司进行深度校企合作，作为 VR 资源开发外包中心，实现自我造血功能。

2. 中心功能设计

VR 中心区域设计主要针对场馆进行规划设计，区域建设可实现如下功能与效果：

展示宣传：面向校内外展示最新建的 VR 技术，通过 VR 技术宣传学校办学特色与教学成果，提升学校品牌形象，同时提高学校在当地的影响力。

实训教学：VR 技术应用于教学，建设 VR 课堂，改变灌输式的教学模式，使教学内容生动化、形象化和具体化；建设 VR 桌面实训，真实还原实训场景，实物 1∶1 建模，让学生在全真模拟环境中预实训，不影响实训效果的前提下减少实训成本。

资源开发：建设 VR 开发区，实现校企合作，师生共同开发相关教学软件，教师可获得课题经费，学生可提升实践能力，提高就业竞争力。

创新创业：为学生在专业知识领域的创新创业提供实践、验证的机会与平台，帮助学生在动态发展中实现知识向能力的转化，提升专业知识水平及专业创新能力。推动学校双创教育的蓬勃发展，构建"创新、创造、创业"三维一体的教学实训与实践新格局。

1）VR 展示体验区

VR 体验区担负着对外宣传和接待的功能，面向校内外展示最新的 VR 技术，通过 VR 技术宣传学校办学特色与教学成果。通过对 VR 设备的体验，学生可接触体验到最新的 VR 技术，了解 VR 技术在各行各业的应用，感受 VR 所带来的魅力（如图 5-2-22 所示），培养学生的创新创作思维；可接待领导的参观考察，向领导展示学校高科技风采，提升学校形象；在学校家长开放日，可接待来访学生家长，让家长体验学校最新的教学模式，提升品牌形象，助力学校招生工作。

中心配置了最新的、多种形态的 VR 设备，包括桌面式 VR 设备、沉浸式 VR 头盔设备、体感式 VR 设备、裸眼 3D 显示平台、VR 全景相机等 VR 设备。

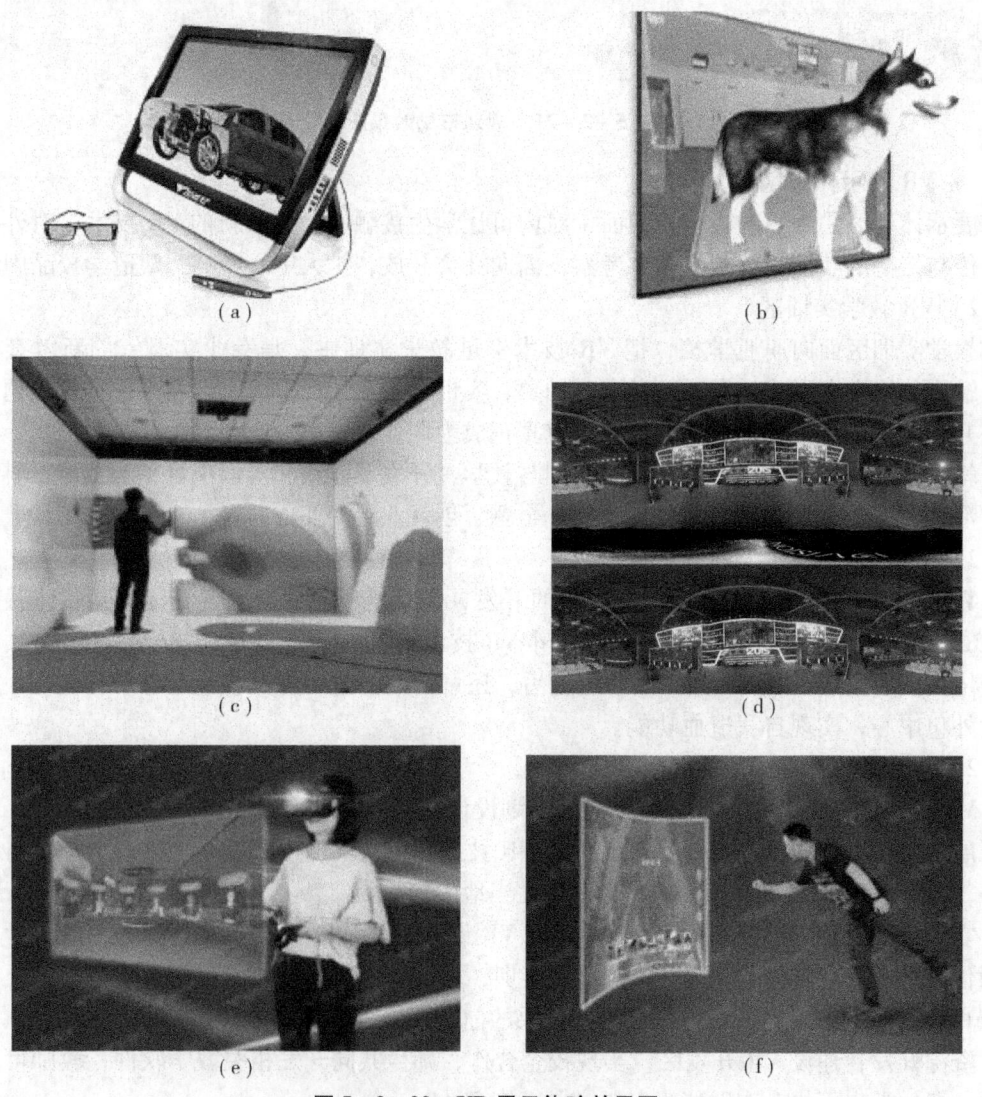

图 5-2-22 VR 展示体验效果图

2) VR 教学实训区

针对学校的专业特色和实操需求，教学实训区的建设主要配套了桌面式 VR 操作平台和 VR 智慧课堂教学编辑平台。

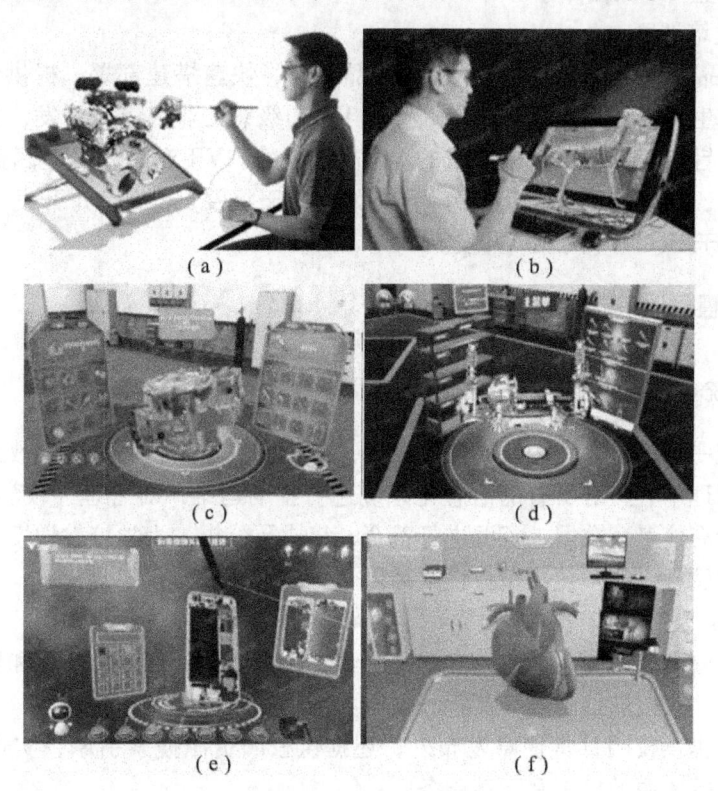

(1) 桌面式 VR 操作平台。

桌面式 VR 操作平台为高清 VR 显示器与应用服务主机系统高度集成，内置适用于教学的虚拟现实及增强现实软件，通过轻便的无源偏光镜及触控笔实现全新逼真的与现实世界有机整合的 VR/AR 虚拟体验效果，实现现实与虚拟世界的自由穿越，并能通过增强现实技术让使用者轻松地分享虚拟体验。整套设备具备良好的开放性，便于师生及学生小组之间的交互，使用者在佩戴眼镜时不影响正常的课堂教学交流；具备良好的交互性，使用者可通过 6 自由度的触笔在空气中对眼前的全息影像进行选择、旋转、任意摆放和拼接物体等自然的人机交互，并且长时间操作观看也不会产生晕眩感，非常适用于理工类需进行结构原理展示、零部件拆装等学科的教学实训。在教学实训区，学生通过操作 VR 设备进行实训，与教师进行互动，高效率探索性学习，真正实现教学做创一体化。

参与者还可以通过 VR 投影系统或者裸眼 3D 显示平台，结合桌面 VR 操作平台，实现创新的教学实训新模式。桌面式 VR 操作平台软件如图 5-2-23 所示。

图 5-2-23 桌面式 VR 操作平台软件

(2) VR 智慧课堂教学编辑平台。

VR 智慧课堂教学编辑平台是专为职业教育领域打造的，借助 VR 技术、可视化技术、大数据、计算机网络、图形系统工具和人工智能等先进技术，打造基于基础场馆建设，集资源开发、资源管理、资源应用和为一体的教学系统。系统以课程为单元，汇集生动新颖、互动性强的课件、电子书、微课、flash 动画等高质教学资源；解决教学资源少、讲授内容不直观，知识点生涩难懂的教学实际问题。相较于市场上提供单教学资源服务商，除标准资源外，按提供课程配置服务项目，以客户目前现有课程资源与体系为蓝本，以 VR 课堂资源为支撑，定制化配置客户专属课程内容，满足学校个性化的使用需求，最大限度满足教师授课习惯。

特色亮点如下：

①以先进理念创新教学模式，课程资源设计融入德国双元制和行为导向教学法设计思路，可形成互动式、体验式等创新的教学模式，取代传统的填鸭式教学，真正帮助学校将理念深入教学实践中。

②服务贴心周到，全程交钥匙工程，确保教师快速使用，真正用于教学环节，提供数字化教学资源培训服务，助力老师快速掌握资源制作技巧。

③海量资源共享，开发近千门课程，具有上万条素材资源，可与学校形成校企合作，实现资源共建共享联盟；基于已有的客户服务经验，帮助学校实现资源建设成果转化。

VR 智慧课堂课程资源开发，以教学标准为准绳，以职业标准为依据，以知识点为最小单元开发构建专业 VR 课程体系。

3）VR 开发培训区

提供 VR 产品开发包，并可与 VR 硬件产品结合，快速搭建部署。提供含有众多 3D 素材的模型库，学生可进行虚拟现实创作，实现 VR 初级、工业级应用开发，并通过 VR 硬件产品进行展示，旨在培养满足社会需求的 VR 高端人才。VR 产品开发包涵盖了虚拟现实最前沿产品的开发，包括基于桌面交互的 VR 开发、基于沉浸交互的 VR 开发、基于体感交互的 VR 开发、基于 Hololens 的 MR 开发。

5.2.2 智慧管理

5.2.2.1 统一管理平台

智慧校园统一管理平台利用现代先进技术，构建统一信息门户、统一数据中心、统一权限管理和运维管理中心，对所有的信息化系统进行主动运维，对管理、教学、科研、生活、文化和服务的所有信息、数据、资源进行整合、集成及分析，为学校教学模式改革、教学方法创新、精细化管理、科学化决策提供支撑。

1. 统一信息门户

门户是整个管理平台的总入口，实现跨平台、跨系统数据资源的优化和聚合，提供统一的信息发布接口、规范的信息发布流程和安全的网络支撑环境。

校园门户除提供校园日常信息发布外，还提供校园资源搜索引擎，实现校园文档、视频、教辅、图书等资源的检索和下载服务。

2. 统一身份认证

建设全校统一的权限管理中心，对用户资源进行集中存储和管理，也对访问权限进行集中控制和管理，保证用户电子身份的唯一性、安全性、便捷性。权限管理主要有目录服务、用户数据库、实名身份认证、组织级用户管理、电子证书等组成。

3. 统一数据中心

智慧校园统一数据中心实现各业务系统数据的汇总、分析、深度挖掘机数据交互；并建立统一访问接口，构建学校数据标准库，为学校的运营管理、发展规划、决策支持提供服务。

5.2.2.2 人事管理系统

人事管理系统，是针对教育行业人事管理体制而研发的智能管理系统，为教育行业提供完整的个人档案管理系统，为校内各职能部门业务需求的信息调用、管理工作的切实保障提供高效、准确的一体化服务，包括教职工档案信息管理，支持对党员信息进行管理，支持人事异动信息管理等功能，建立完善的教师管理体系，协助各职能部门，同时，系统与教务系统、德育系统、协同办公系统等系统的数据形成数据对接，真正实现数据互通。解决人事纸质档案管理的低效、信息繁杂问题，借助信息化网络技术，为学校提供信息化、高效管理的办公环境。人事管理系统设计图如图 5-2-24 所示。

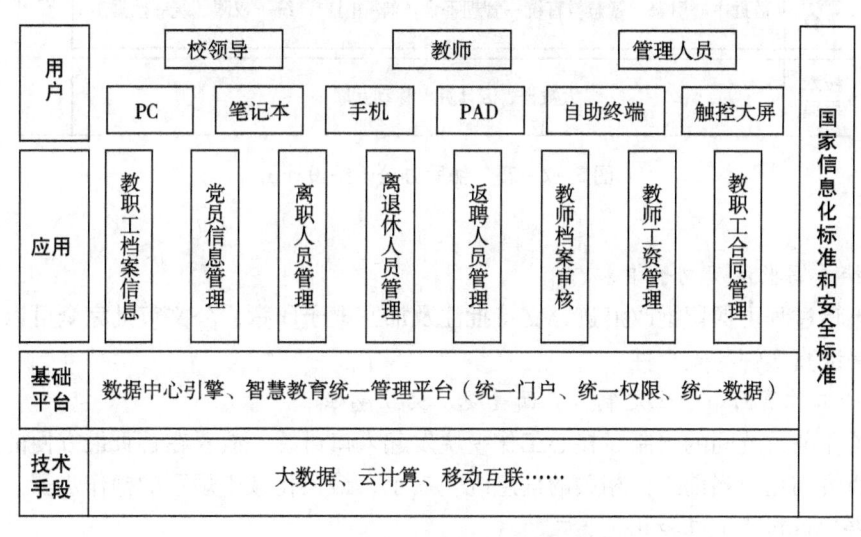

图 5-2-24　人事管理系统设计图

1. 完整的教师个人档案

对教师的管理实现成长记录档案的全记录，从教师进校前的经历录入、进校到退休、离校全过程的跟踪，详细记录教师在校期间的奖励处分、科研课题、论文发表、编译专著、培训管理、交流学术等。

2. 开放性数据接口，连通其他业务系统

可通过数据集成方便地获取来自教务系统、德育系统、协同办公等系统的数据，为年度考核、职称评定提供数据支撑，同时为其他业务系统提供教职工信息数据。

5.2.2.3 协同办公系统

智慧校园协同办公系统基于自主研发的工作流引擎，系统涵盖事项待办、个人中心、系统管理等操作功能，实现校领导、部门领导、教职工、管理员分级授权，不同用户使用相适应的系统界面，并支持常用功能收藏后一键访问，充分满足个性化操作的需求，同时提供 PC 端和移动端两种使用端口，实现随时随地办公。协同办公系统设计图如图 5-2-25 所示。

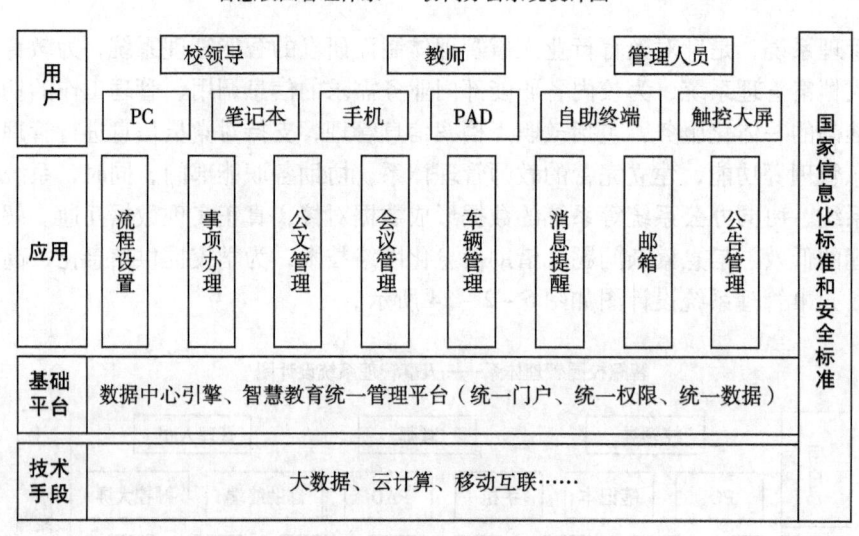

智慧校园管理体系——协同办公系统设计图

用户	校领导		教师		管理人员		国家信息化标准和安全标准
	PC	笔记本	手机	PAD	自助终端	触控大屏	
应用	流程设置	事项办理	公文管理	会议管理	车辆管理	消息提醒	邮箱	公告管理	
基础平台	数据中心引擎、智慧教育统一管理平台（统一门户、统一权限、统一数据）	
技术手段	大数据、云计算、移动互联……	

图 5-2-25 协同办公系统设计图

1. 支持手写批注及电子印章

公文流转过程可保留批改痕迹，支持批注及加密电子印章，公文审批完全可以在系统内完成，并保证真实性与安全性。

2. 支持工作页面个性化定制、界面美观、交互感强

打破了业务系统间的限制，核心工作模块发起入口可统一放置在首页最方便的位置，消息提醒模块将与用户当前工作相关的信息统一展示，最大化减少烦琐的操作步骤。

3. 支持 Android 手机和 iOS 手机

配备移动端，简单易用，功能齐全，彻底打破电脑及场地对教职工工作的限制，能随时随地处理各种办公问题，突破管理中的效率瓶颈。跨平台的信息连通，提供各种数据库连接接口，可以通过程序定制，访问现有的业务信息系统，如教务、德育等。

5.2.2.4 教务管理系统

智慧校园教务管理系统基于统一的数据中心引擎，以智慧校园基础平台为基础，实现统一的登录入口、统一的身份认证及统一的数据接口，系统涵盖教材管理、智能排课、考务管理、成绩管理、量化考核、教师评教六大模块，针对学校不同层级的管理人员及老师、学生提供相应的功能权限，简化教务工作流程，提高教学管理水平。教务管理系统设计图如图 5-2-26 所示。

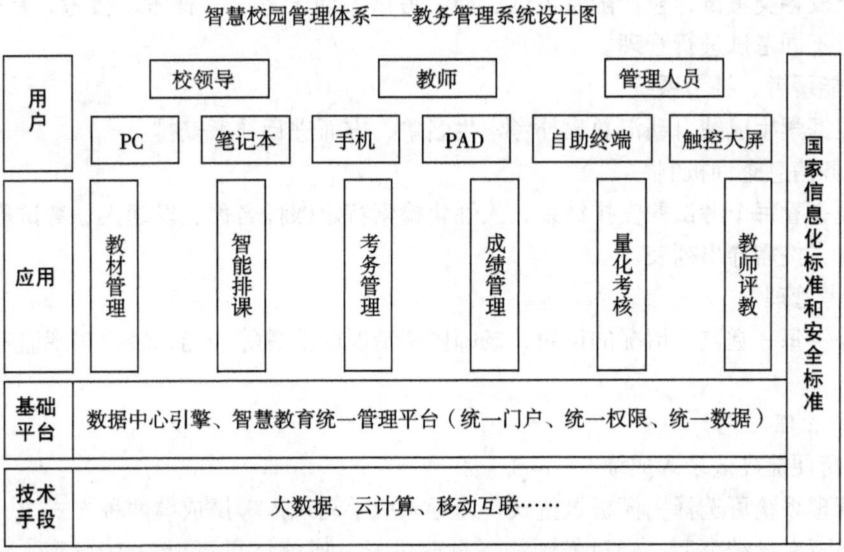

智慧校园管理体系——教务管理系统设计图

用户	校领导		教师		管理人员		国家信息化标准和安全标准
	PC	笔记本	手机	PAD	自助终端	触控大屏	
应用	教材管理	智能排课	考务管理	成绩管理	量化考核	教师评教	
基础平台	数据中心引擎、智慧教育统一管理平台（统一门户、统一权限、统一数据）						
技术手段	大数据、云计算、移动互联……						

图 5-2-26 教务管理系统设计图

1. 教材管理

1）管理流程

教材管理流程依据学期开课计划确定各个年级、专业的对应课程，由课程承担单位通过系统为课程确定相应的教材与数量；参照现有库存，最终确定需要采购的教材与数量，将教材采购单报给相应的管理部门。

2）教材征订历史查询

按课程查询近年来教材的选用情况，教师可根据学期教材情况导出领书单。例如同一门课程依据专业不同可以使用不同教材，专业负责人在确定课程所使用的教材时，可以先查询历年这门课程使用教材的情况，了解教材变动因由，然后再确定最适合的教材。

2. 智能排课（排课管理）

1）教学计划的快速编辑

可从课程数据库中为各专业添加课程，编辑专业培养方案内容，最终形成完整的专业教学计划，为学期开课内容提供数据支持。可复用往年教学计划，达到快速编辑的效果。

2）人性化的开课信息编辑

可自由设置每门课程的任课老师、上课地点、连排学时等信息，满足学校多样的排课要求。

3）一键自动排课

用户只需通过简单的设置，即可一键进行自动排课，排课完成后支持对排课结果进行快速调整，帮助用户快速进行课程编排。

4）多维度的课表查询及学时统计

可以根据查询条件，生成全校总课表（按班级/按教师/按教室）、教师课表、学生课表、班级课表和教室课表。

3. 考务管理

1）全面的考务管理

涵盖全校各类考试，包括随堂考试、期中考试、期末考试、补考、缓考、社会考试等，方便用户对不同考试进行管理。

2）智能缓考、补考系统

系统根据学生成绩自动汇总出补考学生名单，方面进行补考安排。

3）考务信息查询机制

可在线查看每个考试的安排结果，人性化检索特定课程名称、发起人、考试班级、所属科组等信息，按需导出列表。

4）监考管理

系统提供每一堂监考情况的记录，老师监考情况的汇总等功能，轻松实现监考信息的智能管理。

4. 成绩管理

1）支持便捷高效录入成绩

成绩管理系统可选择用模板批量式快速导入或手动录入考试成绩两种方式。

一轮线下考试结束后，经过教师线下批改试卷，成绩结果可以一个个录入成绩管理系统，若成绩已有电子档，也可以下载模板，对成绩进行调整，导入表格，则表格上所有学生的成绩就可以一次性导入数据库。

2）完整的学生成绩总库

学校可自行设置成绩种类，进行平时考核成绩的录入，可分析学习成绩与德育成绩，形成综合成绩。系统中可查询学生历年历次考试的成绩和学生的总成绩，可导出学生在校期间的成绩单。

如学生想要查询自己去年的历次考试成绩，可以在系统中选择相应学年，即可显示出自己去年历次考核成绩。

3）无纸化考试系统及对纸质试卷扫描入库

可对接无纸化考试系统，实现考试、阅卷全程在线；也可对纸质试卷进行扫描入系统，真正实现全程网上批改试卷。考试结束后，为了便于阅卷及试卷保存，可以对纸质试卷进行扫描并导入系统，教师就可在网上进行阅卷，不受地点限制。

4）成绩审批环节

老师将成绩录入后，可对成绩进行统一报送，进行批量审核。

5）强大的成绩分析系统

该系统支持按课程和班级查看学生的成绩分数段、不及格率、优秀率、方差等，生成表格及图形，为教务部门提供强大的数据支撑。

5. 量化考核

1）自定义的指标方案

根据学校的实际情况，用户可自定义指标方案以适应学校的实际量化考核管理办法。指标方案编辑界面简洁而灵活，可自定义指标层级。只需要简单的设置，后续数据录入即可自动汇总和计算平均得分。

2）支持问卷调查功能

可根据学校实际需要设计问卷模版，支持单选、多选及填空等必要题型，并预设多种评价关系如行政班学生评班主任、部门负责人评部门科员等，亦可自定义评价人及被评价人，灵活设置。问卷关联到指标后即可使用,通过新建问卷批次发布问卷,问卷收集完毕后即可将问卷成绩自动输出到相应指标中,操作简便。

3)完整的评估数据及对比分析

可查询完整的评估数据,并提供历年的量化考核成绩对比分析,为学校评价教师提供强大的数据支撑。

6. 教师评教

1)多种教学评价方式

课堂巡视、课堂教学反馈、教学常规检查等多种教学评价方式满足了学校对于日常教学过程中的监督检查需求,实现了学校对应教学过程的评价和跟踪,是日常教学评价中的重要组成部分。系统支持自动计算一段时间区间内的平均得分,减轻了教学管理过程中的工作量,提高了数据的准确性和可信度。

2)移动化的课堂巡视

移动化的课堂巡视实现了学校对教学过程的实时记录、评价和跟踪,减轻了教学管理过程中的工作量,加快了信息传递速度。

5.2.2.5 学生综合管理系统

学生综合管理系统是以服务学生为核心的综合管理服务平台,以学生为主线,涵盖学生从入学、在校期间到毕业后的管理,形成全程闭环全方位管理。智慧校园学生综合管理系统,以基础平台为依托,打造涵盖招生管理、迎新管理、宿舍管理、学生管理、课堂日志、德育管理、资助管理、社团管理、户籍管理、离校管理等功能的学生全流程管理系统,同时开放数据接口,与学校现有的财务系统、教务管理系统、人事管理系统做对接,真正实现学校数据的互通共享,优化学校管理流程,提高学校管理效率。学生综合管理系统设计图如图5-2-27所示。

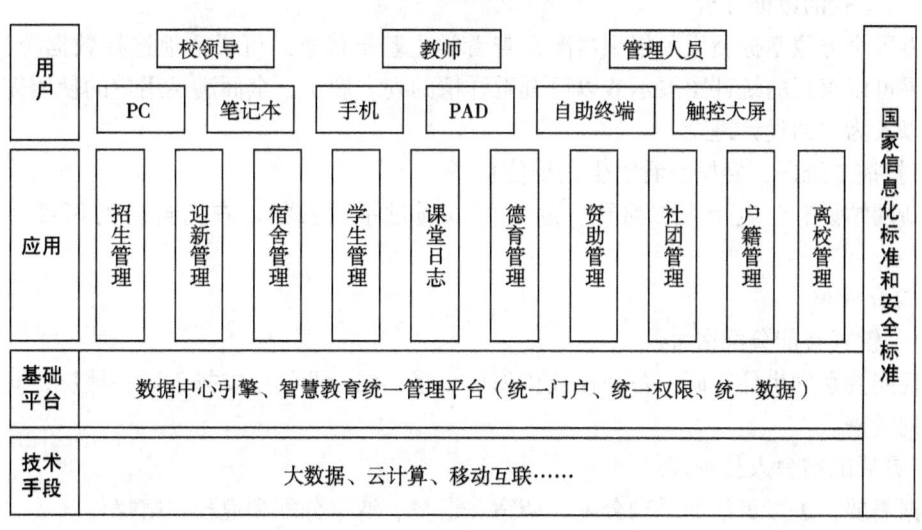

图5-2-27 学生综合管理系统设计图

1. 招生管理

1）智能化设计，一站式服务

根据各部门的职责和相应的权限，使部门间能够最大限度地共享信息资源，一站式完成新生信息录入、新建班级、新生分班、新生报到登记、新生缴费登记、新生学籍档案、新生统计等工作。

2）二维码扫描，轻松快速完成报到流程

系统在新生录取通知书中设置二维码，新生到校报到时，只需扫描通知书上的二维码，快速定位到本人信息，现场采集照片后轻松快速完成报到手续。

3）多维度学生数据采集及数据导出方式

提供花名册、性别、生源地等学生信息数据采集，采用多样化的数据统计方式（以地图形式展现生源地域分布），可满足上报数据要求并灵活地进行数据导入导出。学校通过统计报表功能实时掌握学生报名数据，以及每年的招生完成情况。

2. 迎新管理

1）双向传递的信息通道

学校迎新相关部门通过迎新系统平台向新生传递学校概况及与报到相关的事宜，被采集的新生信息可使学校提前了解新生预报到情况、新生学习主动性以及性格特征等。迎新管理系统以人性化的服务为学校和新生之间建立互相了解的桥梁。

2）预约式的报到服务

新生到校之前，可以通过访问网站，查询自己的班级、宿舍等情况，查看新生指引，提早做好报到准备工作。

3）多维度、多元化的数据采集

提供新生入学测试、新生调研、预报到登记等功能，对新生的校园熟知度、兴趣、专业发展方向、预计报名人数等情况进行数据采集，以便于校方及时调整教学计划及人才培养计划。

4）订单式的数据分析

校方可全方位掌握新生预报到情况，查看学生基础信息。可灵活地选择数据统计方式，统计结果可以直观的统计图展示或以可查看详情的列表展示，全面满足用户的使用需要，充分体现以人为本的设计理念。

5）扫描二维码，轻松查看学生在校信息

迎新网站设有新生个人二维码，新生可以通过手机扫描，查询自己的班级、宿舍等情况。

3. 宿舍管理

1）一键式智能分配宿舍

实现同院系学生住在同一宿舍楼或相邻宿舍楼，同专业学生安排于同一楼层，同班学生宿舍排列紧密。

2）灵活的宿舍人员管理

根据需要，进行灵活的手动分配、调宿、退宿、清空分配和返校住宿操作。

3）灵活的异常住宿管理

请假留宿登记管理，方便了解学生的异常动向，加强学生的生活安全保障。

4) 强大的宿舍评分功能

支持自定义各项指标项，支持实时查询出指标项评分和总表评分。支持设置文明宿舍和待改进宿舍标准及自定义标记颜色，通过显示的颜色对文明宿舍、亟待改进宿舍一目了然。

5) 直观的数据展示

支持按学生查询详细信息和按宿舍楼查询直观展示宿舍管理情况。

6) Android 手机端

方便学校教师/学生随时随地录入、查看宿舍评分。

4. 学生管理

1) 学生信息全面管理

以学生入学、在校期间、离校整个过程为主线，结合学校学生管理业务，系统基本可涵盖学校对在校生的各类信息管理，线上审核、查询，便于统一管理，信息透明。

2) 实时跟踪学生异动数据

学籍异动状态实时同步到其他模块和系统，便于管理在校生，剔除不需要管理的学生（如毕业、退学、转学等）。

3) 数据交互与共享

实现与教务、人事等其他业务系统的数据交互与共享，保证跨系统的数据一致性，减少大量的数据维护工作量。

5. 课堂日志

1) 课堂日志数据共享

班级德育的课堂表现指标项读取课堂打分；学生个人德育的出勤指标项读取学生考勤异常信息；老师实际课时统计通过老师登记课堂日志的行为，自动统计，作为老师的真实课时数。

2) 业务模式设计刺激授课老师自觉录入数据

由于授课老师的实际课时数直接影响奖励性绩效工资，这点刺激老师自觉登记课堂日志，减少管理部门此项工作的监管投入。

3) 提供 Android 手机版

方便学校教师随时随地登记课堂日志，查看班级学生课堂表现、考勤等情况。

6. 德育管理

1) 自定义设置，量化德育考核

系统可对德育考核项目、比重、计算规则进行自定义，以便于校方获取学生全方位的德育考核数据。

2) 实时记录、实时评价

系统可对学生的德育成绩进行实时记录、教师可对学生进行实时评价。帮助校方管理人员对学生的德育表现进行及时追踪。

3) 预警

系统可自定义德育警戒分，对德育成绩低于警戒分的学生，以邮件或内部消息方式推送至班主任，同时学生综合管理系统以红色显示该学生学籍信息。

4) 移动端实时考核

通过手机客户端随时随地对学生、班级德育进行评分。

5）在线申诉

提供在线申诉功能，帮助管理人员及时处理成绩误差问题。

7. 资助管理

1）资助信息透明可查

资助信息基本可涵盖学校对在校生的各类资助信息管理，线上审核、查询，便于统一管理，信息透明。

2）审核全过程定制化、无纸化、高效率

提供多维度的审核流程，逐层审核相关申请，免去纸质申请低效耗材高的弊端。

3）数据交互与共享

实现与学生管理的数据交互与共享，保证跨系统的数据一致性，减少大量的数据维护工作量。

8. 社团管理

1）社团信息全面管理

基本可涵盖学校各类社团信息管理，便于统一管理，信息透明。

2）数据交互与共享

实现与学生管理的数据交互与共享，保证跨系统的数据一致性，减少大量的数据维护工作量。

9. 户籍管理

1）信息批量操作

简单的操作与实用的功能相结合，可实现批量迁入与迁出，符合学校户籍实际业务操作需要。

2）清晰完整的户籍信息管理

记录学生入学前户籍、在校期间户籍变动及毕业户籍去向，形成一个完整的户籍流程信息链。

10. 离校管理

1）可灵活定制离校流程

系统提供了灵活的离校环节、离校流程定制功能，学校可根据学校的实际业务需要，来定制相关的离校环节、离校流程等。

2）灵活的权限管理

系统采用基于角色的权限访问控制，提供基于系统本身的用户和权限管理，又可和统一身份认证相结合来使用。

3）丰富的报表设计

系统提供按二级部门的离校办理情况，提供按离校环节的离校办理情况，提供更丰富的报表展示形式，如饼状图、柱状图、线状图等。

5.2.2.6 资产管理系统

资产管理系统是一个专为学校管理固定资产的模块，旨在帮助学校提高资产管理的效率和准确性，使各种资产管理能真正落到实处。系统立足于当前职业院校实际的管理情景，遵循 GB/T 14885—2010 标准进行开发建设，结合学校真实的业务场景，模拟资产管理的真实场景，实现与学校其他相关应用系统，如人事管理系统、财务管理系统的互联共通，满足学校人员对资产管理的使用要求，并提供 PC 端和移动端两种应用端口。资产管理系统设计图如图 5-2-28 所示。

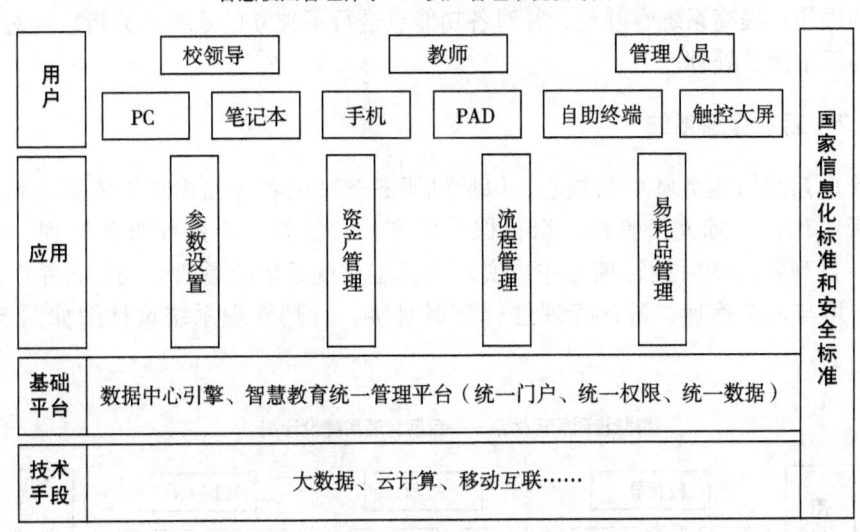

智慧校园管理体系——资产管理系统设计图

用户	校领导		教师		管理人员		国家信息化标准和安全标准
	PC	笔记本	手机	PAD	自助终端	触控大屏	
应用	参数设置	资产管理		流程管理		易耗品管理	
基础平台	数据中心引擎、智慧教育统一管理平台（统一门户、统一权限、统一数据）					
技术手段	大数据、云计算、移动互联……					

图 5-2-28　资产管理系统设计图

1. 满足多角色用户的需求

系统默认支持系统管理员、资产管理员、仓库管理员、资产处领导、教师五种角色。

2. 资产类型多样性支持

支持 6 大国标基本分类（土地、房屋及构筑物；通用设备；专用设备；文物和陈列品；图书、档案；家具、用具、装具及动植物）及分类扩展，可以自定义全部类别，最多支持 4 级类别，支持手动增加资产类别和导入。

3. 多类型台账/明细统计

系统支持入库、领用、归还、租赁、报修、报废、清理和总台账统计，可以查看明细。

4. 资产全生命周期监控

每个资产获得独一无二的编号，生成二维码/一维码（条形码），监控全生命周期，涵盖入库、领用、借用、归还、报修、报废、租赁等资产变动实时记录与查询，计算资产的折旧和净值。

5. 安全

系统建立了良好的数据安全、权限控制，用户通过 Ecloud 进行统一权限的控制，保障审批流程的安全性，系统进行了身份验证的处理，身份验证是确认身份的过程，确保只有经过授权的用户才能访问系统资源。

6. 可扩展性

在系统设计最初充分考虑了系统的可扩展性，采用多层架构的设计模式，功能模块采用了模块化集成开发，方便地进行功能扩展，可灵活地增、减功能模块，在扩充的同时保证系统的稳定性。

7. 稳定性

数据库采用数据事务处理批量操作数据库，简化对数据重复访问，降低数据库负载，对部分可能保存有大数据量的字段进行了横向的分隔，使用索引技术进一步提高数据库查询速度，维持了数据完整性和稳定性并提高了访问速度。系统经过多次压力测试，能够承受 5 万资产数据的操作。提高系统吞吐量，并对各功能点进行了独立的系统的分析，针对可能影响系统稳定的因素做了处理。

5.2.2.7 后勤管理系统

后勤管理系统以服务师生为核心，以后勤服务管理的各方面需求为依据，涵盖学校日常生活管理工作：后勤人员管理、绿化保洁管理、餐饮管理、医疗服务管理、投诉与建议管理等一系列繁杂的后勤管理工作，实现后勤工作的系统化管理。同时，系统具有较强的兼容性，可与人事管理、资产管理进行数据对接。后勤管理系统设计图如图 5-2-29 所示。

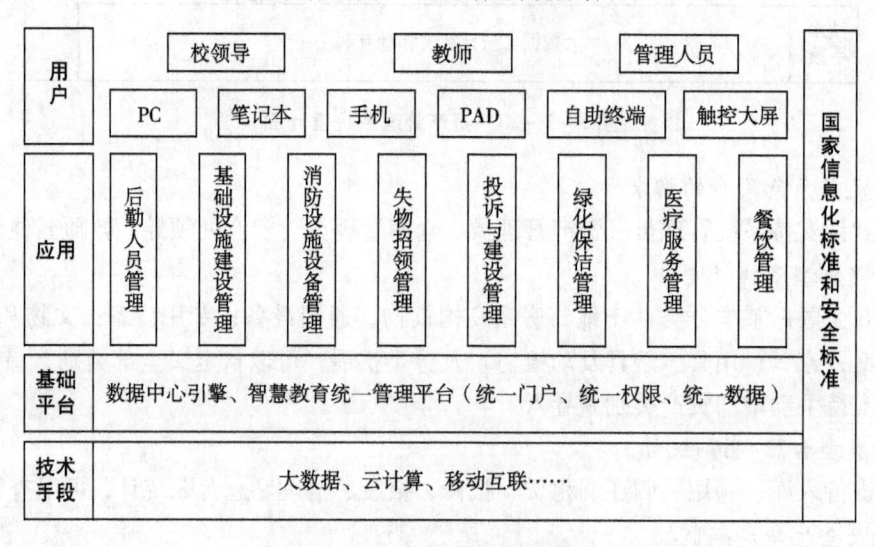

智慧校园管理体系——后勤管理系统设计图

用户	校领导		教师		管理人员		国家信息化标准和安全标准
	PC	笔记本	手机	PAD	自助终端	触控大屏	
应用	后勤人员管理	基础设施建设管理	消防设施设备管理	失物招领管理	投诉与建设管理	绿化保洁管理	医疗服务管理	餐饮管理
基础平台	数据中心引擎、智慧教育统一管理平台（统一门户、统一权限、统一数据）						
技术手段	大数据、云计算、移动互联……						

图 5-2-29 后勤管理系统设计图

1. 功能全面、实用性强

系统功能模块涵盖后勤工作的各个环节，功能设置符合管理业务的实际需要和要求，同时提供丰富的统计、分析图表，极大的降低工作强度，提高工作效益。

2. 良好的扩展性，可实现与第三方系统的快速集成

与资产管理系统无缝对接，实现设备、物品信息的同步共享；提供标准化接口，可与第三方系统快速集成，包括门禁管理系统、考勤管理系统、智能货架系统等。

3. 智能化预警

针对安全保卫、库存物品、物品归还等业务提供预警功能，通过设置相应的预警条件，系统自动推送预警提醒。

5.2.2.8 教科研管理系统

教科研管理系统基于面向服务的体系结构，为教科研管理信息化提供先进实用、安全可靠、易于扩展的解决方案。系统以满足学校教科研管理为切入点，为学校教师及教科研管理人员提供科研管理的全流程教科研服务，提供覆盖课题申报、课题立项、经费管理、过程管理、结题管理等八个管理模块，优化教科研管理流程，促进多角色共同参与，提升管理效率。教科研管理系统设计图如图5-2-30所示。

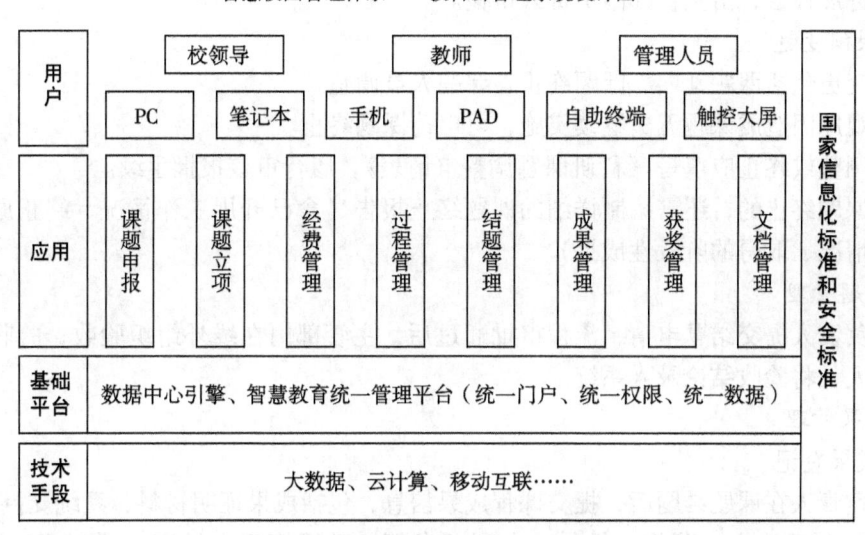

智慧校园管理体系——教科研管理系统设计图

用户	校领导		教师		管理人员		国家信息化标准和安全标准
	PC	笔记本	手机	PAD	自助终端	触控大屏	
应用	课题申报 / 课题立项 / 经费管理 / 过程管理 / 结题管理 / 成果管理 / 获奖管理 / 文档管理						
基础平台	数据中心引擎、智慧教育统一管理平台（统一门户、统一权限、统一数据）						
技术手段	大数据、云计算、移动互联……						

图5-2-30 教科研管理系统设计图

1. 课题申报

1) 课题申报

各科研实施部门可通过课题申报功能，可对符合本单位"课题指南"要求的教科研课题，发起课题申报工作。课题申报主要包括课题名称、负责人、参与人员、所属单位、经费预算、项目性质等内容，以供课题评审专家对本课题的可行性进行评审。

课题申报前，科研管理部门可通过系统设置各类课题的申报时间区段，只有在规定的时间内，教科研人员才能进行课题申报。

2) 课题评审

科研管理部门，对各部门申报且通过课题专家评审的科研课题进行审核。

2. 课题立项

1) 专家评审

课题评审专家，对各部门申报的课题的可行性，进行专业的评审。

2) 立项登记

科研管理部门负责人根据专家评审意见，确认、登记课题立项，下达课题任务，下达后的课题，进入实施状态，各课题负责人则可开展相应的科研研究工作。

3. 经费管理

经费管理是科研管理的重点之一，本系统从课题到款经费、支出经费、年度经费进行管理，详细记录课题经费到账及使用明细，自动生成经费使用汇总表，并对各种经费情况进行统计。

4. 过程管理

1）中期检查

重点科研和跨年的一般科研课题，在研究周期过半时应组织中期检查。中期检查主要检查课题进度、研究内容、预期成果（论文、专利、系统、样机等）的完成情况，由课题负责人提交进展报告，由主管部门负责人审核。

2）课题变更

课题变更包括课题延期、课题终止、课题人员调整。

因客观原因造成课题无法继续实施，可申请课题终止。

课题调整或终止应填写《科研课题调整申请表》，履行审核报批手续。

申请课题终止的，还需编制详细的课题终止报告（含已开展工作情况、终止原因说明、资产购置情况、取得的阶段性成果）。

5. 结题管理

课题负责人提交结题申请，流程审批通过后，主管部门在线外组织验收，验收通过后，科研管理人员将验收结论录入系统。

6. 成果管理

1）成果登记

课题负责人在课题结题后，提交课程成果信息，包括成果证明材料，系统支持多种类型成果形式，包括论文、著作、教材、专利证书等，科研管理人员审核通过后，进行成果归档。

2）成果推广

课题负责人或者成果所属单位管理人员，可以将课题的科研成果进行推广或者产权的转让，将科研课题在外线推广所取得成效，在系统中进行录入并提交管理人员审核、备案。科研成果的推广应用效果，可以作为课题投资回报的考核项，也可以为新的课题研究或者立项提供决策支持。

7. 获奖管理

1）奖励申报

课题负责人填写《科研奖励申请表》，同时提交科研成果原件及相关佐证材料，提交给科研管理部门审核。

2）奖励评审

科研管理部门对申报人的申报材料进行审查。审查通过后，组织各专业方向的评审专家进行评审，最终形成奖励结果，可按此结果对奖励申报单位或者个人进行授奖，同时也可向国家科技奖励办或省区奖励办提交推荐。

3）奖励公示

科研管理部门对申报奖励科研课题的获奖情况，进行公示。

8. 文档管理

以课题为主线，对相关文档进行集中展示和管理，包括课题申报书、立项批准书、中期检查报告、结项报告、获奖证书等。

5.2.2.9 教学质量诊改系统

教学质量诊改系统是在统一数据中心的基础上，通过完善与重构、有机整合与集成，构建的一个集人才培养工作信息采集、质量管理指标实时监控、质量诊断科学量化，乃至能实现面向人才培养全过程的、具备初步辅助决策支持的人才培养质量实时监控信息化体系，通过建立统一数据平台、引入 PDCA 质量流程为学校日常管理提供实时运行监测、改进和进行学校综合诊断与评估，帮助学校建立诊断指标库、智能诊断工具、基础数据管理系统、文件管理工具等信息化管理工具，实现人才培养与校园管理工作诊断，为教育教学改革提供实时、科学、系统的决策建议。教学质量整改系统设计图如图 5-2-31 所示。

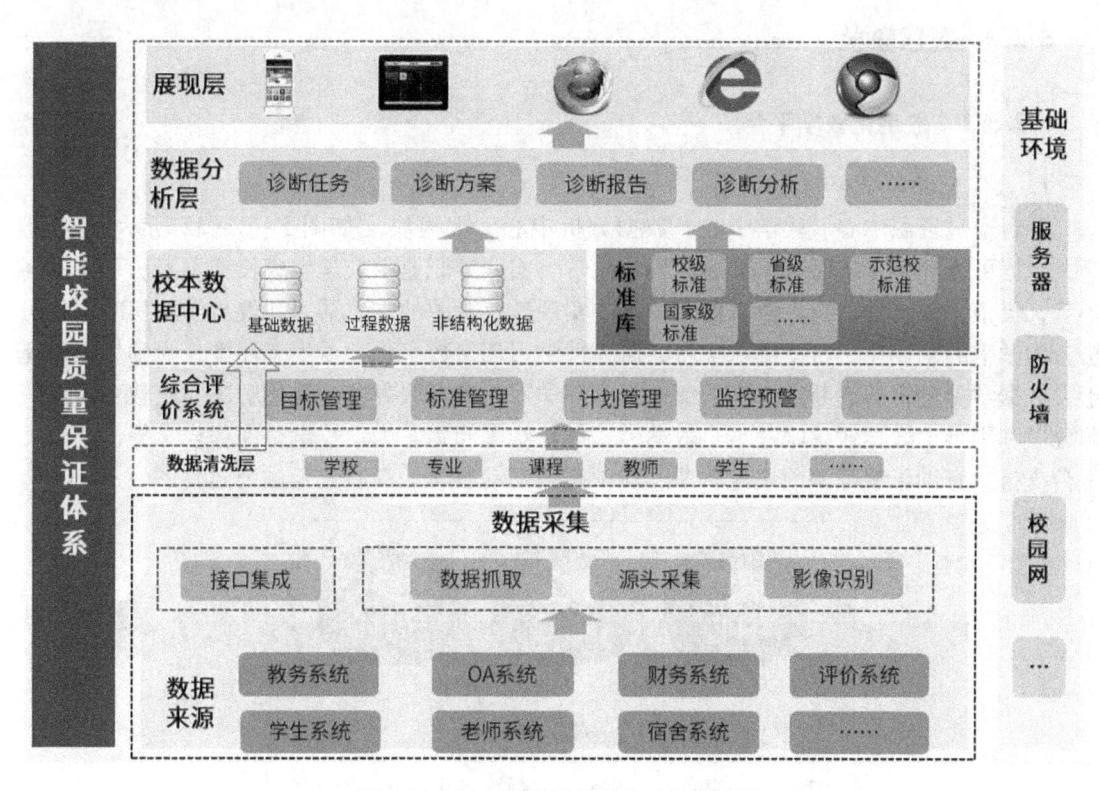

图 5-2-31　教学质量诊改系统设计图

1. 科学定义指标，量化质量管理

以充分解读国家指标文件和对职业教育质量管理的深入研究的基础上，通过融合现代职业人才培养理念，完善程序文件与工作规范，使该系统更有利于实现对人才配用质量的科学化、规范化管理。并在此基础上，进一步重点完善质量标准，将学校人才培养质量总体目标和在各个环节的质量目标进行最大程度的量化，这些量化目标是人才培养质量监控的科学依据、监控范畴与预警阈值。

2. 完美对接现有平台，搭建智能状态数据库

在学校现有的信息化建设基础上，通过贯彻国家对职业教育质量管理体系要求，结合学校实际情况，建立起符合学校情况的人才培养工作质量指标体系及相应的评估更新制度，并依此为基础对学校现有的人才培养工作状态数据采集平台的采集内容进行调整，确定相应数据内容的原始来源，通过智能化数据采集，数据抓取工具，文件管理工具等，完善数据库数据源，搭建更智能的人才培养状态数据采集与管理平台。

3. 可视化仪表盘，助力领导层决策改革

以 KPI 为基础，结合国内外 KPI 系统设计的经验和趋势，开发出简单、直观的系统，实时展示和发布职业院校校级层面人才培养工作状态数据的各项关键指标及信息，并提供相关的指标预警信息。系统为扩展性设计，可根据学校实际情况进行指标与界面的灵活定制。成为人才培养质量实时监控信息化体系中承担决策支持与可视化展示的以实现监控与预警功能为主。

5.2.3 智慧教学

5.2.3.1 数字化教学平台

1. 数字化教学平台的功能

平台通过资源中心、教学中心、数据分析中心三大模块（如图 5-2-32 所示），与教育大数据可视分析系统对接，贯通课程、教学、实践等职业学校学生成长和发展历程中的各环节，集备、教、学、练、考、评为一体，实现教育资源的共建共享和教与学的实时跟踪分析，为学生的个性化学习、团队学习、研究性学习创造数字化学习生态环境，为师生提供基于大数据学习分析的诊断、咨询、绩效提升等学习与教育服务，一体化解决职业教育阶段资源分散利用难、教学效果跟踪难、教学模式创新难等问题。为学校学科课程教学提供高效的平台支持，有助于教师课前快速备课、课中高效互动教学、课后及考试全面测评。

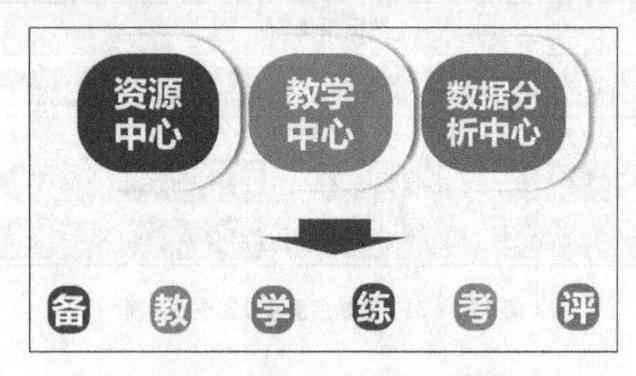

图 5-2-32　数字化教学平台功能图

2. 数字化教学平台的特点

1）无缝式教学过程

教师统筹课程教学的课前准备、课中传授、课后测验等各阶段安排及实施。

2）一键式共享操作

可一键把备课内容同步到不同班级，上课资源发布给学生，教学内容共享到资源平台。

3）全程式轨迹跟踪

跟踪记录授课、学习轨迹数据。

4）智能化数据分析（核心）

教学记录分析、学习行为及结果分析。

5）开放式互动交流

学习圈、课题研究圈、小组互助圈等，师生团结组成各个圈子共同学习共同进步。

6）智能推送/提醒功能

课程表以一周内课程内容显示，并时时系统提醒。

7）教学过程/结果评价机制

教师点评学生成绩，学生点评教师的教学行为及教学内容，师生互相反馈意见、互相表扬、互帮互助，修补缺陷。

5.2.3.2 虚拟仿真实验教学平台

1. 虚拟仿真实验教学平台的功能

虚拟仿真实训平台集虚拟仿真应用管理系统、虚拟实验教学管理系统、虚拟实验数据分析系统和虚拟学术资源管理系统等功能为一体，将有限的物理实验教学空间拓展成为无限的虚拟实验教学空间，为师生提供了一套一体化教学环境，平台提供多种实验预约方式、组队方式，学生可自主进行实验，不仅创新了虚拟实验执行，还可兼容实体实验执行，使实验资源可以最大化地被老师与学生利用，解决了实验过程脱节的问题，帮助学校突破传统实验教学模式，随时随地实验，并对实验过程精确跟踪指导。虚拟仿真实验教学平台功能图如图5-2-33所示。

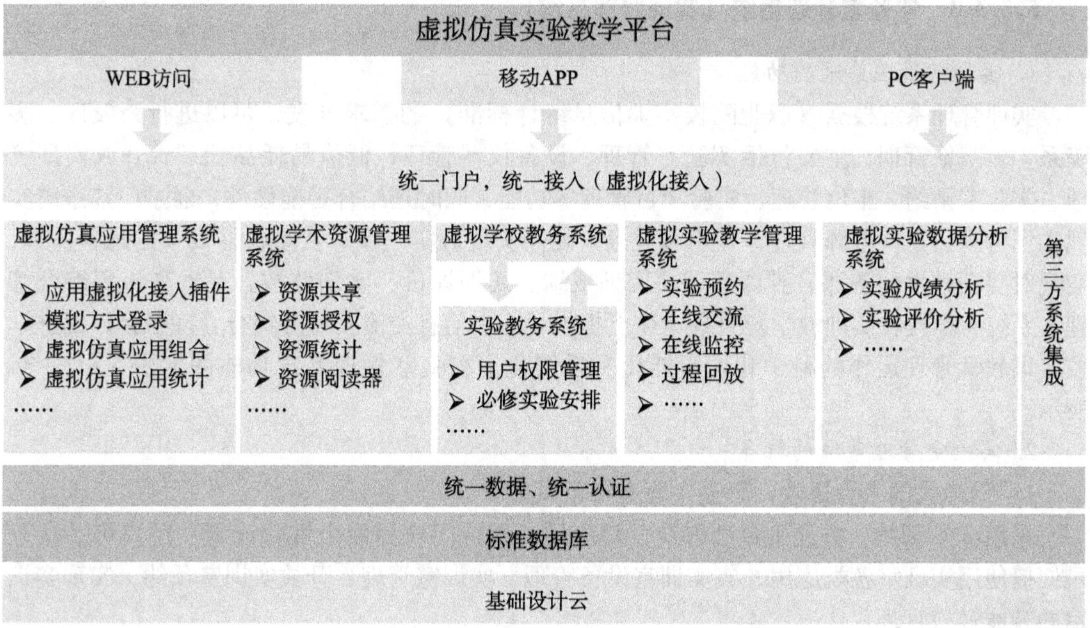

图5-2-33 虚拟仿真实验教学平台功能图

2. 虚拟仿真实验教学平台的特点

1）应用虚拟化技术

软件应用管理、不受时空限制、多终端支持显示，提供虚拟仿真应用的统一管理，应用虚拟接入的底层平台与执行环境，解决当前实验教学应用管理分散、不能最大限度开放与共享的问题。

2）兼容各种软件

兼容性强，便于管理和维护。

3）实验录制监控

实验过程管理、点评提升，对实验过程进行录制和监控，实现对实验的过程管理，便于回放、点评、提升学生的操作能力。

4）资源开放共享

虚实结合、资源共享，打造"虚实结合、理实一体、智能管理、科学反馈、开放共享"的资源开放共享平台，为培养高端人才服务。

5）实验教学流程化

全流程化、智能管理，实验教务管理系统提供了一体化虚拟实验教学环境，使实验资源可以最大化地被使用，并且随时随地实验，甚至开放给校外用户，解决了实验过程脱节的问题，并对实验过程精确跟踪指导。

6）开放接口

开放支持不同开发语言、不同应用服务器平台实现的应用系统的认证集成方式（Java、.net、ASP 等），包括 Web Service、API 等方式，保证以后应用系统能方便纳入统一身份认证及授权中心。

5.2.3.3 实验室管理系统（实训管理系统）

1. 实验室管理系统的功能

实训管理系统根据《职业院校实训信息统计标准》的需求开发，可以进行跨校区、多院系、多基地管理，主要包括实验室管理、设备仪器管理、低值易耗品管理、开放实训管理、实验室预约、工位管理、实验项目管理等功能，同时还结合智能硬件，通过门禁系统实现实训考勤、工位电源管理，并用远程摄像硬件实现对实训室、贵重仪器设备的远程监控，实现对实训教学的备课、排课授课、实训成绩、实训评价、实训监控、互动交流等综合管理。系统为学校在实训教学及管理运作上提供了一个信息交流及业务综合管理平台，促进学校实训教学管理运作的科学化、智能化和系统化。实验室管理系统功能图如图 5-2-34 所示。

2. 实验室管理系统的特点

1）门户式的平台搭建，彰显实验室特色风采

采用 B/S 架构，方便平台部署及日常应用；支持门户界面个性化设置，用户可一次登录便捷使用实训室各类应用，集实训室设备管理、实训室管理、开放实训室预约，实现实训室的智能轻松管理。

2）科学化的设备管理，方便设备整合调度

支持实训室设备使用管理统计，全面开放了实训室的实训资源，提供开放式实训教学服

图 5-2-34　实验室管理系统功能图

务。可预约实训课程、设备，也可设备借出。支持实训室软件资源产品分类整合管理。

3）智能化的实训室管理，加强实训室调控监管

可根据现实情景，进行直观的实训室位置布局，方便学生预约和入座，实现对实训室用房、人员、奖励成果等进行合理调配；结合监控硬件设备（安防摄像头），实现对实训室、实训设备仪器可视化监控、远程控制等功能。

4）系统化的教学管理，提升教学互动效果

可智能生成试验课表、课程考勤、成绩统计、教学分析、资料功效以及信息交流等实用教学工具。方便学生自主灵活参与实训，充分发挥学生的主观能动性，提高实训教学的效果。

5）便捷性的数据统计，支持全面实验教学评估

实验室管理系统支持课程资料、教学信息、软硬件信息、实验室信息等数据的统计分析查询，具有多种数据导入导出功能，方便各种身份角色数据汇总、数据统计。

6）流程化的项目管理，简化项目监管跟踪工作

可全流程、无纸化实现项目申报、审核、执行、跟踪、验收及汇总等工作。

5.2.3.4　实训教学管理平台

1. 实训教学管理平台的功能

实训教学管理平台以实训教学为基础，满足学校教、学、练、考、评一体化教学流程，提供开放式实训教学与管理，实现实训资源和数据共享，实现对实践教学的全流程管理，包括对实训前、实训中、实训后全流程管理，并实现虚实结合、虚实一体化管理。通过建设实训教学管理平台，加强学校实训教学和实训资源的管理，全面提升实训教学的管理效率，保障实训教学的质量，有利于实现校内外、本地区及更广范围内的实训教学资源共享，满足多地区、多学校和多学科专业的实训教学的需求。实训教学管理平台功能图如图 5-2-35 所示。

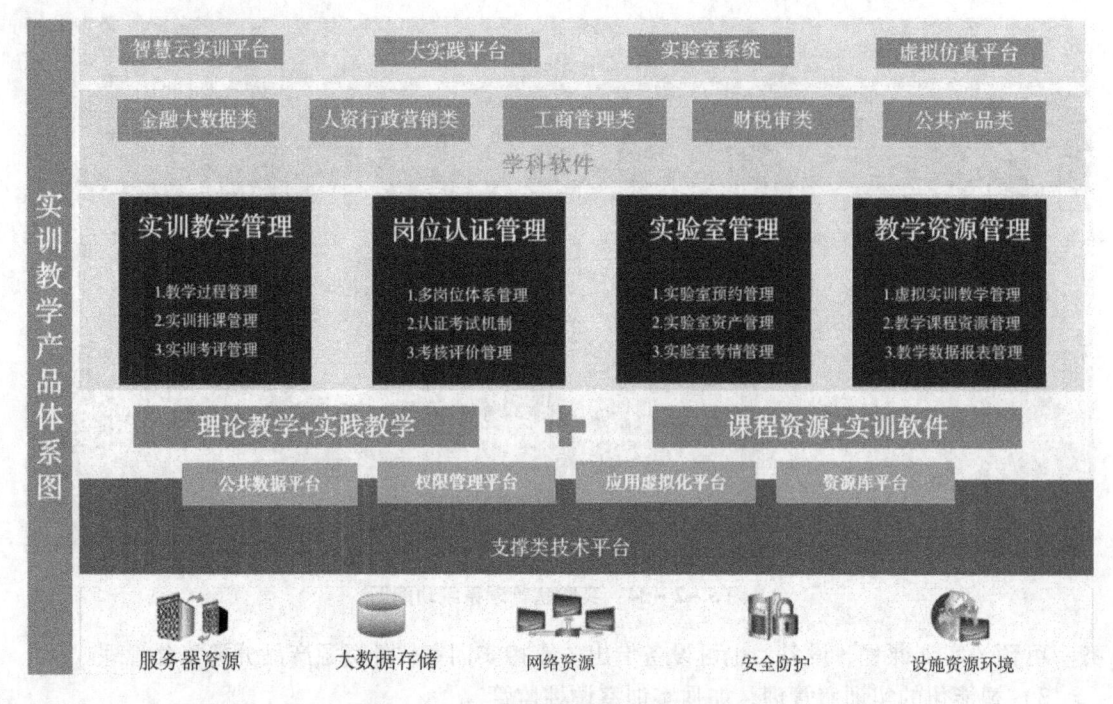

212　中职学校信息化发展的策略研究

图 5－2－35　实训教学管理平台功能图

2. 实训教学管理平台的特点

1）虚实实验相结合，理实兼具

虚拟实验和实体实验的结合可提供单一实验本身所不具备的优势，满足实践课程学习的需要，让学生从中掌握实际操作技能，建立科学模型和验证科学理论等。

2）教学流程一体化，提高效率

实践教学流程包括实训前、实训中、实训后三部分内容，对实训全过程进行一体化管理，有助于提升教学效率，提高教学质量，提高学生实践技能。

3）统一信息标准规范，兼容性强

信息标准及规范按照全国信息技术标准化委员会制定的《教育管理信息化标准》进行建设，涵盖了实践教学日常管理工作中的方方面面，包括学生、教师、实践教学、实训室、设备与耗材等业务管理信息。通过统一的信息标准及规范建设，实现系统设计的规范性，加强系统与国家相关系统的兼容性。

4）统一用户认证管理，降低成本

平台提供统一认证服务、统一的用户管理、授权管理和身份认证体系，将组织信息、用户信息统一存储，进行分级授权和集中身份认证，规范应用系统的用户认证方式。用户在教育工作者进行了调动、调级、调职等变更后，或者学校体制改革、组织机构变动后，使用户身份和权限在各系统之间协调同步，减少应用系统的开发和维护成本。

5）个性化工作界面，方便快捷

实现个人相关操作和业务的集成，基于角色和权限设计个人工作台，用户根据自己的使用习惯，对资源进行个性化配置和管理，能够订制方便、快捷、有效的个性化工作界面。

5.2.3.5 实习管理系统

1. 实习管理系统的功能

实习管理系统采用批次管理模型和角色自定义机制进行架构，在功能模块上，系统以项目管理（如毕业设计）、实习管理功能为核心，辅之以问卷调查、就业管理、合作单位管理、职业资格证管理、微课视频课程等十余个特色模块，组建了一个强大的管理软件。系统可以对顶岗实习，毕业设计（论文）、就业招聘、职业技能证书、毕业生质量跟踪调查、远程视频教学等工作进行管理，并显著提高管理绩效。实习管理系统功能图如图 5-2-36 所示。

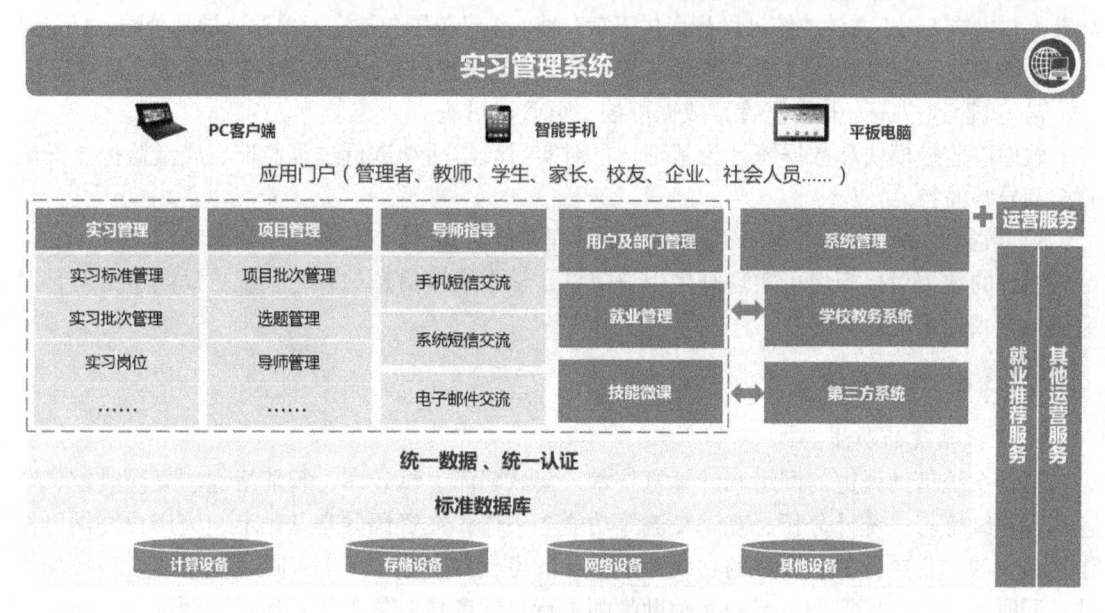

图 5-2-36　实习管理系统功能图

2. 实习管理系统的特点

1）功能全面——一套软件，诸多需求，一步管到位

系统以实习管理、项目管理为核心，可管理各种实习类、毕业设计类的实习教学活动，并可进行毕业生跟踪调查、就业、职业资格证书、微课课程等相关工作的管理，是一个功能全面、简单易用的实用型系统。既降低建设成本，又避免多套软件产生的信息孤岛。

2）流程实用——一款真正接地气的管理软件

软件由一线管理团队根据实际管理需求研发而成。功能设计精益求精，涵盖了顶岗实习、毕业设计、就业管理、双证管理、毕业跟踪调查、微课技能教学、人才测评等工作的全部流程。

3）配置灵活——角色、任务、功能自定义

角色自定义："要哪种用户，就有哪种用户""想要谁管，谁就能管"。全面超越同类软件的"软件规定谁管，就只能谁管"的僵化用户模式。

任务自定义："想要学生交什么，就可规定交什么。"每个环节都有标准、有评价、有反馈。

功能自定义："想要什么功能，就启用什么功能。"从最简单到最强大，只需在后台多打几个勾即可。

4）操作简便——零培训理念设计，将用户操作难度降到最低

交互界面友好易用；功能菜单清晰易懂；页面下方皆自带操作说明；定制培训视频，供每届学生自行培训。

5）沟通便捷——软件提供全方位的师生交流平台

手机客户端、手机短信。此外，还具备系统消息、任务指导、个人日志、电子邮件等多种沟通交流渠道。

6）报表丰富——查询统计功能强大，数据报表丰富而实用

软件预置了 20 余种统计报表，可按学校、院系、专业、年级、班级等部门级别输出统计结果，并生成 Excel 文件或统计图形以供下载存档。统计范围包括实习单位、导师分配、任务进度、项目选题、学生成绩、教师工作量、双证情况、就业情况等，足以满足常见的管理需求。

7）监管到位——九维监管，数据可控、可管、可查

软件以监控模块和数据统计为基础，可对实习教学活动进行过程监控、质量监控、安全监控和异常监控。

8）数据共享——可与教务系统、人事管理系统对接

系统的数据对接模块可实现师生用户信息、学生成绩信息与教务系统自动同步更新，避免手工导入导出的烦恼。

5.2.3.6 考试系统

1. 考试系统的功能

考试系统借助先进的网络和计算机技术，集试题库、试卷库、智能组卷、桌面监控、错题本、在线练习、统计分析、互动交流等功能于一体，在资源共享基础上，为用户提供可操作的强大的、集成化的、完整的在线考试平台。可支持多达 1 000 人同时在线的大型现场考试；同时系统完全模拟考试流程，辅助教师进行日常考核监督工作；通过刷题练习，能够有效提升学生的资格认证考试通过率。考试系统的功能图如图 5-2-37 所示。

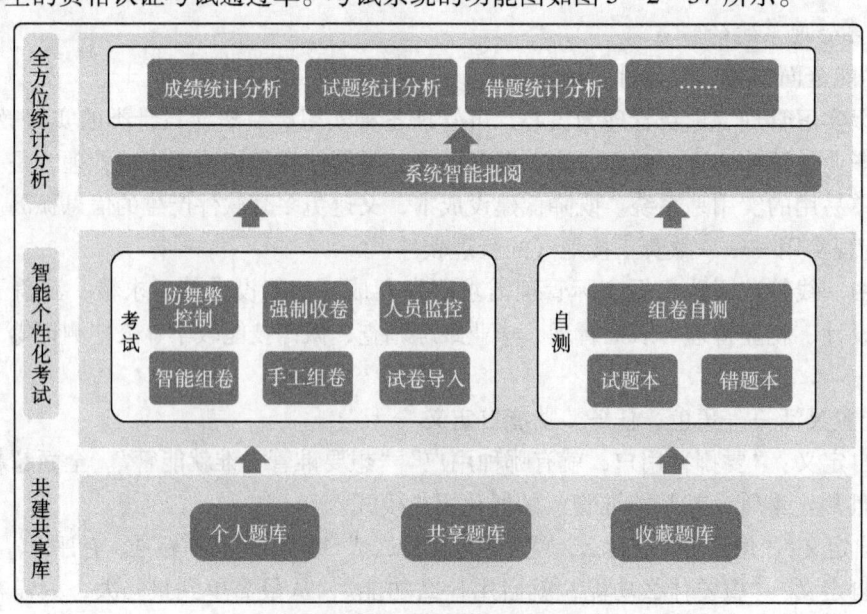

图 5-2-37 考试系统功能图

2. 考试系统的特点

1）题型全面，完美拓展

考试系统支持 7 种常用题型（单选、多选、判断、填空、问答、完形填空、综合题）及试题扩展（阅读理解、倒扣分题），可以适用于各专业类的试题考试。

2）各种附件，轻松添加

试题支持附件、图片、音频、视频、数据公式插入。

3）自由组卷，批量导入

提供多种试题新增、组卷方式，支持单题添加、Excel/Word 批量导入，支持手工、智能组卷及试卷直接导入功能。

4）数据同步，安全无忧

考试系统拥有良好的数据安全、同步保障机制，支持换机考试。在考试过程中定时对作答数据进行保存。

5）跨区域，大开发

系统支持大规模的跨区域考试，通过产品模块化开发，支持系统扩展与其他产品进行对接，能够满足在线考试和电子考场多种考试需求。

6）虚实考场，双向结合

结合互联网产品思维，改变了传统考试系统交互模式。支持实体、虚拟考场划分，能满足在线考试和电子考场等多种考试需求，打造良好的用户体验。

5.2.3.7 阅卷系统

1. 阅卷系统的功能

阅卷系统以计算机网络技术、图像扫描技术、加密技术和大数据分析技术为基础，采用线上、线下相结合的设计理念，通过智能考试、智能扫描、智能阅卷、数据分析的应用，能够完成从考试的发起、组织，到命题、组卷、审核，到试卷打印、评阅、计分，再到成绩发布、数据分析的一系列与考试相关的活动。极大地提高了阅卷效率，为教研提供科学翔实的数据，有利于教师及时掌握阶段性教学成果，如图 5-2-38 所示。

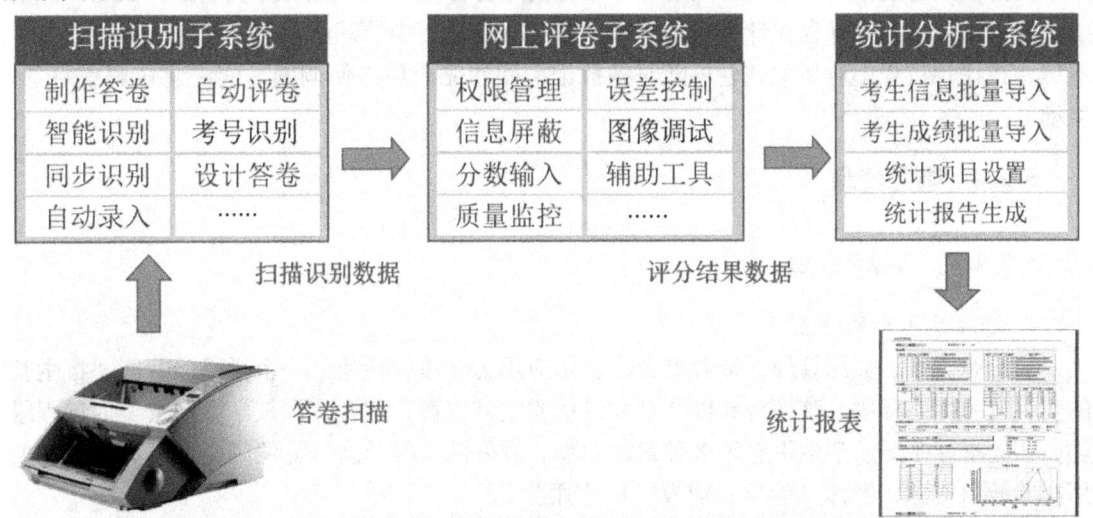

图 5-2-38 智能阅卷系统功能图

1. 阅卷系统的特点

1）采用智能识别，无须定位技术，使用方便

系统采用国内目前最先进的"智能识别"技术，答卷设计无须增加固定的定位点、定位线或同步头，也不需要以答题区域的边框、转角等作为定位识别符，确保了不因答题区域的线框偏移、变形、智能或断线等因素影响扫描识别的稳定性及准确率。

2）试卷纸张适应性好，支持任意答题卷或答题卡的扫描、阅卷

由于采用了"智能识别"技术，本系统可做到在预先不知答题卡设计的情况下对任意答题卡或答题卷的顺利扫描和阅卷工作。系统支持使用50克以上普通纸，以复印、速印或胶印方式双面印制答卷。

3）互联网阅卷优势明显，轻松实现联考

支持A4、A3及不规则尺寸的答卷扫描识，且A3答题卡在200dpi分辨率下，其双面扫描的影像文件容量不大于250K，这就确保了在当前互联网带宽不是很宽的情况下依然能够流畅的进行互联网阅卷；本系统不仅支持在局域网、广域网或互联网上进行阅卷，并且提供B/S和C/S结构的可选系统，具有支持通过互联网实现教师在家里阅卷或跨地区教育局联考远程网上阅卷功能。

4）答卷扫描与涂点识别同步完成，无须二次操作

在答卷扫描的同时即完成客观题答案的准确识别，当扫描完成时，客观题的识别工作即全部完成，有利于及时发现扫描过程中出现的异常情况，便于及时进行查错和纠错操作。如果采用严格定位技术设计的产品，扫描与识别分二次进行，先扫描后识别。

5）答题卷设计灵活，支持多种统计与分析

支持单选、多选的客观题任意混排；支持主客观题部分的选做题（M 选 N，$M \geq N$，如2选1、3选2等）评卷及数据处理功能；支持A、B卷的答题卡及常用条形码考生考号的自动识别，同时支持题卡合一和题卡分离的模式；支持评卷题目按照题组分组阅卷以及统计分析功能。

6）支持典型试卷、电子化批注，便于课堂讲评

支持在试卷上做类似于人工阅卷评卷给分的给分标记，在标记时完成登分；试卷评阅的痕迹能以图像的方式保存在计算机系统中，并与阅卷过程中的标记及得分进行合成生成电子图像。在评卷过程中对典型试卷可随时做标记，阅卷完成后方便调阅，使课堂讲解更直观、生动。

5.2.4 智慧资源

5.2.4.1 资源库平台

1. 资源库平台的特点

集资源建设、资源管理、资源整合、资源应用为一体，构建了一个循环、智能、自生长的实训资源生态环境。该平台高度共享大量优质实训资源，包含实训教学微课、实训过程录屏、实验指导手册、学生手册等多种资源类型，友好的分类导航，方便师生检索、管理和使用实验教学资源，发挥"能学、辅教"的作用。

1)友好的分类导航和强大的检索功能

按照国家专业标准分类,同时学校可自定义资源分类,方便快速查找资源;检索高效、精准。

2)良好的共享共建底层环境

优化资源库开放接口,支持与市、区域级第三方资源库平台、教学平台等的灵活对接,满足资源库共建共享的需求。

3)丰富多样的专业素材资源

资源库平台内容建设主要包括精品课程、新型课程(MOOC)、微课、实训教学、校本教材、专业文献资源、三级资源库等。各板块及所包括的具体内容如图5-2-39所示。

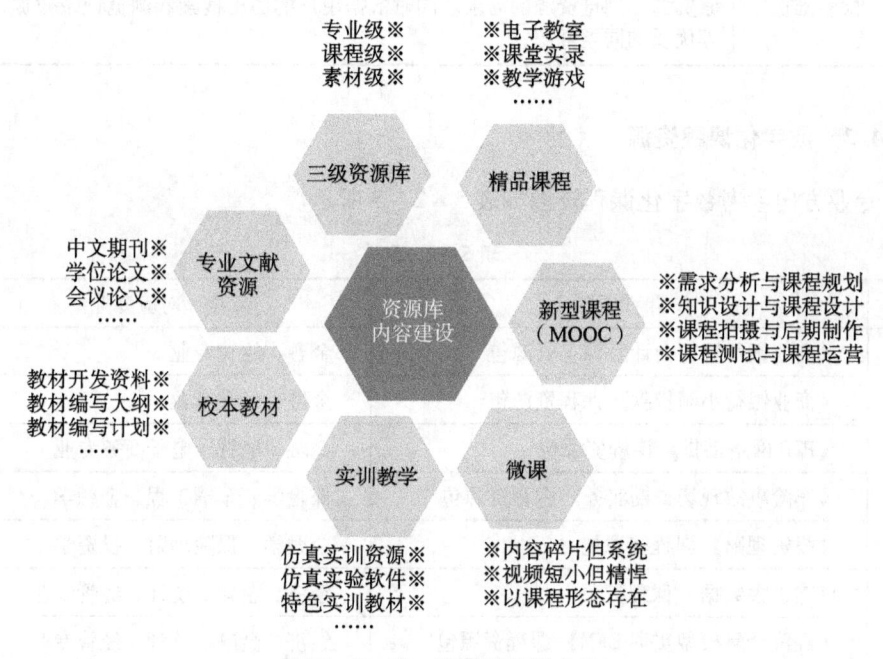

图 5-2-39 资源库建设内容

2. 资源库的主要功能(如图5-2-40和表5-2-4所示)

(1)资源建设;

(2)为用户建立共建共享运营环境;

(3)为教学业务系统提供检索、智能推送服务。

在任何地方均可通过接口调用三项服务,达到师生在教学过程快速找到目标资源的要求。

图 5-2-40 资源库功能图

表 5 - 2 - 4　资源库平台主要功能

序号	功能	描述
1	资源建设	资源建设模块要求实现资源的上传、收集等功能。在资源的上传过程中，还可以进行一些智能化的操作，如生成缩略图、动态截图等
2	共建共享	基于国家相关学术资源建设标准，对于校园已有不同种类资源库可利用 ETL 工具进行资源同步，对于校园外部第三方库将引入资源可提供统一开放接口接入，对于个人用户提供资源检索、推送、转发、远程提交、下载、在线阅读等服务，实现共建共享
3	检索推送	资源库平台可以依据不同场景情况，自适应表现方式。满足用户随时随地检索资源、浏览资源的需求。同时依据用户的历史搜索和浏览记录数据，智能推荐优质的同类资源

5.2.4.2 数字化课程资源

不同专业方向参考数字化课程资源如表 5 - 2 - 5 所示。

表 5 - 2 - 5

专业方向	课程资源	对应专业
金融数据类	《商业银行银行会计》课程资源包	金融、经管专业
	《商业银行小额贷款》课程资源包	金融、经管专业
	《P2P 网络借贷》课程资源包	金融、经管、电子商务专业
	《车险事故现场查勘实务》课程资源包	保险学、车辆工程、金融学
	《投资理财》课程资源包	金融学、保险理财、投资学
	《走进大数据》课程资源包	经济、金融、统计、经管专业
	《经济金融模型实训 EFM》课程资源包	经济、金融、统计、经管专业
	《大数据分析语言 R 实战》课程资源包	经济、金融、统计、经管专业
创新创业	《创业基础与务实》	创新创业通识教育
	《创新思维训练与创造力开发》	创新创业通识教育
	《互联网+》	创新创业通识教育
	《产品创新与设计》	创新创业通识教育
	《创新创业机会识别》	创新创业通识教育
	《创意思考》	创新创业通识教育
	《商业计划书撰写与演示》	创新创业通识教育
	《商业模式设计与创新》	创新创业通识教育
	《建筑创新创业实务》	创新创业通识教育
	《小微企业创业实务》	创新创业通识教育
	《创新思维训练与创造力开发》	创新创业通识教育/创新创业在线继续教育/创新创业培训

续表

专业方向	课程资源	对应专业
物流专业	《仓储作业实务》	物流管理类专业
	《运输作业实务》	物流管理类专业
	《物流装备与技术》	交通运输、物流类专业以及相关专业
	《配送作业实务》	物流管理类专业
	《物流客户服务》	物流专业
	《仓储物流通用知识与技能》	物流专业大类
	《精益仓储物流业务知识与技能》	物流专业
国贸专业	《一般货物进口贸易实训》	国际贸易、国际商务等相关专业
	《国际物流》	国际贸易、国际商务、物流等相关专业
电子商务	《跨境电商平台实战演练》资源包	电子商务专业
	《网店推广》课程资源包	电子商务专业
	《网店策划》课程资源包	电子商务专业
	《电商仓储与配送》	电子商务专业
	《如何做好商品详情页和软文技巧》资源包	电子商务专业
	《电子商务实务》学科提升建设产品服务包	电子商务专业
工程工业	《基础工业工程》课程资源包	工业工程专业、工商管理专业
	《物流工程》课程资源包	物流工程专业、物流管理专业、工业工程专业、工商管理专业
	《精益生产》课程资源包	工业工程专业、质量管理专业、工商管理专业，物流管理专业
	《生产计划与控制》课程资源包	工业工程专业、工商管理专业
	《质量管理与可靠性》课程资源包	工业工程专业、质量管理专业、工商管理专业
旅游酒店会展	《餐饮服务与管理》	酒店管理专业
	《导游实务》	旅游管理专业
	《客房服务与管理》	酒店管理专业
	《现代旅游服务礼仪》	旅游管理、酒店管理专业
人资营销	《办公室事务管理》课程资源包	行政文秘、商务管理、涉外文秘、商务文秘、法律文秘、旅游会展、金融文秘、汉语言文学（文秘方向）
	《会务管理》理实一体化课程资源包	行政文秘、商务管理、涉外文秘、商务文秘、法律文秘、旅游会展、金融文秘、汉语言文学（文秘方向）等相关专业

续表

专业方向	课程资源	对应专业
人资营销	《商务礼仪》理实一体化课程	文秘、市场营销、商务英语、人力资源管理、工商管理等专业
	《市场营销学》	市场营销、工商管理专业
	《谈判与沟通》	市场营销、工商管理专业
	《推销员岗位技能培训》	市场营销、工商管理专业
	《消费行为学》	市场营销、工商管理专业
	《电子产品推销实训》	市场营销、工商管理专业
	《服务产品推销实训》	市场营销、工商管理专业
	《快销品推销实训》	市场营销、工商管理专业
	《耐用品推销实训》	市场营销、工商管理专业
	《营销策略》	市场营销、工商管理专业
智能制造	《3D打印技术基础》	加工制作类、加工设计类、工艺设计类专业
	《PLC技术及应用（西门子）》	电气自动化、机电一体化、自动化控制等专业
	《RFID原理与应用》	电子信息专业，物联网方向专业
	《单片机技术与应用》	电子信息专业、机电控制技术专业
	《工厂供电》	电气与供电技术专业
	《工业机器人技术应用与编程》	机器人、机电一体化相关专业
	《机械基础》	加工制造类专业
	《零件的数控车削加工》	加工制造类专业
	《无人机操控技术》	无人机应用技术专业
	《液压与气动技术》	加工制造类专业
智能交通	汽车发动机构造与维修标准教学课程包	汽车运用与维修、汽车电子等专业
	汽车底盘构造与维修标准教学课程包	汽车运用与维修、汽车电子等专业
	汽车电气设备构造与维修标准教学课程包	汽车运用与维修、汽车电子等专业
	汽车喷漆标准教学课程包	汽车运用与维修、汽车电子等专业
	汽车美容标准教学课程包	汽车运用与维修、汽车电子等专业
	新能源汽车标准教学课程包	汽车运用与维修、汽车电子等专业
纺织服饰	《女装制作工艺》	服装设计与工艺类专业
医药健康	基础护理课程资源包	教育护理专业
农林牧渔	植物生长与环境专业资源课程包	植物生长与环境专业

续表

专业方向	课程资源	对应专业
食品烹饪	《食品雕刻》	中餐烹饪与营养膳食专业
	《中式热菜制作》	中餐烹饪与营养膳食专业
	《食品加工技术概论》	食品加工技术专业
	《中式面点制作》	中餐烹饪与营养膳食专业
化工建筑	《化学基础》	化学化工类专业，以及部分环境、食品、药品类专业
	《化学分析》	化学化工类专业，以及部分环境、食品、药品类专业

5.2.4.3 实训仿真软件资源

不同专业方向参考实训仿真软件资源如表5-2-6所示。

表5-2-6

专业方向	资源名称	适用专业
金融数据类	CSMAR数据库	课题研究、专业教学、助力学科建设
	大数据分析实训系统（BDA）	应用数学、统计学、金融数学、信息与计算科学
	大数据平台	数学、统计、计算机、金融、市场营销
	大数据可视化系统	计算机、应用数学、统计、金融学
	商业银行立体教学系统	金融学、金融工程类
	商业银行产品营销与服务教学系统	银行学、金融学类
	金融大赛系统	银行学、金融学、金融工程类
	保险理赔动态案例教学平台软件	保险学、汽车服务工程、金融学、交通工程、车辆工程，保险与汽车
	保险展开业务教学软件	保险学、金融学、金融保险、金融管理（金融管理与实务）、机动车保险实务
	金融理财规划大赛平台	金融学、金融工程、保险学、银行学、投资学
	初/中/高级RICH财商互动课堂软件	财商素质教育
	驼峰航线财商教育系统	融合金融知识及规律运用的创新型财商教育产品
	虚拟交易所	金融学、投资学、经济学、风险管理、金融数学、金融工程
	量化投资终端Quantrader	金融数学、金融工程、金融统计等数学统计类和金融经管类

续表

专业方向	资源名称	适用专业
金融数据类	资产管理公司运营系统	金融学、投资学、风险管理、金融数学、金融工程
	财务分析综合教学系统	会计学、财务管理、税务、审计
	3D 财税一体化实训系统	会计学、经济学、税务管理、税务审计、审计学、国家税收学
	财会易平台实训教学系统	会计、会计电算化、会计与审计、会计与统计核算、税务、财务管理
创新创业类	创业实战模拟系统	经管大类
	蛋糕店创业体验系统	经管专业和食品专业
	企业注册登记实训系统	经管专业大类
	创业虚拟仿真综合实训平台	经管类专业
	创业潜能测评系统	经管类专业
	职业生涯规划系统	经管类专业
	创业知识学习系统	经管类专业
	创新思维测评系统	经管类专业
	快递物流 3D 模拟仿真教学实训系统	物流专业
	现代物流配送中心模拟仿真教学系统	物流专业
	仓储管理教学系统	物流专业
	3D 仓储配送管理系统	物流专业
	快递教学系统	物流专业
	GIS 运输配送路径优化教学系统	物流专业
	啤酒供应链管理仿真系统	物流及供应链相关专业
	物流大师决策仿真系统	连锁经营管理、工商管理、市场营销、经济贸易、财务管理,物流管理等专业
	集装箱码头管理教学	港口航道与海岸工程、物流工程、物流管理等专业
	大宗商品地理信息教学系统	物流专业、国际贸易专业
	智能运输规划系统软件	物流专业
	国际物流教学平台	物流专业
	国际物流 3D 模拟仿真教学实训	物流专业
	仓储管理 VR 实训系统	物流专业
	国际物流 VR 实训系统	国际贸易专业、物流管理专业、国际商务专业、港口物流管理专业
	重型货架拆装 VR 实训系统	物流院系及相关专业

续表

专业方向	资源名称	适用专业
国际贸易类	外贸实训教学软件	国际贸易专业、国际商务专业、国际经济与贸易专业
	跨境贸易多岗位实践平台	国际商务专业、国际贸易专业、国际货代代理专业
电子商务类	电子商务教学软件	电子商务专业
	电子商务案例分析实训系统	电子商务专业
旅游会展酒店	3D酒店管理虚拟（VHM）系统	酒店管理专业
	3D旅游多维教学实训平台	旅游管理专业
	导游英语情景教学实训系统	旅游管理专业
	导游全景模拟实训平台软件	旅游管理专业
人资营销类	人力资源模拟经营教学软件	人力资源管理、工商管理、市场营销、金融、会计
	职业秘书技能情景化实训系统	文秘专业
	薪酬设计实训系统	人力资源管理专业
	市场营销实训系统	市场营销、工商管理、财务管理、经济贸易、经济管理类专业
	绩效考核与管理实训系统	人力资源管理专业
	人力资源实训软件	人力资源管理专业及经管类、公共管理类相关专业
	商务礼仪实训软件	文秘、市场营销、公共管理、汉语言文学、商务英语、旅游等专业
	市场调查分析实训系统	工商管理、市场营销
	营销赢家仿真决策软件	市场营销、工商管理、财务管理、经济贸易、经济管理类专业
	招聘技能实训系统软件	人力资源管理专业
	市场营销模拟经营教学软件	工商管理、市场营销
	医药网络营销实训软件	药剂专业、医药营销专业
	商务谈判实训软件	市场营销、工商管理专业
	3D会务管理实训系统	文秘专业
	3D文书与档案管理实训系统	文秘专业
	职业秘书技能VR实训系统	文秘专业

续表

专业方向	资源名称	适用专业
公共产品类	多岗位财务实训平台	财会类专业
	餐饮运营长决策仿真软件	餐饮管理专业
	创业竞技仿真软件	经管类专业
	聪明会计决策仿真软件	会计、市场营销、工商管理
	理财高手仿真软件	金融事务、会计、工商管理类专业
	企业模拟竞赛软件	经管类专业
	色彩沟通仿真学习软件	美容美发专业
	跨专业经管综合实践平台	经管类专业
	零售专家决策仿真软件	连锁经营管理、会计、市场营销、工商管理等专业
	创新连锁大师决策仿真软件	连锁经理管理、工商管理、市场营销、经济贸易、财务管理等专业
智能制造类	智能手机维修VR实训系统	手机维修相关专业
	焊接3D仿真实训系统	焊接技术应用专业
	机床线路装调与检修、技能仿真实训考核系统	电工维修、机电专业、自动化专业、电力拖动与控制、机床检修
	PLC技术设计与改造、技能仿真实训考核系统	电工学、机械工程自动化、自动控制,电气工程自动化、电子工程
	液压气动系统与控制、技能仿真实训考核系统	机械工程自动化、自动控制、液压与气动相关专业
	维修电工实训3D仿真软件	电气、机电、电子技术、自动化、仪器仪表等相关专业
	虚拟焊接系统	焊接技术应用专业
	工业机器人VR基础教学系统	机器人相关专业
	工业机器人VR岗位实训软件	机器人相关专业
	渐开线齿轮范成VR实训软件	机械工程自动化、自动控制、液压与气动相关专业
智能交通类	城市轨道AFC运营仿真教学实训系统	城市轨道交通运营管理专业
	3D汽车二级维护实训系统	汽车检测与维修专业、汽车运用技术和汽车运用与维修专业
	科鲁兹变速器3D虚拟仿真教学系统	汽车运用与维修、汽车电子专业
	科鲁兹汽车底盘3D虚拟仿真教学系统	汽车运用与维修、汽车电子专业
	科鲁兹汽车空调3D虚拟仿真教学系统	汽车运用与维修、汽车电子专业
	新能源汽车动力总成3D虚拟仿真教学系统	汽车维修类专业

续表

专业方向	资源名称	适用专业
智能交通类	科鲁兹汽车发动机维修诊断 3D 虚拟仿真教学系统	汽车运用与维修、汽车电子专业
	科鲁兹发动机 3D 虚拟仿真教学系统	汽车运用与维修、汽车电子专业
	科鲁兹变速器 3D 虚拟仿真教学系统	汽车运用与维修、汽车电子专业
	汽车动力总成拆卸及原理 VR 系统	汽车维修类专业
	新能源汽车动力总成 VR 实训系统	汽车维修类专业
	汽车 VR 智慧课堂软件	汽车运用与维修、汽车电子专业
	汽车底盘构造与维修 VR 课程	汽车运用与维修、汽车电子专业
	汽车发动机构造与维修 VR 课程	汽车运用与维修、汽车电子专业
	汽车电气设备构造与维修 VR 课程	汽车运用与维修、汽车电子专业
	CRH 动车组一级修 VR 教学系统	动车相关专业
纺织服饰类	3D 服装生产管理虚拟仿真教学系统	纺织服装类
	3D 纺织服装检测虚拟仿真教学系统	纺织服装类
信息技术	青少年编程教学平台	K12/创客教育/编程思维教育
	计算机基础实训教学系统	计算机专业
	计算机学科实训资源管理系统	计算机专业
	计算机组装与维护虚拟仿真实训教学系统	计算机专业
医药健康	密闭式静脉输血技术虚拟仿真实训软件	护理学专业
	医学检验虚拟仿真实训系统	医学检验专业、医药学及生命科学相关学科应用
	GPS 教学系统	药学类专业
农林牧渔	鸡 3D 虚拟解剖系统	畜牧业
	马 3D 虚拟解剖系统	畜牧业
	果蔬嫁接仿真实训系统	园林类、果蔬类、农业类专业
	林木有害生物防治专家系统	林业类、植物保护类专业
	农林牧渔虚拟仿真实训教学平台系统	畜牧业
	犬 3D 虚拟解剖系统	畜牧业
	猫 3D 虚拟解剖系统	畜牧业
	犬虚拟解剖 VR 实训系统	畜牧业
食品烹饪	果汁饮料生产仿真教学实训平台系统	食品类专业
	食品加工与检测教学平台	食品加工技术、食品营养与检测、农产品加工与质量检测、分析化学

5.2.4.4 数字图书馆资源

1. 数字图书馆的功能

数字图书馆系统依托计算机和现代网络技术，以学校图书馆的电子期刊、电子图书、光盘数据库、联机数据库、网络数据库、视频、音频及动画等不同的数字化资源为基础，建设数字图书馆资源管理系统和数字图书馆资源门户网站，建立纸本馆藏文献和网上电子文献相结合的文献资源库及数字资源检索平台，为读者提供信息资源，为教学、科研提供良好的电子资源环境，开阔师生的视野、拓宽创新思路。平台主要包括浏览、检索查询、借阅、馆际互借等功能（如图 5-2-41 所示），通过数字图书资源的统一规划、分布式建设、存储加工、访问管理以及与上级单位、非商业性或共享网络中数字图书馆资源库对接，为全校师生提供方便、快捷的数字资源服务。

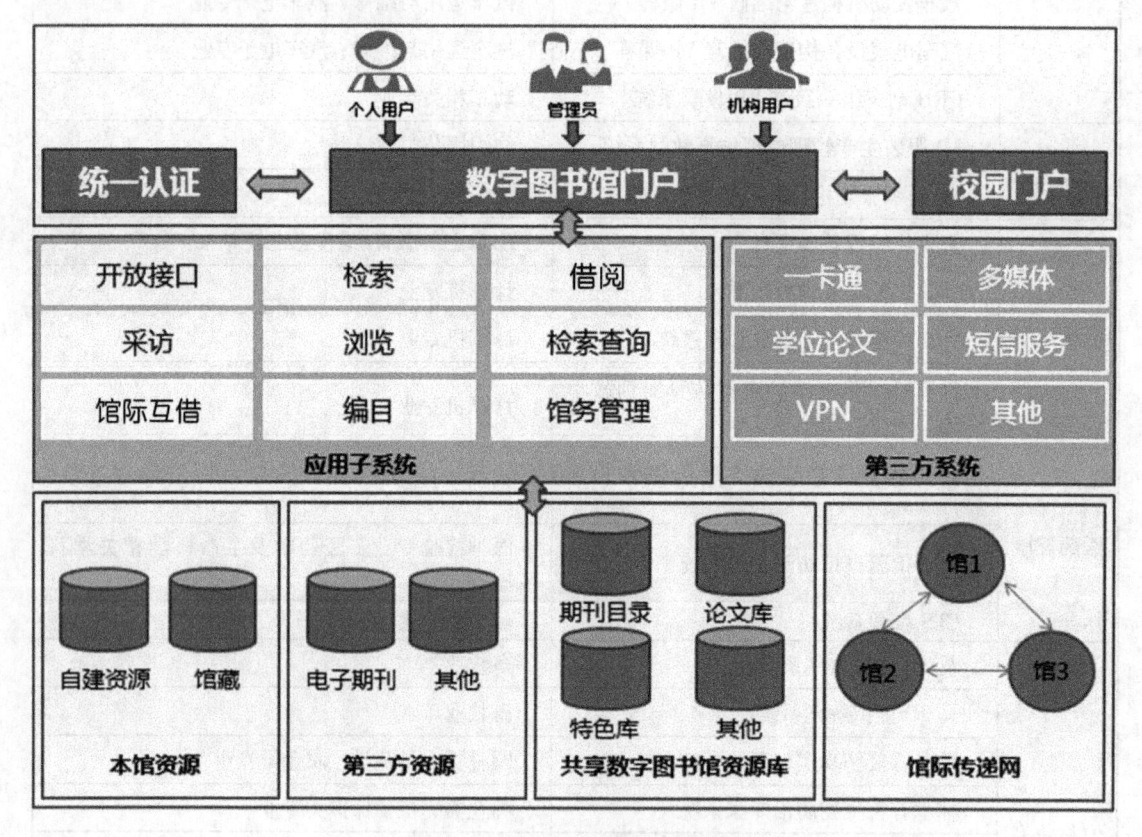

图 5-2-41 数字图书馆功能图

2. 数字图书馆的特点

1）自助服务，升级体验

借书还书无须人工干预，均可自助进行，为全校师生提供方便快捷自由的操作环境。

2）全新技术，方便管理

采用 RFID 射频识别技术，实现标签与图书的绑定，较之传统图书管理系统，极大的简化操作流程，释放了管理员劳动力。

3）海量资源，安全兼容

海量图书资源，支持图书上传批量导入、后期维护效率倍增；支持在线点播，轻松实现视频化远程教学，支持文档及音视频，文字、音频、视频多媒体兼容。

4）开放链接，互联互通

支持多馆协同服务、彼此共享，开放链接，让每个系统、服务、资源彼此集成、灵活扩展。所建设的数字图书馆能在本馆层面、市级/自治区级层面和全国层面上能实现互联互通。

5）标准分类，个性定制

基于中图法标准分类，方便检索查阅；支持多级目录自定义分类，方便根据具体情况添加资源；支持各种移动终端浏览，实现随时随地进入数字图书馆。

5.2.4.5 资源开发中心

1. 资源开发中心体系

借助虚拟现实技术、可视化技术、大数据、计算机网络、图形系统工具、图像信息处理、分布式系统和人工智能等先进技术，面向全国院校，基于基础场馆建设，集资源开发（包含虚拟现实实训室、智慧教室、3D创意设计室、智能会议、虚拟演播室、微课制作室等）、资源管理、资源应用和资源运营为一体的国家级、校级和专业级精品课程开发中心，专注于提供数字化教学资源开发制作、数字化教学资源共享、课程制作培训等服务，如图5-2-42所示。

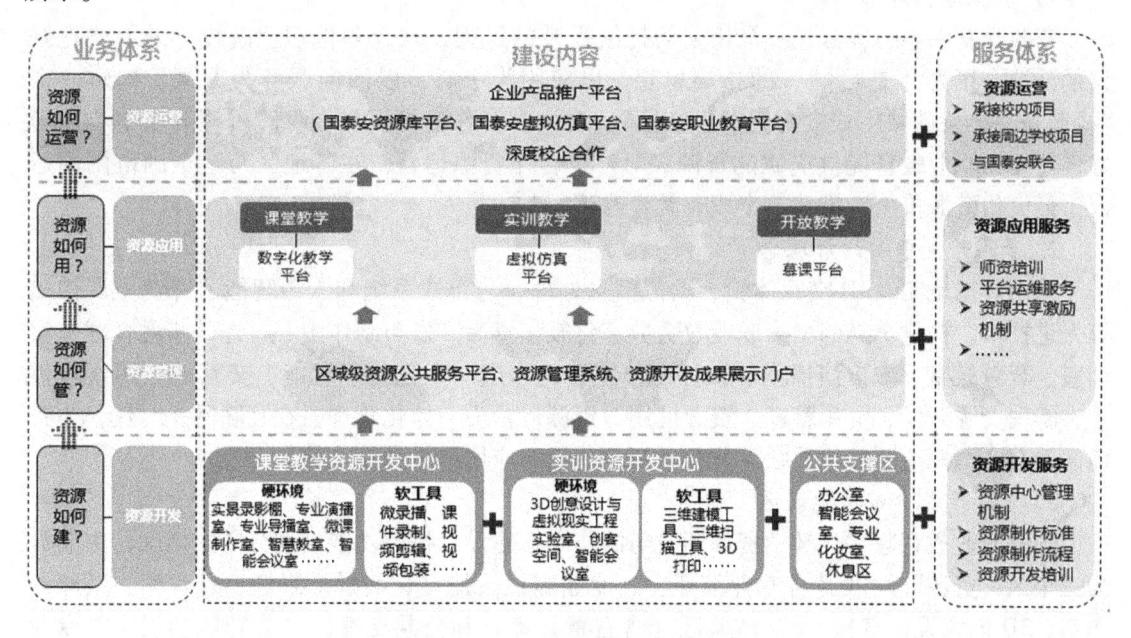

图5-2-42 资源开发中心体系图

1）资源开发环节

主要分为三个部分：

（1）课堂教学资源开发中心，包括硬环境搭建和软工具的配套。硬环境主要包括3D创意设计室、实景录影棚、专业演播室（含导播室）、专业虚拟演播室、微课制作室、录音棚。

（2）实训室资源开发中心，包括硬环境搭建和软工具配套。硬环境主要包括虚拟现实实训室、智慧教室。

（3）公共支撑区，包括办公室、智能会议室、专业化妆室等。移动式录播，主要包括包含移动录播系统、无人机拍摄和微录播工具。

除此之外，还包含后期制作软件、视频剪辑软件、平面处理软件、音频处理软件、三维动画制作软件等。

2）资源管理环节

主要包括区域级资源公共服务平台、中心资源管理系统、资源开发成果展示门户。其中区域级资源公共服务平台主要实现"国家—省级—市级"三级优质资源的共建共享，包括区域级资源公共服务平台、中心资源管理系统和资源开发成果展示门户。中心资源管理系统主要是使资源按教育层次、专业、素材不同分类进行录入，实现资源对号入座，统一管理。资源开发成果展示门户是指国家职业教育数字化教学资源开发与制作中心设立统一门户网站，主要围绕教育体系、专业体系、素材体系三大体系进行资源的收集整理。

3）资源应用环节

主要包括数字化教学平台、在线教学平台和虚拟仿真实验教学平台，主要是将开发的优质数字化教学资源有效应用到实际的职业教学过程中，弥补以往优质资源匮乏、资源类型单一，资源地区分布不均衡等存在的不足，真正发挥"能学辅教"的作用，提高师资水平，增强学生实践技能，更好地推动教学模式创新和职业教育改革。

4）资源运营环节

资源开发中心的运营是一个长期的持续提升的过程，联合各地职业院校，秉承"建好只是开端，用好才是目的"的指导思想，以应用为中心，以面向服务为原则，构建一个"校政企一体化的共生式教育资源生态圈"。对内，合作资源开发：保障资源开发中心用得好，持续为职业教育提供优质的资源；对外，合作资源运营：在各地区乃至全国范围内运营，最大化资源价值，推动整个职业教育改革。

2. 资源开发中心设计理念

采用虚拟现实、3D交互体验、图像信息处理、分布式系统和人工智能、专业微课拍摄等先进技术，构建全新的国家职业教育数字化教学资源开发与制作中心，进一步融合虚拟实训室、智慧教室、虚拟演播室、微课制作室等，形成一个创新、智能、交互的应用管理体系，实现资源开发、资源管理、资源应用、资源运营为一体化管理，在互联网+时代，为各地区乃至全国职业院校优质数字化教学资源建设与应用提供全面支持。

3. 资源开发中心功能划区

国家职业教育数字化教学资源开发与制作中心建设，按照功能规划分区的维度，主要分为三个区：资源开发区（含专业演播室、专业虚拟演播室、实景录影棚、录音棚、微课制作室、3D创意设计室）、交互体验区（含智慧教室）和公共支撑区（含智能会议室、专业化妆室、办公室、休息区……）。

1）资源开发区

国家职业教育数字化教学资源开发与制作中心建设，按照资源开发类别维度，主要分为课堂教学资源开发（含专业演播室、专业虚拟演播室、实景录影棚、录音棚、微课制作室、智慧教室）和实训资源开发（含3D创意设计室、虚拟现实实训室）。

（1）专业演播室（含导播室）。

作为教学资源制作的重要场所，承担除了外拍资源制作的大部分资源录制和制作任务。

主要用于新闻视频、访谈节目、现场教学活动、中小型活动的录制及转播。

空间以三种形式的台阶划分演播区、评委区、观众区，墙面隔音软包、弧形背景墙及舞台灯光的设计，打造一个模拟逼真个性化的电视演播厅。

（2）专业虚拟演播室。

通过电脑 3D 建模实现各种场景应用，具有虚拟演播、导播切换、音视频制作、播出等功能完善的系统，节省搭建场景与道具的成本，增加资源制作的多样性与创意空间，主要用于虚拟校园电视台、课程录播、互动教学、教学课程录制。

三墙一底式蓝箱设计及演播系统灯光的制作，打造专业课程资源制作演播场景；智能全景传感跟踪系统，实现多机位，多方式传感跟踪方式。

有机的"制""播"分离和集合技术，实现制作、播出分离控制。

全三维"多元素"高效融合技术，展现多种三维图文效果虚拟场景/模板设计器，含整套三维空间设计工具和二维字幕图文的设计界面的集合。

（3）实景录影棚。

指通过人工现场搭建情景环境，进行课程视频拍摄的场所。

实景录影棚根据数字化教学资源内容，安装可移动式的背景布，方便拍摄过程中不同要求的快速转换，布置部分情景式道具（如屏风、白板、沙发、书桌、书架等），最大化利用空间，实现逼真效果、高仿真度，极大的节约成本。

实景录影棚主要用于讲述类课程、访谈类课程、操作类课程、创意短剧录制和平面照片的拍摄。

空间墙面吸音板、地面地毯、窗户厚质感窗帘等这些吸音材质的利用，体现装饰形式为功能服务，打造一个隔离外部噪声、降低内部回声的一个专业录影棚。

（4）录音棚。

录音棚又名录音室，是为了给数字化教学资源制作创造特定的录音环境声学条件而建造的专用录音场所。

主要用于学校各类数字化资源开发后期配音录制、音乐录制重要场所。

隔音及密封性很强的材料，打造吸声特性较好的专业录音场所，软包不同颜色的拼接形式，增强空间的视觉审美观。

（5）微课制作室。

主要以课程后期制作、排版加工处理为主。微课制作室设备主要包括高配后期制作主机，相应存储预览设备以及部分办公设备。主要功能是处理各类演播厅的音视频资料，将其进行加工处理，制作成精美的课程，并录入到资源库平台以及教学平台中。

微课后期制作可以把在摄录环节中缺乏的图片、视频、音频、动画或操作演示等内容添加到微课中，增加微课的信息量，降低知识点的抽象度，提高微课的观赏性，使微课更加符合学习者的观看心理。

微课制作室旨在解决微课视频制作美化，文件管理，完善微课制作工作流程。教室建成后，可根据录制的课程内容（讲述型、操作性、课堂实录、采访等），进行相应的制作编排设计，统一集中加工处理，使微课制作室成为成果汇总、加工、输出的场所。教室主要采用设计类电脑器材，按照正规媒体制作标准生产，技术人员统一管理，集中办公，形成标准化流程生产。

（6）3D创意设计室。

3D创意设计要求在计算机显示的3D图形，就是让人眼看上去就像真的一样。利用人眼的近大远小特性，形成立体感。组建3D创意设计室，包括软硬件基础设施建设、管理体制、成果展示服务等，开展相关3D创意设计工作包括：3D建模及艺术设计等创意设计工作，具有专业级3D图像处理硬件配置和业内主流3D设计软件、同时结合3D自动建模设备，进行3D模型的快速建设；最后可以将3D设计效果进行3D打印，进行3D虚拟仿真软件开发。

2）交互体验区

交互体验区主要包括虚拟现实实训室（实训资源开发）、智慧教室（教学资源开发）。

3）公共支撑区

公共支撑区主要包括智能会议室、专业化妆间、设备储藏间、办公区、讨论区、更衣室和休息区。

（1）智能会议室。

智能会议室不单纯于传递"语音"信息，还可以传递语音、图片、图像、数据等大量、及时的多媒体信息。智能会议室集成单个会议子系统，利用互联网或局域网就能够实现高质量、高可靠性的视频会议、远程互动、线上线下师资培训、网络化办公，方便跨区域跨学校的实时交流讨论。同时，可以满足同时多个远程会议的要求，可以节省日常开支和办公费用，有效地提高工作效率。

（2）专业化妆室。

化妆间主要是为需要上镜的人提供化妆和休息的场所，化妆间最基本的设备是灯光和镜子。在电视节目制作中，灯光与化妆这两项工作的成果，是人物呈现中关联度最大的两个要素。专业精致装修的化妆间不仅能为上镜者提供精致的妆容，提升自信，也可为其提供温馨舒适的休憩场所，有助于缓解上镜前的紧张情绪。

4）移动式录播

移动式录播主要满足一些不方便来录课室的外出拍摄任务，例如实训操作课程、小型活动、户外采访。设备便捷易携带、简单好操作。

（1）便携式演播室。

一套集摄、录、编、播为一体的便携式工作站。可以对现场的多路视频、音频、发言稿和电脑、投影（VGA）等自动编码成一个同步的、完整的流媒体文档，并通过网络实现向媒体观众进行实时直播和按需点播。

（2）无人机。

无人机是通过无线电遥控设备或机载计算机程控系统进行操控的不载人飞行器。无人机结构简单、使用成本低，不但能完成有人驾驶飞机执行的任务，更适用于有人飞机不宜执行的任务。在资源拍摄制作方面，也应用广泛。

无人机航拍摄影是以无人驾驶飞机作为空中平台，以机载遥感设备，如高分辨率CCD数码相机、激光扫描仪、磁测仪等获取信息，用计算机对图像信息进行处理，并按照一定精度要求制作成图像。全系统在设计和最优化组合方面具有突出的特点，是集成了高空拍摄、遥控、遥测技术、视频影像微波传输和计算机影像信息处理的新型应用技术。

（3）微录播工具

微录播系统软件是微课程的录制、剪辑与播出系统，它由微录播电脑端管理软件与微录播手机 APP 端管理软件组成。可实现通过可穿戴的智能采集设备随时随地的录制课程，通过电脑、手机等终端快速的剪辑与发布课程，并且支持多平台多终端的点播服务。

相比传统的录播系统，微录播系统让课件的质量在清晰度上轻松达到专业级。先进的指尖编辑技术，可以通过手机、电脑等设备的屏幕，随时剪辑合成您的课件，这使您无论在学校的哪个角落，都能够通过校园 WiFi 进行课程观看和剪辑合并。这套微录播系统能够轻松重用原有投影仪电教设备，无须增加额外投资。

5）资源制作工具

教学工具，根据应用资源内容，紧扣教学应用主旨，对教学资源做出针对性的编辑制作，方便学生更加加深理解课程内容。主要涵盖微录播工具和一些资源制作软件。

4. 资源开发中心特色

1）教育理念领先

（1）基于职业教育注重实操技能提升的特点，构建理实一体化资源开发中心，开发实训教学资源。

（2）基于职业院校学生特点，通过理实一体化资源开发中心，开发互动学做资源，实现做中学、玩中学的创新教学模式。

2）顶层规划前瞻化

（1）以资源共享和应用为目标，设计资源开发中心。

（2）以资源开发—资源管理—资源应用—资源运营一体化建设的思路，构建"循环、智能、自生长"的资源开发中心。

3）技术设备智能

（1）基于"互联网+"，让录播随时随地进行。

（2）基于云计算，让资源高度共享，最大化资源的利用效率。

6 中职学校信息化教学改革与研究

6.1 信息化教学设计

6.1.1 信息化教学设计的基本框架

信息化教学设计的基本框架如下所示：

> **一、教材分析**
> 分析教材出处和内容所在的地位。
>
> **二、学情分析**
> 分析学生专业和年级，针对本次教学已具有的基础能力等。
>
> **三、教学目标（三维教学目标）**
> 1. 知识目标
> 2. 能力目标
> 3. 情感目标
>
> 或
>
> 1. 知识与技能
> 2. 过程与方法
> 3. 情感、态度和价值观
>
> **四、教学重难点**
> 难点是重点中的一个，在后面教学过程中要说明如何突破教学重点，如何攻克教学难点。
>
> **五、教学方法**
> 教法、学法。

六、教学策略

本次教学的理念和思路。

也可考虑把板书放在这里，最好是一个教学关系图。

七、教学设计流程

做个简单一点的设计思路。

八、教学实施过程

（一）课前准备（学生准备、老师准备，适当使用信息化手段）

老师课前布置任务，学生课前通过网络等手段自主学习。

（二）课堂教学（重在以学生为中心展开教学）

激情引入—检查课前预习效果（先让学生团队自我发挥）—新知讲授（后团队和老师纠错、教师示范各步骤）—任务驱动（团队再讨论练习、再展示）—教学评价（注重各环节评价、注重课堂效果评价）—教学总结（可以是学生总结学习效果，也可以是教师总结教学重难点和是否完成教学目标，总结教学效果）。

（三）课后拓展（重在本知识的延伸、生活或岗位的应用，适当使用信息化手段）

九、教学效果和反思

1. 教学亮点（突出教学设计的特色，简单明了有特色）
2. 教学反思（效果和有待提升）

6.1.2 信息化教学设计的典型案例

《中国民族器乐曲——铜鼓声声传神韵》教学设计参加2017年全国职业院校信息化教学大赛荣获三等奖，作者：姚亮、蓝雪芬、罗诗仪。教学设计如表6-1-1所示：

表 6-1-1　教学设计

《中国民族器乐曲——铜鼓声声传神韵》			
授课单元	第三单元　璀璨的器乐 第一节　中国民族器乐曲	授课班级	学前教育专业二年级1班，35人
课程名称	《公共艺术》（音乐篇） 国规新教材，刘五华主编	授课学时	1学时
授课地点	学前教育专业多媒体演艺厅（配有互联网、钢琴、一人一只壮族蜂鼓、演奏舞台、各种鼓乐器教具、投影仪）	授课形式	艺术欣赏 实践活动式
一、教学背景			
本次知识点铜鼓声声传神韵是教材第三单元璀璨的器乐的第一节中国民族器乐曲中的内容，是认识器乐的开始。学校于2016年取得民族文化传承实训基地建设，把民族文化进校园活动形成常态化，学校铜鼓非遗传承是"红铜鼓"中国—东盟艺术教育成果展演的一大亮点。关注东盟博览会、关注非遗文化、关注铜鼓，从而利用这一课题，教育年轻一代传承民族文化，热爱民族器乐，弘扬民族精神。			
二、学情分析			
学生已有认知水平和能力分析： 中国民族器乐曲是学前教育专业学生需要认识的器乐之一，特别是对当地少数民族器乐曲的认识，加深学生对民族音乐所蕴含的文化内涵与精神品质的理解，增强传承民族文化的职业素养。 在此之前，学生已经学习了声乐、器乐和乐理知识，但他们普遍喜欢流行歌曲，对民族音乐了解得不够，然而他们崇尚亲身体验，为赏鼓韵、听鼓律、制鼓曲、享作品等教学环节提供了必要的条件。 同时，学生学习了计算机基础课程，掌握一定的计算机应用技术，具备了信息化教学的基本条件，为学生很好完成课前预习准备、课中检查学习、课后实践应用打下基础。			
三、教学目标			
通过本节课的教学，实现以下教学目标： （一）知识目标 认识中国民族器乐鼓曲，感受音乐铜鼓的艺术魅力。 （二）能力目标 会赏鼓韵、听鼓律、制鼓曲、击打鼓。 （三）情感目标 赏鼓韵，提升民族文化传承意识。 制鼓曲，激发创作热情，进而热爱音乐，热爱幼儿教育事业。			
四、教学重难点			
（一）教学重点 1. 赏鼓韵，品鼓文化内涵，提升民族文化传承意识。 2. 掌握壮族蜂鼓的基本敲击手法。 （二）教学难点 准确掌握壮族蜂鼓的击打节奏			
五、教学方法			
（一）教法：启发引导教学法 教师通过课中技能展示、相关视频资源、原创微课、原创打击乐作品等循序渐进地引导学生认识鼓、赏鼓韵、听鼓律、制鼓曲，从而热爱鼓乐器、掌握正确的击打壮族蜂鼓的方法、理解民族文化内涵，提升民族文化传承意识。			

续表

（二）学法：情感体验学习法
学生通过课前查阅资料认识鼓，初步了解鼓文化内涵；课中与教师共同欣赏鼓韵，动手击打鼓乐器，与教师即兴制鼓曲，从而充分感受、体验打击乐中所表现的音乐情绪，理解节奏内容及意境，加深对民族音乐所蕴含的文化内涵与精神品质的理解，提升民族文化传承意识。

六、教学策略

本次教学理念是互联网+非遗，原创创新传承。从认识各类鼓入手，通过引导学生互联网欣赏非遗鼓乐和分享教师原创铜鼓乐、校园的鼓舞表演视频，从而对比听辨鼓韵，感受鼓文化魅力，突破教学重点；通过教师示范、原创击鼓手法微课，引导学生跟学体验，从而准确掌握壮族蜂鼓的击打节奏，感受鼓节奏带来的愉悦，攻克教学难点；通过互联网分享学生作品和教师原创铜鼓文化微课视频，鼓励学生肩负起非遗传承和创新民族文化传承的历史使命。

教学思路是从认识各类鼓入手，通过赏鼓韵，感受鼓文化魅力；听鼓律，感受鼓节奏；制鼓曲，体验创作快乐；享作品，分享学习收获。

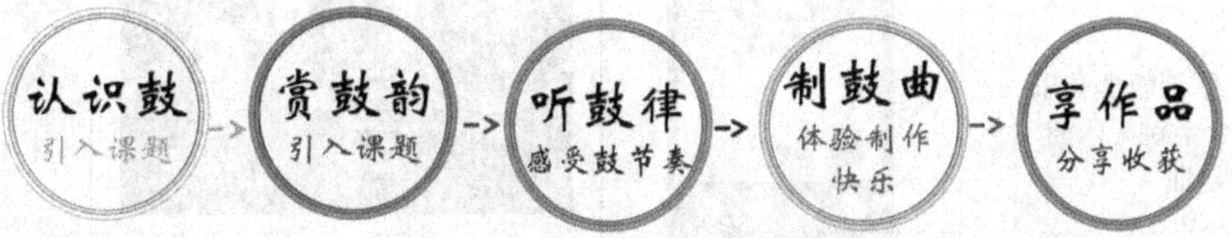

认识鼓（引入课题）→ 赏鼓韵（引入课题）→ 听鼓律（感受鼓节奏）→ 制鼓曲（体验制作快乐）→ 享作品（分享收获）

七、教学资源和信息化手段

1）授课课件	铜鼓声声传神韵	  教学任务 	教学内容（认识鼓、赏鼓韵、听鼓律、制鼓曲、享作品）

2）4个教学相关教学视频 优酷终端搜索非遗鼓文化 教师优酷个人网站鼓演奏分享 学习QQ群教学资源分享	非遗文化"怪村太平锣鼓"	教师在世界读书日庆典活动中演奏原创铜鼓乐曲《歌仙故乡我的家》
	学生参与的学校民族文化进校园鼓舞表演	参加2017年"红铜鼓"中国—东盟艺术教育成果非遗铜鼓展演

续表

3）2个原创教学微课	原创微课《壮族蜂鼓的正确打法》	由师生参与活动和学校航拍技术支持，参赛团队后期制作的原创铜鼓文化微课。	
4）2个原创教学音乐 1个七个半跳配乐曲 多个鼓乐曲	教师原创音乐作品《歌仙故乡我的家》	教师原创学前专业音乐 MV《一起成长》	多段鼓乐曲和配乐曲
5）网络学习资源库 二维码扫描分享鼓文化演奏	优酷教师个人音乐视频分享网址	公共艺术学习 QQ 群	喜马拉雅 FM 教师原创音乐分享网址
6）优酷终端网络学习软件 QQ 软件（群交流、文件、投票）	优酷	QQ	

八、师生课前准备

【课前教师教学准备】
（一）教具准备
壮族铜鼓、壮族蜂鼓、墩墩鼓、小军鼓、瑶族皮鼓、长鼓等；
（二）任务单准备
《学习任务单一：了解鼓文化》《学习任务单二：练习击打壮族蜂鼓》；

续表

（三）资源准备：
1. 上传到公共艺术学习 QQ 群
原创微课：《壮族蜂鼓的正确打法》《千年铜鼓 盛世和鸣》；
原创打击乐 MV：《歌仙故乡我的家》《一起成长》；
其他视频资源：民族文化进校园活动－鼓舞表演视频、参加 2017 年"红铜鼓"中国—东盟艺术教育成果非遗铜鼓展演视频、教师在世界读书日庆典活动中演奏原创铜鼓乐曲《歌仙故乡我的家》视频
2. 其他网络资源链接
1）优酷网，教师个人原创音乐视频分享网址
http：//i. youku. com/u/UMzM2MDgyMzA0？spm = a2h0k. 8191407. 0. 0
2）喜马拉雅 FM 网，教师个人原创音乐分享网址
http：//www. ximalaya. com/zhubo/2806803/
3）教师原创铜鼓音乐网址
http：//v. youku. com/v_ show/id_ XODIzMjMwOTA0. html？spm = a2h0k. 8191407. 0. 0&from = s1. 8－1－1.2
4）原创音乐作品《一起成长》MV 网址
http：//v. youku. com/v_ show/id_ XMTI5NjMzMTA0MA = = . html？from = y1. 7－1. 2
5）优酷网络终端视频《非遗中国行——怪村太平鼓》：
http：//www. iqiyi. com/w_ 19ru49h3fh. html
- 其他音频资源：多段鼓乐曲、七个半跳乐曲

教师课前上传任务单和相关教学资源到学习 QQ 群和个人音乐网站，提供学生课前自主探究，完成课前学习任务。
【课前学生学习准备】
（1）团队合作网络收集各类鼓的历史、形制、适用场合等资料，并网络搜索欣赏鼓曲；
（2）进入班级 QQ 群和登录教师个人音乐网站，欣赏和学习教师提供的教学视频和微课，尝试练习击打壮族蜂鼓的节奏，并录制练习视频上传班级 QQ 群进行分享。

九、教学设计流程

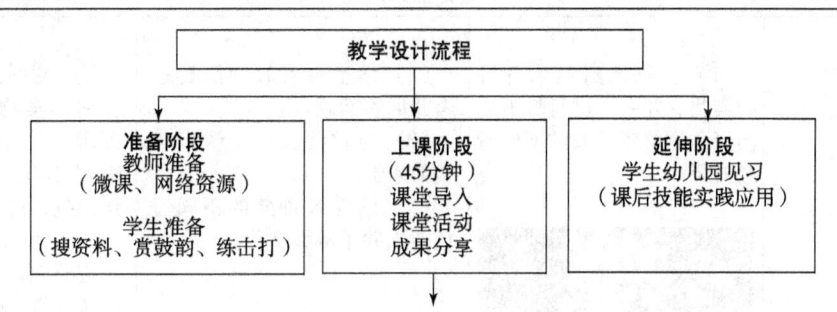

教学设计流程

- 准备阶段
  教师准备
  （微课、网络资源）
  学生准备
  （搜资料、赏鼓韵、练击打）
- 上课阶段
  （45分钟）
  课堂导入
  课堂活动
  成果分享
- 延伸阶段
  学生幼儿园见习
  （课后技能实践应用）

课堂导入：看实物，听演奏	欣赏各种鼓打击乐曲认识鼓	初认识鼓
课堂活动一：赏鼓韵	欣赏非遗鼓乐曲 民族鼓文化进校园 听辨鼓韵抢答问题	加深认识鼓乐曲 教学重点
课堂活动二：听鼓律	对比听辨金属鼓与皮质鼓 准确掌握壮族蜂鼓的击打节奏	铜鼓主题升华 教学重难点
课堂活动三：制鼓曲	尝试制鼓曲，体验创作喜乐	放飞思想
成果分享：享作品	作品上传网络，分享学习成果 网络投票，小组互评 欣赏教师原创音乐铜鼓微课	分享收获 呼应铜鼓主题

续表

十、教学实施过程				
教学环节	教学内容	教师活动	学生活动	设计意图及信息技术应用
课前准备阶段				
课前自学	完成课前准备工作	上传预习任务单和相关教学资源到学习QQ群和教师个人喜马拉雅音乐网站和优酷视频网站。	（1）学生上网搜索相关的鼓资料，初步了解鼓文化，填写《学习任务单一》，提交至学习QQ群。 （2）学生欣赏教师的原创铜鼓打击乐作品和原创铜鼓文化的微课，感受非遗铜鼓文化的魅力。 （3）学生自学教师原创击鼓手法的微课，练习壮族蜂鼓的正确敲击手法。 （4）小组完成《学习任务单二》，录制课前练习效果视频，分享到学习QQ群。	设计意图：以小组为单位开展课前预习，利用互联网处理信息，完成课前学习任务，培养学生自主收集和处理信息能力。教师布置任务，提供相关教学资源，引导学生开展课前学习，培养学生自学能力。 资源准备：原创微课、相关教学视频和音乐文件。
45分钟上课阶段				
课堂导入	看实物听演奏（3分钟）	（1）教师通过展示各种鼓实物，并一一进行打击乐演奏，讲解各种鼓的不同音色效果。 （2）启发引导学生思考问题。 引出课题：中国民族器乐曲——铜鼓声声传神韵。	（1）学生观看教师演奏思考并回答问题。 （2）与教师互动，认识各类鼓乐器。 （3）感受各种鼓的不同音色效果并了解鼓文化。	设计意图： 利用实物展示和教师现场打击乐演奏，吸引学生回归课堂，认识鼓，喜欢鼓。 资源准备： 各种教学鼓乐器

6 中职学校信息化教学改革与研究 | 239

续表

课堂活动	课堂活动一 赏鼓韵（12分钟）	（1）引导学生打开优酷终端，搜索"非遗中国行——鼓"，欣赏非遗文化"怪村太平锣鼓"。 （2）播放一段民族文化进校园活动的鼓舞表演视频。 （3）引导学生登录教师优酷个人音乐视频网，分享教师参加2017年"红铜鼓"中国—东盟艺术教育成果非遗铜鼓展演视频。 （4）进行鼓韵分析。 （5）组织课堂抢答活动。 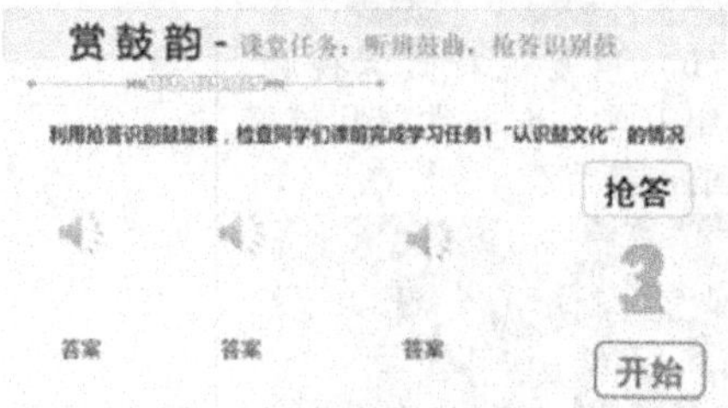	（1）欣赏三段不同鼓乐曲学会赏鼓韵。 （2）学会利用互联网搜索欣赏非遗鼓文化作品。 （3）听辨鼓乐曲，参与抢答活动。  （4）小组讨论赏鼓韵收获感受非遗鼓文化魅力。 	设计意图：通过优酷软件欣赏网络资源和组织抢答活动，加深学生赏鼓韵，感受民族鼓文化的魅力，提升非遗文化传承意识，突破教学重点。 资源准备： 多段不同鼓乐曲 网络教学资源
	课堂活动二 听鼓律（20分钟）	（1）教师课堂皮鼓演奏，分析以壮族蜂鼓为例的头声尾鼓律节奏 （2）欣赏教师原创铜鼓打击乐《歌仙故乡我的家》，与学生分享它的创作思路和击鼓的节奏。 	（1）学生倾听击打乐，直观听鼓律，辨别鼓的音乐节奏。感受鼓节奏带来的愉悦。 （2）跟学体验击打鼓。  结合课前网络欣赏鼓乐曲和课中倾听教师铜鼓演奏，加强听鼓律的能力。	设计意图：通过学生跟学体验壮族蜂鼓前、中、后的鼓节奏和欣赏教师原创铜鼓演奏，对比听辨金属类鼓和皮质类鼓音乐节奏，感受鼓节奏带来的愉悦，感受铜鼓文化的魅力，加深认识通过原创乐曲来创新民族文化传承。 设计意图：利用原创微课，让学生体验做中学，学中做的乐趣，突破教学重点，攻克教学难点。

续表

课堂活动	课堂活动二 听鼓律 (20分钟)	(3) 引导学生听辨金属类鼓和皮质类鼓音乐节奏。 (4) 组织找错活动。 教师展示学生课前练习击鼓手法视频，对小组完成任务二进行点评。 (5) 以壮族蜂鼓为例，教师示范正确的击打鼓手法。  (6) 网络分享原创教学微课视频《壮族蜂鼓的正确打法》 	(3) 听辨：壮族金属类鼓和其他皮质类鼓的不同。 感受非遗铜鼓文化的魅力。 (4) 学生小组对课前学习任务二提交的视频进行找错，小组互评。 (5) 认真观摩教师正确示范击打鼓手法，跟学体验掌握壮族蜂鼓的基本敲击手法。  (6) 重复观看微课视频，小组互学，准确掌握壮族蜂鼓的击打节奏。  体验做中学，学中做的乐趣。	资源准备： 原创铜鼓乐曲《歌仙故乡我的家》 原创的微课《壮族蜂鼓的正确敲击手法》 人手一只壮族蜂鼓乐器。
	课堂活动三 制鼓曲 (5分钟)	(1) 引一段欢快的七个半跳配乐，师生共同尝试制鼓曲。 (2) 播放教师原创的学前教育专业MV《一起成长》为配乐，带动学生一起即兴制作鼓曲。 	(1) 跟学体验即兴制鼓曲  (2) 思考创作制鼓曲体验制鼓曲的乐趣。 思考创新民族文化传承渠道。	设计意图： 在师生在即兴制鼓曲过程中体验创作的快乐，活跃课堂气氛，引导学生思考创新民族文化传承渠道。 资源准备： 原创音乐MV《一起成长》 七个半跳配乐曲

6 中职学校信息化教学改革与研究 | 241

续表

| 成果分享 | 作品上传网络与分享（5分钟） | （1）组织学生作品展演和谈学习收获。

（2）指导学生把学习收获进行网络分享，网络互评。

（3）汇总教学各阶段任务评价，完成本次教学评价。

学习评价表

（4）组织教学总结。

（5）布置课后任务。
把学习成果应用到专业实践中，并分享到音乐网站和班级学习群。

（6）分享原创铜鼓文化微课《千年铜鼓盛世和鸣》； | （1）小组进行作品展演和谈学习收获

（2）把小组作品展演视频上传学习QQ群进行分享，网络互评。

体验分享收获的快乐提升非遗铜鼓文化传承意识。 | 设计意图：利用学习QQ群平台，上传分享学生作品，通过组织网络互评和学生谈学习收获，检测本次教学的效果。

利用原创铜鼓文化微课，再次加深学生对铜鼓文化的认识，鼓励学生肩负起传承和创新民族音乐的历史使命。

资源准备：教师原创微课音乐铜鼓演奏视频 |

续表

延伸阶段	课后实践应用	（1）引导学生把个人的打击乐作品应用于幼儿园见习工作中。 （2）邀请园长给学生点评 	课后延伸 （1）学生们把自己的学习收获应用到幼儿园见习活动中。   （2）录制见习视频上传网络进行分享。	设计意图： 通过组织幼儿园实践活动，加强学生把知识应用到实践中，真正实现专业对接，体验生活处处是音乐，学会热爱幼教事业。同时担任民族文化使者，传播民族文化精神。 资源准备： 各类鼓乐器、相关实习作品展示配乐

十一、教学效果和反思

【教学反思】
在本次教学设计，充分利用信息技术、数字化资源和信息化环境，在教师角色、教学内容、教学方法、互动方式方面均有创新；运用互联网+非遗，原创铜鼓微课和铜鼓乐曲，创新民族文化传承；通过循序渐进的三项课堂活动设计，真正以学生为中心，实现做中学，做中教；课后应用于实践，让学习与职业规划紧密相连，塑造中职生积极乐观的生活态度。

【教学预期效果达成】
（1）通过课前预习、课堂中各种鼓实物展示和教学活动中欣赏鼓乐曲，学生认识了各种中国民族鼓乐器；
（2）在课堂听辨抢答、学生作品展演和幼儿园实践应用等活动中，收获很好的评价，同时也测试出学生学会了赏鼓韵、听鼓律、制鼓曲、准确掌握壮族蜂鼓的击打节奏；
（3）在欣赏各种鼓乐曲、非遗铜鼓演奏、原创铜鼓音乐等，通过教师层层启发引导，学生感受到了鼓文化意境，提高民族文化传承意识，学会思考创新传承渠道，并在幼儿园实践应用中自觉担任民族文化使者，传播民族文化精神。

6.1.3 信息化教学设计的常见问题与解决方法

借鉴广西师范学院职业技术教育学院、广西职业教育发展研究中心教育技术研究所、本重大课题特聘指导专家郑小军教授发表于《中国教育信息化》2017年第12期第32~36页的论文《信息化教学设计的常见误区及对策》。

信息化教学设计的常见误区及对策

郑小军

广西师范学院职业技术教育学院 广西职业教育发展研究中心

摘 要：基于各级各类教师信息化教学能力提升培训及相关大赛观摩、评审和自身创作实践，归纳、总结、剖析了信息化教学设计常见的认识误区、选题与创意误区、前端分析误区、教学目标误区、教学方法策略误区、教学过程误区、教学环境与资源误区、教学评价与反思误区共8大类、30点误区，并且提出了相关对策，以帮助广大教师提升信息化教学设计能力。

关键词：信息化教学设计；误区；对策

中图分类号：G434　**文献标识码**：A

信息化教学设计能力是信息化教学能力的核心组成部分，已成为信息化环境下教师的核心职业能力之一。近年来，各级各类信息化教学能力提升培训及相关大赛层出不穷，广大教师踊跃参训、参赛、观摩，信息化教学设计能力得到提升。但是，信息化教学设计毕竟不同于常规的教学设计，有其特殊性和专业性，普通教师通过参训、参赛、观摩，虽然能够短时间内提升信息化教学设计能力。但离专业化、高水平还存在较大差距。本文基于连续十年的自治区级中小学、中职教师信息化教学能力提升相关培训和各级各类教师信息化教学大赛观摩、评审和自身创作实践，将信息化教学设计常见的误区归纳、总结为认识误区、选题与创意误区、前端分析误区、教学目标误区、教学方法策略误区、教学环境与资源误区、教学过程误区、教学评价与反思误区共8大类、30点，并且在具体剖析的基础上提出相关对策，以帮助广大教师提升信息化教学设计能力。

一、认识误区及对策

误区1：理念陈旧。站在教师"教"的立场，具有明显的应试教育、填鸭式、注入式、灌输式、授受式、教师中心、教材中心、课堂中心、机械记忆、重知识轻能力等痕迹。信息化教学设计是对信息化环境的教学活动所进行的设计，是运用系统方法，以学为中心，充分利用现代信息技术和信息资源，科学安排教学过程各环节和要素，以实现教学过程的优化。[1]因此，设计者必须牢固树立学习者中心理念，站在学生"学"的立场，重视学情分析、学习需求分析，必要时吸收学习者参与设计。信息化教学设计应体现现代教育理念、教学思想，例如学生主体、学生中心、问题中心、活动中心、人本主义、建构主义、素质教育、德育渗透、养成教育，以知识、技能为载体，注重方法引导、思维训练、能力提升等。职业教育专业课程的信息化教学设计还应凸显"做中学、做中教、工学结合、工作过程导向、项目教学、任务驱动、职业素养养成"等职业教育教学理念。

误区2：没有章法，凭经验设计，跟着感觉走，存在结构性缺失。例如，忽略学情分析、重难点分析、教学方法与策略分析、教学环境与资源设计、教学流程图、评价量规量表等。为了降低普通教师进行信息化教学设计的专业门槛，提高设计效率和规范性，笔者设计了一个结构完整、逻辑清晰的信息化教学设计模板，包括基本信息、设计理念（指导思想）、教材分析、教学内容分析、学情分析（学习者特征分析）、教学目标分析、重点与难点分析、教学方法与策略选择与设计、信息化教学环境与资源设计（包括案例）、教学过程（教学流程图）设计、教学评价设计（评价方法、评价量表）、教学反思（特色和不足）等模块。其中，教学过程可以分课前、课中、课后三个阶段，每个阶段继续细分为多个环节，每个环节按照教学内容、教师活动、学生活动（包括师生互动）、设计意图及信息技术应用展开描述。每个模块包括一段引导语，引导教师快速完成设计。

误区3：等同于教案，简单罗列，没有分析过程。信息化教学设计与教案最大的不同之一就在于前者要交代清楚设计理念、依据、意图（目标），特别是信息技术和信息资源在何时、何处、如何恰当而合理地融入教学各环节。

二、选题与创意误区及对策

误区1：选题不当。具体表现为：第一，选题太大、内容太多。第二，内容分散、不聚焦。第三，太难或太易。第四，不适合发挥信息技术优势。应围绕学习重点、难点、疑点、易错点、易混淆点、障碍点、考点、热点、扩展点进行选题，[2]并且内容适中（例如1~2个课时）、难度适中、适合发挥信息技术优势。

误区2：题材老套、内容陈旧、平淡无奇，缺乏创意和特色。设计者应跳出所用教材的局限，集合教学团队的教学智慧、创意灵感，对教学内容进行创造性改编，融合多个教材版本内容精华，加上具有原创性的校本教材、个人讲义之独特内容。2016年，笔者指导17个信息化教学设计作品获"创新杯"全国中职教师信息化教学设计和说课大赛一等奖，其中，电磁感应——探究磁生电的条件（物理），说好普通话ZCS-ZHCHSH（语文），民族传统体育——竹竿舞，舞动青春、活力四射——健美操（体育与健康），绘制中国结（机械），对你"琴"有独钟——Flash按钮元件（计算机），汽车发动机喷油器故障检修（汽车），儿歌的特点、寻找孔雀公主（学前教育），弧度制（数学），化蛹成蝶——做好由学校人到职业人的角色转换，在践行职业道德中养成良好的职业行为习惯（德育），护士妆容礼仪（美育），色彩和谐在室内建模中的应用（服装工美）等作品在选题与创意方面做到了聚焦重难点、疑点、易错点、关键点，内容有创编，专业课程与传统文化相结合，融合民族性、地方特色、人文艺术性，给人眼前一亮、耳目一新之感。

三、前端分析误区及对策

误区1：忽视教学前端分析。教学前端分析是指教学起点分析，包括教材分析、教学内容分析、学情分析。这是后续目标分析、教法学法设计、环境与资源设计、过程设计、评价设计的前提与基础。

误区2：笼统，粗放，分析不到位。教材分析要写清楚课程名称、性质、定位、教学对象，选用教材的名称、主编、出版社、章/单元/模块、特点等信息。教学内容分析要写清楚所选课题是教材哪个章/单元/模块的哪个内容，重点分析其在章/单元/模块乃至整门课程的地位与作用，是否是重点/难点/关键点？上承和下接什么知识点或技能点？起到什么作用（承上启下/复习巩固/综合运用/扩展迁移）？计划多少个课时？学情分析则要写清楚学生的平均年龄、男女生比例、性格特点、学习心理状态（自主学习意识、自学能力）、学习基础（已有知识、能力、经验、信息素养），与本次课要掌握的知识、能力存在什么差距？喜欢什么样的教学方式方法？是否喜欢信息化教学？可以采用QQ、微信、网络问卷（例如问卷星）、前测、访谈（学生、班主任、任课教师）等方法进行学情调查与分析。

误区3：重点、难点、疑点、关键点抓不准，或混淆不清、表述不当。所谓教学重点是指学生必须掌握并且比较重要的知能点（知识、技能、能力），例如基本概念、基本原理、基本方法、基本技能。难点是指学生难于理解和掌握的某些知能点，例如抽象的概念、难懂的原理、复杂的方法、烦琐的流程、综合性技能等。关键点是指起关键作用的知能点，学生一旦掌握，其他知能点就会比较容易理解和掌握，难点也随之迎刃而解。设计者必须在梳理重点、难点、疑点、关键点方面下功夫，同时提出解决方法与对策，切忌贪多、平均用力。

四、教学目标误区

误区1：机械套用基础教育三维目标。职业与成人教育、高等教育不同于基础教育，不宜机械套用基础教育的三维目标。许多中小学教师没有理解过程与方法目标的真正内涵，结果写出来的过程与方法目标和知识与技能目标、情感态度价值观目标纠缠不清，模糊甚至不知所云。建议写不好过程与方法目标的教师按照认知目标（知识目标）、能力目标、情感目标的先后顺序写。建议职业教育专业课教师按照认知目标、能力目标、素质目标的先后顺序写。建议职业教育的德育课教师按照认知目标、情感态度观念目标、运用目标的先后顺序写。

误区2：没有理解教学目标的层次递进与统合关系。无论是知识与技能、过程与方法和情感态度价值观目标，还是认知、能力和情感（素质）目标，教学目标都是层次递进和统合的关系——认知目标关注"是什么"和"为什么"，能力（技能）目标关注"会做什么"，过程与方法目标关注"运用什么样的思想与方法去做"，情感目标关注学生个性、态度、观念、情感，统合起来就是促进学生心智、技能（能力）、情感和谐发展。

误区3：教学目标设置不当或表述笼统、空泛。一些教师没有区分教学目的、课程目标、单元目标和课时目标，把微观层面的课时目标写成宏观层面的教学目的、课程目标或中观层面的单元目标。课时目标应具体描述学习者通过本次课能够实实在在掌握哪些知识点、具备什么技能、形成什么能力（会做什么）、培育什么情感态度价值观或养成哪些素质（职业素养）。其中，知识点包括概念、定义、原理、定理、定律、规则（规范）、原则、方法、流程、关系、联系、区别、意义、功能、作用、结构、事实、数据，等等。能力目标包括学会什么基本技能、组合技能和综合能力。职业素养包括职业态度、职业道德、职业意识、职业规范等，例如严谨、细致、负责、踏实、团队意识、合作精神等。情感目标最容易笼统、空泛，甚至戴高帽、喊口号。建议采用ABCD法表述教学目标，尽量避免使用"掌握、理解、懂得、培养、提高、提升、增强"等笼统、模糊、难以评测的词语。例如，在行为目标"学生能从教材的图中辨认出哪些是昆虫，准确度不低于90%"中，行为主体（audience）是"学生"，行为（behavior）是"辨认昆虫"，条件（conditions）是"从教材的图中"，标准（degree）是"不低于90%的准确度"。另一个采用ABCD法表述教学目标的例子是"学生1分钟内键盘输入90个汉字，准确率不低于95%"。

误区4：把教学目标写成教师目标（"教"的目标）。例如，通过……使学生……让学生……通过……培养学生……这反映出教学设计者"眼里没有学生"即没有把学生当作学习主体。而实际上，学生才是学习的真正主体。因此，信息化教学设计的教学目标严格意义上应该是学习目标，应该指向学生，是学生通过学习后所达到的结果（成效），其行为主体默认是学生，切忌误用为教师或教师、学生混用，造成逻辑混乱。

误区5：缺乏针对性。一些教师没有做细致的学情分析，就设置出"放之四海而皆准"的教学目标，缺乏层次性、差异性和针对性，不符合具体学情。

总之，教学目标设置应依据时代-国家-社会的要求、课程标准（教学大纲）和具体学情，掌握教学目标的表述方法与技巧，做到多维度、层层递进、逻辑清晰、表述精准、符合学情。

五、教学策略、教学方法误区

误区1：概念不清，胡乱套用。许多教师对教学模式、教学策略、教学方法、教学手段、教学媒体等相关、相近概念混淆不清，胡乱套用。应明晰以上概念的区别与联系，针对具体学情、教学内容、教学目标，选用适切而非所谓"先进""现代化"的教学模式、策略、方法、手段和媒体。

误区2：简单罗列，并且教法、学法不分。应具体描述何时、何处、为何、如何应用所选的教学方法，而且教法、学法分开写。从教师的视角写教法，从学生的角度写学法。

误区3：贪多，罗列过多教学方法。许多教师以为罗列的教学方法越多越显得自己教学"有方"。其实，"教无定法，贵在得法"，教学方法不在多，贵在恰当、合理、精妙和高效。

误区4：方法陈旧、老套。一些教师没有走出应试教育的藩篱，继续沿用与填鸭式、注入式、灌输式、授受式教育相适应的教学模式、策略和方法。建议尽量选用任务驱动法、案例教学法、项目教学法、参与式教学法、模拟演示法、顶岗实习法、兴趣小组教学法、活动体验法、合作探究法、角色扮演法、头脑风暴法、互动对话法、讨论法、读书指导法、参观法、练习法、实验法和实习作业法等教学方法。

六、教学环境与资源设计误区

误区1：无视信息化教学的发展趋势。一些教师特别是教育信息化意识欠缺、信息素养薄弱的中老年教师，容易有意或无意地忽视"信息技术对教育的革命性影响"。一些在信息化教学中有过不成功、不愉快经历的教师容易抵制甚至贬低信息化教学。当前，微课、慕课、大数据、教育APP、虚拟现实、移动互联网等新媒体、新技术、新平台层出不穷，并且越来越平民化、人性化、智能化，为普通教师进行信息化教学提供了极大的便利，信息化教学不仅可行，而且前景广阔，正向常态化发展。广大教师应与时俱进，切实提高认识，认真学习教育信息技术，积极参与学校信息化建设，主动引领各学科专业的信息化教学，促进信息技术与各学科专业深度融合。

误区 2：滥用信息技术。一些教师认为既然是信息化教学设计，那么信息技术的应用应该多多益善，而且越新越好、越先进越好、越复杂越好——美其名曰"高科技""有技术含量"，从而不分场合、想方设法甚至挖空心思地"套用"三维动画、虚拟现实等"先进"信息技术，结果演变为"为信息化而信息化"。其实，信息化教学设计的核心理念是以学为中心，信息技术和信息资源的运用首先是恰当、合理、互补配合。为此，设计者必须明晰信息技术－教师－学习者之间的关系，懂得各种媒体资源如何扬长避短和优势互补，如此才能优化教学各环节和要素，实现教学过程整体优化。

误区 3：信息化教学环境选择、配置不当。目前，常用的信息化教学环境包括普通多媒体教室、互动多媒体教室、多媒体网络机房、理实虚一体化教室、智慧教室等。其中，普通多媒体教室适合以讲授为主、多媒体为辅、人机互动与师生互动要求不高的信息化教学。互动多媒体教室则是在普通多媒体教室的基础上增加互动系统以适应人机互动、师生互动、生生互动要求较高的信息化教学。多媒体网络机房人手一台电脑，适合既有教师集中讲授又有学生自主学习、合作探究并且后者占主导的信息化教学。其中，教师机用于播放课件，存放、发送学习资源，接收学生作品，与学生互动等。学生机用于接收广播教学、学习资源，自主学习，与组内同学合作探究，与教师互动等。理实虚一体化教室包括理论教学、虚拟仿真系统和实践操作（实操）环境，使得理论学习、虚拟仿真与实操训练交替进行、有机结合，有效解决了理论与实践脱节、"两张皮""油水分离"的痼疾。理实虚一体化教室比较适合理工农医科和职业教育专业课的信息化教学。随着"智慧教室"的兴起，信息化教学将实现多屏互动、能效管理、智能点名、数据自动采集等功能，学习者将走入处处能学、时时可学的一体化开放教学环境。

误区 4：信息技术工具和信息资源选用不当。总体上看，信息技术具有化难为易、化繁为简、化静为动、化陌生为熟悉、化抽象为直观、化隐性为显性、模拟仿真、虚拟现实、突破时空限制、拓展学习时空、激发学习动机、创设最佳学习环境、提供丰富学习资源、提供人性化（智能化）的学习支持等优势，[3]但各种信息技术工具、各种教学媒体资源有其独特功能特点、适用场合、运用时机和使用方法技巧，教师应加强观摩学习、大胆探索，做到合理选择、互补配合、扬长避短。例如，课前阶段，教师通过 QQ、微信、蓝墨云班课、雨课堂、问卷星等信息化渠道，向学生分发学情调查问卷、前测、学习任务单、微课等学习资源，学生利用网络查找资料，利用微课进行课前自主学习，利用 QQ、微信、蓝墨云班课、雨课堂、问卷星等完成调查问卷、前测、学习任务单，向老师或其他同学提出问题。课中阶段，师生利用课件、微课、教学资源库、学科工具软件、专业学习软件、手机 APP、专题网站、网络课程

(MOOC、SPOC)等展开教学活动，应用量规量表、电子档案袋、电子作品集、网络问卷、QQ、微信、电子表格、在线测验、信息化评价系统等进行教学评测，利用手机、摄像机或录播系统录制教学活动。课后学习阶段，教师利用QQ、微信、学习平台布置新任务，利用课堂实录进行回顾反思。学生利用微课、课堂实录进行复习巩固、反思，利用QQ、微信、学习平台进行交流和互动，及时解决疑问，增进师生感情。

误区5：忽视生成性资源。许多教师只关注课件、微课等预设性资源，而忽视教学过程中通过师生活动特别是师生互动、生生互动、合作探究、共同建构新生成的超出教师预设（节外生枝）的新问题、新发现、新结论等。通过课堂实录（自动录播系统）、听课评课（教研活动）、课后反思可以及时、准确地记录、捕捉这些动态（稍纵即逝）的生成性资源，并与预设性资源有机整合、合理利用，使信息化教学得以迭代升级。

七、教学过程设计误区

误区1：局限于课中，忽视课前、课后设计。信息化环境下，教师必须走出传统"三中心"（教师中心、教材中心、课堂中心）的束缚，将信息化教学设计扩展为课前、课中、课后全过程，为学生创设连贯、递进、线上线下融合、处处能学、时时可学的一体化开放教学环境。

误区2：只注重主体设计，忽视导入设计、问题链设计、测评设计和小结设计。课堂导入是课堂教学的起始，是连接新旧知识的桥梁，是学习情感转化的纽带，是进入新的学习情景的向导。[4]可以依据"短平快"、个性化与亲和力、针对性与灵活性、情境性、切身相关性、趣味性、整体性与一致性、启发与导控、教学性等原则，灵活选取设问法、新闻（趣事、典故、故事）法、情境法、复习法、对比法、倒叙与悬念法、典型案例法、演示法、多媒体法等导入方法，设计有创意和吸引力的导入。应以问题为导向，在各个教学环节设计一系列环环相扣、层层递进的问题，以形成问题链，引领学生积极思考、主动探索。应在学习过程的重要节点设计形成性练习或测评，在学习结束之前进行小结，帮助学生形成本次课完整、系统的知识结构。

误区3：教师讲授过多，教师活动过多，学生活动偏少，师生互动偏少。信息化环境下，教师可以通过精心设计课前微课等方法，把知识点讲授前置，课内更多充当提问者、引导者、答疑者、知识内化的帮助者和知识建构的合作者等角色，教师以少而精的活动引导多样而高效的学生活动及师生互动。注意控制活动总量，切忌活动过多，令人眼花缭乱，为活动而活动。

误区4：教学过程描述不清晰，缺乏可视化。建议采用表格法设计教学过程，分课前、课中、课后三个阶段，每个阶段继续细分为多个环节，每个环节按照教学内容、教师活动、学生活动（包括师生互动）、设计意图及信息技术应用展开描述。建议设计一个简明扼要的教学流程图，在主要的教学环节插入精美图片、可视化图形或图表，以增加可读性。

总之，教学过程设计一要做到主线清晰、重点突出、难点突破、疑点（易错点、认知冲突）解决、关键点打通、热点触及。二要做到以学生活动及师生互动为主，教学活动灵活多样、高效适量。三要做到表述清晰、图文并茂、一目了然。

八、教学评价与反思误区

误区1：忽视教学评价与反思。教学评价不仅是不可或缺的重要教学环节，而且是改进教学的主要方法途径，也是教学反思的先导和基础。美国心理学家波斯纳曾提出"经验+反思=成长"的教师成长公式。我国著名心理学家林崇德也提出"优秀教师=教学过程+反思"的成长公式。[5]教师应切实加强评价与反思意识，提高评价与反思能力，促进自身专业发展。

误区2：评价理念陈旧，评价主体、评价方法单一。例如，重结果轻过程，重纸笔考试忽视其他评价方法，重知识考核忽视能力考察，重视教师评价忽视学生自评互评。应个人自评、小组互评、教师点评相结合，进行多主体评价，必要时引入学长或行业企业专家；应依据认知、能力、情感（素质）等多维目标设计评价量表量规进行综合性评价；过程性评价（形成性评价）、诊断性评价、结果评价（终结性评价）相结合，体现发展性评价；应量化评价与质性评价相结合；应灵活选用量表量规法、档案袋法、问卷调查法、访谈法、观察法、作业与测验法等多种评价方法，体现多样性评价。

误区3：评价过于复杂，难以实施，流于形式。应抓住主要环节、关键能力、核心素养设计量表量规，并且运用信息化手段进行评价，提高评价效率。

误区4：反思流于形式。应从总结教学经验、摸索教学规律、改进教学方法、提高教学水平、促进专业发展的高度认识教学反思。以教学评价为基础，围绕教学理念、教材处理、内容创编、学情把握、目标达成、重难点突破、教法学法、信息技术应用、教学活动组织等方面进行回顾、审视与反思，记录感悟、收获、成功和不足之处，完成本次课信息化教学的迭代升级。

九、结语

信息化教学设计是课堂教学、在线学习（微课、微课程、慕课）及混合式教学的基础，本文围绕教学设计的8个主要方面剖析了信息化教学设计的常见误区，并且提出了改进策略，有助于广大教师提升信息化教学设计能力。同时，对于微课、微课程、慕课及混合式教学的设计开发具有参考借鉴作用。

6.2 信息化教学资源开发

6.2.1 微课设计与制作

微课是指以视频为主要载体记录教师围绕某个知识点或教学环节开展的简短、完整的教学活动。微课只需讲述一个教学知识点或解决一个问题，供学生自主学习使用。内容必须是需要讲述、呈现才能理解的，是学习过程中的重点、难点或易错点，也可以是以一个完整知识单元或一个专题为选题设计的系列微课程。

微课一般为 6~10 分钟微课视频，近年来，1 分钟的知识点微课也逐渐受学习者的热捧。其设计基本步骤如下：
(1) 确定微课知识点；
(2) 撰写微课教学设计方案和微课视频脚本；
(3) 收集相关素材包（如高清晰的图片和视频、评分表、任务单等）；
(4) 制作微课视频。

微课的制作将会大大地提升信息化教学资源开发的力度，更是为后期开发整门课程的信息化教学资源打下基础。国家开放大学推出的五分钟课程就是最受学习者欢迎，也是在这个基础上去开发适合自己实际教学的微课和微课程。

6.2.2　整门课程的信息化教学资源开发

整门课程的信息化教学资源也可视为连贯性的教学资源，是以课程为基础，以实际教学为主线，以章节教学知识重难点，利用信息化技术手段设计系列的教学资源和相关教学的素材包。整门课程资源建设的主要步骤：一是对课程进行各章节知识点中重难点的确定，做出系列微课设计计划表；二是收集整理教学资源包，对课程教学所需的资源进行分类，为下一步教学资源的开发做好准备；三是统一规范信息化教学的整体框架；四是完成课程资源的开发；五是课程资源在实践教学中应用，并不断地进行修改完善。

现下正流行信息化教材开发，即完成整门课程的信息化教学资源开发之后，通过扫描教材中各知识点或案例中提供的二维码，即可链接到所对应的微视频资源，方便学者自学。这就是信息化教学资源开发的更高一步的目标，也是多年来推行信息化教学资源库建设所取得最实在最便捷的成效。

6.2.3　专业教学资源库开发

一直以来，全国各高职院校都在加强专业教学资源库开发，即完成具有资源集成、网络传播、用户服务功能的资源平台研制，建成职业教育特色专业教学资源库，并在全国各高职院校同类专业中有效推广使用，实现资源共享和持续更新。近年来，中等职业学校的信息化教学改革已形成常态，信息化教学资源库的建设也基本成熟，中等职业学校信息化建设将与时俱进，跟上时代步伐，推进专业教学资源库的开发。不继加深校企合作，汇聚企业、行业顶尖资源，通过系统设计、开放式管理、持续更新等方式，共同打造能够持续动态提升、持续辅教辅学、持续推进专业教改，构建企业、行业引领产业技术进步的专业动态教学资源库，利用互联网思维构建集教学服务、在线学习、就业服务于一体的互联网教育服务。

6.3　信息化教学实施

6.3.1　制定学校《信息化教学改革实施方案》

河池市职业教育中心学校
信息化教学改革实施方案

一、改革背景

近年来，为更好地贯彻教育部《教育信息化发展十年规划》《教育部关于进一步推进职业教育信息化发展的指导意见》和《教育信息化2.0行动计划》等相关政策，全面推进信息化教学改革在职业学校的开展，很多学者进行了广泛而深入的研究，取得了显著的效果。网络改变了人类延续千年的教与学模式，信息革命成为教育事业发展的里程碑，我国职业教育的改革既面临着巨大挑战也面临着难得的历史机遇，只有把职业教学信息化这一重要环节与职业教育自身改革紧密结合起来，才能走出一条符合职业学校自身发展之路。

教学手段信息化是实现信息化教学的重要组成部分，随着信息技术等方面不断深化发展，加强信息化实践教学改革，是各职业学校寻求自我发展、提升教学质量的发展趋势。

二、改革目标

信息化教学是新形势下信息技术创新应用于课堂教学的趋势，推进信息化教学改革是提高现代教育技术水平，培养掌握信息技术的高素质技术技能人才的重要途径，通过推动学校信息化建设，推动教学手段、教学方法和教学工具的变革，普及多媒体教学、网络远程教学，实现教学资源的共享，促进教学质量的提高，以信息化建设引领学校的改革创新和发展，推动学校迈向教育现代化。

（1）创设信息化教学资源应用的校园环境。

（2）构建多元信息化技能培训模式，提高教师的信息素养，提升教师信息化教学资源应用能力。

（3）实现信息化教学常态化，提高教学质量。

（4）完善信息化教学资源平台的建设，强化信息化教学资源库的建设，加强网络资源的推广和应用。

（5）形成以课题为依托，科研引领，加强信息技术和各学科的整合，促进信息化教学资源的有效应用，提高课堂教学效率。

（6）培养具有现代信息意识的学生。

三、改革原则

教师合理、充分运用信息化技术、数字资源和信息化教学环境,解决教学难点,突出教学重点,系统优化教学过程,实施课堂教学,完成教学任务。

四、改革机构

为更好地推进学校信息化教学改革工作而组建组委会,人员名单如下:

主　　任:韦伟松

副主任:黄丹峻　何成相　唐启焕　谭冠著

成　　员:罗顺明　黄新毅　梁朝益　刘世斌　覃志奎　覃彩霞　蓝雪芬　梁增师　岑启忠

五、改革时间

强力推进时间:2016年

全校普及时间:2016—2018年

提升推广时间:2018年以后

六、改革内容

1. 学校信息化教学设施建设

全面建设多媒体教室和多媒体实训室。在兼顾学校原有设备设施的情况下,积极稳妥的开展数字化校园建设,完成所有教室安装智能平板电脑,所有实训室开辟多媒体教学区域,根据学校信息化建设的实际需要,分步添置更多的电脑、交互式电子白板以及各种信息化教学软件,同时完成网络基础平台、共享数据平台的建设。

2. 教师信息化教学技能培训

1)培育学校领导对信息化教学改革的领导力

首先通过培训使校领导(尤其是领导小组和中层领导)充分认识到教育信息化对我校发展和学校教学质量提高的重要作用,明确我校信息化教学改革的目标,有效地引导教师积极开发和应用教育信息化资源,开展有效的信息化教学和管理。

2)培训骨干教师团队

组建30人的信息化教学骨干团队,利用3个月安排各类信息化教学知识和技能培训,并作为各教学部各专业信息化教学改革负责人,带领各专业教师掌握信息化教学技能。

3)全校性组织教师培训

通过走出去,请进来的方式,安排全校教师分批外出参加各类信息化知识和技能培训,或每学期聘请专家到校为全体教师进行培训。学校教务处每学期组织2次以上的专题培训活动。信息化教学骨干团队进入教学部分专业教研组进行帮带指导。培训由信息技术教师到学科教师,由青年教师、骨干教师培训转向全员培训,通过培训,使全体教师都具备基本的计算机操作及教学资源的应用能力。同时,引导教师制定个人信息技术发展计划,有计划有步骤地提高信息技术素养,提高信息化教学资源的应用能力。最终实现学校信息化教学的常态化。

3. 组织信息化教学改革

1) 组织信息化教学设计

基于现代教育思想和教学理念，教师充分利用信息化技术手段扩展传统文字教材内涵，如多媒体课件、视频、动画、微课、练习小游戏等的应用，虚拟仿真技术、VR 技术等具备开放性、趣味性、仿真性能解决教学中的瓶颈问题，使教学效果直观化，加深学生对讲授知识的理解，教学内容的连贯性得到增强。

2) 组织信息化课堂教学

依据信息化教学设计，实施课堂教学，实现教学目标。教师根据教学内容和教学对象的特点，合理选用信息技术、数字资源和信息化教学设施，创设学习的情境，优化教与学的过程。通过利用信息化技术手段，组织开展教学各环节活动，调动学生学习积极性和思维的扩散性，打造"有用、有趣、有效"的教学课堂。

3) 组织信息化教学评价

根据学校信息化教学应用检查评比制度、信息化教学考核奖励制度、以应用为导向的评价机制，考核教师在教学中是否合理使用信息化教学资源，是否活跃课堂气氛，是否实现师生互动，是否得到学生的好评。通过教学评价系统，常态化组织每季度的信息化教学评价活动，组织学生对教学满意度进行评价，组织随堂听课对领导和教师进行评课，及时诊断与改进，从而更好地推进教学评价改革。

4. 组织开展信息化教学活动

每年组织信息化教学设计、信息化课堂教学、信息化实训教学、信息化微课教学、信息化论文比赛等活动，并选拔优秀教师团队参加市级、自治区级、国家级信息化教学能力大赛。通过对活动中涌现出的信息化教学能手的宣传和奖励，形成全校运用信息技术开展教学的积极氛围。同时也通过比赛收集优质教学资源，完善学校信息化教学资源库建设。

5. 组织信息化教学资源库建设

要通过多种培训形式，积极开发校本资源，积极组织教师设计优质教学资源参加各类信息化教学大赛，收集整理本校获奖的优质教学资源和历年大赛各专业获奖的优质教学资源补充到学科信息化教学资源库中，并对资源进行科学合理的规划和科学分类。进一步完善学校网站建设，使数字资源的建设形成一定的规模，提高使用效率。

6. 组织信息化科研活动

以课题为依托，科研引领，加强信息技术和各学科的整合，促进信息化课堂教学改革，及时总结教学经验，设计优质教学资源，充分应用于课堂教学中，提高课堂教学效率。

7. 培养具有现代信息意识的学生

1) 加强信息技术学科教学，增强学生信息技术基础知识和技能

帮助学生建立对计算机的感性认识，使学生了解计算机在日常生活中的应用，培养学生学习使用计算机的兴趣与意识，了解计算机的基本常识，学会计算机的一般使用方法，指导学生学会文明健康上网的方法。

2）开展信息技术应用活动，以多样的信息化活动，提升学生的信息素养

为学生提供良好的信息环境，定期开放校园计算机房，组织各类兴趣活动小组，定期举办电子小报制作、网页制作、电脑绘画及动画制作等学习班，举办信息技术应用大赛，挑选优秀学生作品，推荐优秀学生参加青少年科技创新大赛等活动，提升学生的信息化水平。

培养学生掌握现代信息技术技能，在课堂教学中充分利用信息技术技能自主或团队协作完成学习任务，提高学习效率。

七、保障措施

1. 组织领导

信息化教学改革是校长工程，由校长主力推进的工作，推进力度强，成效高。

2. 经费支持

学校通过项目经费、每年各专业实训基地建设经费和学校基础设施条件经费等各项经费提供资金支持。

3. 企业合作

随着校企合作的深入融合，引进企业进校园和培训基地进校园，企业对推进信息化教学改革工作给予大力的支持。

4. 督查测评

学校纪检监察处对各项活动开展情况进行督查，对信息化教学活动进行督查反馈。学校教务处组织日常教学检查和随堂听课活动，组织每季度的教学满意度测评，及时调整信息化教学改革方法和进度，确保学校信息化教学改革正常开展。

河池市职业教育中心学校
2016年9月1日

6.3.2 制定学校《信息化教学资源建设的管理条例》

河池市职业教育中心学校
学校信息化教学资源管理条例（试行）

总　则

为了促进学校数字化应用和发展，促进信息化教学资源库的建设，加强网络资源的推广和应用，为我校师生提供一个优质、方便的网络共享教学资源，制定本管理条例。

第一章　管理组织机构

第一条　学校信息化教学资源管理领导小组由学校校长、分管副校长、教务处、信息中心等组成，下设学校信息管理小组。

第二条　学校信息化教学资源管理小组的主要职责是：

1. 负责制定学校信息化教学资源库建设的中长期发展规划；
2. 负责制定信息化教学资源应用奖励办法；
3. 研究和审定信息化教学资源建设和运行中的重大决策；
4. 负责组织各教学部、教研组利用网络集体备课，制作优质信息化教学资源和精品课程教学资源；
5. 负责监测信息化教学资源应用；
6. 确保信息化教学资源有效应用工作管理到位。

第三条　学校信息化教学资源安全小组由分管副校长牵头，教务处、信息中心、各教学部为网络安全负责人。

第四条　学校信息化教学资源安全督查工作由纪检监查处负责。

第二章　应用安全管理

第五条　学校教学资源安全由安全小组负责。

第六条　学校任何处室和个人不得做危害信息系统安全和信息资源安全的活动。

第七条　师生用户必须自觉接受并配合信息中心实名登录进行资源应用。

第三章　教学资源管理

第八条　学校教师需要上传教学资源，必须通过教学部、教务处审查，严格把关，再由信息中心统一上传，对于上传教学资源的奖励可参照《信息化教学资源应用奖励制度》执行。

第九条　师生可以利用校园网查看或调用学校教学资源，对于被阅读和调用的教学资源的奖励可参照《信息化教学资源应用奖励办法》执行。

第十条　校园网的教学资源要实施保密措施，教学资源保密等级分为：（1）可向Internet公开的；（2）可向校内公开的。

第十一条　及时更新学校教学资源信息，提高资源点击量。

第四章　网络教学应用

第十二条　学校重视和加强学校信息化教学资源建设，各处室、各教学部应履行职能，利用计算机网络技术，在校园网平台上开展信息开发、应用和研究工作，实现网络教与学，实现教学信息化，管理科学化，以信息化促进教学开展，全面提高教育教学质量。

第十三条　全体教师要认真学习计算机基本知识，不断提高信息化应用能力；正确使用计算机独立完成教学设计，开发网络教学课程，实现信息化教学。

第十四条　学校将积极引进一些制作质量好、学科内容精，教学设计特色鲜明的优质网络教学课程，供广大师生共享。积极引进和开发制作平台，为教师提供良好的开发环境和技术支持。

第十五条　学校鼓励各教学部、教研组利用网络集体备课，并制作出内容充实、版面活泼、能充分利用信息技术手段将抽象内容具体、形象、生动化的网络教学课程。教学课程资源上传与应用的奖励可参照《信息化教学资源应用奖励办法》执行。

第十六条　教师要充分利用网络教学资源组织开展课堂教学，突破教学重点，攻克教学难点，同时引导学生参与课堂教学互动，提升教学效果。

第十七条　教师要加强培养学生信息化能力，提升学生利用网络教学资源自学或课前准备教学任务。

第十八条　教师每学期利用网络教学资源组织 1 次以上的汇报课或示范课。

第十九条　学校时时监测信息化教学资源的点击量和师生课前、课中、课后应用情况，研究网络教学资源高效应用策略，及时调整信息化课堂教学。

第二十条　学校通过组织开展教学满意度测评，了解师生信息化能力情况，掌握教师推进信息化教学力度和信息化教学资源应用率。

第五章　责任与处罚

第二十一条　违反本条例规定或不遵遵守执行本条例者，学校及教学资源管理部门可提出警告，安排加强信息化能力、信息化教学资源建设、信息化教学资源应用、网络资源安全应用等培训学习。情节严重者，提交校行政部门处理。

第六章　附　　则

第二十二条　本管理条例若与国家或上级部门的有关管理法规相抵触，则以前者为准。

第二十三条　本管理条例解释权为河池市职业教育中心学校信息化教学资源管理小组。

第二十四条　《信息化教学资源应用奖励办法》参见学校《制度汇编》第 2 部分第六章第八条。

第二十五条：本管理条例自公布之日起生效实施。

河池市职业教育中心学校
2016 年 12 月 1 日

6.3.3 制定学校《信息化应用奖罚制度》

河池市职业教育中心学校
信息化应用奖罚制度

第一条 为推进学校信息化教学改革，推进信息化教学资源库的建设和提升信息化教学资源的应用，为提升学校教学、科研和管理的现代化、信息化水平，激励全员参与，结合本校情况，特制定本制度。

第二条 组织领导

信息化应用考核奖励工作在学校领导班子的领导下，由学校行政办、教务处、信息中心和纪检监察处组成的信息化工作小组负责具体工作。

第三条 教学竞赛奖励

积极参加学校组织的信息化教学活动，加强信息化技术与学科整合实践的结合，促进信息化教学改革，对学校统一组织参加的各级各类优质课比赛、说课比赛、课件比赛、教案比赛、微课比赛等信息化教学比赛、教师教学技能比赛等获奖的，给予奖励。

（一）由教育部门组织并推荐代表广西参加全国比赛的比赛活动奖励（如表6-3-1所示）

表6-3-1 由教育部门组织并推荐代表广西参加全国比赛的比赛活动奖励

等级 \ 级别	国家级（项/元）	省级（项/元）	市级（项/元）
一等奖	10 000	5 000	500
二等奖	8 000	3 000	400
三等奖	6 000	1 500	300

（二）由教育部门委托其他机构组织的教学比赛活动奖励（如表6-3-2所示）

表6-3-2 由教育部门委托其他机构组织的教学比赛活动奖励

等级 \ 级别	国家级（项/元）	省级（项/元）	市级（项/元）
一等奖	3 000	1 000	500
二等奖	2 000	700	400
三等奖	1 000	500	300

(三) 由其他机构组织的正规比赛活动奖励（如表6-3-3所示）

表6-3-3 由其他机构组织的正规比赛活动奖励

等级＼级别	国家级（项/元）	省级（项/元）	市级（项/元）	校级（项/元）
一等奖	1 000	500	300	300
二等奖	800	400	200	200
三等奖	600	300	100	100

注：
1. 对综合类的信息化教学设计大赛（如同一赛项含有上课实录、课件、教案等多个教学项目另外评比的），可视情况，在最高奖基础上一等奖增加300元，二等奖增加200元，三等奖增加100元。
2. 学校教学部或处室组织教师参加上级相关部门开展的教学教研竞赛活动，获得优秀组织奖和个人奖的，按以下标准奖励：
市级、省级、国家级：奖励500～3 000元

第四条 学校信息化教学资源应用奖励

每学期学校将根据教职工对教学资源库建设的贡献情况评出若干名信息化工作积极分子和教研组给予奖励，如表6-3-4所示。

表6-3-4 学校信息化教学资源应用奖励

数量＼类别	信息化教学设计方案文稿	信息化教学设计课件	信息化课堂教学视频/微课	一个课程教学资源（完成每个章节的重点内容的可行性教学资源）
上传数	100元/个	200元/个	300元/个	3 000元/个
点阅读数	100元/10 000次	200元/10 000次	200元/10 000次	200元/10 000次
引用教学数	10元/次	10元/次	10元/次	10元/次

第五条 获奖成绩将记录到教师和教学部年度绩效考评中，作为年度个人和组织单位评优的条件。

河池市职业教育中心学校
2016年10月20日

6.3.4 信息化教学实施的方法和经验

1. 信息化教学实施的方法和经验一

信息化促进职业教育内涵发展
——河池市职业教育中心学校信息化教学改革之路

困 境

信息化是当今世界发展的潮流，信息化水平已成为衡量一个国家现代化水平和综合国力的重要指标。在我国中职学校信息化建设呈区域性失衡态势，欠发达地区与发达地区之间差距明显。河池是一个边远、贫困、少数民族聚居的山区，由于历史、经济、地理等原因，河池发展存在特殊困难，与全国发达地区的差距在拉大。我校就处于经济欠发达河池地区，信息化教学研究起步较晚，学校信息化平台不够完善，信息化教学设备还不充足。大部分教师还使用原始的教学手段，即教理论知识，演示操作，学生操作，教学单一、枯燥、抽象，最后的效果是让学生理解不了，不爱听，动手操作也是一知半解，只能按老师的规范去模仿，没有激发学生的思辨能力，不能较好地独立思考问题，没有创新意识。教师信息化教学的能力还有待提高，对各种信息技术设备和网络信息交互的驾驭能力还不够自如。教师参与信息化资源库建设和应用信息化资源的意识比较淡薄。想要缩小与发达地区的教育差距，促进区域之间的协调发展，我们就必须大力开展中职信息化建设。

提 升

2010年广西中等职业教育教学改革指导中心"送教下乡"专项培训进入我校，学校掀起了教学改革的热潮，同时在示范校建设的良好环境下，我们得到了更好提升的机会。2011年、2012年参加了广西职业教育发展研究中心郑小军教授及其专家团队组织的广西中职教师信息技术应用能力提升培训；2013—2017年组织教师参加了广西职业院校信息化教学大赛组委会胡华进教授及其专家团队组织的广西职业院校教师信息化教学大赛专家组织的能力提升"万里行"培训和每年国赛前指导专家一对一的提升指导；学校还分批安排教师外出培训：

①10人参加了2013年12月在深圳举行由教育部职业院校信息化教学指导专家姜丽萍、魏民、赵国栋等主讲的全国职业院校信息化教学设计骨干教师高级研修班学习；

②16人参加了2014年5月在成都举行的微课程开发与应用高级研修班学习；

③52人参加了2014年7月参加了在昆明举行的全国中等职业院校信息化教学创新与数字化教材建设高级研修班学习；

④3 人参加了 2015 年 7 月在青岛举行的全国职业院校教师微课大赛交流研讨会；

⑤20 人参加了 2016 年 3 月在南宁举行的全国职业院校翻转课堂教学法实战演练及案例剖析研修班学习；

⑥12 人参加了 2016 年 5 月在北京组织的全国职业院校微课建设创新发展研讨会；

⑦53 人参加了 2017 年在北京组织的信息化技术提高班学习。通过走出去参加培训，教师在信息化技术能力得到快速的提升。

2017 年 3 月邀请胡华进教授团队到我校开展信息化教学专题讲座和培训；2015 年 7 月、2016 年 1 月、2016 年 6 月、2017 年 1 月多次邀请郑小军教授及其专家团队到我校做"中职教师信息化教学能力提升"系列讲学与培训，包括《职校信息化领导力与信息化教学发展规划》《信息化教学设计与说课》《多媒体课件设计与制作》《微课设计与创作》《信息化教学研究与改革》《信息化教学设计的误区及对策》《如何提升信息化教学能力》等专题培训。通过请进来给全体教师进行培训，大大提升了我校教师的信息化教学意识及相关能力，使信息化教学更普及。

改　革

为提高我校教师的信息化教学能力，切实提高教学效率、效果和质量，我校把信息化教学改革提升为学校每年的重点工作任务，得到学校领导的高度重视。为更好地推进学校信息化建设的研究工作，推进学校信息化教学改革，提高我校教师的信息化教学能力，切实提高教学效率、效果和质量，自 2013 年以来，学校每年组织开展校内信息化教学比赛活动。2013 年组织多媒体教学软件比赛，2014 年组织信息化教学设计比赛，2015 年组织信息化课堂教学比赛，2016 年组织河池市职业教育中心学校和广西现代职业技术学院两院校信息化教学比赛，2017 年组织信息化德育活动课比赛，2017 年组织"立业杯"青年教师教育教学技能大赛，并邀请广西职业教育发展研究中心郑小军教授及其专家团队到我校担任校内评委，郑小军教授给我们做现场点评指导，并组织专题《信息化教学设计》专题讲座，更好地提升了我们学校教师的信息化教学能力。目前，学校每年组织一次信息化教学比赛活动，从各教学部组织参赛团队开始，到教学部的选拔赛，再到决赛前的预赛，最后校级的总决赛，做到人人参与信息化教学改革，全校信息化教学形成常态化。

收　获

近年来，我校教师积极参加信息化教学改革研究工作，并将科研成果应用于信息化教学实践及自身教师专业发展，取得了显著成效，我校全面普及信息化教学，超过 400 人次参加全国、全区信息化教学大赛，共获得全国一等奖 3 个、二等奖 32 个、三等奖 17 个、优秀奖 4 个、广西一等奖 56 个、二等奖 77 个、三等奖 111 个，如表 6-3-5 所示。此外，有 37 篇信息化教学论文获广西信息化教学大赛论文评比奖，多位教师荣获信息化先进个人奖。学校于 2013—2018 年连续荣获广西中职信息化教学大赛优秀组织奖、"创新杯"广西中职教师教学设计与说课大赛优秀组织奖、信息化先进集体奖，成为教育部第一批教育信息化试点单位等荣誉。

表6-3-5 河池市职业教育中心学校教师参加信息化教学大赛获奖汇总表

类别	年度	2010年	2011年	2012年	2013年	2014年	2015年	2016年	2017年	2018年	合计
全国	一等奖						3			2	3
	二等奖		1		3		6	7	15	1	32
	三等奖			1	2		8	5	1	2	17
	优秀奖		1			1	2			1	4
全区	一等奖		3	6	4	3	9	8	18	5	56
	二等奖	2	2	8		7	10	14	20	10	77
	三等奖	6	6	4	16	11	8	18	26	16	111
年合计		8	13	18	28	24	46	52	80	31	300

在 路 上

信息化教学模式有效地提高了学生对于学习的积极性、主动性，提升了职业学校教育教学的效果和效率，培养了学生的综合实践能力与自主学习能力，并且培养了学生的自主创新能力，推动了职业学校教学的可持续发展，使得学生能够掌握更多的专业技能去应对市场的就业或创业。我校的信息化建设研究还在继续，信息化教学改革还在路上：

2011—2016年，6个信息化科研项目取得广西中等职业教育教学改革项目立项并结题。

2012年，学校成为教育部第一批教育信息化试点单位，同年科研项目"河池市职业教育中心学校新校区数字化建设方案的实施与研究"取得广西中等职业教育教学改革项目立项并圆满结题，2017年荣获广西职业教育自治区级教学成果奖三等奖，学校建成了适应民族地区中职学校信息化发展的有效平台，实现数字化校园全覆盖。

2016—2018年，教师撰写46篇信息化教科研论文并在正规国家刊物上发表，37篇信息化教学论文获广西信息化教学大赛论文评比奖。

2016年，科研项目"中职学校信息化建设研究"取得广西职业教育教学改革重大招标课题立项，学校信息化教学资源库建设进一步完善，同时启动系列课程信息化教学资源开发，并做好未来三年启动专业信息化教学资源库开发规划。

经验与做法

经验一：重视是根本

回顾这几年所取得的成绩最根本的原因是得到广西信息化教学专家团队和学校领

导的重视。广西信息化教学专家团队每年组织信息化技术能力提升培训班，甚至送教入我校，让教师们及时学到新的信息化技术，并有效应用到教学课堂中；同时学校领导非常关注信息化教学改革，通过请进来、走出去的方式给教师进行培训。

经验二：团队是力量

学校组建信息化教学骨干教师队伍，培养信息化技术高手，带动全校教师参与信息化教学改革，再通过团队合作，共同完成优秀的教学设计。同时，学校组建课堂实录摄影、微课后期制作团队，为参赛选手提供帮助。

经验三：活动成常态

学校每年组织校内信息化教学比赛、专题培训活动，并通过师生的评价不断改进。每年组织教师积极参加各级各类信息化教学大赛，展现教师的能力，并争取好成绩。

经验四：经验要分享

我们组织教师经验交流会，组织每一次大赛赛前试讲活动，相互点评指导，注重传递智慧，分享经验。

河池市职业教育中心学校
2018 年 9 月 7 日

2. 信息化教学实施的方法和经验二

借鉴本重大课题子课题主持人蓝雪芬老师发表于《广西教育》2018 年第 9 期的论文《例谈利用信息技术手段打造中职教学"三有"课堂》，分享学校信息化教学实施经验。

谈利用信息技术手段打造中职教学"三有"课堂

河池市职业教育中心学校　蓝雪芬

摘　要：本文主要通过实际课堂案例分析了应用信息技术手段开展信息化教学的主要特征，提出了提升教师信息化教学能力的方法，阐述如何利用信息技术手段，进一步优化教学内容、提高课堂教学趣味性，推进"教、学、做"相结合，打造"有用、有趣、有效"课堂的基本方法和途径。

关键词：例谈；信息技术；"三有"课堂

引言

与传统教学模式相比，信息化教学在遵循黄炎培职业教育的"手脑并用""做学合一""理论与实际并行""知识与技能并重"的教学原则上表现得更具优势，但在开展信息化教学的过程中，存在着滥用信息技术、应用信息技术目标不明确等问题，使得教学内容无用、课堂教学无趣、师生互动不够、课堂吸引力不强，教学效果不明显、最终达不到预期的目标。本文基于2015年广西职业院校信息化教学大赛的一等奖作品《趣味教学之——等比数列求和公式的应用》教学设计为例，研究了趣味性教学活动与信息技术相融合，实现了信息技术在课堂中的高效应用，从而更好地打造"有用、有趣、有效"的课堂。

一、信息化教学目前存在的主要问题

1. 忽视了课堂教学内容的有用性

在实际的教学过程中，有的教师把教学内容全部搬到了演示的课件上，课堂教学满堂灌，没有利用信息化技术手段多样化的特点对教学内容、教学过程进行系统的、有针对性的教学设计，教学内容重难点不突出，没能充分利用信息技术手段突破教学难点，从而大大地降低了学生对有用知识点的掌握。

2. 忽视了课堂教学师生的互动性

有的教师完全抛弃了传统教学模式，将信息技术作为唯一的课堂教学手段，他们将大量的时间用于制作精美的课件，呈现方式不符合课程的内在逻辑关系和学生的认知规律，有利于学生开展协作式学习、研究性学习和自主学习的教学活动被忽视，信息化教学没能很好地实现师生的互动。意大利教育家蒙特梭利曾说过："我听见了，我就忘了；我看见了，我就记得了；我做过了，我就理解了。"所以，我们应该充分利用信息化教学手段，化抽象为直观，加强师生间的互动，注重"做中教，做中学"，提高学生动手实践能力。

3. 忽视了课堂教学目标的实现性

在教学过程中，所有教学活动都是为实现预期的教学目标而展开的，信息技术只是完成教学目标的辅助手段。然而，在实际的教学活动中，有的教师过度地强调使用信息技术手段，而忽视了使用信息技术手段是否恰当，把简单的教学环节复杂化，反而使教师成了信息技术的解说员，忽视了信息技术的辅助作用，忽视了教学目标的实现，这反而大大降低了课堂教学效果。

二、什么是"三有"课堂

有用，指教学内容对学生的成长有价值，不仅有认识价值，还要有较高的技能和职业素养价值。所有课程的教学内容能帮助学生谋生、生活打基础，能够培养学生健康的职业素养，对学生的终身发展有用。为此，我们要改革教学方法、创新设计课堂教学活动，让学习任务贴近于生活、贴近于岗位，基础知识服务于专业知识，让课堂教学变得更加有用。

有趣，指教学过程有趣味性，能够调动学生的学习兴趣。这就要求教师运用智慧，收集足够多的实际案例和教学资源，通过组织课堂活动或运用风趣、幽默的故事，让课堂充满活力，让全体学生都主动参与课堂，体验学习过程，享受学习乐趣。

有效，指实现了教学目标。学生通过学习之后在认知、技能和情感上都有所收获，有所发展，达到了教学预期的教书育人目标。这就要求教师要设计好每堂课，通过每一个教学任务来逐一实现教学目标,让学生在课堂上能够听得懂、学得会、练得熟,每位学生都要有进步、有提高、有收获,这就是有效。

三、如何利用信息技术手段打造"三有"课堂

1. 加强教师职业教育思想学习和信息化教学能力的培训

要实现教育信息化,教师需要加强职业教育理论和信息化技术的学习,如黄炎培的职业教育思想、现代职业教育理论和教育部关于加快职业教育信息化发展的意见等,了解职业教育的目的、方针和教学原则,认识到现代职业学校要以先进教育技术改造传统教育教学、以信息化促进职业教育现代化的必然要求。同时也要认识到信息化教学是适当地利用信息技术为教学服务,而不是将信息技术置于首位,将课堂教学内容和组织课堂活动抛之脑后。因此,教师在职业教育思想的指导下,要树立"以学生为中心"的信息化教学理念,将信息化教学的作用尽可能地发挥到极致。

首先,教师要认识到信息技术只是课堂教学的辅助手段。比如在"趣味教学之——等比数列求和公式的应用"的教学过程中,使用到的信息技术并不是很多,但能够恰当地通过卡通的小微课来引导学生参与解决等比数列求和公式在生活中、专业岗位上的应用问题,趣味生动的任务驱动吸引学生积极探究,加深了学生的记忆。其次,教师要具有信息技术的能力,能够熟练制作授课课件,在课件中融入更多的信息化元素,调动学生参与到课堂活动的积极性。最后,教师要认识到信息技术只是课堂教学的辅助手段,教师自身的实际教学水平和专业素养才是真正影响课堂教学的效果。因此,教师需要花更多的时间在"知识充电"方面,不断地学习如何创新设计每一堂课,采用有效的教学手段来展现每一个教学环节。

2. 优化课堂教学内容,让学生学以致用

职业教育的作用是"谋个性之发展""为个人谋生之准备""为个人服务之准备""为国家及世界增进生产力之准备"。例如,我们学校确定的办学理念是:为学生的幸福铺路!学生能不能学得一技之长,过上幸福日子,是我们职业学校所关注的重要课题。因此,课堂教学和学生的未来生活紧密联系,教学内容贴近于工作岗位,贴近于生活实际,基础知识要服务于专业知识。比如:对于数学"等比数列求和公式"的教学内容选择,在教学设计之初,我们在想,如何突破学生最不喜欢的基础课教学,我们选择了数学课来做试点,即选一个比较难理解的数学公式——等比数列公式来做课题,这个公式很难理解,但在实际生活中却非常有用,如果直接讲解公式的推导过程,可能学生就要睡倒一大片了。于是,我们适当减弱等比数列求和公式的概念分析,而加重公式在实际生活中的应用,通过"老板与员工约定工资,分别以'元'和'分'为单位,利用等比数列求和公式计算出的惊人差距的结果"等应用案例引导学生认识公式,掌握公式。这样优化教学内容,设计符合学生应用于专业岗位的学习目标,才会受学生的欢迎,让学生能够学以致用。

3. 创设有趣的教学活动,吸引学生回归课堂

趣味教学可以有效促进学生积极参与课堂学习,吸引学生回归课堂。课前要做好充分的教学准备工作,收集丰富的教学资源,根据当前实际情况,利用信息化手段在

开课时创设生动有趣的教学情境,吸引学生快速参与到教学活动中,激发学生学习积极性。比如在"趣味教学之——等比数列求和公式的应用"的教学过程中,我们采用了故事化趣味教学情境,整节课贯穿四个小故事,把故事制作成卡通、有趣的小微课,把数学引入生活,贴近专业,在故事中层层设疑,激发学生学习的兴趣和追求解答的渴望,通过学生观察思考,教师分析,师生互动,逐步引导学生把实际问题转换为数学问题,应用知识求解问题,再还原解决实际问题。创设有趣教学思路的基本过程如图 6-3-1 所示:

故事引入	→	师生互动	→	故事实例	→	掌握知识	→	课堂小结	→	故事设疑
提示课题		故事解疑		小牛试刀		课堂点评		渗透挖掘		课后探索

图 6-3-1 创设有趣教学思路的基本过程

在整个课堂教学中,我们听到学生笑声连连,使得数学在学生的眼中一下变得有趣了,学起来就更有效。因此,打造有趣味的教学,能够很好地吸引学生回归课堂。

4. 推进"教、学、做"合一,提高学生学习效果

有效教学是通过教师示范技能操作或层层引导,促进学生学习技能的所有行为和策略。一是教师通过激发学生的学习动机,使学生"想学、愿学、乐学",吸引学生的学习意向和兴趣;二是教师确定好教学目标和学习任务单,要让学生明白本次课所要学习的知识和技能;三是教师示范引领,学生跟学体验,突出以学生为中心,让学生在主动学习的过程中掌握技能,塑造中职生职业素养。比如在"趣味教学之——等比数列求和公式的应用"的教学过程中,通过"算计工资""群发短信""贷款还贷"3 个故事案例,吸引学生跟学,体验利用数学知识解决实际生活问题,做到"做中教,做中学"。课堂的最后,利用"64 格象棋棋盘的麦粒"故事来设疑,留给学生课后去探索"国王应付给大臣多少奖赏呢?""而一诺千金的国王是如何兑现自己的承诺的呢?"。教师自己制作微信界面,课后提供给学生通过扫描二维码来验证自己思考的结果是否正确,调动了学生课后探索数学奥秘的兴趣。通过教学实现了预计的教学目标,学生在生活化的数学情景中,理解和掌握等比数列的求和公式,能初步运用数学解决实际生活中的问题,在教学过程中渗透类比、转化、从特殊到一般的思维方法,使学生养成主动钻研的习惯,提高利用数学解决生活问题的能力。

5. 推进多元化信息化教学评价

教学评价引领学习行为,信息化教学评价促进教师教学的改进,也会促进学生素质的全面发展,坚持过程评价和终结评价的原则,通过在各个教学任务或教学环节中,开展学生自评、小组互评、教师点评和在知识的应用中实训(实习)指导教师的点评,也可以通过网络学生互评和对本次教学的评价。再次通过教学评价活动,激发学生学习的积极性,在教学评价中积极利用所学知识去发现问题、分析问题、解决问题,从而提高了学生的综合能力,同时也进一步巩固了知识的掌握。在教学中很好

地推进多元化信息化教学评价，是能够促进教与学的全面发展。

结束语

以黄炎培职业教育思想为指导，推进职业教育课堂教学改革，利用信息技术手段打造"有用、有趣、有效"课堂对推进职业教育教学改革、提升教学质量具有重要意义。教学实施过程中，要以学生为中心，加强师生互动、生生互动，让课堂充满掌声、笑声、讨论声，让中职课堂教学充满活力。

基金项目：

广西壮族自治区教育厅，2016年度广西职业教育教学改革重大招标课题立项项目：中等职业学校信息化建设研究——经济欠发达地区中职学校信息化教学资源库建设与应用研究。【课题编号：GXZJ2016ZD21】

6.4 信息化教学评价

6.4.1 信息化教学评价概述

教学评价是运用一切可行的评价技术手段对所进行的教育技术理论与实践进行测定，衡量其是否能够达到最终目标——促进学习，并予以价值判断的过程。

信息化教学是指教育者和学习者借助现代教育媒体、教育信息资源和方法进行的双边活动。它既是师生运用现代教育媒体进行的教学活动，也是基于信息技术在师生间开展的教学活动。信息化的教学评价是对教学信息化效果的"度量"，没有信息化的教学评价，教学信息化就不可能是完整的信息化。

6.4.2 信息化教学评价的方法

常用的评价类型有课前的诊断性评价、课中的形成性评价、课后的总结性评价，如表6-4-1所示。信息化教学评价方法常采取问卷调查法、行为观察法、成果分析法等，在实际的信息化教学评价中，每一种评价方法并不是孤立使用的，而是根据实际的教学情况，多种教学评价方法结合使用，从而使教学评价更加科学合理。

表6-4-1 常用评价类型

类型	诊断性评价	形成性评价	总结性评价
实施时间	教学之前	教学过程	教学完成后
评价方式	教师点评	学生自评、小组评价、教师点评（随时并频繁进行）	教师评价、专业教师评价
评价方法	观察、分析、测验	任务分析、活动分析、作业分析、合作分析	考试、考察、成品检验、规范评价技术操作过程

续表

类型	诊断性评价	形成性评价	总结性评价
评价目的	了解学生课前准备情况，发现学生掌握知识点存在的问题	了解学生学习过程中的进度，以便调整教学方案	检验学生学习结果，评定学习成绩
评价作用	查明学习准备情况，确定教学解疑重点	确定学习效果	评定学业成绩

信息化课堂教学有明确的三维目标，要培养学生在实际任务中所表现出来的提问的能力、寻求答案的能力、理解的能力、合作的能力、创新的能力、交流的能力和评价的能力等终身学习的能力。所以，作为一个合格的终身学习者，自我评价和小组评价将是必备的技能，培养学生的这种技能本身就是信息化教学的目标，也是评价工作任务。除了学生自评和小组评价以外，在课堂教学中，教师在各教学活动环节中要注意对学生的学习进度作出评价，在课后的教学实践拓展中通过企业（或行业）师傅（或专家）对知识应用的情况进行指导和评价。所以，一堂高效的信息化教学课需要有先进的教学考核与评价的设计理念，关注着人人成才；需要借助网络和技术实现对重点难点的即时、高效考核与评价；需要把考核反馈的问题运用于教学策略与内容的调整，促进学生的有效学习。

6.4.3 信息化教学评价的工具

信息化教学评价主要表现在抢答、评分、测验、问卷、分组任务、在线课堂等环节，我们可以通过设计游戏方式进行抢答，通过问卷组织问卷调查，通过小组 PK 方式进行分组任务竞争和互评，通过在线课堂取得企业专家的指导和评价，通过测试题或虚拟软件评价系统完成测验评价，通过评价表即时记录教学活动各环节完成任务的评价等。适当地设计教学评价，可以活跃课堂气氛，提高学生学习的积极性，从而提高教学质量。

7 中职学校信息化建设成功案例（以河池市职业教育中心学校信息化建设为例）

2007年广西壮族自治区党委政府在全区实施职业教育攻坚战。在河池市委市政府的全力帮助下，2008年8月将基础设施较差、师资力量比较薄弱、发展后劲严重不足的广西河池财经学校、河池市机电工程学校、河池市民族中专、河池市经贸学校四个中专学校整合为河池市职业教育中心学校。经过几年的建设发展，在市委、市政府的坚强领导和大力支持下，在各部门的大力帮助下，学校平稳高效实现了人、财、物和各专业、各校区的实质性整合，实现了教育资源的优化配置。两年实现了"三级跳"，创建了自治区重点学校、自治区示范学校、国家级重点中职学校。三年实现"四级跳"，成为立项建设国家中职教育改革发展示范学校！2014年学校正式通过教育部、财政部、人社部等三部委验收成为"国家改革发展示范学校"，2018年被认定为自治区"五星级"中职学校，成为民族地区职业教育跨越发展的品牌学校。

7.1 整体概述

河池职教中心全面贯彻《职业院校管理水平提升行动计划（2015—2018年）》的通知，积极响应《关于公布自治区级教育信息化试点单位名单的通知》（桂教科研〔2015〕11号）的文件精神，综合现在全国数字化校园建设方案的先进经验，结合自身的建设基础，持"以用户为中心，以需求为驱动"的理念，积极稳妥的开展智慧校园建设。本着适度超前、协同有序、周到实用、安全高效的原则，满足学校信息化建设对系统管理、系统安全、数据共享、降低成本的要求，构建数字化的教学资源环境，数字化的学习环境，数字化的管理手段和工作环境，数字化的生活空间。

7.2 建设内容

建设智慧校园是河池职教中心适应信息化教育的必然选择，有助于全面提升教学、实训、科研、管理、服务方面的信息化应用水平，有助于降低学校运行成本、提升效率，提高服务师生的能力以及提升学校核心竞争力，对推动学校跨越式发展具有重大意义。

本次项目在学校信息化基础上，构建智慧校园应用体系，着重建设移动端智慧校园，打造与PC端管理应用的共建共享。建设内容包括基础运行平台、校务管理应用体系、移动学生综合服务平台及数据中心升级改造。具体架构如下图7-2-1所示：

图 7-2-1 智慧校园具体架构

7.3 建设成果

通过本次建设，实现学校全方位提升，从整体上提高学校现代化管理水平。通过应用带动基础设施建设，使信息化建设的成果全面服务于学校的教育教学，以信息化建设引领学校的改革创新和发展，推动学校迈向教育现代化。

7.3.1 基础运行平台

基础运行平台涵盖公共数据平台、身份管理平台、信息门户平台及数据的集成与对接，基础运行平台各类全局应用系统将共同构成学校完整数字校园系统的数据资源和基础数据库，为学校数据、信息共享、共建提供了坚实的基础。

7.3.2 校园管理应用体系

校园管理应用体系主要构件包含学生综合管理、教师综合管理、教务综合管理等应用服务系统，如图 7-3-1 所示。通过多层应用、多个主体打造，构建多层次的校园管理应用服务体系。促进学校以现代的管理方式，优化管理流程，提升学校的管理效率。

7.3.3 移动学生综合服务平台

移动学生综合服务平台是本次项目建设的重要特色。遵循移动端与 PC 端共建原则以及

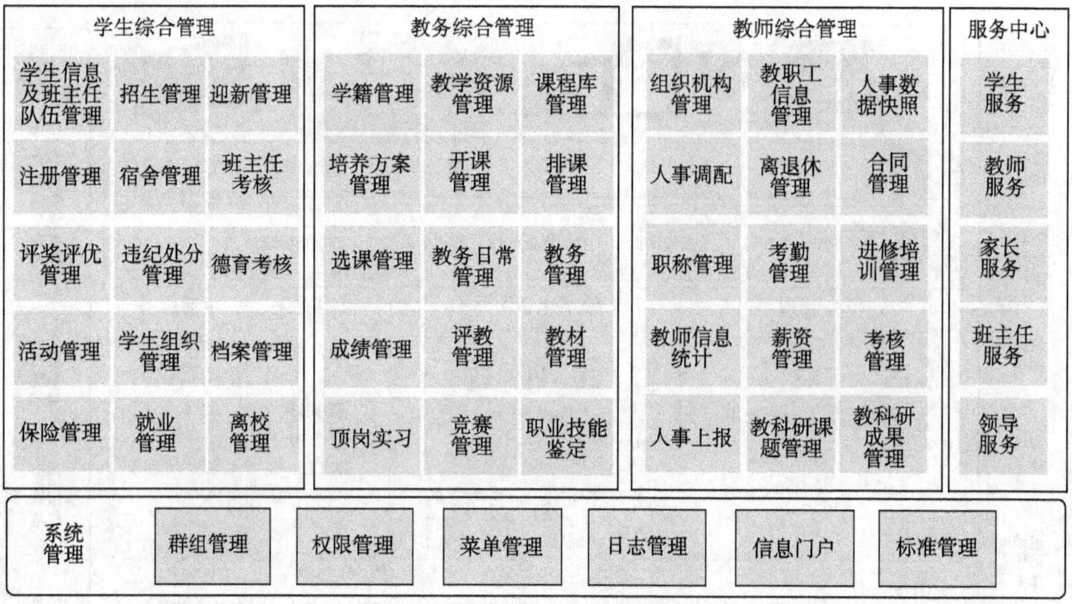

图 7-3-1 校园管理应用体系

以用户为中心的信息化建设理念，实现学校信息资源共享，打造移动学生综合服务平台，包括移动校园微门户、移动学生服务平台，实现以碎片化的应用来满足学生事务管理需求。移动校园微门户提供学校简介、专业介绍、机构设置、学校电话、就业简介等。实现栏目自定义。移动学生服务平台，基于微信进行开发设计，不仅实现学生碎片化管理，也可实时了解事务处理状态，电子化的流程将加快办事效率，充分提高学生满意度。

7.3.4 数据中心升级改造

数据中心升级改造基于学校原有基础条件进行。可对内部基础设施硬件（如服务器、存储和网络设备等）进行虚拟化整合与智能化调度，并开创性地融合基础软件（如OS、数据库、中间件等）自动化配置，从而帮助数据中心云平台构建多种符合国际标准的云服务，可以实现IT基础设施的快速交付、应用系统的安全保障和各类资源的灵活调配。

7.4 案例成果

下面通过五个案例，分别从数字化校园综合应用平台、教师信息化能力提升、信息化在德育工作中应用、教学资源库建设和信息化在学校后勤服务应用五个维度来阐述河池市职业教育中心学校信息化建设的做法及取得的成效。

7.4.1 案例1：中职学校数字化校园综合应用平台建设研究与实践

1. 建设背景

河池市职业教育中心学校是河池市委市政府于2008年8月把4所中职学校合并组建而成的中等职业学校，经过几年的建设发展，学校已经由一所普通中职学校发展成为一所国家改革发展示范学校。学校高度重视信息化建设，积极探索学校信息化应用，已经建成了一个千兆核心的校园网、数据中心机房、校园一卡通系统、校园电视台、数字校园广播、数字安防系统等信息化设备设施。

2012年12月学校获批成为教育部第一批信息化试点单位。学校的信息建设试点过程中，始终坚持信息技术与教学、管理、德育等方面全面融合，变革教育理念、以信息化促进教学、管理、服务等方面的全面提升，全面提高人才培养质量。近几年来，学校坚持以需求为导向开展信息化建设工作，切实推进信息技术在教学、管理等方面的深入应用；不断完善和创新，注重师生信息化应用能力培养，为信息化教学、管理、服务创造良好环境。

2. 信息化建设基础

1）信息化环境建设

河池市职业教育中心学校信息化建设始于2012年，经历了一期和二期建设，完成了新校区综合布线系统、数字校园广播系统、安防监控系统、多媒体教学系统、广场LED大屏系统等信息化基础设施系统，逐步建成了覆盖全校的信息化学习和工作环境，为学校信息化建设深度应用打下了良好的基础。学校信息化经过二期建设，校园网内信息点达到3 500多个，校园网出口带宽500Mbps。建设了一个电信级的数据中心机房，通过数据中心虚拟化技术，目前可以运行50台主流配置的服务器，实现了计算资源、存储资源的集中化、一体化、虚拟化，目前平台上运行有20多台虚拟化服务器，各系统运行良好。学校在二期项目建设了大容量网络存储系统，存储总容量达到40TB，机房配备了防火墙、流控设备、上网行为管理系统等安全审计设备，有效保障校园网应用系统的安全运行。

为满足教学需要，学校多次投入专项资金建设信息化教学设施，几年来累计购置了1 000多台电脑用于教学和实训，112间教室配置了触控平板一体机，50多间实训室安装多媒体投影设备，目前全校多媒体教室覆盖率达到100%，为教师开展信息化教学创造良好环境。

2）数字化课程资源建设

学校以国家改革发展示范学校建设为契机，建设了汽车、会计、电子、机电、学前教育等专业的教学资源库，各种教学资源总量达到5TB，建设了一个数字化电子阅览室，引进数字化图书资源共计11万册。学校注重教师信息化教学应用能力的培养，每年举办教师说课比赛、微课制作比赛、信息化教学比赛、班主任工作说课比赛等教学比赛活动，积累了大量的教学资源，形成了校级资源库，为教师的教学和科研提供了丰富的素材资源，为开展信息化教学打下了良好基础。

3. 智慧校园平台建设

1）基础运行平台

（1）公共数据平台。

学校在数字校园标准的基础上，建立安全高效、充分共享的数据中心；规范信息从采集、处理、交换到综合利用的全过程，逐渐形成有效的信息化管理的运行机制，为学校领导和有关部门信息利用、统计查询和决策分析提供支持，为学校的教学管理和人才培养提供高效的信息服务。公共数据平台、各应用子系统以及各类全局应用系统共同构成学校完整数字校园系统的数据资源。公共数据平台包括数据集成平台和全局数据库，其中，数据集成平台实现数据在各应用系统间的共享，并基于全局数据库构建面向最终用户的查询和统计。

（2）统一身份管理平台。

为让用户只要一套用户名和口令就可以使用校园网络上其他有权使用的所有应用系统，解决不同的网络应用系统用户名和口令不统一的问题，我们建设了一个统一身份管理平台。平台提供统一的授权机制及一套方便、安全的口令认证方法，便于用户身份数据统一管理，实现统一身份认证平台与公共数据库平台学生、教职工等对象的用户身份数据同步，并实现平台中的身份变更与入校、学生学籍异动、离校、教师校内调动、晋升等业务处理过程保持同步。并对用户的登录、资源访问、服务调用、变更等行为进行规则校验和统一审计，记录完备的日志，实现安全监控与行为回溯。

（3）信息门户平台。

信息门户平台将校内分散的信息和资源进行聚合，通过统一的访问入口，提供一个信息统一展现的窗口。并根据每个用户的特点、喜好和角色的不同，为特定用户量身定做关键业务访问通道和个性化应用界面，使师生员工可以浏览到相互关联的数据，快速进行事务处理。

2）校务管理应用系统

（1）基础信息资源管理。

师生基本信息、组织结构信息、专业、班级等基础数据在校园的日常校务中不仅牵涉到校内的多部门协调和沟通，甚至要不断地和校外的各机构进行数据层面的流转与协作，这样就使得大量的基础数据面临多个数据源头、多套数据标准、数据不一致和冗余等情况在智慧校园的建设中层出不穷。所以优质规范可靠的数据标准和基础数据的构建和维护体系，将为智慧校园的推进和建设提供稳定丰富的数据基础。基础信息中心立足于此来构建统一的信息管理平台，包括学生信息管理、教职工信息、班主任信息、学部主任信息和数据代码标准管理。

（2）学生综合工作管理。

学生管理是中职学校管理的一大难题，管理需要细致到人，工作方式需要严肃性和人性化相结合。学校通过建设学生综合管理系统，实现了学生从入学、缴费、分班、分配宿舍、学籍管理、学生德育管理、离校管理等整个在校生命周期的信息管理。

（3）综合师资管理。

学校组织机构管理、教职工信息管理、人事调配信息管理是学校内部管理的一项重要内容。综合师资管理面向教师人事管理全生命周期，提供教职工信息管理、数据统计管理等功能。提供多维度、全方位的人才数据统计功能，实时反映学校的教职工基本信息状况，以满足管理的需要。

（4）教务管理系统。

教学管理工作是学校的主要工作，我校的教务管理系统实现了教学资源管理，课程库管理，专业培养方案管理，专业开课计划管理，排课管理，教务日常管理等功能，提高了教学管理的效率和信息化水平。

（5）移动 OA 系统。

针对当前智能手机广泛使用，学校部署了基于企业微信的移动 OA 系统，依托微信做二次开发，聚合了教职工常用的一些功能，如内部邮件、公共通知、订餐、工资条、学生管理、流程审批等功能，服务全校教职工，提高教职工日常办公效率。

（6）学生移动综合服务平台。

为使智慧校园更好地为学生服务，学校在智慧校园二期项目建设中开发了服务学生的学生综合服务平台，提供了缴学费、饭卡充值、故障报修、失物招领、成绩查询、网上报名等实用的功能模块，学生综合服务平台基于微信公众号开发，更加符合学生的使用习惯，便于在学生中推广使用，实际应用中取得很好的效果。

4. 机制体制建设

1）信息化组织机构

学校校长高度重视信息化建设，领导班子成员各负其责，通力配合，形成合力，高效推动信息化建设。学校在2013年成立了信息中心，加强信息化建设专职人员配备，明确职责权利，专职负责信息化建设的总体规划与具体项目落实。

2）政策规范

学校在区内及国内知名专家的指导下，制定了《河池市职业教育中心学校智慧校园建设规划》，在创建国家改革发展示范学校的过程中，将智慧校园建设纳入学校的整体发展规划战略中，指定了信息化建设的总体目标，并指定了一系列方案及工作计划。

3）机制建设

学校把信息化建设纳入学校"十三五"发展规划中，智慧校园是学校"十三五"规划中"七个校园"建设的一项重要内容，学校建立了一套提升信息化应用能力的运行机制，包括教师信息化应用能力标准，信息化骨干教师遴选办法，教师信息化应用能力培训机制，数字化校园建设与运行机制等。

5. 建设成效

我校智慧校园建设在完成了智慧校园数据中心的基础设施、校园门户体系、信息化应用系统、安全管理集成等建设任务：重点解决了多点登录问题、校园网下多个应用系统数据不能共享的问题、多个部门进行多头应用系统管理的问题，将校园内的各种信息数字化、集成化、平台化，通过其集成的数字化平台增进了师生间的交流，改变了教师的授课方式及学生的学习方式，加强了学校的管理，提升了学校的办学水平。建设成效显著。

1）信息化基础设施及环境建设逐步完善

（1）依据我校规模和信息化建设需求，建成一个布局合理、功能完备、设施先进、运行稳定的数据中心机房。为我校智慧校园的软硬件系统提供安全、稳定、可靠的运行环境。

（2）敷设了覆盖全校范围的骨干光网：建成了一套全面覆盖我校所有场所光纤骨干网络，为学校未来的信息化建设铺设了信息高速公路。

（3）部署了高性能的服务器虚拟化平台：云计算平台具有高扩展性、高可用性、超大规模、成本低廉等特点。我们采用目前主流的虚拟化技术，进行资源整合，用3台高性能硬件服务器，虚拟出50多台虚拟服务器，以承载学校众多的业务系统，提高访问效率，减少资源浪费。

2）数据中心共享互通

数据中心为学校信息化提供技术支撑和数据支撑，信息化全部数据的构建、保持、集成、更新、分发与共享，以及提供存证、容灾和备份等信息服务的基础环境，是实现数据的存放和集中处理的仓库。数据中心的建设将原来相对独立的各相关系统有机地构成一个统一的大系统，为各种数据的访问、交换、使用提供了一个统一的物理支撑环境、实现了相关部门之间数据的交换与共享，保证了数据的安全控制和异地集中备份。数据中心建设是智慧校园建设的基础与重点，我校一年多的建设，终于完成了这一重要建设任务。数据中心的建成，有效解决了各业务系统的信息孤岛问题，为智慧校园建设提供了有力保障。

3）协同办公智能高效

协同办公系统又称办公自动化系统，办公自动化系统可以优化现有的管理组织结构，调整管理体制，在提高效率的基础上，增加协同办公能力。我校协同办公系统的主要功能包括任务管理、公文管理、新闻管理、内部信息、会议管理等，核心应用是：流程审批、协同工作、公文管理、沟通工具、文档管理、信息中心、计划管理、任务管理、会议管理、系统集成、门户定制、通信录、工作便签等功能。通过建设办公系统，大大提高了办公效率、节约大量资源、功能全面便捷，使无纸化办公变成了现实。

4）教学管理方便快捷

智慧校园建设的重点是为全校师生的教学、生活提供信息化服务。因此我们首先建设了教务管理系统、学工管理系统、财务缴费系统、移动学生服务平台等应用系统，而以教务管理系统建设为重点。教务管理系统建设涵盖教学日常管理、课程管理、教材管理、自动排课等平台，可以高效地进行教学管理。教学与各种管理系统的建设大大便利了全校师生的学习生活，既节约了大量的时间、省去了很多麻烦，又提高了办事效率，给学校教学与管理带来了新气象。

5）移动平台便捷高效

当今社会已经进入了移动互联网时代，随着智能手机的广泛使用，给人们的生活带来了许多便利，学校在智慧校园建设过程中，始终把移动端的建设放在重要位置，开发集成了基于企业微信的 OA 系统，打通日常办公使用的 PC 端和手机端，让教职工通过手机随时随地查看学校内部邮件、公共通知等信息，并集成了教职工日常使用的一些功能模块，比如网上订餐、工资条、考勤签到查询等，使信息技术更好地服务全校教职工，取得了很好的效果。

根据我校学生不方便携带个人电脑，但是智能手机使用率非常高的具体情况，学校开发了基于微信公众号的移动学生服务平台，学生通过智能手机关注学校的微信公众号就可以使用平台提供的各种服务，如一卡通充值、网上缴费、故障报修、失物招领、课表查询、意见反馈、校园网络电视等常用功能，使信息技术更好地服务学生，也提高了工作效率。

6. 问题与思考

1）信息化建设经费投入不足

学校的信息化建设经费主要依赖国家或自治区的专项经费，如示范校建设项目、资源库建设项目等，没有常态化的资金投入，而信息化建设是一个需要持续投入的系统工程，缺乏经费支持给我校信息化建设带来一定的困难。

2）机制不完善

学校没有制定支持信息化发展的激励政策，发展规划不够清晰，信息化规划与建设机制、运维管理机制、安全保障机制、研究与发展机制、培训机制等方面缺失。

3）信息化专职人员配备不足

学校虽然成立了信息中心作为一个独立的部门负责信息化建设，但是专职人员配备不齐，能力偏低，急需配备专业技能水平较高的人员，但是学校处于贫困地区，工资水平偏低，招聘培养信息化专业技术人员存在很大困难。

7.4.2 案例2：提升教师信息化应用能力的途径与成效

近年来，随着我国中等职业教育的快速发展，中职学校办学规模不断扩大，管理和教学的信息化显得特别紧迫，教学和管理手段落后将直接影响教学质量和办学水平。加快中职学校数字化校园建设，推进职业教育信息化发展，提升中职教师信息化应用能力和信息化教学能力，是学校教育改革与发展的必然要求和重要推动力。

河池市职业教育中心学校是一所民族地区中等职业学校，自 2008 年 8 月整合成立以来，办学条件得到极大的改善，办学规模迅速扩大，教学质量不断提升，管理水平跃上了新的台阶。整合之初，学校教育信息化建设相对滞后，没有建成完善的数字化校园管理系统。学校在安全监控、成绩管理、校园电视、办公管理等方面已经运用信息化管理手段，但教师信息化应用能力和信息化教学水平较低，已严重影响学校日常教学和管理的实效。

作为经济欠发达地区的中等职业学校，建设数字化校园系统必须结合学校实际，以提升学校管理和教学的信息化水平、提高教师信息化应用能力为目标，构筑中职学校数字化校园基本环境，建立信息化应用平台，从而提升教师信息化应用能力，带动学校教学、科研、管理的全面发展。

1. 目标与思路

1）建设目标

建立基于信息化应用的技术先进、扩展性强、应用深入、安全可靠、高速畅通、覆盖全校的数字化校园系统，作为学校管理和教师教学信息化的基础性平台，研究和制定中职教师信息化能力标准，找到提升教师信息化应用和教学能力的方法和途径，全面提高中职学校教师信息化教学的认识水平，从而全面提升学校教师信息化应用能力和信息化教学能力，实现学校管理和教师教学的全面信息化。

2）建设思路

依据学校的实际情况，以分步实施、实用够用、适当超前为原则，分步制定相应信息化基础设施建设方案，以小投入，高利用为目标，走出一条民族地区中职学校信息化建设与发展的特色之路，构建中职学校信息化应用的基础平台。通过构建提升教师信息化应用能力和信息化教学能力的培养机制，建立提升教师信息化应用能力的信息化应用平台，以信息化教学竞赛为活动载体促进教师信息化教学提升，通过多层次的信息化能力培训，开发适应学校管理和教学的特色应用软件，全面提高教师应用信息化的积极性和主动性，促进学校教师信息化水平的提高。

2. 方法与途径

1）明确中职教师信息化能力的基本要素

为全面提升教师信息技术应用能力，教育部实施了全国中小学教师信息技术应用能力提升工程，并提出教师信息技术应用能力标准体系。就中职学校而言，我们认为中职教师的信息化能力主要包括教师信息化认知能力、教师信息技术应用能力、信息化教学能力和专业发展能力等几个方面，这也是中职教师信息化能力的基本要素。

（1）教师信息化认知能力是中职教师信息化能力体系的基础。信息化认知能力是对信息化的根本看法和基本态度，是中职教师提高信息化能力及素养的思想基础和动力源泉。信息化认知能力的形成，需要长期的内化积淀，需要在全面掌握信息化知识的基础上，不断增强对网络信息化及信息技术的深刻理解，进而形成信息化思维，逐步形成信息化应用能力和信息化教学思维能力。

（2）信息技术应用能力是指教师利用信息技术提升业务的能力，强调信息技术与业务能力的融合，是教师信息化使用能力、信息技术应用能力、信息化教学能力等的综合运用，是提升教师业务能力的重要技术手段，也是提升教师教学能力和专业发展水平的必然要求和重要支撑。

（3）信息化教学能力是教师应用信息技术进行教学的设计能力、开发能力、实施能力、评价能力、管理能力、研究能力，其中信息化教学设计与实施能力处于核心地位。教师要提升信息化教学能力，应从信息化教学的设计、开发、实施、评价、管理和研究六个方面进行提高。

（4）专业发展能力就是利用教师的信息技术应用能力，整合、使用专业资源，提升专业研究和发展水平，从而提升专业建设能力和水平，促进教师的专业发展和个体的持续发展。

2）解决信息化应用的基础性平台建设问题

（1）数字化校园基础设施建设。

学校作为民族地区、经济发达地区的中职学校，信息化基础落后，网络基础设施不齐全，难以满足教师信息化教学的需要。学校根据具体情况推进了校园数字化网络系统建设，建成了一个核心节点传输速度千兆（1G），互联网出口带宽500M，全校敷设信息点3 050个以上，以办公自动化、计算机辅助教学与管理为核心，形成了有线与无线共网格局，覆盖全校楼宇的校园主干网络。这是教师信息化能力提升的基础，也是学校信息化发展的基础。

（2）完成数字化校园应用软件系统建设。

中职学校必须完成教务管理系统、学生管理系统、财务管理系统、OA办公系统、电子图书管理系统、教学资源库系统、资产管理系统7个基本应用软件系统建设。OA办公系统支持智能手机等移动终端，通过无线网络可随时接收内部邮件等信息，实现了移动办公、无纸化办公。数字化校园应用软件系统的建设，将有效推进教师信息技术应用平台建设，提高教师信息化应用能力，从而提升学校的信息化水平。

（3）建设学校的多媒体教学平台。

学校的教学平台不仅包括基础网络平台，还包括网络教学平台，而要真正使用教学平台，学校的教学场所必须配置相应的多媒体教学系统。为此，学校在全校所有教室安装了互动智能平板电脑，在50多间实训室安装多媒体投影设备，并与学校网络系统链接，以便使用网络教学资源。同时，学校教师每人都配置先进的计算机设备，教师通过OA办公系统实现交流和信息共享，学校的教学从传统的黑板加粉笔模式转变成为全新的多媒体信息化教学模式，这是教师信息化教学能力提升的前提条件和基本要求。

（4）完成教学资源库平台建设。

学校要建设相应的教学资源库和资源库管理平台，以适应教师信息化教学的需要。教学资源库可以通过教师自制和共建共享等方式进行建设，也可以通过收集教师开发的优秀教学资源，不断丰富和完善教学资源库建设。为此，学校建立4个重点专业及专业群的教学资源库，收集的教师优秀教学课件、教案、视频等课程资源容量达到780G，教师可以通过资源库管理平台和信息交流平台共享所有教学资源，为提升教师的信息化教学水平提供有效平台。

3）提升教师信息化应用能力的主要途径

（1）培养信息化骨干团队。

学校的信息化建设是一项复杂的系统工程，除了信息化基础设施建设以外，更需要建设一支精干的信息化骨干团队。为此，学校根据信息化的实际情况成立一定规模的信息化骨干团队，这个团队的构成应该包括学校主要领导、师资队伍培养负责人、网络信息中心专家或技术人员、学校中层领导和各学科（专业）带头人、优秀的信息化教学骨干等人员组成，其主要任务是全面规划和管理学校信息化应用的各种事务，全面加强学校信息化建设的组织领导，对学校信息化建设进行顶层设计，规划学校信息化应用的整体建设思路，制定信息化发展中长期规划和年度计划，整体推进信息化基础设施和师资队伍建设，出台相应的信息化管理制度，组织信息化教学相关培训、比赛和校内校外交流等。此外，信息化骨干团队还要全力打造本校的信息化教学专家团队、信息化教学管理团队、信息化教学名师团队、信息化开发团队和信息化技术服务团队，这些团队要互补配合、不断创新、协同发展。特别是信息化教学团队将对教师的信息化教学能力提升起重要的作用。实际上，信息化教学是教学理论、教学艺术、信息技术与学科（专业）深度融合的产物，包括教学设计、开发、实施、评价和管理等多个环节，仅靠教师单打独斗、孤军奋战是很难获得良好教学效果的，借助信息化教学团队，汇聚教学经验智慧，获取信息技术支持，共建共享优质教学资源等，实现教学资源的优化整合、信息技术的互补、教学经验的交融，在合作中更好地提升教师的信息化教学水平。

（2）制定教师信息化应用能力标准。

实际上，2014年教育部印发了《中小学教师信息技术应用能力标准（试行）》，这个标准从"技术素养、计划与准备、组织与管理、评估与诊断、学习与发展"五个维度对中小学教师信息技术应用能力的基本内容进行了明确规定，每个维度都从"应用信息技术优化课堂教学"和"应用信息技术转变学习方式"两个方面提出了应用能力的具体内容。如表7-4-1所示。

表7-4-1　中小学教师信息技术应用能力的基本内容

维度	Ⅰ.应用信息技术优化课堂教学	Ⅱ.应用信息技术转变学习方式
技术素养	1. 理解信息技术对改进课堂教学的作用，具有主动运用信息技术优化课堂教学的意识	1. 了解信息时代对人才培养的新要求，具有主动探索和运用信息技术变革学生学习方式的意识
	2. 了解多媒体教学环境的类型与功能，熟练操作常用设备	2. 掌握互联网、移动设备及其他新技术的常用操作，了解其对教育教学的支持作用
	3. 了解与教学相关的通用软件及学科软件的功能及特点，并能熟练应用	3. 探索使用支持学生自主、合作、探究学习的网络教学平台等技术资源
	4. 通过多种途径获取数字教育资源，掌握加工、制作和管理数字教育资源的工具与方法	4. 利用技术手段整合多方资源，实现学校、家庭、社会相连接，拓展学生的学习空间
	5. 具备信息道德与信息安全意识，能够以身示范	5. 帮助学生树立信息道德与信息安全意识，培养学生良好行为习惯

续表

维度	Ⅰ. 应用信息技术优化课堂教学	Ⅱ. 应用信息技术转变学习方式
计划与准备	6. 依据课程标准、学习目标、学生特征和技术条件，选择适当的教学方法，找准运用信息技术解决教学问题的契合点	6. 依据课程标准、学习目标、学生特征和技术条件，选择适当的教学方法，确定运用信息技术培养学生综合能力的契合点
	7. 设计有效实现学习目标的信息化教学过程	7. 设计有助于学生进行自主、合作、探究学习的信息化教学过程与学习活动
	8. 根据教学需要，合理选择与使用技术资源	8. 合理选择与使用技术资源，为学生提供丰富的学习机会和个性化的学习体验
	9. 加工制作有效支持课堂教学的数字教育资源	9. 设计学习指导策略与方法，促进学生的合作、交流、探索、反思与创造
	10. 确保相关设备与技术资源在课堂教学环境中正常使用	10. 确保学生便捷、安全地访问网络和利用资源
	11. 预见信息技术应用过程中可能出现的问题，制定应对方案	11. 预见学生在信息化环境中进行自主、合作、探究学习可能遇到的问题，制订应对方案
组织与管理	12. 利用技术支持，改进教学方式，有效实施课堂教学	12. 利用技术支持，转变学习方式，有效开展学生自主、合作、探究学习
	13. 让每个学生平等地接触技术资源，激发学生学习兴趣，保持学生学习注意力	13. 让学生在集体、小组和个别学习中平等获得技术资源和参与学习活动的机会
	14. 在信息化教学过程中，观察和收集学生的课堂反馈，对教学行为进行有效调整	14. 有效使用技术工具收集学生学习反馈，对学习活动进行及时指导和适当干预
	15. 灵活处置课堂教学中因技术故障引发的意外状况	15. 灵活处置学生在信息化环境中开展学习活动发生的意外状况
	16. 鼓励学生参与教学过程，引导学生提升技术素养并发挥其技术优势	16. 支持学生积极探索使用新的技术资源，创造性地开展学习活动
评估与诊断	17. 根据学习目标科学设计并实施信息化教学评价方案	17. 根据学习目标科学设计并实施信息化教学评价方案，并合理选取或加工利用评价工具
	18. 尝试利用技术工具收集学生学习过程信息，并能整理与分析，发现教学问题，提出针对性的改进措施	18. 综合利用技术手段进行学情分析，为促进学生的个性化学习提供依据
	19. 尝试利用技术工具开展测验、练习等工作，提高评价工作效率	19. 引导学生利用评价工具开展自评与互评，做好过程性和终结性评价
	20. 尝试建立学生学习电子档案，为学生综合素质评价提供支持	20. 利用技术手段持续收集学生学习过程及结果的关键信息，建立学生学习电子档案，为学生综合素质评价提供支持

续表

维度	Ⅰ.应用信息技术优化课堂教学	Ⅱ.应用信息技术转变学习方式
学习与发展	21. 理解信息技术对教师专业发展的作用，具备主动运用信息技术促进自我反思与发展的意识	
	22. 利用教师网络研修社区，积极参与技术支持的专业发展活动，养成网络学习的习惯，不断提升教育教学能力	
	23. 利用信息技术与专家和同行建立并保持业务联系，依托学习共同体，促进自身专业成长	
	24. 掌握专业发展所需的技术手段和方法，提升信息技术环境下的自主学习能力	
	25. 有效参与信息技术支持下的校本研修，实现学用结合	

[摘自：教育部印发的《中小学教师信息技术应用能力标准（试行）》]

对中职学校教师来说，"技术素养"实际上就是中职教师对信息化认知能力和应用能力的具体要求；"计划与准备、组织与管理、评估与诊断"就是教师信息化教学能力的具体体现；"学习与发展"就是对教师应用信息技术促进专业发展能力的要求。为此，学校的信息化骨干团队要对中职教师的信息化素养和能力的构成要素进行研究，在以上五个维度的基本内容中进行深入分析，制定出中职教师信息化应用能力具体标准，使中职教师能够更好地明确自己努力的目标，参加相应专项培训和学习，以提高自身的信息素养和能力。

（3）强化教师信息化能力培训。

根据教师信息化能力的薄弱环节，采取"走出去""请进来"及"校本培训"相结合的培训策略。"走出去"就是指走出校园，向区内外信息化应用较先进省市和中职学校学习，积极参加中职教育信息化相关工作会、研讨会、成果展示会和培训班等；"请进来"就是要邀请教育信息技术专家学者到学校来讲学、传授经验和技术指导，邀请中职信息化教学名师到校开展信息化教学设计指导，介绍信息化教学经验和信息化专业发展心得。在此基础上建立"导、训、研"的信息化培训模式，以便更系统地培养和培训教师的信息化能力。这里的"导"就是专家指导，"训"主要是指培训，包括专家培训、校外培训、校本培训等。专家培训就是根据教师能力提升需要请信息化专家到学校开展专题培训或定制化培训，校外培训就是组织老师到校外学习培训，了解和掌握学校信息化发展最新技术，校本培训就是在校内由教务处、网络信息中心等部门根据教师的情况组织以提升信息化应用能力和教学能力的校本培训，以全面提高教师信息化教学的整体水平。

（4）搭建信息化应用交流学习平台。

利用网络技术和学校先进的数字化校园系统，通过 OA 系统、微信群、QQ 群等形式建立校内信息化应用、学习和交流的平台，加强教师的相互学习和经验交流，并通过平台发布消息、解答问题、交流经验、分享资源，营造信息技术应用的良好氛围，共同促进教师信息化应用能力和教学水平的提升。同时，学校信息化骨干团队也要关注全国职业院校各类信息化大赛的各种信息，比如全国职业院校信息化教学大赛官网发布历年大赛获奖选手比赛视频、专家报告视频，甚至是获奖的优秀作品等，也要关注各地职业教育官网或职业教育资源网站发布各地选拔赛获奖信息化作品等，不断学习交流，实现信息技术应用经验和信息化教学资源的共享，为教师开展信息化教学活动提供持续的支持。

(5) 开展信息化教学大赛活动促进教师信息化能力提升。

"以赛促学"在提升中职教师信息化教学能力上也会发挥重要的作用，通过举办信息化教学大赛不仅提高教师应用信息技术的积极性，而且有效推动学校的信息化教学水平。2010年以来教育部每年都举办全国中职院校信息化教学大赛，全国职业教育学会信息化工作委员会等行业也在全国举办信息化教学设计大赛，每年的信息化大赛各组织者都会利用现场比赛或评审间隙举办职业教育信息化发展专家报告会，组织参赛队参观信息化建设示范学校，并在比赛颁奖典礼或闭幕式上展评优秀作品，赛后还在大赛官方网站发布获奖教师现场决赛视频和专家报告会视频，还会利用大赛QQ群、微信群等发布消息、解答问题、交流经验、分享资源，各省、市、学校也相应地举办各级选拔赛。可以看出来，凡是积极参加各类信息化教学比赛的学校，教师的信息化应用水平提升都很快。2012年以来，学校以比赛活动为载体，通过举办校内信息化教学比赛，有力地促进了教师的信息化应用能力，推动了学校的信息化发展水平，通过校内比赛，还可以选拔优秀作品参加省市甚至全国信息化教学比赛，不断取得优异成绩。同时，学校要制定信息化教学比赛奖励办法，激励教师积极参加各类信息化教学比赛，形成有效的激励机制，以提高教师应用信息技术的积极性和主动性。

(6) 开发服务教学和管理的系列应用软件。

为加强信息技术在教学与管理中应用，学校骨干团队根据学校需要开发相应的实用软件。比如：学校所有教室都安装了智能平板电脑，为了应用平台进行教育，学校自主开发了《数字网络电视系统》，实现了网络直播功能，每天通过这个系统直播校园新闻和德育教育活动，这个系统的建成为学校节约了近10万元的资金，也促进了信息技术的开发研究；学校每学期都举行校长抽查学生技能测试工作，全校4 000多学生（一、二年级学生），现场抽查起来不容易，为此学校开发了《学生技能抽查系统》，有效地解决了现场抽查学生和测试题目抽查工作，提高了效率；又如学校每年都对新生开展校规学习考试活动，过去通过纸质进行考试，非常花时间和精力，信息技术团队开发了《校规考试系统》，通过网上考试、网上打分，自动统计成绩，提高了班主任的工作效率，减轻了教师工作负担。此外，我们还开发了《教学满意度评价系统》和《微信移动办公系统》等软件，对教师教学满意度测评工作带来了方便，学生可通过手机对教师的教学进行评价，有效促进了课堂教学质量的提高。教师还可以利用移动设备使用办公系统，实现移动办公和交流学习。这些应用软件的应用大大提升了教师应用信息技术进行管理和教学的能力。

3. 主要成效

1) 奠定了学校信息化发展的坚实基础

学校建成了一个高标准的网络中心机房，一个覆盖全校楼宇的校园基础网络。校园网采用万兆核心，千兆汇聚，百兆到桌面的网络架构，楼宇与楼宇之间，楼层与楼层之间采用单模光纤高速互联，实现了所有区域的网络覆盖。校园网设计先进、施工规范、高速稳定，为学校信息化教学改革和信息化管理打下了坚实基础。

2）形成了提升教师信息化应用能力的"四个一"培养模式

成立了一个信息化骨干教师团队，制定了一个信息化应用能力标准，建立了一个提升教师信息化能力的有效培训方法，构建了一个提升教师信息化应用能力的激励机制，形成了"四个一"培养模式，提高了教师应用信息化积极性和主动性。

3）建立了提升教师信息化应用能力的有效激励机制

（1）为个人配备先进的电脑设备，在教室安装智能平板电脑，鼓励教职工运用信息化设备；

（2）制定信息化教学竞赛奖，对参加各类信息化教学比赛获奖教师给予奖励；

（3）建设教师荣誉墙，将在各类信息化比赛中获奖的教师登上荣誉墙，从而激励全体教职工提升信息化应用能力。

4）建立了提升教师信息化教学水平的有效活动载体

学校通过开展专题培训、组织参加校内外信息化教学比赛、建立校内信息化教学交流平台等方式，建立了学校提升教师信息化教学水平的有效活动载体，通过常态化开展这些活动，提高了教师信息化教学能力和水平，促进了学校信息化教学的发展。

5）建立了丰富的教学资源库

学校建立以数据库为支撑，开放共享的网络资源平台，通过教学资源平台实现教学资源浏览、查询、下载和上传，实现教师之间、师生之间的交流互动。以4个重点建设专业课程为重点，通过资源共建共享以及学科教师自行设计制作多媒体教学课件等方式，及时充实并更新教学资源，通过教室智能平板电脑连接教学资源库平台，实现在多媒体教学环境下优质资源共享。

6）自主开发了服务教学和管理的特色应用系统，提高了教学管理的信息化水平

组织校内专家团队自主开发了校园网络电视系统、学生校规考试系统、学生满意度评价系统、学生技能抽查系统、微信移动办公系统等特色应用软件，有效提升了学校信息化教学和管理的实效，营造了学校应用信息技术的良好氛围，促进了信息技术在学校的应用和推广。

7）促进了学校信息化教学发展

教师通过信息化教学，充分调动学生的学习积极性，提高了教学质量和教学效果。学校全面采用互动智能平板电脑进行信息化教学以来，学生对教师的教学满意度得到有效提高，特别是开展信息化教学的教师，学生对教学满意度都达到90%以上。教师的教学观念也得到了巨大转变，学校全面实现了信息化教学。

8）教师信息化应用和教学能力全面提高，信息化教学能力走到了全区前列

学校信息化建设，提高了教师的信息化应用能力和信息化教学水平，学校教师都能够轻松利用信息网络进行办公、备课、交流学习，也能够利用信息技术收集各类教学资源，提升教师的专业发展能力。目前，学校运用信息化教学手段的课程比例达到92%以上，所有的教师都能够开展信息化教学，课堂教学效果全面提高。学校教师在广西及全国各类信息化教学比赛成绩逐年提升，屡获佳绩，如表7-4-2所示。

表 7-4-2　2012 年以来学校教师参加信息化教学大赛汇总表

年度		2012 年	2013 年	2014 年	2015 年	2016 年	2017 年	2018 年	合计
全国	一等奖				3			2	5
	二等奖		3		6	7	15	1	32
	三等奖		2	2	8	5	1	3	21
	优秀奖			1	2			1	4
全区	一等奖	6	4	3	9	8	18	5	53
	二等奖	8	4	7	10	14	20	10	73
	三等奖	4	16	11	8	18	26	16	99
年合计		18	29	24	46	52	80	38	287

学校连续 6 年评为广西中职学校信息化教学大赛"优秀组织奖",教师参加区内外各类信息化教学大赛人数从 2012 年的 20 多人次增加到目前的 400 多次,几乎所有的教师都有参加全区及至全国信息化教学大赛经历,教师的教学信息化水平位居全区前列,成为民族地区中职教师信息化教学能力提高最快的中职学校。

此外,学校教师还主持了多项与信息化建设有关的课题研究,发表多篇信息化教学有关的论文。2012 年以来,共承担与信息化建设有关的自治区级教改课题 6 项,发表论文 50 多篇,自主开发应用软件 5 个,教师在信息化应用能力、信息化教学设计、信息化应用研究和管理等方面都得到全面提升,有效推动了学校的信息化发展水平,也促进了民族地区职业院校教师的信息化应用水平的提高,在民族地区职业院校信息化建设方面起到了示范和引领作用。

7.4.3　案例 3：信息化在中职学校德育工作中的应用研究与实践

1. 建设背景

1) 信息化时代发展的必然趋势

当今时代发展的大趋势无疑是全球信息化了,信息化水平的高低已经成为衡量一个国家现代化水平和综合国力的重要标准。

在国外一些发达国家极其重视教育信息化工作。1994 年,英国在其新立的教育法中,将教师的培训与教学质量的提高作为核心内容,并于 1997 年在英国国家学习信息系统网络创建了虚拟教室中心站(Virtual Teacher Center,VTC)。美国在 2001 年,就将 99% 的中小学接入因特网,2003 年时,已经实现中小学校的学生与计算机的比例为 5∶1,可以说,美国早早地在中小学就建立了良好的信息技术环境。此外,日本、韩国、新加坡,以及港澳地区普遍高度重视本国或本地区的教育信息化。2010 年 7 月,日本文部省发布的《教育信息化展望大纲》提出"培养学生信息使用能力,全国使用数字化教材,使用云技术,构建学校与家庭结合共享平台,校务管理信息化,提供教师使用信息通信技术(Information Communication Technology,ICT)能力,建立信息通信技术(ICT)教师互相交流平台"。日本教育信息化建设的主要内容强调了 ICT 环境的改善,充分使用移动终端,实现个性化、互动式学习;校务管理信息化,主要强化减负和管理安全。

2010年6月，中共中央、国务院印发了《国家中长期教育改革和规划纲要（2010—2020年）》，其中第十九章提出"强化信息技术应用。提高教师应用信息技术水平，更新教学观念，改进教学方法，提高教学效果。鼓励学生利用信息手段主动学习、自主学习，增强运用信息技术分析解决问题能力。加快全民信息技术普及和应用。"2011年，《国家教育信息化十年发展规划（2011—2020年）》明确提出，"以教育信息化带动教育现代化，破解制约我国教育发展的难题，促进教育的创新与变革，是加快从教育大国向教育强国迈进的重大战略抉择"，"教育信息化充分发挥现代信息技术优势，注重信息技术与教育的全面深度融合，在促进教育公平和实现优质教育资源广泛共享、提高教育质量和建设学习型社会、推动教育理念变革和培养具有国际竞争力的创新人才等方面具有独特的重要作用，是实现我国教育现代化宏伟目标不可或缺的动力与支撑。"

2017年10月23日，十九大代表、教育部副部长杜占元用"四个必将"阐明"对新时代教育信息化的重要性"，他说，教育信息化必将带来教育理念的创新和教学模式的深刻革命，必将成为促进教育公平和提高教育质量的有效手段，必将成为泛在学习环境和全民终身学习的有力支撑，必将带来教育科学决策和综合治理能力的大幅提高。

信息技术正在不断改变人们的生活方式、学习方式，个性化学习和终身学习已经成为信息时代教育发展的重要特征。

学校德育工作是学校工作的灵魂，它致力于对学生思想品德和人格素质的培养。它对青少年学生健康成长和学校工作起着导向、动力和保证的作用。将信息技术应用到的学校德育工作中，不仅能满足堪称"新时代数字原住民"学生的需求，也确保学校德育工作与时俱进，提高学校的德育工作水平，也是信息化时代发展的必然趋势。

2）学校自身发展的需要

学校从整合至今，始终坚持"为学生幸福铺路"的办学理念，以"立德、立行、立技、立业"为校训，以培养"身心健康、素质良好、技能精湛"的技能人才为目标，立足服务区域经济和社会发展，为大西南开发、"一带一路"建设提供人才支撑。学校先后成为"教育部信息试点单位""广西第一批民族文化技术技能人才培养基地""教育部国防教育特色学校""全国德育活动课示范基地"。

近几年来，学校坚持以需求为导向开展信息化建设工作，切实推荐信息化应用能力培养，为信息化教学、管理、服务创造了良好环境。因此，研究信息化在中职学校德育工作的应用，构建学校德育信息化管理平台，是学校自身发展的必然需要，也是与时俱进，建设平安校园、智慧校园、绿色校园的必然选择。

2. 建设内容

《中等职业学校德育大纲（2016年修订）》指出，德育目标是把学生培养成为社会主义合格公民，成为高素质劳动者和技术技能人才，成为中国特色社会主义事业合格建设者和可靠接班人。德育内容包括理想信念教育、中国精神教育、道德品德教育、法治知识教育、职业生涯教育、心理健康教育以及时事政策教育。德育途径包括课程教学、实训实习、学校管理、校园文化、志愿服务、职业指导、心理辅导、家庭和社会。随着经济社会和教育事业的发展，中等职业学校德育工作面临新形势新任务新要求。将信息化技术应用到学校德育工作中是中职学校信息化建设的重要内容之一，主要包括以下内容：

1）建立学校德育工作资源库

(1) 依据《中等职业学校德育大纲》对中等职业学校德育工作和学生德育的基本要求，结合中职学生在校两年的成长特点，设计和开发有针对性的主题班会。

(2) 主题班会信息化资源。

第一学期：

a. 开学第一课；

b. 我们的缘分（班级凝聚力）；

c. 青春期教育；

d. 专业启蒙教育；

e. 生命安全教育。

第二学期：

a. 爱国教育；

b. 行为养成教育（7S教育）；

c. 感恩教育；

d. 诚信教育；

e. 法治知识教育。

第三学期：

a. 如何使用手机；

b. 中华传统文化教育；

c. 榜样教育；

d. 文明礼仪教育；

e. 实训安全教育。

第四学期：

a. 心理健康教育；

b. 职业生涯早规划；

c. 模拟招聘会；

d. 实习安全教育；

e. 文明离校。

2）校园活动信息化

建立学校德育工作微信公众号，宣传学校德育工作的亮点和成果，探讨班主任工作方法和经验，分享学生的成长历程和故事，传播在创建"平安、和谐、文化、文明、智慧、美丽、幸福"七个校园活动中的正能量。

3）建立电子展示屏

在电子展示屏上播放校园新闻、当前时事新闻以及学生理想信念教育和道德品行教育等的相关宣传视频，以达到将德育内容进行展示的目标。

4）开发《学生工作》的微信管理平台

通过《学生工作》的微信管理平台可以随时了解当前以及前几个学期新生入学的人数和老生到校报到注册的情况，能进行宿舍查房、失物招领、学生的意见反馈、专业面试、学生请假、校园报修、招生工作、外宿管理等。学校可以通过该管理系统管理学生，更便捷高效。

5）家校联系信息化

学生的家庭报告书等学生的相关可以通过微信、QQ 群等发送给家长，家长把学生的相关信息通过微信、QQ 群等反馈给班主任。以班级为单位建立微信群，与家长进行视频沟通。

6）班主任工作信息化培训

对班主任进行信息化技术的培训，给班主任提供信息化技术支持，提高班主任的信息化技术水平，如教班主任使用 PPT 制作课件，图像处理技术，视频剪辑技术等。

7）校园 ERP 系统

在校园 ERP 系统上有以下功能：学生综合管理、班主任管理、宿舍管理、奖学金管理、评优评先管理、违纪处分管理、学籍管理。

总之，德育工作信息化就是要实现学校德育工作与互联网技术的充分接轨，适应网络信息化时代，运用信息化技术加强德育工作。结合其他信息化建设，使我们的校园真正成为平安校、智慧校园、绿色校园。

3．建设成效

通过两年的研究与实践，我校已经充分将信息技术与德育工作相结合，具体表现在以下几个方面：

1）创建学校德育工作资源库

设计并制作安全教育微视频《当校园暴力来临时》。

设计制作主题班会的课件及相关视频——《感恩有您》《以诚信为镜　亮青春之容》《说出你的美》《控制好情绪放飞好心情》《阳光总在风雨后》《面试流程礼仪》《寻找记忆的锦囊》《塑造微笑的声音——电话交谈》《父爱如山》《天堂与地狱的距离》。

充分利用学校的智慧校园平台，整合各级各类德育教育资源公共服务平台和支持系统，逐步实现资源平台、管理平台的互通、衔接与开放，建成学校数字德育教育资源公共服务体系。实现数字资源、优秀师资、教育数据、信息红利的有效共享助力德育教育服务供给模式升级和德育教育治理水平提升。

2）实现校园活动信息化

建立学校德育工作微信公众号——"河池职教伴我成长"，通过该公众号宣传学校德育工作的亮点和成果，探讨班主任工作方法和经验，分享学生的成长历程和故事，传播在创建"平安、和谐、文化、文明、智慧、美丽、幸福"七个校园活动中的正能量。通过该公众号可以让学生不限时间、空间接受德育教育，学习到网络安全、防溺水教育视频、禁毒教育等安全知识。这也是充分应用移动终端进行德育工作的一种尝试，符合学生的使用习惯，方便在学生中推广使用，实际应用中也取得了很好的效果。

3）建立电子展示屏

充分利用互联网，我们在主教学楼 1 楼大厅和立德楼广场建设了电子展示屏，通过电子展示屏播放校园新闻、当前时事新闻以及学生理想信念教育和道德品行教育等的相关宣传视频；播放与安全、礼仪、国防等相关知识，起到普及安全、礼仪、国防等知识的作用；播放会议、讲座、活动等通知，各种告示、工作安排、先进集体、个人的光荣榜及先进事迹，起到公告板的作用；播放《天气预报》、学校的校训、办学理念等，起到公益广告的作用；播放上级领导及各自贵宾莅临参观、指导的欢迎词，对学生老师的祝愿词，各种重大节日的庆祝词等，起到烘托气氛的作用。

4）开发《学生工作》的微信管理平台

开发了基于移动 OA 系统的《学生工作》的微信管理平台，通过该平台可以随时了解当前以及前几个学期新生入学的人数和老生到校报到注册的情况，能进行宿舍查房、失物招领、学生的意见反馈、专业面试、学生请假、校园报修、招生工作、外宿管理等工作。学校可以通过该管理系统管理学生、更便捷高效。

5）家校联系信息化

充分利用移动终端，我们要求每个班级一成立就要建立班级的 QQ 群和微信群，这样学生的家庭报告书等学生的相关信息可以通过微信、QQ 群等发送给家长，家长也把学生的相关信息通过微信、QQ 群等反馈给班主任。

6）班主任工作信息化

针对班主任的工作特点及内容，我们课题组对班主任进行了信息技术提升的培训，给班主任提供信息化技术支持，提高班主任的信息化技术水平，如教班主任使用 PPT 制作课件、图像处理技术、视频剪辑技术等，可以使我们的班主任充分利用信息技术和学校的德育工作平台进行高效率的德育管理工作。

7）校园 ERP 系统

开发"校园 ERP 系统"，通过该系统，实现以下功能：学生综合管理、班主任管理、宿舍管理、奖学金管理、评优评先管理、违纪处分管理、学籍管理。

8）撰写论文

根据课题研究及收集到的相关理论，我们撰写了以"信息化在中职学校德育工作中的应用研究与实践"为主题的相关论文：

韦锦春老师撰写论文《计算机多媒体技术在中职德育课教学中的应用研究与实践》，发表在《信息与电脑》杂志上。

黄志群老师撰写论文《互联网背景下的中职德育教育探析》，发表在《求知导刊》杂志上。

吴桂梅老师撰写论文《信息化渗透中职学校德育过程的可行性分析》，发表在《新课程研究》杂志上。

黄丹峻老师撰写论文《浅谈信息化技术对中职德育课程教学的促进》。

黄丹峻、韦鸿老师撰写论文《基于信息化的中职德育课教学改革初探》。

欧永灵老师撰写论文《信息化教学在中职德育课堂教学的尝试——以〈感恩有您〉为例》。

4. 信息化在中职学校德育工作的应用的启示与思考

（1）由于开设专业不同，各中职学校的德育工作方式不尽相同，因而各中职学校要根据自己学校的特点，组织自己的研究团队，充分利用信息技术，开发建设适合自己的德育工作平台。

（2）要将信息化充分应用到中职学校德育工作中，需要有大量信息技术水平高的老师的积极参与，充分调动学校信息技术掌握好的老师的主观能动性和积极性，让信息技术应用水平高的老师带动所有老师熟练运用信息化管理平台，加强对所有老师和学生的信息化培训。

(3) 学校领导要充分认识到信息化应用到学校德育工作中的重要性，提供人才和财力的投入，组织团队专门负责推进此项工作，确保信息化资源建设及管理平台建设的顺利进行。

总之，将信息化应用到中职学校德育工作中是与时俱进的一项工程，今后我校加强与各部门联系沟通，学习先进发达地区的经验，拓展思路，结合我校的特点，更好地开发适合我校的德育工作平台，提升学校德育工作成效，为培养合格而优秀的中职生，为河池的经济社会发展做出更大的贡献。

7.4.4 案例4：信息化教学资源库建设及成效

1. 建设目标

1）制定学校信息化教学改革实施方案

要最终完成信息化教学资源库的建设，首先要进行学校信息化教学的改革。制定可行性的信息化教学改革实施方案，在教育信息化指导下，按照新课程标准，冲破学科传统本位深化教育、教学改革。在信息化教育进课堂的实施过程中不断积累和总结信息化环境下的教学经验，全面实现课堂教学的信息化，最终形成信息环境下的教学模式，提升信息化教学水平，同时积累信息化教学资源，为建设学校信息化教学资源库打下基础。

2）制定学校信息化教学资源建设的管理制度

为很好地推进学校信息化教学改革，建成信息化教学资源库，并全面推广应用于课堂教学中，而制定学校教学资源与信息化建设管理制度特别是制定激励制度，调动全体教师的积极性。

3）制定可行性的信息化教学资源库建设与实施方案

为很好地调动全员参与学校信息化教学资源库建设，由课题组成员拟定可行性的实施方案，通过学校审核全面推行，形成常态，很好完成信息化教学资源库建设，并在建设后的工作中及时完善和更新。

4）建成信息化教学资源库（网络共享集）

建成有特色的、适合学校教育教学实际需要的、校园网环境下的教学资源库，整理汇编《示范性信息化教学设计方案集》《参赛获奖优秀信息化教学资源集》，特别是要建设成1~2个典型课程的信息化教学资源库和利于教师制作教学资源的专业课程教学资源包等。

完善教学管理系统，为信息化教学改革和实现信息技术应用到课堂打下基础。

5）实现课堂教学的信息化

把信息化教育应用到课堂，把信息化教学改革成果、信息化教学资源应用实际的课堂教学中，验证成果的有效性。在实际课堂应用中让广大教师和学生通过对信息化教学的感受和消化，再总结、再提升教师的信息化教学经验和学生在新模式教学下的学习和实践能力。课题组通过对收集到的经验进行整理，研究（推广、探索）信息化技术在职业教育教学中高效应用途径，使广大教师成为具有先进教育理念和掌握现代化教育技术的有为之师，使每一名同学成为具有创新精神和实践能力的一代新人。

6）对区域信息化教学发展具有示范辐射和带动作用

总结研究的经验，组织送教下乡活动，向区域学校推广信息化教学，带动河池经济欠发达地区信息化教学的发展。

2. 建设内容

1）学校信息化教学设施建设

全面建设多媒体教室和多媒体实训室。在兼顾学校原有设备设施的情况下，积极稳妥的开展数字化校园建设，完成所有教室安装智能平板电脑，所有实训室开辟多媒体教学区域，根据学校信息化建设的实际需要，分步添置更多的电脑、交互式电子白板以及各种信息化教学软件，同时完成网络基础平台、共享数据平台的建设。

2）教师信息化教学技能培训

培育学校领导对信息化教学改革的领导力。首先通过培训使校领导（尤其是领导小组和中层领导）充分认识到教育信息化对我校发展和学校教学质量提高的重要作用，明确我校信息化教学改革的目标，有效地引导教师积极开发和应用教育信息化资源，开展有效教学。

培训骨干教师团队。组建30人的信息化教学骨干团队，利用3个月安排各类信息化教学知识和技能培训，并作为各教学部各专业信息化教学改革负责人，带领各专业教师掌握信息化教学技能。

全校性组织教师培训。通过走出去，请进来的方式，安排全校教师分批外出参加各类信息化知识和技能培训，或每学期聘请专家到校为全体教师进行培训。学校教务处每学期组织2次以上的专题培训活动。信息化教学骨干团队进入教学部分专业教研组进行帮带指导。培训由信息技术教师到学科教师，由青年教师、骨干培训转向全员培训，通过培训，使全体教师都具备基本的计算机操作及教学资源的应用能力。同时，引导教师制定个人信息技术发展计划，有计划有步骤地提高信息技术素养，提高信息化教学资源的应用能力。最终实现学校信息化教学的常态化。

3）组织信息化教学改革

组织信息化教学设计。基于现代教育思想和教学理念，教师充分利用信息化技术手段扩展了传统文字教材内涵，如多媒体课件、视频、动画、微课、练习小游戏等的应用，虚拟仿真技术、VR技术等具备开放性、趣味性、仿真性能解决教学中的瓶颈问题，使教学效果直观化，加深学生对讲授知识的理解，教学内容的连贯性得到增强。

组织信息化课堂教学。依据信息化教学设计，实施课堂教学，达成教学目标。教师根据教学内容和教学对象的特点，合理选用信息技术、数字资源和信息化教学设施，创设学习的情境，优化教学与学的过程。通过利用信息化技术手段，组织开展教学各环节活动，调动学生学习积极性和思维的扩散，打造"有用、有趣、有效"的教学课堂。

组织信息化教学评价。根据学校信息化教学应用检查评比制度、信息化教学考核奖励制度、以应用为导向的评价机制，考核教师在教学中是否适当使用信息化教学资源，是否活跃课堂气氛，是否师生信息化技术互动，是否得到学生的好评。通过教学评价系统，常态化组织每季度的信息化教学评价活动，组织学生对教学满意度进行评价，组织随堂听课领导和教师进行评课，及时诊断与改进，从而更好地推进教学改革进度。

4）组织开展信息化教学活动

每年组织信息化教学设计、信息化课堂教学、信息化实训教学、信息化微课教学、信息化论文比赛，并选拔优秀教师团队参加市级、自治区级、国家级信息化教学能力大赛。通过对活动中涌现出的信息化教学能手的宣传和奖励，形成推动全校运用信息技术开展教学的积极氛围。同时也开发了优质教学资源，完善学校信息化教学资源库建设。

5）组织信息化教学资源库建设

要通过多种培训形式，积极开发校本资源，积极组织教师设计优质教学资源参加各类信息化教学大赛，收集整理本校获奖的优质教学资源和历年大赛各专业获奖的优质教学资源补充到学科信息化教学资源库中，并对资源进行科学合理的规划和科学分类。通过的进一步完善学校网站建设，使数字资源的建设形成一定的规模，提高使用效率。

6）组织信息化科研活动

以课题为依托，科研引领，加强信息技术和各学科的整合，促进信息化课堂教学改革，及时总结教学经验，设计优质教学资源，充分应用于课堂教学中，提高课堂教学效率。

7）培养具有现代信息意识的学生

加强信息科技学科教学，增强学生信息科技基础知识和技能。认真执行国家教委颁布的《中小学计算机课程指导纲要精神》，帮助学生建立对计算机的感性认识，使学生了解计算机在日常生活中的应用，培养学生学习使用计算机的兴趣与意识，了解计算机的基本常识，学会计算机的一般使用方法，指导学生学会文明健康上网的方法。

开展信息技术兴趣活动，以多样的信息化活动，提升学生的信息素养。为学生提供良好的信息环境，定期开放校园计算机房，组织各类兴趣活动小组，定期举办电子小报制作、网页制作、电脑绘画及动画制作等学习班，举办信息技术应用大赛，挑选优秀学生作品，推荐优秀学生参加青少年科技创新大赛等活动，提升学生的信息化水平。

培养学生掌握现代信息技能，在课堂教学中充分利用信息化技能自主或团队协作完成学习任务，提高学习效率。

8）制定《学校信息化教学资源管理制度》，全面调动教师积极性

为促进学校数字化应用和发展，促进信息化教学资源库的建设，制定学校信息化教学资源管理制度，规范管理校园网教学资源的有效应用，加强了网络资源的推广和应用。通过组建学校信息化教学管理领导小组，严格管理网络教学资源，研究和审定信息化教学资源库建设。制定学校信息化教学资源库建设的中长期发展规划，制定信息化教学资源应用奖励办法，激励教师制作优质信息化教学资源和精品课程教学资源，不断完善学校信息化教学资源库建设。通过制度规范管理，时时监测资源应用率，督促教师组织开展信息化课堂教学，提高信息化教学资源使用率。及时更新教学资源信息，满足更多的课堂教学。

9）完善教学系统，为信息化教学资源库搭建平台。

配合学校完善数字化校园建设，完善了教学系统中"信息化教学资源"模块的建设，建成丰富的教学资源库，实现校内外形式多样的教学资源共享，为各种学习方式提供全方位的支撑与服务。完善了教学平台模块的建设，为开展网络教学和远程协作教学提供第二教学环境。

（1）完善校园网建设，完成校园网覆盖所有多媒体教室、多媒体实训室、各处室、各专业教研室；

（2）完成各应用平台接口的搭建；

（3）完善信息化教学资源库建设，创建网络教学、远程教学模式；

（4）创建可移动、共享的数字化办公与教学环境。

10）组织开展信息化教学资源库建设

为很好地调动全员参与学校信息化教学资源库建设，制定《信息化教学资源库建设与实施

方案》，做好三年工作规划，全面推行，形成常态化的教学工作。方案明确信息化教学资源库建设工作为校长一把手工程，列入学校重点工作，方案从五个方面具体实施资源库的建设：

（1）梯形进行师资队伍建设，培训全体教师熟练掌握信息化教学资源库建设和应用能力。

①培训资源库骨干团队，熟练掌握信息化教学资源库建设和应用能力；

②各教学部通过骨干教师的带动作用，组织全体教师提高信息化教学资源库的建设和应用能力；

③组织安排全校教师集中培训和考核，实现全员参与。

（2）组织开展信息化教学资源库建设

①分专业组织教师团队完成每一个课程2个以上的优质信息化教学设计，并收集课程教学资源包；

②组织示范课或教学比赛，并收集整理学校优质信息化教学资源；

③组织各教学部完成1个以上的精品课程信息化教学资源库；

④引进一些制作质量好、学科内容精，教学设计特色鲜明的优质网络教学课程，供广大师生共享；

⑤组建审核小组，评审优质教学资源，上传数据平台，实现网络资源分享；

⑥各教研组有计划地组织开展信息化教学汇报课、探讨课、示范课，教务处组织随堂听课等教科研活动，通过组织听课、评课活动，指导教师利用教学平台和应用网络资源设计优质教学资源，持续更新信息化教学资源库；

⑦组织学生掌握现代信息技能训练，使学生在课堂前、课后能够通过网络自学或任务准备，在课堂教学中充分利用信息化技能自主或团队协作完成学习任务，提高学习效率。

（3）组织开展德育教学资源建设

①开展德育教育活动课，收集整理优质德育教学资源；

②收集整理优质系列主题班会课教学设计；

③完成《经典诵读》教材的出版发行及制作配套教学资源。

（4）制定资源管理制度和资源应用奖励办法

课题组成员配合学校制度建设小组制定《信息化教学资源管理制度》和《信息化教学资源应用奖励办法》，更好的激励全体教师积极参与资源库的建设。

（5）加强督查工作，确保各工作组高效高质量完成任务。

11）实现信息化技术应用到课堂

教学资源来自课堂，也应用于课堂。在推进学校《学校信息化教学改革实施方案》《信息化教学资源库建设与实施方案》过程中，着重实现信息技术应用到实际的课堂中。每年以组织开展信息化教学比赛为主线，组织开展信息化教学改革、开展教科研教学活动、教学资源的应用。

（1）常态化开展教研组信息化教学探讨课，通过组织听课、评课活动，对每一堂课进行总结，寻求适当的信息化技术手段应用于每一个知识教学中。

（2）常态化开展信息化教学设计、信息化课堂教学、信息化实训教学、微课教学、信息化论文、多媒体教学软件比赛，充分应用教学平台和网络教学资源组织开展优质课展示，通过聘请专家对比赛进行点评，指导信息化教学质量的提升。

（3）常态化组织教师参加全国、全区各类信息化教学技能大赛，激励教师争先争优，大胆在大赛上展示优质的教学设计和教学技能。

（4）常态化组织信息化教学改革项目研究工作，每年主持1项以上信息化教学改革类的自治区教改立项项目或校级项目，持续推进学校信息化教学改革工作，在信息化课堂教学中不断地总结经验，不断地改进提升。

（5）常态化组织教师完成每学期的信息化教学总结工作，收集汇总信息化教学经验，并在网络上分享，携手共进，共同提升信息化教学能力。

（6）常态化组织信息化教学评价，引导学生积极参与学校的信息化教学改革，深入课堂，深入学生，了解信息化教学改革的效果，通过组织教学评价，及时发现问题，及时解决问题，不断提升信息化技术在教学中的有效应用，实现学校教学质量的提升。

3. 建设成效

1）理论性成果

（1）课题研究报告。对课题的研究过程和形成的成果、成效做全面总结，为后期的推广应用做准备，如表7-4-3所示。

表7-4-3 课题研究报告

序号	项目名称	项目来源	项目编号	研究时间
1	中职学校数字化校园综合应用平台建设研究与实践	广西壮族自治区教育厅 广西职业教育发展研究中心	GXZJ2016ZD21	2016—2018年
2	经济欠发达地区中职学校信息化教学资源库建设与应用研究	广西壮族自治区教育厅 广西职业教育发展研究中心	GXZJ2016ZD21	2016—2018年
3	提升民族地区中职教师信息化教学能力研究与实践	广西壮族自治区教育厅 广西职业教育发展研究中心	GXZJ2016ZD21	2016—2018年
4	信息化在中职学校德育工作中的应用研究与实践	广西壮族自治区教育厅 广西职业教育发展研究中心	GXZJ2016ZD21	2016—2018年
5	中职学校信息化后勤保障模式的研究与应用	广西壮族自治区教育厅 广西职业教育发展研究中心	GXZJ2016ZD21	2016—2018年
6	河池市职业教育中心学校新校区数字化建设方案的实施与研究	广西壮族自治区教育厅 广西中等职业教育教学改革指导中心	2012年 二级立项	2012—2014年
7	信息化环境下中职计算机专业课程混合学习方式的研究与实践	广西壮族自治区教育厅 广西中等职业教育教学改革指导中心	GXZZJG2014C038	2014—2016年
8	中职《机械制图》课程信息化教学资源的开发与应用实践	广西壮族自治区教育厅 广西职业教育发展研究中心	GXZZJG2016B115	2016—2018年
9	中职《电工技能与训练》微课资源的开发与应用研究	广西壮族自治区教育厅 广西职业教育发展研究中心	GXZZJG2016A055	2016—2018年
10	中职《计算机应用基础》课程微课教学资源库建设研究与实践	广西壮族自治区教育厅 广西职业教育发展研究中心	GXZZJG2017B206	2017—2019年

(2)《学校信息化教学改革实施方案》。

真正从"学校信息化教学设施建设""教师信息化教学技能培训""组织信息化教学改革""组织开展信息化教学活动""组织信息化教学资源库建设""组织信息化科研活动""培养具有现代信息意识的学生"7大项目实施改革,学校信息化教学已形成常态。

(3)《学校信息化教学资源管理制度》。

通过制度规范管理,很好地推动了信息化教学资源库建设和应用。

(4)《信息化教学资源库建设与实施方案》。

方案明确信息化教学资源库建设工作为校长一把手工程,列入学校重点工作,从"师资队伍建设""信息化教学资源库建设""德育资源建设""制定资源管理制度和资源应用奖励办法""督查方案推进"5个方面具体实施资源库的建设,真正建成了学校教学资源库,并在实际课堂教学中得以广泛应用。

(5)通过组织信息化科研活动,促进信息化教学改革和优质教学资源库的建设。

(6)撰写相关教科研论文,如表7-4-4所示。

表7-4-4 相关教科研论文

序号	作者	论文名称	刊物、期数	获奖情况	奖励颁发单位
1	蓝雪芬	《多媒体技术提高中职教学效率与效果的策略》	《广西教育》2018年08期	荣获中华职业教育社成立100周年征文活动评比优秀奖	广西壮族自治区教育厅
2	蓝雪芬	《例谈利用信息技术手段打造中职教学"三有"课堂》	《广西教育》2018年09期	荣获2017年广西职业院校信息化教学大赛评比一等奖	广西壮族自治区教育厅
3	蓝雪芬	《基于信息化环境下的计算机公共课程教学改革研究》	《课程教育研究》2016年12月第35期,第113~114页	荣获2017年全国中等职业学校"创新杯"教师信息化教学设计和说课大赛"信息化教学论文"三等奖	广西职业教育发展研究中心
4	蓝雪芬	《信息化技术在职业教育教学中高效应用的研究》	《西部素质教育》2017年4月第3卷第7期169~170页	荣获2017年全国中等职业学校"创新杯"教师信息化教学设计和说课大赛"信息化教学论文"二等奖	广西职业教育发展研究中心
5	蓝雪芬	《浅谈计算机技术在中职学校教育教学管理中的应用》	《计算机产品与流通》2018年8月		

续表

序号	作者	论文名称	刊物、期数	获奖情况	奖励颁发单位
6	雷艳秋	采用"信息化"教学方法提高《电子产品装配与调试工》课程的教学质量	《课程教育研究》2017年第07期,第228~229页	荣获2017年广西职业院校信息化教学大赛评比一等奖	广西壮族自治区教育厅
7	吴艳琼	《资源库中微课在会计专业信息化教学中的应用与实践》	《无线互联科技》2018年6月		
8	覃志奎	《教育信息化环境下的数学教学改革》	《课程教育研究》2016年12月		

(7) 编写 2 篇教材,并完成本课程的典型信息化教学资源库建设。

编写《计算机基础实例教程》教材,2014 年 5 月在电子工业出版社正式出版,并完成本课程的资源库建设,广泛应用于职业学校所有专业学生计算机基础教材。

编写《乐理视唱练耳》教材,2018 年 8 月在电子工业出版社正式出版,是全国学前教育专业"十三五"规划教材,并完成本课程的资源库建设,用于学前教学专业中高职学生的教学。

2) 实践成效

(1) 成果奖情况。

近年来,我校教师将这些成果应用于信息化教学实践及自身教师专业发展,取得了显著成效,我校基本普及信息化教学,超过 400 人次参与"创新杯"大赛和职业院校信息化教学大赛,共获得全国一等奖 3 个、二等奖 32 个、三等奖 18 个、优秀奖 4 个、广西一等奖 51 个、二等奖 65 个、三等奖 89 个。此外,有 32 篇信息化教学论文参加广西职业院校信息化教学大赛信息化教学论文项目比赛获奖,学校于 2010—2012 年连续三年获广西中职信息化教学大赛优秀组织奖,2013—2017 年连续五年"创新杯"广西中职教师教学设计与说课大赛优秀组织奖、信息化先进集体奖、信息化先进个人奖,教育部第一批教育信息化试点单位等荣誉。

(2) 国家示范校特色项目建设:数字化校园建设。

课题组成员作为主要负责人参与我校"国家中等职业教育改革发展示范学校建设计划"建设,主要负责数字化校园建设特色项目的计划、实施和建设工作,参与撰写建设数字化校园特色项目计划和总结报告。2015 年 10 月学校正式通过教育部、人社部、财政部验收,成为河池市唯一一所"国家中等职业教育改革发展示范学校"。课题负责人蓝雪芬老师在创建国家中等职业教育改革发展示范学校中,荣获学校授予的"突出贡献奖"。课题的研究工作业绩得到充分肯定。

(3) 完善教学系统,搭建信息化教学资源库平台和教学平台,如图 7-4-1 所示,为开展网络教学和远程协作教学提供第二教学环境。

图 7-4-1　信息化教学资源库平台和教学平台

（4）建成信息化教学资源库——河池市职业教育中心学校教学资源库，如图 7-4-2 所示，实现校园网资源共享。

图 7-4-2　信息化教学资源库

①信息化教学资源库典型案例 1：示范性信息化教学设计方案集，如图 7-4-3 所示。

7 中职学校信息化建设成功案例（以河池市职业教育中心学校信息化建设为例）

图 7-4-3 示范性信息化教学设计方案集

②信息化教学资源库典型案例 2：参赛获奖优秀信息化教学资源集，如图 7-4-4 所示。

图 7-4-4 参赛获奖优秀信息化教学资源集

③信息化教学资源库典型案例3：专业课程教学资源包

a.《计算机基础实例教程》课程教学资源库，荣获2017年全区多媒体教学软件三等奖，如图7-4-5~图7-4-7所示。

图7-4-5 《计算机基础实例教程》课程资源库①

图7-4-6 《计算机基础实例教程》课程资源库②

图 7-4-7 荣誉证书

b.《网店客服》课程教学资源库，获 2017 年全区多媒体教学软件二等奖，如图 7-4-8~图 7-4-10 所示。

图 7-4-8 《网店客服》课程教学资源库①

图 7-4-9 《网店客服》课程教学资源库②

图 7-4-10　荣誉证书

c.《乐理视唱练耳》课程教学资源库，如图 7-4-11 所示。

图 7-4-11　《乐理视唱练耳》课程教学资源库

(5) 区域信息化教学发展具有示范辐射和带动作用。

总结研究的经验，组织信息化教师团队送教下乡活动，向区域职业院校推广信息化教学，带动经济欠发达地区信息化教学的发展。其中课题负责人蓝雪芬老师多次受邀到广西现代职业技术学院、宜州区职业教育中心做信息化教学改革和教科研专题讲座。2017 年，我校吴晓丹老师获全区教学技能大赛一等奖，并受大赛组委会邀请向全区教师进行现场课堂教学展示。如图 7-4-12 所示。

图 7-4-12 讲学、培训、指导及成果推广应用证明

7.4.5 案例5：学校后勤管理服务信息化建设及成效

在学校管理与服务工作中，学校后勤管理工作是一项重要的工作内容，它是保证专业教学、科研工作顺利开展，满足学生和教师基本学习、工作、生活要求的一项基础性、关键性、保障性的工作。随着信息化时代的到来，各行各业在管理工作中都引入了信息化管理模式，对服务过程中的安全管理、管理细化、标准化和规范化、一体化信息资源共享等，都是在信息化的管理模式下得以实现的。而由于种种原因，中职学校的后勤服务信息化管理的发展还比较滞后，已经无法满足学校发展的需要。这就要求中职学校的后勤管理工作要与先进的信息化手段接轨，要引进先进的信息网络技术对后勤管理工作进行全面的升级改造，实现对后勤保障信息的采集、储存、传输、处理、应用、反馈的一体化，提高后勤管理的工作效率，实现后勤保障的安全、高效、及时。

1. 建设背景

学校从整合至今，始终坚持"为学生幸福铺路"的办学理念，以"立德、立行、立技、立业"为校训，以培养"身心健康、素质良好、技能精湛"的技能人才为目标，立足服务区域经济和社会发展，为大西南开发、"一带一路"建设提供人才支撑。学校先后成为"教育部信息化试点单位""广西第一批民族文化技术技能人才培养基地""教育部国防教育特色学校""全国德育活动课示范基地"。

学校在进入快速发展轨道的同时，不但要有一流的教学质量，也要有一流的后勤服务和

管理做支撑。邓小平同志说过:"后勤工作也是一门学问,也需要学习,也能出人才,不钻进去是搞不好的"。作为国家改革发展示范性学校,在互联网+普及的当今时代,如果我们仍然躺在过去的功劳簿上睡大觉,满足于传统的后勤服务管理模式,必将被时代的浪潮拍死在沙滩上。因此,研究中职学校信息化后勤管理模式,构建后勤信息化管理平台,是学校自身可持续发展的必然要求,也是与时俱进,建设平安校园、智慧校园、绿色校园的必然选择。

应用先进的计算机网络等信息技术进行后勤全面的信息化管理,是提高后勤管理水平、提高内部运行效率的有力手段,是提高学校后勤行政管理、提高学校后勤行政决策水平,提升后勤保障能力,促进学校发展的必要条件。不仅提高了工作效率又节约了管理成本。

2. 建设目标

学校后勤管理是保证学校专业教学、科研工作顺利开展,满足学生和教师基本学习、工作、生活要求的一项基础性、关键性、保障性的工作。后勤管理信息化是中职学校信息化建设的重要内容之一,主要包括以下内容:资产管理(包括固定资产、办公及实训耗材管理)、财务管理(包含学生自动缴费)、安防管理(含监控系统、门禁系统、消防监测系统、学生宿舍查夜管理系统)、校园一卡通(包括热水卡、饭卡的自动充值)、公物损坏报修维修管理、智能水电控制等。

实现财产信息化管理、新建实训楼水电智能化管理、校园安全防控信息化管理、校园一卡通多功能管理、教职工订餐就餐的信息化管理、校园水电公物维修的网络报修信息化管理、学生缴费平台的信息化管理,让我们的校园真正成为平安校园、智慧校园、绿色校园。

3. 建设内容

后勤管理服务信息化建设的主要内容包括:

1)资产管理信息化

搭建资产管理信息化平台,通过资产管理软件对固定资产和低易耗资产实现信息化管理。

2)安防管理信息化

建成基于校园网的数字视频监控系统(含监控系统、门禁系统、消防监测系统、学生宿舍查夜管理系统),实现校园监控全面覆盖,为学校师生人身财产安全提供了全面的保障,有效预防了校园事故的发生。

3)生活服务信息化

开通智能生活平台,实现校园一卡通多功能管理、绿化保洁管理、医疗服务管理、教职工订餐就餐信息化管理、校园水电公物维修网络报修信息化管理、学生缴费平台信息化管理等,提高后勤服务效率和质量,让师生校园生活智能化。

4. 建设成效

经过两年的努力,我校后勤信息化管理模式的应用已经初见成效,主要表现在以下内容:

1)建立国有资产管理信息系统,实现学校资产动态化、精细化管理

学校在2013年成立信息技术中心,中心的骨干成员为信息技术老师。由学校的信息技术中心牵头,信息技术老师提供技术支撑,开发OA系统平台,建立和完善学校的国有资产管理信息系统,对学校资产实行动态化、精细化管理。从2017年秋季学期起,对固定资产、

易耗品、办公用品等的入库、库存、出库等进行详细登记，账务一目了然。新购买的固定资产，办公用品等，按类别进行编号、录入电脑。对领用人、存放位置等做了详细的登记。

2）开发学校后勤水电及公物报修信息化管理平台，实现了水电及公物网络报修的信息化管理

我校目前有教室112间，办公室154间，宿舍930间，实训设备1.3亿元，维修师傅只有3人，每天的维修数达到30件左右。如果还停留在传统的电话报修、手工填写纸质报修单等模式，将造成报修周期长、效率低下、信息传递和接收错误率高、不能科学安排维修工人、不利于对维修效果进行考核，不能保存和分析数据，不利于后续服务等问题。同时由于学校维修人员较少，工作负荷较大，很容易造成维修数据存在差异、丢失等弊端。

因此，学校组织信息技术人员，积极开发学校后勤水电及公物报修信息化管理平台，对全校师生的各项需求及时做出反应，并提供针对性的服务，做到后勤服务人性化，提高工作满意度。通过"河池职教伴我成长"微信公共平台，填写保修信息，实现了水电及公物网络报修的信息化，结束了纸质报修的时代，师生不必到固定点进行纸质报修，维修人员也能通过手机随时随地接收报修信息，并及时进行维修。例如利用信息化管理平台，可以清楚地了解学校各个部门的公物使用情况、故障情况，人员检修配置，方便进行相关数据查询，数据统计，最终生成报表，促使后勤管理向着高效化方向发展，从而有效推动学校后勤管理更加科学化和精细化发展。

勤俭办学是学校后勤工作的基本方针，因此必须重视节约物力，做好校产管理、维修工作，大力提高校园资产的使用率，延长校园资产的使用年限，学校建立校园网上维修中心，利用学校网上保修中心，师生可以通过网络很方便的报修，维修老师也可以及时进行维修，确保教学设施、设备的正常运转。

3）建成基于校园网的数字视频监控系统，实现校园安全防控信息化管理

2012年12月，我校建成基于校园网的数字视频监控系统；2013年4月学校安防视频监控系统正式投入使用，实现校园、学生宿舍、实训场地、学校食堂等场所的视频安全监控。目前，我们整个校园的区域已经安装有277个高清摄像头，从校园四周围墙、到学校大门、实训楼、创业园、立德楼楼梯口、走廊、教室、食堂、宿舍楼都安装了数字监控摄像头，实现校园监控全面覆盖，为学校师生人身财产安全提供了全面的保障，有效预防了校园事故的发生。

学校大门岗区域监控：对进出校门的人员、车辆记录和统计，便于事后追踪和查询。教学区域监控：对教学秩序、教学人员监控，和对突发事件录像，提高处理突发事件的能力。宿舍区域监控：对进出宿舍区人流、物流记录和统计，保护学生的人身、财产不受侵害。图书馆监控：对进出图书馆的人流、物流监控和记录，夜间时实施布防。食堂区域监控：对食堂加工、进料进行有效监控，以及学生在食堂打饭、就餐秩序的安全保障监控。校园区域监控：对整个校园的重点部位、围墙周边进行监控，有效地遏制了不法分子，保障了校园的治安防范。同时，对以前的模拟监控系统进行网络化改造，使之能够实现全网管理。

4）新增微信充值服务，实现"校园一卡通"全面微信充值服务

为了方便我校师生校园一卡通充值，在保持原有功能的基础上，新增微信充值服务。无论你身在何方，只要有网络，打开手机微信，动动手指头，就可以为校园卡充值啦！校园卡同时具备余额查询、微信充值订单查询、挂失、解除校园卡绑定等功能。我校的校园一卡

通，在实现微信充值饭卡后，缓解学校开学因收费工作人员不足造成的学生排队缴费压力，解除学生排队缴费的烦恼，大大方便了全校师生。

5）开通了教职工手机网络订餐系统，实现教职工手机网络订餐

我校现有教职工 300 多人，开通教职工手机网络订餐功能，不仅方便了教师订餐，同时方便学校职工食堂及时了解职工的就餐人数，订餐份数。按订餐人数和份数备餐用餐，避免因人数不定造成的食物浪费。

6）开通了学生网上交费平台，让交费省时又安全

我校每个学期开学期间，都有 6 000 个左右的学生要上交各种费用。如果采用传统的收费方式，财务室的工作人员将不堪重负，班主任也很难查询本班学生的缴费情况。学生网上缴费系统的正式开通，学生或家长就可以在家中或其他任何可上网的地点，通过互联网登录网上缴费系统即可缴纳学费，轻松快捷，方便安全，无手续费。既节省了充值、缴费的排队时间，也节省了劳动力，同时也方便各班班主任了解本班学生的缴费情况。

7）在学生宿舍安装智能水电表，实现学生用电用水节约

传统的水电表安装，一层楼共用一个，学生觉得自己都交了水电费，不用白不用，导致浪费水电的现象比较严重。不当家不知柴米油盐贵，有个别学生不会节约用水，离开宿舍灯不关、电风扇不关。虽然只是个别现象，但也与建设节约型校园的初衷相去甚远。每个月的水电费都严重超支。一个宿舍一个智能水电表的安装，将大大减少水电的浪费。智能水电表可以与水厂、电力管理部门的计算机进行联网，实现用水用电情况的远程控制和一些电损情况的及时处理，还可以防止窃电情况的发生。学生每多浪费一滴水、一度电，都要自己缴费，这样反过来倒逼他们自己节约用水用电。

5. 中职学校后勤管理信息化建设的思考与对策

1）上级主管部门要组织专家，制定中职学校后勤服务管理规范化标准

当前各中职学校的后勤服务管理缺乏标准化和规范化，后勤管理水平参差不齐。上级主管部门应该组织专家制定规范化标准，集中开发多功能管理软件。通过资源共享、相互协作的形式，达到互利互惠、节省各学校投入成本的目的，同时还能够促使学校后勤管理实现规范化和信息化广泛覆盖。

2）各学校要积极组织自己的研究团队，开展信息化模式研究和应用

各中职学校要在符合后勤管理行业规范以及信息技术标准的基础上，借助人才优势以及科研优势，组建自己的专业研究队伍，开展信息化模式研究和建设，并将研究成果转换为后勤管理效益。

3）学校领导要高度重视后勤信息化建设和管理，特别是要加大人力和财力的投入

学校领导要充分认识到实现后勤管理信息化的重要性，要意识到后勤管理信息化会极大地提升学校整体形象和综合实力。要指定一名领导分管和负责推进此项工作，要安排年轻且具有较强的信息化能力 1~2 名教师来推动信息化工作；同时学校要安排一定的专项经费用于后勤信息化建设，在资金等方面的支持上加大力度。

4）要充分发挥学校信息技术教师的主观能动性和积极性

要真正实现后勤信息化建设和管理，光靠总务后勤几个管理人员是不现实的。要全员参与，特别是要充分发挥学校信息技术教师的主观能动性和积极性，让信息化教师带动广大教职工熟练运用信息化管理软件，特别是要加强对后勤管理人员的信息化培训。

5）后勤管理信息化建设要分期分阶段进行

学校后勤信息化建设和管理需要投入大量的人力和财力，当前中职学校的财力人力有限，后勤信息化建设不可能一步到位，学校可根据财力人力的实际情况分期分步骤进行，而资产信息化管理应优先得到建设。

中职学校后勤信息化管理平台建设是一项需要更新观念、与时俱进、长期复杂的系统工程，应该采取正确合理策略建设后勤信息化平台，高度重视信息化建设，充分发挥信息化管理平台的作用，实现中职学校建设一流后勤服务和管理，提升后勤管理服务功能最优化和效率最大化，为广大中职师生提供最优质的后勤服务。

目前，中职学校后勤管理存在一高一低现象。即学校后勤维修人员的年龄普遍偏高，信息化水平普遍偏低，无法提供高效率的工作。因此，在后勤管理信息化的道路上，中职学校任重而道远。但值得肯定的是，中职学校后勤信息化建设已初具规模，并正在不断成长。

附录　实地调研报告数据量化分析统计表

0.1　信息化基础设施分析

信息化基础设施分析如表 0-1-1 所示。

表 0-1-1　信息化基础设施分析

信息化基础设施			数量/个	比例/%
网络设施	问题	网络基础设施较差、投入不足	5	19.23
		无线未实现覆盖	1	3.85
		无线网络未全部覆盖	3	11.54
		公网 IP 数量不足	4	15.38
		网速慢、不稳定	9	34.62
		缺乏上网管理系统	4	15.38
	建议	加大投入，加强基础设施建设	5	16.13
		加强开展针对网络维护方面的培训	3	9.68
		加强无线覆盖，扩充无线 IP 池	9	29.03
		加强校园网络运维	1	3.23
		加强网络平台建设	3	9.68
		加大信息化管理建设	4	12.90
		加强无线、有线建设	6	19.35
数据中心机房	问题	无数据中心机房	1	3.23
		硬件老旧，需更新	6	19.35
		机房、硬件建设不到位	7	22.58
		无服务器	1	3.23
		未按标准建设	4	12.90
		缺乏专业人员管理维护	8	25.81
		规划不科学	3	9.68
		无网络设备	1	3.23

续表

信息化基础设施			数量/个	比例/%
数据中心机房	建议	建设或筹建规范的中心机房	7	29.17
		加大投入，改善硬件设备	9	37.50
		加大机房服务器的使用率	1	4.17
		成立专门机构并配备技术人员，维护和保障设备正常使用，提高设备利用率	2	8.33
		加强网络安全	1	4.17
		加强规划	4	16.67
信息化终端设备	问题	学校信息化设备大多数满负荷使用	2	6.90
		仅有少量计算机	5	17.24
		部分设备老旧，需更新	8	27.59
		利用低，有待提高	5	17.24
		缺少便捷、无线连接和可投屏的小型终端	9	31.03
	建议	增加资金投入，增加信息化终端设备	6	21.43
		增加及更新现有计算机等设备	8	28.57
		提高教师计算机终端水平	3	10.71
		提高校园无线网覆盖范围	1	3.57
		需考虑部分设备更新换代（如存储）	8	28.57
		进一步规范、完善	2	7.14
多媒体教室、计算机教室	问题	多媒体教室过于简单	7	25.93
		设备多，维护人员少，需第三方维护	6	22.22
		配置低、设备老化	5	18.52
		软件滞后	4	14.81
		计算机教室、多媒体教室数量不足	5	18.52
	建议	增加多媒体教室、计算机教室	7	30.43
		加强服务器性能	1	4.35
		定期维护多媒体教室	2	8.70
		加大硬件投入，改善硬件设备	9	39.13
		加强设备管理	1	4.35
		给予大力支持，资金、技术、人力政策倾斜	3	13.04

续表

信息化基础设施			数量/个	比例/%
校园广播	问题	使用模拟广播系统、智能化低、需要升级	8	44.44
		设备落后，更新不及时	5	27.78
		校园覆盖范围不够	1	5.56
		无法做到数字 IP 广播和分区广播	4	22.22
	建议	更新校园广播系统	6	28.57
		加大硬件投入，改善硬件设备，全部实现网络化	3	14.29
		增加分区播放	4	19.05
		建议采用数字信号	8	38.10
虚拟仿真实训系统	问题	虚拟仿真实训系统缺乏	9	29.03
		种类少、效果不好	3	9.68
		加强使用与管理	3	9.68
		功能单一	1	3.23
		部分课程专业没有仿真系统	8	25.81
		无实训仿真系统	7	22.58
	建议	增加虚拟仿真实训系统的建设	10	38.46
		需要上级部门加大政策支持和资金投入	1	3.85
		加大软件投入，开发或购买更多的虚拟仿真实训系统	1	3.85
		硬件设备投入	4	15.38
		加大实训室建设，提高利用率	8	30.77
		继续在其他主干专业推广仿真教学应用	2	7.69

0.2　数字化教学资源建设与应用情况

数字化教学资源建设与应用情况如表 0-2-1 所示。

表 0-2-1　数字化教学资源建设与应用情况

数字化教学资源			数量/个	比例/%
校本资源	问题	数字资源库内容不够丰富、质量低	10	40
		教学资源库系统不系统、完善	1	4
		资源更新较慢，培训不够	4	16
		教学资源与课程、教学融合不足	7	28
		主要是微课、教学视频、PPT 课件等资源	3	12
	建议	加大投入升级换代，增加资源包	4	16.7
		构建数字化教学资源库，丰富教学类型和资源库，完善信息化教学系统	8	33.33
		加大推行数字化教学资源和教学资源发布平台的推广力度	5	20.8
		提高教师制作应用能力	7	29.2

续表

数字化教学资源			数量/个	比例/%
信息化教学系统	问题	信息化教学系统不完善、缺乏	10	27.03
		学校信息化教学平台使用频率低，并与课程结合率低	10	27.03
		系统功能进一步完善	9	24.3
		移动端应用较少	8	21.6
	建议	提升利用率，增大应用范围	10	28.60
		加大资金投入，加强建设	9	25.71
		通过制定相关制度和培训，提高教师信息化应用的意识，提高信息化应用水平，提高信息化技术手段在课堂的使用率	10	28.60
		积极引入企业共同开发资源	6	17.14
学校网络空间	问题	建设系统不完善	10	28.57
		教师空间多用于备课	10	28.57
		学生网络学习空间建设缺乏	10	28.57
		经费投入不足	5	14.29
	建议	完善网络空间的建设	10	28.57
		积极引入企业共同开发资源	8	22.86
		需要上级部门加大政策支持和资金投入	10	28.57
		建议调整管理制度和奖惩机制，提高学习空间的利用率	7	20

0.3 应用服务分析

应用服务分析如表 0-3-1 所示。

表 0-3-1 应用服务分析

应用系统			数量/个	比例/%
一卡通	问题	无一卡通	5	45.45
		一卡通只开通餐卡和门禁卡（不完善、覆盖范围小）	3	27.27
		一卡通设备设施未考虑与管理应用对接，与其他系统不能共享	3	27.27
	建议	建议升级，加强一卡通建设，加强各子系统之间数据管理关系	8	47.06
		建议对校内的各业务子系统实现统一身份认证	3	17.65
		加强网络安全的制度建设	1	5.88
		完善一卡通功能（门禁系统）	3	17.65
		完善相关基础设备	2	11.76

续表

应用系统			数量/个	比例/%
统一管理平台	问题	处于基础阶段，未全面推广使用	6	20.69
		缺乏对应系统管理，子系统应用范围极少和使用面不广，功能单一，业务不全	9	31.03
		系统的子系统多而杂乱，缺乏更为合理的规划，缺乏个性化	3	10.34
		学校网站群的数据不融通，存在信息孤岛	6	20.69
		管理应用系统建设较差，管理应用系统建设内容较少	2	6.90
		数字化校园应用不够；使用率低	2	6.90
		缺少专职技术人员	1	3.45
	建议	增加投入，建设统一管理平台，并积极投入使用	9	37.50
		提高认识，完善数字化校园建设并加强应用	10	41.67
		规范名称，加强应用。每学校应有自己相应个性化的系统	1	4.17
		建立专门的技术团队维护系统，普及系统使用，完成各系统之间的数据共享	2	8.33
		建设统一的数据中心，实现数据交换，统一门户，单点登录，打造智慧校园	2	8.33
学校数据共享情况	问题	未能实现互通共享，平台之间独立；无法数据共享	8	57.14
		使用率低	4	28.57
		数据共享平台业务功能不全	2	14.29
	建议	加强规划，加强平台兼容性，实现数据共享	9	29.03
		整合平台，加强数字化校园建设与应用、加强网络安全建设	6	19.35
		加大推广	2	6.45
		加强数据整合和应用功能的二次开发，实现数据效益最大化	6	19.35
		加强数据共享平台的建设，加强相关应用系统的应用，积极加大相关核心业务系统的投入和应用	8	25.81
校园管理系统	问题	建设不完善，达不到现代办学的需求	8	36.36
		未正常使用，各平台与系统的使用率偏低	9	40.91
		备份与容灾系统不完善	1	4.55
		对浏览器的兼容性不佳	1	4.55
		移动端应用较少	2	9.09
		缺乏专职技术人员	1	4.55

续表

应用系统			数量/个	比例/%
校园管理系统	建议	完善数字化校园建设并加强应用，实现数据共享	8	32.00
		建设电子图书系统	1	4.00
		规范名称，加强应用，提高利用率，每所学校应有自己相应的系统	4	16.00
		引导教师使用校园管理平台，加强培训	6	24.00
		加大投入，建设校园管理系统，需后续升级维护（统一部署和规划数字化校园建设）	5	20.00
		选聘专业技术人员专职负责，尽快投入使用	1	4.00
学校安全监控	问题	学校安全监控陈旧老化，覆盖面窄	7	43.75
		监控没有全部实现网络化	1	6.25
		监控清晰度不高	2	12.50
		系统未完全整合	6	37.50
	建议	建设校园安全系统，提高安全设备的先进性；完善校园监控，升级老旧设备、系统	6	42.86
		建议采用数字高清信号，考虑到断电对网络的影响较大，建议扩充不间断电源	1	7.14
		由模拟全面更换改造网络化	1	7.14
		整合平台、全面升级改造，加强建设、更新	6	42.86
学校网络安全	问题	无专职管理人员	10	37.04
		起步阶段，上网认证系统缺乏，功能单一	8	29.63
		有漏洞，有安全隐患	3	11.11
		缺少技术支持	1	3.70
		网络安全设备少	5	18.52
	建议	加强数字化校园建设与应用、加强网络安全建设	8	32.00
		增加专职管理人员	2	8.00
		在教室和公共区域安装监控系统，扩大监控覆盖面，做到校园监控无死角	1	4.00
		加大网络安全设备投入；加强检测	8	32.00
		增强网络防御能力，维护校园网络安全，增加中心机房备份存储设备，保障数据安全	3	12.00
		省教委不定期组织各学校网络安全负责人培训，提高安全防护能力	1	4.00
		派专人进修培训，建立更完善的安全机制	1	4.00
		加强网关认证机制建设，统一认证模式，健全网络防火墙，实时存储网络用户浏览日志	1	4.00

0.4　师生的信息技术应用能力情况

师生的信息技术应用能力情况如表 0-4-1 所示。

表 0-4-1　师生的信息技术应用能力情况

		师生的信息技术应用能力	数量/个	比例/%
教师信息技术应用能力	问题	少部分学校教师不能熟练使用信息化手段教学，创新不足	5	38.46
		对信息化发展应用的认识还有待于加强，信息素养参差不齐	3	23.08
		部分高龄教师信息化接受能力较差	3	15.38
		缺少激励措施	3	23.08
	建议	优化网络资源设施，提高教师使用信息化教学的便利性和积极性	6	46.15
		加强应用能力培训，进一步加强教师信息化意识，发挥教师参与信息化学习与建设的主观能动性	7	53.85
学生信息技术应用能力	问题	学生信息技术应用能力一般；学生利用信息化手段开展多样性多平台学习的能力还有待加强	6	54.54
		学生接受信息化培训内容较少；开设课程不多，信息化基础建设不到位的情况下，对信息化教育教学技能的培训和使用也均不到位	5	45.46
	建议	学校应完善培训计划，多加强培训	8	61.54
		通过信息技术激发学生学习兴趣和学习能力，改变学习方式	3	23.08
		开发通用的易学易用资源，引导师生使用、便于统一评估和考核	2	15.38
		加大激励机制	1	7.14
		建议走出去，学习信息化建设先进学校的经验，开展教师学生的应用培训和推广	2	14.29

0.5　信息化建设机制情况

信息化建设机制情况如表 0-5-1 所示。

表 0-5-1 信息化建设机制情况

信息化建设机制			数量/个	比例/%
信息化建设制度和激励机制	问题	奖励机制相对薄弱，建设机制不完善	5	20.83
		信息化建设规划比较分散	4	16.67
		缺乏校外专家	8	33.33
		缺乏技术方面的指导和统一规划	3	12.5
		信息化建设无法达到预期	4	16.67
	建议	加强制度、机制建设	7	28
		顶层设计，统一规划，统一布局	7	28
		加大奖励力度	6	24
		聘请专家，进行论证	5	20%
信息化建设人员支持和资金情况	问题	信息化建设相关人员缺乏	3	23.08
		信息化建设人员素养不高	2	15.38
		小组分工不合理、职能不清楚	3	23.08
		运维人员不足	5	38.46
	建议	储备信息化人才，加强专业素养	4	18.18
		完善规划、加大资金投入	6	27.27
		细化和完善各项信息化管理制度文件	3	13.64
		建设信息化建设奖惩力度	6	27.26
		设立专门机构，明确分工与职能	2	9.1
		加大对信息化建设的资金预算管理工作力度	1	4.55

后　记

　　学校信息化建设取得很好的成效，得益于国家和自治区对教育信息化的重视，得益于职业教育的大发展，得益于学校主要领导的高度重视，更是得益于职业教育专家和信息化教学专家的大力支持。作为学校信息化建设的主要负责人，我对学校信息化建设和发展有深刻的体会，过程是艰难的，但取得的成绩令人欣慰。要写成书，压力非常之大，好在我们得到了广西职业教育发展研究中心的领导和专家的指导和帮助，也得到了学校韦伟松校长的大力支持，北京理工大学出版社为本书的出版做了许多工作，在大家的共同努力下，本书最终得以呈现。

　　本书作为广西职业教育教学改革研究重大招标课题"中职学校信息化建设研究"的研究成果，是在全课题组成员的共同努力下完成的，课题主要成员蓝雪芬、莫涛涛、李春、苏小华、甘菊云等参加了第七章的编写工作，其中蓝雪芬负责案例四的编写，莫涛涛、李春负责案例一，苏小华负责案例三，甘菊云负责案例五，感谢他们的辛勤付出和无私奉献。

　　这里要特别感谢广西职业教育发展研究中心的王屹教授、郑小军教授和杨满福教授，他们对本书的编写提出了宝贵意见。在此，特别致谢！

　　由于我们水平有限，加上时间仓促，书中不足之处在所难免，诚恳读者批评指正。